The Psychology of Happiness

|개정판|

행복심리학

남승규

양서원

정신과의사인 에카르트 폰 히르슈하우젠(2010)은『행복은 혼자 오지 않는다』에서 '행복에 대한 팁은 다이어트에 대한 조언과 비슷하다'고 말했다. 그는 '만약 어떤 다이어트 방법이 정말로 그렇게 효과가 좋다면 지금처럼 다이어트에 대한 온갖 말들이 난무할 리 없다. 만약에 어떤 행복의 공식이 실제로 존재한다면 그것은 행복이 결코 공식 따위로 표현될 수 없다는 공식뿐일 것이다'라고 하였다. 그렇지만 나는 '행복공식'이 존재한다고 생각한다. 적합한 다이어트 방법이 있듯이 행복공식이 존재하고, 누구나 행복공식을 찾을 수 있다. 다만 행복은 차려진 밥상이 아니라 차려야 하는 밥상이다. 행복은 노력이나 수고 없이 저절로 얻을 수 있는 것은 아니지만 누구나 행복해질 수 있다. 그리고 행복은 행운마저 가져온다.

나는 심리학을 30년 이상 공부하였고, 10년 전부터는 행복에 대한 연구를 본격적으로 수행하고 있다. 행복에 대해 관심을 갖고 연구를 하면서 내가 정말 행복한 삶을 살았고 살아가고 있다는 것을 실감했다. 행복하기 때문에, 행복에 대해서 조금은 더 잘 알게 되었다. 난 재미와 의미있는 것들을 찾아내어 그것들을 즐겼고, 가장 잘할 수 있는 것을 즐거운 마음으로 열심히 하고 있다. 대단한 부자는 아니지만 안정적으로 살고 있다. 좋아하는 친구들, 사랑하는 사람들도 많이 있다. 하고 싶은 일을 하고 있으며 몸도 마음도 건강하다. 나의 이런 행복한 마음이 모든 사람들의 행복에 대해 관심을 갖게 되었고, 그들이 행복에 대한 정보와 지식을 접할 수 있도록『행복심리학』을 집필하였다. 이 책을 읽는 과정이나 이 책을 읽고 나서, 많은 사람들이 보다 더 행복한 삶을 만들고 가꾸고 영위할 수 있길 바란다.

이 책은 3부로 구성되어 있다. 제1부는 '행복의 본질'로 행복한 사람들의 공통점이 무엇이고, 행복의 개념이 무엇인가, 그리고 행복이론에는 무엇이 있는가를 살펴보았다.

제2부는 '행복심리분석'으로 우리가 진정으로 행복해지기 위하여 알아야 하는 다양한 정보와 지식을 대표적인 인간심리의 5가지 영역인 긍정심리, 성공심리, 연애심리, 여가심리, 그리고 소비심리에 초점을 맞추어 살펴보았다.

제3부는 '행복의 실제'로 행복을 결정짓는 중요한 생활과 삶에 초점을 맞추었다. 이런 주요 생활과 삶은 우리가 화단을 가꾸듯, 행복한 삶을 향유하기 위하여 가꾸고 만들어가야 할 인간관계, 직업세계, 결혼생활 그리고 정신건강에 관한 것이다.

행복에 대한 책은 수없이 많다. 다른 책들과 『행복심리학』이 차별되는 가장 중요한 부분은 행복을 심리에 기초하여 영역별로 분석한 점이다. 왜냐하면 행복의 핵심은 '마음의 힘'을 키우고 가꾸는 것이라고 생각하기 때문이다. 행복심리분석(Happiness Analysis based on Psychology)의 영어단어 앞 3개의 철자를 따면 HAP이라 명명할 수 있는데, 잘 알겠지만, HAP은 '행운' 또는 '우연'이란 의미를 지니는 단어이다. 이 책을 읽는 독자들에게 보다 더 재미있고 의미 있는 삶이 펼쳐지고 행운과 행복을 키우고 가꾸면서 뒤따라오길 간절히 소망한다.

행복과 행운이 함께 하길 바라면서

2017. 2.

남승규

Contents 차례

Chapter

01

행복한 사람들

Chapter 01

행복한 사람들

내 생애 행복하지 않은 날은 한순간도 없었다.

빛의 천사, 헬렌 켈러(Helen Keller)

세상에는 많은 사람이 존재한다. 수치상으로는 70억의 인구가 세상에 있다. 그중에는 행복한 사람들도 있고 그렇지 않은 사람들도 있다. 행복한 사람들 중에서도 매우 행복한 사람이 있고 약간 행복한 사람이 있다. 행복한 사람은 왜 행복할까? 행복한 사람들은 그렇지 않은 사람들과 어떤 차이가 있을까? 단지 행복 정도에서만 차이가 있는 것일까? 아니면 삶의 다른 부분에서도 차이가 있는 것일까? 행복하면 어떤 점이 좋을까? 우리는 얼마나 더 행복해질 수 있을까? 어떻게 하면 더 행복한 사람이 될 수 있을까? 이런 의문들에 대한 해답을 찾아보는 것은 매우 재미있고 의미 있는 일이다.

우리는 누구나 행복해지고 싶어 한다. 비록 다른 말로 자신의 바람을 감추거나 드러내 놓고 인정하지는 않을지라도 우리는 진심으로 행복해지고 싶어 한다. 우리의 꿈이 직업적인 성공이든 타인과의 친밀감이든 또는 사랑과 섹스든 그것이 우리를 좀 더 행복하게 해줄 것이라고 믿기 때문에 갈망한다(Lyubomirsky, 2008).

행복은 고대로부터 논의되고 있는 주제이며 최근 더욱 폭발적인 관심을 받게 되었다. 그러나 행복에 대한 대부분의 내용은 과학적인 자료에 근거하지 않은 부정확한 정보들이기 때문에 엄격하게 과학적인 기준을 준수해서 논의할 필요가 있다. 행복한 사람은 그렇지 않은 사람과 비교하여 볼 때, 많은 부분에서 차이가 있다. 이제부터 행복한 사람들에 대해서 알아보자.

행복한 이유

먼저 사람들이 행복한 이유는 무엇일까? 루보머스키(Lyubomirsky, 2001)는 행복한 사람과 불행한 사람은 다른 주관적 세계를 경험하고 그 안에 살고 있는 것 같다고 하였다. 동일한 상황, 사건, 일을 마주하더라도 행복한 사람은 자신의 행복을 유지하는 쪽으로 생각하고 행동하며 불행한 사람은 자신의 불행을 유지하는 쪽으로 생각하고 행동한다. 즉, 행복한 이유에서 가장 큰 차이를 만드는 것은 세계 그 자체가 아니라 그 세계에 대한 개인의 주관적 해석이다.

아침에 안경을 쓸 때는 안경이 코와 귀를 누르는 압력을 느끼지만 조금만 지나면 이런 감각을 의식하지 못하고 아예 안경을 쓰고 있다는 사실을 잊은 채 하루를 보내는 것처럼 우리는 대부분 변화하지 않거나 반복되는 자극은 잘 의식하지 못하게 된다. 이런 현상을 설명하는 것이 감각적응에 대한 헬슨(Helson, 1964)의 적응수준이론(adaptation level theory)이다. 이 이론에 착안한 개념이 쾌락적 적응(hedonic adaptation)이다. 쾌락적 감정을 일으키는 자극에도 적응하게 된다는 것이다.

브릭맨과 캠벨(Brickman & Campbell, 1971)은 사람들이 쾌락적 쳇바퀴에 있도록 정해진 운명이라고 주장했다. 쾌락적 쳇바퀴(hedonic treadmill)는 사람들이 안정적이고 비교적 중립적이고 장기적인 행복수준을 갖게 한다. 우리의 정서경험은 동요가 있지만 우리의 전반적인 장기적 행복수준은 변하지 않는다. 새 차, 큰 집, 승진, 월급인상 등 모두는 우리를 잠시 더 행복하게 해준다. 하지만 좀 지나면 좋은 감정은 사라진다. 이런 결과는 사람들이 부정적 및 긍정적 생활변화에 신속하게 적응하고 이전의 행복수준으로 돌아가기 때문이다. 이처럼 시간이 지나면서 정서반응이 사라지는 쾌락적 적응은 장기적인 정서적 각성이 지니는 부정적인 영향을 줄여주므로 사람들을 보호하고 생존가를 높여주는 기능에 관여한다. 예를 들어 부당한 대우에 대한 분노나 연인과 헤어진 후의 아픔이 적응되지 않고 수년간 지속된다면 개인에게 정말로 심각한 문제가 될 수 있다.

헤디와 웨어링(Headey & Wearing, 1989)은 쾌락적 쳇바퀴 개념을 수정하여 역동적 평형모델(dynamic equilibrium model)을 제안했다. 그들에 의하면, 사람들은 중립적이기보다는 긍정적인 행복 기저선을 갖고 있으며, 사람들은 자신의 성격에 따라 다른 기저선으로 돌아간다. 더욱이 개인의 행복도는 긍정적 혹은 부정적 사건을 경험할 가능성에도 영향을 미친다. 행복한 사람은 보다 긍정적인 사건을 경험하고 불행한 사람은 보다 불행한 사건을 경험한다. 적응과정은 개별적인 것이며 쾌락적 쳇바퀴이론이 제안하는 것처럼 획일적이지 않다.

행복한 사람

행복한 사람들이 훗날 삶의 여러 영역(결혼생활, 친구관계, 직업생활 및 직업성취도, 경제적 수입, 정신건강, 신체건강)에서 긍정적인 결과를 나타내게 된다는 잠정적인 결론을 내리고 있다. 행복한 사람들의 특징을 정리하면 다음과 같다.

행복한 사람은 균형 잡힌 정서적 체험을 한다

행복한 사람은 부정적인 정서보다 긍정적인 정서를 조금 더 많이 경험하는 균형 잡힌 정서적 체험을 한다. 일반적으로 쾌감(pleasure)은 대부분 지속기간이 짧고 특정한 자극과 연결되어 있으며 단순한 것인 반면, 정서(emotion)는 주관적인 느낌뿐만 아니라 특징적인 생리적 반응, 사고 및 행동패턴과 관련되어 있다는 점에 있어서 좀 더 복잡한 것이다. 정서의 기본적 기능은 현재의 상황 또는 미래에 겪게 될 상황에 대응하는 현재의 대처방식이 얼마나 적절한지를 알려주는 것이다(Morris, 1999).

정서는 크게 3가지 요소, 즉 정서적 체험, 생리적 반응, 행동준비성으로 구성된다. 정서의 첫째 요소는 유쾌함-불쾌함 또는 좋음-싫음을 포함하는 주관적인 체험이다. 둘째, 정서는 생리적 반응을 수반한다. 특정한 감정은 그에 상응하는 자율신경계의 생리적 반응을 동반하게 된다. 마지막으로, 정서의 핵심적 요소는 행동준비성(action readiness)이다. 특정한 감정을 느끼게 되면, 그와 연관된 특정한 행동들을 표출하게 되는 압력을 느낌으로써 그러한 행동을 할 준비를 하게 된다. 이러한 행동준비성은 감정을 유발한 사건에 대해서 효과적인 대처를 하도록 돕는 정서의 핵심적 기능이라고 할 수 있다.

긍정심리학(positive psychology) 분야에서 정서경험을 말할 때, 사람들로 하여금 평생 동안, 매일 그리고 온종일 긍정정서만을 경험하게 하는 것을 지향하지 않는다. 그러한 목표는 가능하지도 않을 뿐만 아니라 오히려 정신건강이나 심리적 측면에서도 좋지 않다. 물론 주관적인 심리상태로서의 행복에 있어서 가장 중요한 요소가 긍정적인 정서 체험인 것은 분명하다.

대부분의 기본정서는 타고나는 것이며, 이처럼 타고나는 것들은 대부분 적응에 필요한 진화적 기능을 지니고 있다. 데이비드 부스(David Buss, 2000)와 같은 현대의 진화 심리학자들의 지배적인 의견은 긍정정서가 인간의 진화, 적응, 생존에 절대적으로 필요하다는 것이다.

긍정정서와 부정정서는 작동기제나 적응적 기능이 다른 것으로 밝혀지고 있다. 부정정서는 인간이 처하게 될 위험과 위협에 대응하도록 만드는 적응적 기능을 지닌다. 또한 특정적인 행동경향성(specific action tendency)을 유발하여 특정한 방식으로 행동하도록 만든다. 부정정서가 우리에게 위험을 알리고 반응범위를 좁혀서 위험신호에 재빨리 대처하도록 하는 반면, 긍정정서는 안전의 신호로서 그 주요한 기능은 대처역량을 집중하는 것이 아니라 확장하고 증대시키는 것이다. 긍정정서의 진화적 이득은 현재 상황에 대한 것이 아니라 미래 상황에 대한 것이라는 주장이다.

정서의 강도와 빈도는 주관적 안녕에 각기 다른 영향을 미치는 것으로 여겨지고 있다(Diener, Larson, Levine, & Emmons, 1985). 일반적으로 긍정정서의 빈도가 전반적인 행복감에 더 중요하다. 드물게 경험하는 환희경험보다는 일상생활에서 일관성 있게 자주 경험되는 즐거움이 주관적 안녕에 더 중요하다. 강렬한 긍정정서가 그 경험의 기억에 중요한 영향을 미친다. 긍정정서 강도는 부정정서 강도와 상관이 있는 것으로 밝혀졌다(Diener et al., 1985). 매우 강렬한 행복감을 느끼는 사람은 부정적인 정서경험 역시 매우 강렬하게 느낀다는 것이다. 일반적으로 여성은 남성보다 긍정정서든 부정정서든 더 강렬하게 경험하는 것으로 알려져 있다.

긍정정서를 경험하게 되면 우리의 일시적인 사고기능과 행동양식이 확장되며, 그 결과로서 얻어진 학습경험을 통해서 미래의 상황에 효과적으로 대처할 수 있는 인지적 · 정서적 자원을 축적하게 된다. 일시적인 정서상태를 통해 습득한 자원들은 그러한 정서상태가 종료된 이후에도 지속된다. 즉, 긍정정서 경험은 이후에 다른 상황에서 사용될 수 있는 개인적 자원을 축적하고 증대시키는 효과를 내는 것이다. 따라서 이러한 자원 증대로 인해 개인의 상향적 발전과 성장이 일어나며 새로운 상황에 대한 효과적인 대응으로 인해서 다시 긍정정서를 경험하게 되는 선순환을 통해 적응을 돕게 된다.

행복경험은 도파민(dopamine) 수준의 증가와 관련된다는 연구가 있다. 마라톤과 같은 육체적 훈련 시에 경험하게 되는 유쾌감인 러너스하이(runner's high)는 엔도르핀 수준의 증가 때문인 것으로 밝혀졌다(Farrell, Gustafson, Morgan, & Pert, 1987). 강렬한 쾌감을 느끼는 성관계 시에는 엔도르핀(endorphin) 수준이 평소보다 200%까지 증가한다는 보고가 있다. 마음은 뇌활동에 의해 영향을 받을 뿐만 아니라 뇌활동에 영향을 미친다. 적어도 인간의 경우, 정서경험은 환경적 자극의 의미를 해석하는 인지적 과정과 밀접한 관련성을 지니고 있다.

행복한 사람은 즐길 줄 안다

행복한 사람은 삶의 순간순간을 즐긴다. 여가(leisure)는 의무적인 일이나 직업적인 업무를 떠나 한가하게 즐기는 여유로운 휴식이나 재미를 찾기 위한 취미활동을 의미하는데, 이는 긍정적 체험을 제공하며 행복과 삶의 만족과 밀접한 관계를 지니고 있다. 대부분의 사람들은 삶의 속도를 늦추고 좀 더 여유롭게 살아가기를 원한다. 여가생활의 만족도는 전반적인 삶의 만족도를 예측하는 강력한 요인이다. 편안한 이완상태에서 휴식을 하고 좋은 음식을 즐기며 취미활동에 참여하는 것은 행복감을 단기적으로 증진시키는 효과를 지닌다(Argyle, 2001). 특히, 취미활동을 집단적으로 하는 경우에 만족도가 더 높은 경향이 있다. 그 이유는 같은 취향, 가치관, 활동시간, 사회적 관계를 공유하는 동호인 집단 속에서 유쾌한 흥분감, 협동적 성취, 소속감과 유대감 등을 경험하기 때문일 것이다(Carr, 2004).

여가활동이 사람들을 행복하게 하는 것은 분명하지만, 단지 여가시간을 많이 갖는다고 해서 삶의 만족도가 증가되는 것은 아니다. 여가활동을 통해서 긍정적인 경험을 많이 하는 것이 중요하다. 일반적으로 다양하고 활동적인 여가활동에 참여할수록 삶의 만족도가 높아지는 경향이 있고(Bammel & Burrus-Bammel, 1996), 개인적으로 의미를 느끼는 여가활동에 참여할수록 행복도가 높았다(Ogilvie, 1987).

행복한 사람은 대표강점이 있다

행복한 사람은 자신만의 대표강점을 지니고 있다. 개인이 지닌 재능과 강점을 충분히 발현함으로써 행복한 삶을 누릴 수 있다. 셀리그먼(Seligman, 2002b)은 개인이 지니는 대표강점을 발휘하며 사는 것이 진정한 행복이라고 주장한다. 대표강점(signature strength)은 개인을 잘 나타내고 그의 독특성 혹은 개성을 보여주는 긍정적인 성격특징을 뜻한다. 특징적인 강점을 활용할 때, 사람들은 더 활기찬 열정을 느끼고 '진정한 자기'가 표현되고 있다는 느낌을 갖게 된다. 진정한 행복(authentic happiness)은 자신의 가장 근본적인 강점을 찾아내어 계발하고 일, 사랑, 놀이, 자녀양육에 매일매일 활용함으로써 발견될 수 있는 것이다.

DSM(Diagnostic and Statistical Manual of Mental Disorders)에 상응될 수 있는 심리적 강점과 덕목에 대한 분류체계가 최근에 개발되었는데, VIA(Virtues in Action) 분류체계가 그것이다. 이것은 1999년 돈 클리프턴(Don Clifton)에 의해 시작되었고, 메이어슨(Mayerson) 재단의 후원 아래 피터슨(Peterson)과 셀리그먼(Seligman)이 확장한 것이다. VIA 분류체계는 6개의 범주 아래 24개 강점과 6개 덕목이 분류되어 있다. 성격적 강점 연구의 시발점인 VIA 프로젝트는 미시간대학 심리학과 교수인 크리스토퍼 피터슨(Christopher Peterson)과 마틴 셀리그먼(Martin Seligman)의 주도하에 진행된 VIA 프로젝트의 결과물 중 하나가 2004년에 발간된 '성격적 강점과 덕목(Character Strengths and Virtues)'이다.

성격적 강점과 덕목은 능력(ability)이나 재능(talent)과 구분되어야 한다. 첫째, 재능과 능력은 강점과 덕목에 비해서 좀 더 선천적으로 타고나는 것이며 환경에 의해 변화되기 어렵고 의도적으로 나타내기 어려운 것이다. 둘째, 강점과 덕목은 그 자체로 긍정적인 가치를 지니는 반면, 재능과 능력은 그 자체보다 구체적 성과에 의해서 가치를 지닌다.

VIA 분류체계(VIA Classification of Character Strengths and Virtues)에 포함된 6개의

핵심덕목은 지혜 및 지식(wisdom & knowledge), 인간미(humanity), 용기(courage), 절제(temperance), 정의(justice), 초월(transcendence)이다. 이 핵심덕목은 상위 6개 덕목(the high six)이라고 부른다.

첫 번째, 지혜 및 지식(wisdom & knowledge)과 관련된 강점들은 더 나은 삶을 위해서 지식을 습득하고 활용하는 것과 관련된 인지적인 강점들로 삶에서의 지혜로운 판단과 지적인 성취를 돕는 강점들이다. 즉, 창의성, 호기심, 개방성, 학구열, 지혜로 구성되어 있다.

두 번째, 인간미(humanity)와 관련된 강점들은 다른 사람을 보살피고 친밀해지는 것과 관련된 대인관계적 강점들을 의미한다. 즉 사랑, 친절성, 사회지능으로 구성되어 있다.

세 번째, 용기(courage)와 관련된 강점들은 내면적이거나 외부적인 난관에 직면하더라도 추구하는 목표를 성취하려는 의지와 관련된 강점들이다. 즉, 용감성, 끈기, 진실성, 활력으로 구성되어 있다.

네 번째, 절제(temperance)와 관련된 강점들은 지나침으로부터 우리를 보호해주는 긍정적 특질들로서 극단적인 독단에 빠지지 않는 중용적인 강점들이다. 즉, 용서, 겸손, 신중성, 자기조절이 포함된다.

다섯 번째, 정의(justice)와 관련된 강점들은 건강한 공동체 생활과 관련된 사회적 강점을 말한다. 즉, 시민정신, 공정성, 리더십으로 구성되어 있다.

마지막 초월(transcendence)과 관련된 강점들은 현상과 행위에 대해 의미를 부여하고 커다란 세계인 우주와의 연결성을 추구하는 초월적 또는 영적 강점을 의미한다. 즉, 감상력, 감사, 낙관성, 유머감각, 영성을 포함한다.

행복한 사람은 인간관계가 좋다

행복한 사람은 긍정적인 인간관계를 누리고 있다. 긍정적인 인간관계는 주관적 안녕에 긍정적 영향을 미치는 정서적 친밀감과 사회적 지지를 제공한다. 배우자, 가족, 친구와의 관계에서 경험하는 친밀감은 삶의 만족도를 예측하는 가장 강력한 변인으로 알려졌으며, 이는 물질적 풍요, 건강 및 여가활동보다 더 강력한 예측요인이었다(Cummins, 1996). 좋은 사람들과 친밀하고 지지적인 관계 속에서 살고 있다고 느낀다면, 자존감과 자신감이 높아질 뿐만 아니라 어려움에 적극적으로 잘 대처하게 될 것이며 심리적 장애를 나타낼 가능성도 줄어든다.

주관적 웰빙을 가장 일관성 있게 잘 예측하는 요인은 인간관계이다. 인간의 주요한 활동영역 중에서 전반적인 삶의 만족도를 가장 잘 예측하는 것은 결혼 및 가정생활이다. 또한 인생에서 가장 소중한 것이 무엇이냐고 물었을 때 가장 흔한 대답은 친밀한 인간관계이다(Emmons, 1999).

긍정적인 인간관계를 행복의 필수적인 요소로 들고 있다. 많은 연구들은 삶의 만족과 행복에 기여하는 가장 중요하면서도 단일한 원천은 다른 사람과의 긍정적인 관계라고 결론 내리고 있다. 긍정적인 인간관계는 그 자체로 만족감을 주게 된다. 다른 사람과 관계를 맺고자 하는 것은 인간의 기본적인 내재적 욕구이기 때문이다(Deci & Ryan, 1985). 다른 사람과의 연결감과 사회적 지지는 전반적인 육체적 기능을 향상시킬 뿐만 아니라 질병으로부터의 회복을 추진한다(Cohen & Herbert, 1996). 인간관계의 결여는 흡연보다도 더 강력한 수명 단축요인으로 알려져 있다(House, Landis, & Umberson, 1988). '최근에 일어난 가장 괴로운 일'이 무엇이냐고 물었을 때 응답자의 50% 이상이 인간관계, 특히 중요한 사람과의 이별이나 갈등을 들었다. 사람들이 심리치료를 받게 되는 가장 흔한 문제 역시 인간관계 문제이다(Pinsker, Nepps, Redfield, & Winston, 1985). 고통스러운 인간관계는 신체적 건강에도 해로운 영향을 끼쳐서 면역기능을 저하시킨다(Kiecolt-Glaster, 1999). 이처럼 인간관계는 우리의 행복과 불행에 심각한 영향을 미치는 매우 중요한 삶의 영역이라고 할 수 있다.

행복한 사람은 자존감이 높다

행복한 사람은 자존감이 높다. 자존감(self-esteem)은 자기 자신에 대한 전반적인 긍정적 평가와 우호적 태도를 의미하는데, 자존감은 행복, 주관적 안녕의 매우 강력한 예측변인으로 알려져 있다(Campbell, 1981). 자존감은 개인의 다양한 적응적 기능과 밀접하게 관련되어 있다. 긍정적 자존감을 지닌 사람은 인간관계에서의 만족도, 친밀감, 타인을 배려하는 능력, 생산적 수행능력 등이 높을 뿐만 아니라 분노를 잘 조절하며 반사회적 행동을 하지 않는 경향이 있다(Hoyle, Kernis, Leary, & Baldwin, 1999).

행복한 사람은 낙관적이다

행복한 사람은 낙관적인 태도를 지닌다. 심리적 개념인 낙관성(optimism)은 미래에 대해서 긍정적인 기대와 전망을 하는 인지적 경향성을 의미하는데, 3가지 특징을 가진다(권석만, 2008). 첫째는 미래에 일들이 긍정적인 방향으로 잘 펼쳐질 것이라는 전반적인 기대를 뜻하는 기질적 낙관성(dispositional optimism)이고, 둘째는 자신의 행동과 노력으로 인해서 추구하는 목표를 성취할 수 있을 것이라는 믿음을 의미하는 희망(hope)이며, 셋째는 사건의 원인을 자신에게 유리한 긍정적 방향으로 돌리는 설명방식(explanatory style)이다. 낙관성이 높은 사람들은 자신의 행복도와 삶의 만족도가 높은 것으로 보고한다. 물론, 비현실적인 낙관성은 거짓된 안전감과 잘못된 위험 지각을 하게 하여 불행한 결과를 초래할 수도 있기 때문에 낙관성이 장기적인 행복 증진에 기여하려면 현실적인 근거에 바탕을 두고 있어야만 한다(Schneider, 2001).

행복한 사람은 외향적이다

행복한 사람은 외향적인 사람이다. 행복과 외향성은 높은 상관이 있다고 일관성 있게 보고되고 있을 뿐만 아니라 일부 연구에서는 그 상관이 무려 .80 수준인 것으로 보고되기도 했다(Fujita, 1999). 외향적인 사람들이 긍정정서 성향, 즉 긍정적 보상에 대한 민감성을 타고나서 긍정적 사건에 더 강하게 반응하기 때문에 이들은 사건들을 긍정적으로 기억하고 나중에 긍정적인 것으로 회상하는 경향이 있다(Seidlitz & Diener, 1993). 외향성은 요즘과 같이 매우 사교적인 시대에 잘 맞는 성격특질이라고 할 수 있다(Moskowitz & Cote, 1995).

행복한 사람은 자신에게 통제력이 있다고 생각한다

행복한 사람은 내적 통제자이다. 지각된 통제감(sense of perceived control)은 개인적으로 중요한 삶의 사건들에 대해서 자신이 통제할 수 있다는 신념을 의미한다. 내적 통제 소재(internal locus of control)를 지닌 사람들이 외적 통제 소재를 지닌 사람들보다 다양한 측면에서 주관적 웰빙 수준이 더 높다는 것을 보여주고 있다(Lefcourt, 1981). 피터슨(Peterson, 1999)은 개인적 통제감(sense of personal control)이란 "좋은 결과를 극대화하고 나쁜 것은 최소화하는 방향으로 스스로 행동할 수 있다는 믿음"이라고 정의하면서 어떤 일을 하게 되었을 때 우리에게 정서적, 동기적, 행동적, 생리적 활력을 북돋우는 것이라고 설명했다.

행복한 사람은 목적의식이 분명하다

행복한 사람은 인생의 목적의식을 지니고 있다. 인생의 목적의식이 반드시 종교적 신념과 연관되는 것은 아니다. 연구에 따르면, 그것이 어떤 것이라도 자신에게 의미 있는 다양한 목표를 적극적으로 추구할수록 행복감이 증진될 수 있다(Oishi, Diener, Suh,

& Lucas, 1999).

행복한 사람은 건강하다

건강은 행복과 쌍방향적 관계이다(Baumgardner & Crothers, 2009). 건강이 행복에 기여하고 행복이 또한 건강에 기여한다. 우리의 신체적 건강상태는 우리의 행복수준에 영향을 미친다. 질병과 상해는 통증과 고통을 초래하고 즐겁고 신나는 활동을 할 수 있는 기회를 제한한다. 이런 까닭에 질병은 부정적 정서를 증가시키고 긍정적 정서를 감소시킬 수 있다. 사람들이 자신의 신체적 건강상태에 어떤 중요성과 의미를 부여하느냐에 따라서 건강이 행복에 미치는 영향은 달라질 수 있다. 객관적으로 동일한 질병도 주관적인 평가에 따라서 질병에 적응하고 행복의 자릿점(set point)으로 돌아가지만, 질병이 심각하고 만성화되면 행복과 삶의 만족도는 장기적으로 감소한다.

정신건강도 행복에 강력한 영향을 미친다. 행복한 사람들은 그렇지 않은 사람들보다 더 낮은 수준의 정신질환 증상을 보인다(Diener & Seligman, 2004). 과거에는 우울증이 청소년들 사이에서는 드물었다. 평균 발병연령이 30세였다. 오늘날에는 14세밖에 안 되는 십대들 중의 상당수가 우울증을 앓고 있다. 대부분 정신장애에서 나타나는 심리적 고통, 부정적 정서, 불안 등이 높아지는 것은 삶의 만족도를 낮추고 개인적 행복감을 부족하게 만든다.

행복한 사람은 일을 한다

행복을 위해서는 할 일이 있어야 한다. 행복한 사람은 자신의 일에서 만족을 찾고, 일에 대한 만족은 개인의 행복에 기여한다. 실직은 행복에 즉각적이고 부정적인 영향을 미친다. 실직은 우울증과 신체적 질환을 앓을 위험성을 높이고 자존감을 떨어뜨리며 불행감을 증가시킨다(Argyle, 2001; Diener & Seligman, 2004; Layard, 2005).

직업은 행복에 있어서 매우 중요하다. 직업은 경제적 소득을 얻을 뿐만 아니라 개인의 잠재능력을 발휘하고 인생의 의미를 찾는 행복의 주요한 원천이다. 직업을 가진 사람들은 미취업자보다 더 행복하다. 행복과 직업만족도의 상관은 약 .40으로서 상당히 높은 것이다(Diener et al., 1999). 행복한 사람은 직업적 활동에 있어서 더 생산적이며, 직장에서 생산적인 성과를 나타내는 사람은 더 행복하다.

행복한 사람은 공부를 즐긴다

지능과 행복 간의 상관은 유의미하지 않다. 지능이 높다고 더 행복한 것은 아니다. 그러나 교육을 많이 받은 사람이 교육을 적게 받은 사람보다 약간 더 행복하다. 높은 교육수준은 개인적 만족과 재정적 보상을 더 많이 주는 직업을 선택할 수 있는 기회와 자유를 더 갖게 해준다. 아가일(Argyle, 2001)에 의하면, 많은 교육을 받는 것은 더 높은 주관적 웰빙, 더 좋은 정신적 · 신체적 건강, 증가된 개인적 통제감 및 더 많은 타인의 지지 등과 관련이 있다.

그러나 교육수준이나 지능수준은 행복과 관련이 없는 것으로 나타났다. 교육수준이 행복도와 정적인 상관을 보이긴 하지만 그 상관 정도가 상당히 미약한 것으로 밝혀졌다(Argyle, 1999). 오히려 실업상태에서는 교육수준이 높은 사람이 낮은 사람보다 더 많은 불행감은 느끼는데, 이는 기대수준이 높기 때문인 것으로 해석되고 있다. 지능수준 그 자체도 행복도에 영향을 미치지 못했다.

행복한 사람은 돈이 아주 많지도 아주 적지도 않다

사람들은 돈으로 행복을 살 수 없다는 것을 알고 있다. 하지만 실제 행동은 돈으로 행복을 살 수 있는 것처럼 한다. 지난 30년에 걸친 대학생 조사 연구는 사람들의 삶에서 돈이 차지하는 중요성이 증가하고 있음을 보여준다. 1970년대에는 불과 39%의 학생들만 돈이 인생의 주요 목표라고 했는데, 1998년에 실시한 조사에서는 74%에 해당하는 대다수의 학생들이 인생의 주요 목표가 부자가 되는 것이라고 하였다(Myers, 2000). 하지만, 전반적으로 돈은 가난한 사람들에게 있어서는 웰빙에 상당한 기여를 하지만, 그 사회에 속한 다른 사람들과 비교해서 평균적인 수준의 소득을 가지고 있는 사람들은 돈이 행복에 거의 영향을 미치지 않는다.

대부분의 미국인들은 과거에 비해서 더 부유해졌지만, 더 행복하지는 않다. 정신건강 통계치는 물질적 풍요가 증가할수록 감소하기는커녕 오히려 증가하였다. 예를 들어, 신경쇠약을 경험한 사람들은 1957년에는 18.9%, 1976년에는 20.9%, 1996년에는 26.4%까지 상승하였다(Swindle, Heller, Pescosolido, & Kikuzawa, 2000).

행복한 사람이 돈을 더 많이 버는가? 답은 그렇다. 멜론재단과 UCLA가 미국 내 수백 개 대학의 수천 명의 신입생을 대상으로 연구한 결과에 의하면, 대학에 들어올 때 가장 유쾌했던 학생들이 덜 유쾌했던 학생들에 비해 돈을 더 많이 벌었고, 직업만족도도 더 높았으며, 실직경험이 더 적었다(Diener, Nickerson, Lucas, & Sandvik, 2002).

유쾌한 대학생이 덜 유쾌한 학생에 비해서 더 많은 돈을 버는 이유는 다음과 같다. 첫째, 유쾌한 모습은 학생에게 '할 수 있다'는 태도를 심어줘서 새로운 도전을 하게 하고 실패했을 때도 덜 좌절하게 한다. 둘째, 유쾌함은 다른 사람들이 좋아하는 긍정적인 자질이어서 사람들이 가까이하고 함께 일하는 것을 편하게 여긴다. 셋째, 유쾌한 사람은 자신의 생각을 더 잘 설득시키고 다른 사람이 도움과 지지를 주도록 마음먹게 만드는 데도 유능하다. 끝으로, 유쾌한 사람은 쾌활하고 긍정적인 태도로 인해 다른 사람들의 호감을 더 받으며, 수행평가도 더 높게 받게 된다.

행복한 사람은 결혼을 했다

결혼은 행복과 밀접한 관계가 있다(Baumgardner & Crothers, 2009). 우리들 중 약

90%는 결혼을 하고 그중 대다수가 그 전보다 더 행복해졌다(Myers, 2000). 매우 행복하다고 말하는 사람들의 비율은 기혼자들은 40%로, 26%인 미혼자들의 거의 두 배 가까이 높았다. 미혼이거나 이혼했거나 별거 중이거나 혼자 된 사람들보다 부부로 있는 사람이 더 행복해했다(Diener et al., 1999). 결혼과 행복의 관계는 미국과 유럽의 대규모 조사에서도 일관되게 확인되었다. 소득과 나이와 같은 오염변인들을 통제한 뒤에도 결혼과 행복의 관계는 여전히 유의미하였다(Gove, Hughes, & Style, 1983). 직장상태와 건강과 같은 삶의 다른 영역들과 비교할 때 결혼해서 가족을 갖는 것이 삶의 만족도와 행복에 가장 강하게 관련되는 것으로 반복해서 확인되고 있다(Inglehart, 1990).

물론 선택효과(selection effect)를 염두에 두어야 한다(Veenhoven, 1988). 이것은 결혼을 해서 더 행복해진 것이 아니라, 결혼한 사람이 미혼자에 비해서 결혼 전부터 이미 더 행복했을 가능성이 있다는 것이다. 행복한 사람들은 행복하지 않은 사람보다 더 바람직한 결혼 파트너이기 때문에 결혼할 가능성이 더 높아질 것이고, 이런 연유로 결혼을 더 빨리 했을 수 있다는 가정에 기반을 둔 것이다.

행복한 사람은 다양한 긍정적인 경험을 한다

행복한 사람은 살아가면서 다양한 긍정적인 경험을 겪는다. 사랑과 친밀감, 몰입경험, 절정경험, 고원경험 등 다양한 긍정적인 체험을 하게 된다.

우리는 어떤 사람과 사랑이나 친밀감을 느낄 때 행복감을 느낀다. 사랑은 삶 속에서 특별하게 경험하는 강렬한 긍정적 체험이다. 이 밖에 친구 간의 우정과 친밀함, 타인과의 신뢰감 등과 같이 인간관계에서 다양한 긍정적 체험을 하게 된다.

몰입경험(flow)은 어떤 일을 하면서 고도의 집중상태에서 즐겁게 몰입하는 긍정적인 심리상태로서 미하이 칙센트미하이(Mihalyi Csikszentmihalyi, 1975)가 명명한 용어이다.

절정경험(peak experience)은 인생의 과정에서 경험하게 되는 매우 기쁘고 흥분되는 감격적인 순간으로서 강렬한 행복감을 준다. 정서적인 속성이 강한 절정경험에 비해서 고원경험은 어떤 깨달음을 수반하는 인지적 요소를 지니고 있다. 절정경험은 의도하지 않게 찾아오는 순간적인 경험이기 때문에 그러한 상태에 머무를 수가 없다. 고원경험(plateau experience)은 평정상태, 즉 현재 순간에 대한 자각과 이완상태이다. '지금 여기'의 경험에만 국한하여 세상을 협소하게 보는 것이 아니라 넓은 관점에서 새롭게 보게 된다. 즉, '지금 여기'에 매몰되지 않은 채 많은 것들과의 연관성 속에서 사물을 보기 때문에 매사가 새롭게 느껴지며, 강렬하지는 않지만 평온함 속에서 세상의 소중함과 아름다움을 경험하게 된다(Cleary & Shapiro, 1995).

행복한 사람이 되려면

정말로 행복한 사람처럼 미소 짓고 몰두하고 에너지와 열정을 흉내 내면 행복에 따르는 유익한 것들, 예를 들어, 미소에 대한 답례, 돈독한 우정, 일터나 학교에서의 성공 등을 얻을 수 있을 뿐만 아니라 정말로 더 행복해진다(Lyubomirsky, 2008). 행복감을 신체적으로 표현해 보이면 우리는 그것을 적어도 약간은 느낄 수 있게 된다. 미간을 펴고 미소주름을 만들고 손을 펴면 그대로 기쁨을 더 많이 체험하게 된다. 반대로 미간을 찌푸리고 이마주름을 찡그리고 주먹을 꽉 쥐면 그대로 짜증을 더 많이 체험하게 된다. 우리의 얼굴과 몸 그리고 음성이 뇌에 신호, 즉 피드백을 보내서 우리가 특별한 감정을 느끼고 있다고 알려주면 뇌가 놀랍게도 그것을 실제로 느끼게 이끌어준다.

참가자들이 미소를 짓는 것처럼 치아에 사인펜을 직접 물거나 찌푸린 것처럼 오므린 입술 사이에 물고 있었던 연구(Strack, Martin, & Stepper, 1988)에서, 참가자들에게 만화를 보여주고 얼마나 재미있는지를 평가하라는 지시를 한 결과 자신도 알지 못하는 사이 얼굴 근육을 미소 지을 때처럼 만들고 있었던 참가자들이 찌푸리는 표정을 지었던 사람들보다 만화를 더 유머러스하다고 평가하였다. 이처럼 행복한 얼굴표정과 자세를 취하는 것만으로도 기쁨을 체험하는 데 상당한 도움을 받을 수 있다는 사실을 알려준다. 그 효과가 그리 대단치는 않다. 훈련된 배우들에게 진짜 미소를 짓는 모습이 되도록 얼굴 근육을 움직이도록 – 눈을 둘러싸고 있는 안륜근을 수축시키고 입술 끝을 위쪽으로 끌어당기는 대협골근을 수축시키는 것 – 요청했을 때 배우들은 긍정적이고 행복한 느낌을 받았다고 보고했다. 그런데 그 느낌은 실제 행복감이라기보다는 '마치 내가 행복한 것 같았다'는 느낌에 더 가깝다는 반응이었다(Levenson, Ekman, & Friesen, 1990).

감정을 신체적으로 표현하는 능력에 장애가 있으면 그 감정을 느낄 수 있는 능력도 심각하게 영향을 받는다. 뫼비우스 증후군(möbius syndrome)은 얼굴 근육을 움직이는 능력이 상실되는 선천적 장애다. 실제로 뫼비우스 증후군 환자들은 무심하게 굳어진 표정만 지니고 있다. 그런 환자들은 감정을 생각할 뿐 체험할 수 없다고 주장한다. 한 환자는 "나는 실제로 행복하거나 슬프다고 느끼지는 못하고, 행복하거나 슬프다고 생각한다"라고 응답했다(Cole, 1998).

사람들은 나이가 들면서 자신의 성격에 맞는 표정주름을 갖게 된다. 아주 고령의 무척 행복한 사람은 얼굴에 행복한 표정이 고정된 것처럼 보이며 평생 슬프거나 화가 났던 사람은 슬픈 또는 화난 표정이 얼굴에 새겨진다. 만약에 '슬프거나 화가 난 주름을 제거해 버리면 실제로 더 행복해질까? 만약 얼굴표정 피드백 가설이 옳다면 '그렇다'는 대답이 나온다. 36세에서 63세에 이르는 여성들은 짧게는 2년에서 길게는 17년 동안 우울증을 앓았다. 모든 환자들은 일명 보톡스라고 하는, 근육을 마비시키는 보툴리눔 톡신 A(botulinum toxin A)주사를 찡그린 주름 부위 – 콧등, 미간과 그 바로 윗부분 –에 맞았다. 2개월이 지났을 때 10명의 참가자들 중의 9명은 더 이상 우울증 증세를 보이지 않았으며 나머지 한 명도 상당히 호전되었다. 찌푸린 주름을 제거하면 확실히 다른 사람들이 우리를 더 행복하고 매력적인 사람으로 인식하게 된다. 그리고 본인들도 실제로 더 행복하다고 느낀다.

'나는 이 사진에 포즈를 취하고 싶지 않은데'라고 생각하며 짓는 어정쩡한 미소나 '이건 썰렁한 농담인데'라는 싱거운 웃음까지 포함해서 모든 미소나 웃음이 긍정적인 웰빙의 느낌을 살짝 상승시켜 준다. 이런 미세한 변화는 문제에 대응하거나 사회적 관계를 맺을 때 강력한 상승작용을 일으키는 초기 에너지를 제공할 수도 있다. 이에 따라 불안과 고통이 줄어들고 행복감과 기쁨이 점점 더 커질 수 있다. 한번 미소 짓고, 웃고, 몸을 쭉 펴고, 활기차게 행동하며 포옹을 해보라. 마치 자신만만하고 낙관적이며 외향적인 사람인 것처럼 행동해 보라. 그러면 우리는 역경을 다스리고 이겨내며 사람들과 수월하게 유대를 맺고 친구를 사귀며 사람들에게 영향을 주고 더 행복한 사람이 될 것이다.

행복 지속의 5가지 비결

행복은 아주 드물게 찾아오는 거창한 행운보다는
매일 일어나는 자잘한 편리함과 기쁨 속에 깃들어 있다.
— 벤저민 프랭클린(Benjamin Franklin)

행복을 지속시키는 5가지 비결이 있다(Lyubomirsky, 2008). 잠시 동안 더 행복해지는 것은 비교적 쉬운 일이다. 그러나 새롭게 도달한 행복의 수준을 유지하는 것은 진짜 어려운 도전과제다. 우리는 의도적인 활동을 함으로써 행복의 40%를 바꿀 수 있는 힘을 가지게 된다. 행복수준을 장기적으로 향상시키려면 5가지 비결을 준수해야 한다.

긍정적인 감정을 유지하라

행복한 순간을 많이 만들어라. 실제로 자주 체험하는 긍정적인 감정, 즉 기쁨, 즐거움, 만족, 평온, 호기심, 흥미, 활기, 열정, 활력, 전율, 자부심과 같은 감정이 바로 행복의 징표이다(Diener, Sandvik, & Pavot, 1991). 모든 인간이 부정적인 감정을 견디며 살아가지만 행복한 사람들은 그렇지 못한 사람들보다 긍정적인 상태를 더 자주 경험한다. 긍정적인 감정이 행복한 사람들을 만든다. 의식적인 노력을 기울여서 얻어지는 지속적인 긍정적 체험은 오랜 기간 특별히 행복한 상태를 유지하도록 도와줄 것이다. 갑자기 금전적인 횡재를 했다면 그 돈을 커다란 한 가지 일에 몽땅 써버리는 것보다 매일 또는 매주 기분 좋은 여러 가지 일에 나누어 쓰는 게 궁극적으로 훨씬 더 행복해지는 방법이다.

긍정적인 감정은 대개 지속기간이 아주 짧기 때문에 그런 감정을 사소한 것으로 생각하는데 그것은 큰 잘못이다. 한순간의 기쁨은 그저 기분 좋게 만들어주는 데 그치지 않고 그런 순간은 삶의 지평을 넓혀주고 사회적 · 신체적 · 지적인 능력을 높여준다(Fredrickson, 2001). 긍정적인 감정은 상승나선 효과를 만들어 낸다. 긍정적인 감정이 조금 상승하면서 일어나는 크고 작은 변화들이 누적됨으로써 긍정적인 감정이 우리를 정말로 더 행복한 사람으로 변화시켜 준다. '행복하게 살 때 우리는 상승음계를 타고 올라가는 삶을 살게 된다'고 『보물섬』의 작가 로버트 루이스 스티븐슨이 말했다.

사람들은 왜 지진이나 해외여행, 결혼이나 이혼과 같이 크고 극적인 사건들만 중요하다고 생각할까? 우리가 기대하고 기억하고 되씹고 다른 사람들과 이야기하는 것들은 바로 그런 사건들이기 때문이다. 우리는 삶에서 특별하고 중요한 에피소드만 알아보고 기억하는 경향이 있다. 그래서 평범한 364일보다 무슨 일이 크게 잘 되거나 잘못되었던 단 하루만을 기억한다. 그러나 평범한 날에 겪었던 긍정적인 감정들을 제대로 이해한다면 우리의 관점이 완전히 바뀔 수 있으며 방금 전까지 존재하는지 몰랐던 새로운 가능성에 마음을 열 수 있게 된다. 긍정적인 체험은 단지 기분이 좋다는 데서 그치지 않고 새로운 통찰과 이해를 주고 사람을 변화시킨다. 세상을 전혀 다른 눈으로 보도록 자극한다. 행복한 순간은 가능성과 희망의 느낌을 준다.

우울증은 긍정적인 감정의 결여가 주된 특징인 증후군으로 즐거움과 호기심, 만족과 열정이 결여된 상태, 다시 말해서 텅 빈 그릇 같은 상태다(Davidson, 1998). 실제로 즐거운 사건에서 기쁨을 느끼지 못하는 것이 우울증의 징표다. 나쁜 일이 일어날 것이라고 기대한다는 것보다도 좋은 일이 일어날 것이라는 사실을 믿지 못하는 것이 그들의 문제이다. 우울증에 빠진 사람들은 자신에게 일어났던 즐거운 사건들을 기억하는 데서도 애를 먹었다. 부정적인 사건이 우울증의 회복을 저지하기보다는 긍정적인 사건이 회복에 시동을 건다. 우울증의 호전이나 회복은 긍정적인 사건, 특히 여성들에게 '새 출발'의 느낌을 주었던 사건을 통해서 촉발되었다. 우울증을 완화시키는 데 가장 효과적인 활동은 긍정적인 감정, 그것을 둘러싼 긍정적인 생각들, 그리고 긍정적인 체험이나 사건을 증가시켜 주는 활동들이다.

우리의 일상에서 감정, 생각, 체험은 연결되어 있으며 대개는 함께 일어난다는 사실에 주목할 필요가 있다. 행복전략은 긍정적인 감정을 증가시키고 긍정적인 사고를 배양하며 긍정적인 체험에 불을 붙여주는 전략들이다. 기쁨, 만족 또는 자부심의 느낌은 사람들이 자기 삶의 '큰 그림'을 보도록 도와주고 스트레스나 정신적 외상을 겪는 와중에도 '심리적인 휴식기'를 제공해 불쾌한 사건의 고통을 완화시켜 줄 수 있다. 역경에 처했을 때 동원되는 긍정적인 느낌은 이렇게 스트레스를 주는 체험으로부터 벗어나도록 도와줌으로써 회복력을 높일 수 있다.

행복활동은 긍정적인 사고를 증진시켜 준다. 인지이론(cognitive theory)과 절망이론(hopelessness theory)은 부정적이고 역기능적인 생각이 우울증의 근원이라고 본다. 비관적이고 우울한 태도와 기억이 슬픔, 분노, 질투, 두려움과 같은 부정적인 감정에 불을 붙이며 그것이 또 부정적인 사고를 낳는 식으로 악순환에 빠져들도록 만들기 때문이다. 이와는 대조적으로 행복활동은 부정적인 사고양식을 떨쳐버리도록 도와줌으로써 부정적인 편견을 중화시켜 줄 수 있다. 행복활동은 긍정적인 체험을 촉진한다. 관계에 투자하는 활동을 실천하면 가족과 친구들과 함께 있을 때 편안하고 만족스러운 시간을 가지게 된다. 친절을 실천하면 갑자기 자신이 유능하고 인정받는다고 느끼게 된다. 몰입을 많이 체험할수록 더욱 생산적이고 성공적으로 일상생활에서 더 많은 활동과 즐거움을 누리게 된다.

미국 국민들 중 11%가 '생기가 없다'고 한다. 임상적 우울증을 앓는 것은 아니지만 침체되고 공허한 삶을 살고 있으며, '조용한 절망의 삶'을 이어가고 있다. 즐거움을 조롱하지 마라. 시시껄렁한 쇼를 보면서도 즐거움을 발견할 수 있고 천체물리학 강의에 몰입해서 즐거움을 발견할 수도 있다. 2가지 기쁨 모두 행복한 삶에 기여하며 2가지 즐거움 모두 자신이 더 사교적이고, 더 활기 있고, 더 수완이 있다고 느끼게 해주는 등 여러 가지 유익을 줄 수 있다. 수많은 연구들이 근원이 무엇이든 상관없이 행복한 기분은 사람들을 보다 생산적이고 더 호감이 가고, 건강하며, 적극적이고, 친절하며, 도움을 주고, 회복력이 강하며, 창의적이게 해준다는 사실을 보여주었다. 이 말은 긍정적인 감정이 실제로 우리가 목표를 달성하도록 도와주며 삶의 의미와 목적을 추구하도록 도와준다는 뜻이다. 사람들은 행복한 기분이 들면 자신의 삶을 더 의미 있는 것으로 인식하게 된다. 긍정적인 감정을 더 많이 체험할수록 그날이 더 의미 있다고 평가한다(King, Hicks, Krull, & Del Gaiso, 2006). 진지함과 위대함은 반드시 엄숙함을 동반해야 한다는 것은 그릇된 통념에 불과하다.

행복의 근원이 무엇인가에 따라서 그 체험이 저절로 유지될 수 있는지 여부가 달라질 수 있기 때문에 행복한 순간의 근원은 중요하다. 올바르지 않은 쾌락에서 느끼는 환희가 어렵게 노력해서 얻은 환희와 마찬가지로 지적, 사회적, 신체적 유익함을 유발할 수 있긴 하다. 그렇지만 올바르지 않은 쾌락은 금방 사라지며 나아가 쾌락으로부터 깨어날 때 죄책감이나 또 다른 부정적인 느낌을 남길 수 있다. 행복전략을 통해서 얻는 즐거움은 지속적으로 반복되며 저절로 강화된다. 그 한 가지 이유는 그러한 즐거움은 죄책감이 담긴 즐거움과 달리 노력해서 자기 힘으로 얻은 것이기 때문이다. 자신이 능력과 책임을 가지고 있다는 느낌 자체도 강력한 행복증진 효과를 발휘한다. 긍정적인 감정의 근원이 월드컵게임이나 초콜릿이나 와인 한 잔이 아니라 우리 자신일 때 그 행복한 감정은 지속적으로 기쁨을 주고 행복하게 해 줄 것이다. 긍정적인 감정의 근원이 우리 자신일 때 그 감정은 재생될 수 있다.

최적의 타이밍에 맞춰서 변화하라

무엇을 해야 할지 알아내는 것도 물론 중요한 진전이지만 그것을 정확히 어떻게 실천할 것인지 아는 것이 중요하다. 유머와 마찬가지로 행복활동에도 타이밍이 중요하다. 적응이 일어나는 것을 방지할 수 있도록 시간을 맞추어야 한다. 각 활동이 참신하고 의미 있고 긍정적으로 지속되도록 실행빈도를 조절할 필요가 있다. 제대로 맞아 들어가 효과를 보기 시작할 때까지 행복활동을 실행하는 시기와 빈도를 조절해 가면서 타이밍을 정하는 여러 가지 방법을 실험해 볼 필요가 있다. 정통 유대교 부부들은 여성의 생리기간 전후 7일간은 친밀한 접촉은 물론이고 서로 만지는 것도 금한다. 부주의하게 몸이 닿는 일이 없도록 일상적인 행동조차도 신중히 한다. 이런 규칙은 어떤 사람들에게 정신 나간 짓으로 보이겠지만, '사랑과 열정의 불꽃을 유지한다'는 의도하지 않은 부차적인 효과를 가져온다.

행복활동은 같은 상태로 그대로 남아 있지 않고 역동적이기 때문에 빨리 적응되지 않는다. 사람들이 소유물 대신에 어떤 체험에 시간과 자원을 투자하면 더 행복해진다(Van Boven, 2005). 그 이유는 첫째, 물질적인 대상과 비교했을 때 체험은 시간이 흐르면서 개선될 가능성이 더 높다. 둘째, 사람들은 소유물과는 달리 자신의 체험을 평가할 때 더 운이 좋은 다른 사람들의 체험과 비교해서 좋지 않게 평가할 가능성이 낮다. 셋째, 체험은 사회적 가치가 더 높으며 좋은 관계를 조성해 줄 가능성이 높다. 끝으로, 여러 가지 체험은 쾌락적응에 비교적 덜 영향을 받는다.

다양한 활동을 구사하는 것도 행복활동의 효과를 강화할 수 있는 또 다른 중요한 방법이다. 다양하게 행동하면 적응이 일어나는 것을 막을 수 있다. 사람들은 행동에 변화를 추구하는 경향이 있는데, 그 이유는 생각과 행동의 변화가 본질적으로 즐겁고 자극적이기 때문이다(Ratner, Kahn, & Kahneman, 1999). 10주 동안 친절행위를 다양하게 해볼 기회가 주어졌던 참가자들이 더 많이 행복해졌으며 그 상태를 유지했다. 그렇지만 매주 비슷한 활동을 했던 참가자들에게서 친절전략은 역효과를 냈다. 이처럼 다양성은 활동의 효과를 극대화하는 결정적인 방법이다. 행복활동을 시작할 때는 방법에 변화를 주어야 한다. 물론 노력도 중요하지만 그것을 어떻게 실천하는가도 역시 중요하다.

사회적 지원을 확보하라

우리는 대부분 광범위한 관계와 사회적 관계망에 속해서 살아간다. 우리는 다른 사람에게 의존해서 살아가며 다른 사람으로부터 도움과 협력을 받지 않고는 많은 목표들을 달성할 수가 없다. 사회적 지원(social support)은 다른 사람, 특히 강력하고 의미 깊은 관계를 맺고 있는 사람들로부터 받은 온갖 도움과 위안을 표현하기 위해 심리학자들이 사용하는 전문용어다. 삶의 도전과 불행에 대응하기 위한 도움을 얻는 데 사회적 지원이 매우 소중하다. 적어도 한 사람의 친구가 있는 여성이 친구가 없는 사람들보다 문제에 더 잘 대응할 수 있다. 사회적 지원은 우리가 목표를 향해 길을 따라가도록 동기를 부여하고 안내해준다. 직장, 인간관계, 개인적인 성장을 포함하는 광범위하고 다양한 목표들을 실현하도록 해준다. 배우자, 자녀, 친구, 부모, 형제 또는 동료의 지원을 받으면 노력과 헌신이 요구되는 행동의 변화를 더 쉽게 이룰 수 있다. 우리에게 커다란 무리가 필요한 것이 아니라 한 사람의 친절한 친구면 족하다는 사실을 기억하라. 사회적 지원은 행동변화와 함께 작용하는 필수적인 요인이다. 배우자, 친구, 인생의 코치 또는 다른 동료들은 우리가 동기를 상실하거나 구태의연해질 때 목표를 향해 더 열심히 노력하도록 격려해주는 공명판이 되어줄 수 있다.

동기, 노력, 헌신을 유지하라

성공적인 행복 증진 프로그램의 또 한 가지 필수적인 열쇠는 헌신하고 전심전력으로 노력하는 것이다. 새로운 결심을 끝까지 지킨다는 것은 쉬운 일이 아니지만, 삶에서 훌륭하고 의미 있는 다른 모든 일에 요구되는 노력도 어렵기는 마찬가지다. 동기부여 또는 무엇인가를 이루려는 추진력과 영감은 결심하고 배우고 노력하고 헌신하는 네 번째 단계에서 없어서는 안 될 역할을 한다. 어떤 새로운 시도를 하려고 할 때 자신에게 아이디어와 열정이 넘치는 모습을 보면 강하게 동기부여 되었음을 알 수 있다. 어떤 경험이나 그 결과가 궁극적으로 재미있고 도전적이며 즐겁다고 진심으로 믿기 때문에 무슨 일을 한다면 자신이 강한 동기를 가지고 있다는 것을 알 수 있다. 동기의 효과는 놀랍다. 활동의 종류에 상관없이, 동기를 가지고 있었던 참가자들은 훨씬 더 행복해진 반면에 동기가 없었던 참가자들은 별 변화가 없거나 약간 개선되는 데 그쳤다.

시도하지 않고 노력하지 않고 애쓰지 않고 집요하지 않고 목적을 일관되게 유지하지 않으면 오로지 실패, 주저함, 나약한 마음과 미진한 노력만 남을 뿐이다. 더 행복한 사람이 되는 것이든 금연을 하는 것이든 질병을 치료하는 것이든 어떤 변화를 일으키려면 실천이 핵심이다. 노력과 헌신 외에 왕도는 없다. 매일 새롭게 시작하고 새롭게 헌신하라. 헌신이 흔들리거나 실천하겠다는 결심을 잊어버리거나 실천하지 못할 때가 있다. 그것은 지극히 정상적이고 불가피하며 인간적인 상황이다. 왜냐하면 누구도 완벽하지 않기 때문이다.

좋은 습관을 구축하라

처음에는 가장 힘들지만 시간이 지나면서 새로운 행동과 실천을 반복하여 습관화할

수록 노력이 덜 필요해진다. 우리는 누구나 좋은 습관과 나쁜 습관을 가지고 있다. 습관으로 분류되는 행동들은 결심을 하지 않고 행동한다는 특징이 있다. 그것들은 의도적인 행동이 아니다. 그냥 행동으로 옮긴다. 습관은 반복과 연습을 통해서 형성된다. 긍정적인 사고와 행동전략을 습관화하는 것을 목표로 삼아야 한다.

자기 진단

사람들은 살아가면서 새로운 것을 알아간다. 그리고 조금씩 세상에 대해서 그리고 자신에 대해서 알기 시작하면, 누구나 궁금해 하는 것이 생긴다. 그중에는 이런 궁금함이 있다. "나는 행복한 사람인가?" 혹은 "나는 잘 살고 있는가?" 이다.

개인행복 자기진단척도〈표 1.1〉과 개인-활동 간 적합성척도〈표 1.2〉를 통해 궁금함을 조금이나마 해소해 보자.

〈표 1.1〉은 우리가 얼마나 행복한 사람인가를 알아볼 수 있는 '개인행복 자기진단척도'이다. 이것은 행복한 사람들이 지니는 다양한 특성들에 대한 24개의 문항들로 구성되어 있다. 19번 문항(나는 부정적인 정서경험을 많이 하는 편이다)을 역산하고 합산한 다음에 24로 나누어서 자신의 행복지수를 계산하면 된다.

표 1.1 개인행복 자기진단척도(self diagnosis scale for personal happiness)

No.	문항	전혀 그렇지 않다	그렇지 않다	반반이다	그렇다	매우 그렇다
01	나는 정서적으로 안정되어 있다.	1	2	3	4	5
02	나는 인간관계가 좋은 편이다.	1	2	3	4	5
03	나는 즐길 줄 아는 사람이다.	1	2	3	4	5
04	나는 내세울 만한 대표강점이 있다.	1	2	3	4	5
05	나는 자존감이 높다.	1	2	3	4	5
06	나는 낙천적인 사람이다.	1	2	3	4	5
07	나는 외적 통제자라기보다는 내적 통제자이다.	1	2	3	4	5
08	나는 외향적인 사람이다.	1	2	3	4	5
09	나는 직장이나 학교든 내가 할 일을 가지고 있다.	1	2	3	4	5
10	나는 건강하다.	1	2	3	4	5
11	나는 결혼을 했거나 앞으로 결혼을 할 거다.	1	2	3	4	5
12	나는 정상에 서보는 절정경험이 있다.	1	2	3	4	5
13	나는 돈을 적당한 수준으로 갖고 있다.	1	2	3	4	5
14	나는 하는 일에 흠뻑 빠져드는 몰입경험이 있다.	1	2	3	4	5
15	나는 사람들과 사랑을 주기도 하고 받기도 한다.	1	2	3	4	5
16	나는 친밀한 관계를 유지하는 사람들이 있다.	1	2	3	4	5
17	나는 세상이 소중하고 아름다운 곳이라 생각한다.	1	2	3	4	5
18	나는 긍정적인 정서경험을 많이 하는 편이다.	1	2	3	4	5
19	나는 부정적인 정서경험을 많이 하는 편이다.	1	2	3	4	5
20	나는 내가 행복하다고 생각한다.	1	2	3	4	5
21	다른 사람들은 내가 행복하다고 말한다.	1	2	3	4	5
22	나는 내 삶에 만족해한다.	1	2	3	4	5
23	나는 육체적으로 건강하다.	1	2	3	4	5
24	나는 정신적으로 건강하다.	1	2	3	4	5

표 1. 2 개인–활동 간 적합성 진단

<table>
<tr><td colspan="3">• 다음의 12가지 행복연습을 고려해 보십시오. 오랜 기간 매주 해당 활동을 해야 한다고 상상해 보십시오. 그런 후에 '자연스럽다, 즐겁다, 가치 있다, 가책이 된다, 상황 때문이다' 라는 단어 앞에 마련된 빈 칸에 적당한 숫자(1부터 7까지)를 적어서 각 활동을 평가하도록 하십시오.
• 사람들은 여러 가지 이유로 특정한 일을 합니다. 당신은 왜 이 활동을 지속적으로 할 것인지 다음과 같은 이유를 근거로 평가해 주십시오. 평가는 아래 척도를 사용해 주십시오.</td></tr>
<tr><td>전혀 그렇지 않다</td><td>①–②–③–④–⑤–⑥–⑦</td><td>매우 그렇다</td></tr>
<tr><td colspan="3">(　　) 자연스럽다. 나는 이 활동이 자연스럽게 느껴지고 몰입할 수 있을 것 같기 때문에 계속할 것이다.</td></tr>
<tr><td colspan="3">(　　) 즐겁다. 나는 이 활동이 즐겁기 때문에 계속할 것이다. 이 일이 재미있고 도전적이라고 생각한다.</td></tr>
<tr><td colspan="3">(　　) 가치 있다. 나는 이 일을 가치 있게 생각하고 그것과 일체감을 느낄 수 있기 때문에 이 일을 계속할 것이다. 즐겁지 않아도 기꺼이 할 것이다.</td></tr>
<tr><td colspan="3">(　　) 가책이 된다. 나는 이 활동을 하지 않으면 부끄럽거나 가책을 느끼거나 불안하기 때문에 이 일을 계속할 것이다. 억지로라도 할 것이다.</td></tr>
<tr><td colspan="3">(　　) 상황 때문이다. 누군가가 내가 하기를 원하거나 상황이 나로 하여금 어쩔 수 없이 하게 만들기 때문에 이 일을 계속할 것이다.</td></tr>
<tr><td colspan="3">01. 목표에 헌신하기 : 나에게 의미 있는 하나, 둘, 또는 3가지 목표를 정해서 그것을 추구하는 일에 시간과 노력을 투자한다.
(　　) 자연스럽다 (　　) 즐겁다 (　　) 가치 있다 (　　) 가책이 된다 (　　) 상황 때문이다</td></tr>
<tr><td colspan="3">02. 몰입체험을 늘리기 : 가정과 직장에서 자신을 잊을 수 있을 정도로 도전적이면서 열중하게 만드는 체험을 늘린다.
(　　) 자연스럽다 (　　) 즐겁다 (　　) 가치 있다 (　　) 가책이 된다 (　　) 상황 때문이다</td></tr>
<tr><td colspan="3">03. 삶의 기쁨을 음미하기 : 생각, 글쓰기, 그림 또는 다른 사람과의 나눔을 통해 삶의 순간적인 즐거움과 경이에 유심히 주의를 기울이고 기쁨을 느끼고 되새겨본다.
(　　) 자연스럽다 (　　) 즐겁다 (　　) 가치 있다 (　　) 가책이 된다 (　　) 상황 때문이다</td></tr>
<tr><td colspan="3">04. 감사를 표현하기 : 내가 가지고 있는 것들로 인해서 받은 축복을 헤아려본다. 가까운 사람에게 표현하거나 혼자서 생각이나 일기를 통해서 표현한다. 이제껏 제대로 감사를 표현하지 않았던 한 사람 또는 몇몇 사람에게 감사와 인정하는 마음을 전달한다.
(　　) 자연스럽다 (　　) 즐겁다 (　　) 가치 있다 (　　) 가책이 된다 (　　) 상황 때문이다</td></tr>
<tr><td colspan="3">05. 낙관주의를 기르기 : 내가 도달할 수 있는 최고의 미래를 상상해보고 일기에 적는다. 또는 모든 상황의 밝은 면을 보는 습관을 기른다.
(　　) 자연스럽다 (　　) 즐겁다 (　　) 가치 있다 (　　) 가책이 된다 (　　) 상황 때문이다</td></tr>
<tr><td colspan="3">06. 과도한 생각과 사회적 비교를 줄이기 : 문제에 매달리고 다른 사람과 자신을 비교하는 빈도를 줄이는 전략을 사용한다.
(　　) 자연스럽다 (　　) 즐겁다 (　　) 가치 있다 (　　) 가책이 된다 (　　) 상황 때문이다</td></tr>
</table>

07. 친절을 실천하기 : 친구든 낯선 사람이든, 직접적으로든 익명으로든, 즉흥적으로든 계획적으로든 다른 사람을 위해서 좋은 일을 한다. ( ) 자연스럽다 ( ) 즐겁다 ( ) 가치 있다 ( ) 가책이 된다 ( ) 상황 때문이다
08. 인간관계를 돈독히 하기 : 개선시킬 필요가 있는 관계를 선택해서 그것을 치유하고 강화시키고 확인하고 즐기는 일에 시간과 노력을 투자한다. ( ) 자연스럽다 ( ) 즐겁다 ( ) 가치 있다 ( ) 가책이 된다 ( ) 상황 때문이다
09. 대응전략을 개발하기 : 최근에 겪은 스트레스, 역경, 정신적 외상을 견디고 극복하는 방법을 실천한다. ( ) 자연스럽다 ( ) 즐겁다 ( ) 가치 있다 ( ) 가책이 된다 ( ) 상황 때문이다
10. 용서를 배우기 : 나에게 상처를 주거나 잘못을 했던 한 사람 또는 여러 사람을 향한 분노와 원한을 내려놓으려고 노력하고 그 사실을 일기나 편지에 적는다. ( ) 자연스럽다 ( ) 즐겁다 ( ) 가치 있다 ( ) 가책이 된다 ( ) 상황 때문이다
11. 종교생활과 영성훈련을 하기 : 교회, 성당, 또는 절에 좀 더 적극적으로 나가거나 영성을 다루는 책을 읽고 묵상한다. ( ) 자연스럽다 ( ) 즐겁다 ( ) 가치 있다 ( ) 가책이 된다 ( ) 상황 때문이다
12. 몸을 보살피기 : 신체적인 활동, 명상, 미소짓기, 웃기를 실천한다. ( ) 자연스럽다 ( ) 즐겁다 ( ) 가치 있다 ( ) 가책이 된다 ( ) 상황 때문이다

〈표 1.2〉는 우리가 얼마나 잘 살고 있는가를 알아볼 수 있는 '개인–활동 간 적합성 척도'이다. 이것은 자신과 자신이 하는 활동이 얼마나 잘 들어맞는가를 알아보는 문항들로 구성되어 있다. 5가지 기준(① 자연스러움, ② 즐거움, ③ 가치, ④ 가책, ⑤ 상황)에 비추어서 자신과 자신이 할 12가지 활동들(① 목표에 헌신하기, ② 몰입체험을 늘리기, ③ 삶의 기쁨을 음미하기, ④ 감사를 표현하기, ⑤ 낙관주의를 기르기, ⑥ 과도한 생각과 사회적 비교를 줄이기, ⑦ 친절을 실천하기, ⑧ 인간관계를 돈독히 하기, ⑨ 대응전략을 개발하기, ⑩ 용서를 배우기, ⑪ 종교생활과 영성훈련을 하기, ⑫ 몸을 보살피기) 간의 적합성을 7점 척도상에서 평가하는 것이다

개인–활동 간 적합성 진단은 2단계를 거치게 된다. 1단계는 12가지 행동 하나마다 '가책이 된다'와 '상황 때문이다'의 점수 평균을 '자연스럽다', '즐겁다', '가치 있다'의 점수 평균에서 뺀다. 다시 말해서, 12가지 활동마다 다음과 같이 적합성 점수를 구한다.

$$\text{적합성 점수} = (\text{자연스럽다}+\text{즐겁다}+\text{가치 있다})/3 - (\text{가책이 된다}+\text{상황 때문이다})/2$$

그 다음 2단계에서 적합성 점수가 가장 높은 활동 4가지를 적는다.

개인-활동 간 적합성 진단

1단계 : 12가지 행동 하나마다 '가책을 느낀다' 와 '상황 때문이다' 의 점수 평균을 '자연스럽다', '즐겁다', '가치 있다' 의 점수 평균에서 뺀다. 다시 말해서 열두 가지 활동마다 다음의 점수를 구한다.

적합성 점수 = (자연스럽다+즐겁다+가치 있다)/3 – (가책이 된다+상황 때문이다)/2

2단계 : 적합성 점수가 가장 높은 활동 4가지를 적는다.
1)
2)
3)
4)

오늘의 날짜 :

Chapter

02

행복의 이해

Chapter 02

행복의 이해

우리의 인생에서 가장 중요한 것은 일(work), 사랑(love) 그리고 놀이(play)이다.

정신분석의 창시자, 지그문트 프로이트(Sigmund Freud)

행복은 우연히 외부에서 찾아온 행운이 아니라 그 사람에 의한 올바른 노력의 결과이다. 인간의 행복을 과학적으로 탐구하는 학문 분야가 긍정심리학(positive psychology)이다. 긍정심리학에서 논의되는 행복이라는 개념을 살펴보기 전에 역사적인 관점에서 행복을 살펴보는 것은 인간의 행복에 대한 저변에 깔린 생각과 심리들을 알아내는 데 도움이 될 수 있다.

행복에 대한 관점은 크게 쾌락주의적 관점과 자기실현적 관점으로 나누어 볼 수 있다. 쾌락주의적 관점에서 행복이란 '개인이 주관적으로 경험하는 유쾌한 상태'이다. 좋은 삶이란 쾌락을 최대화하는 대신에 고통을 최소화하는 것이고, 행복은 개인이 자신의 삶에 대해서 만족스럽게 느끼는 주관적인 상태라는 생각이다. 쾌락주의적 관점에서 행복을 탐구하는 심리학자들은 긍정적인 주관적 경험들(웰빙, 행복감, 삶의 만족도, 몰입경험, 긍정정서 등)에 초점을 맞추고 있다.

다른 하나는 자기실현적 관점에서 행복이란 '개인의 잠재적 가능성을 충분히 발현하는 것'이다. 좋은 삶이란 진정한 자기를 발현하는 것이고, 성격적 강점과 덕목을 충분히 계발하고 발휘함으로써 인생의 중요한 영역에서 의미 있는 삶을 구현하는 것이다. 자기실현적 관점을 중시하는 심리학자들은 인간의 긍정적 특질, 즉 성격적 강점과 덕목(지혜, 인간미, 용기, 절제, 정의, 초월)의 연구에 초점을 맞추고 있다.

행복의 정의

행복에 대한 정의는 다양하지만 이 책에서는 "행복이란 즐겁고 의미 있게 살면서 자신의 대표강점을 찾아내고 계발하여 일상생활에 활용해야 한다"라고 정의하겠다. 행복하기 위해서는 우선적으로 즐거워야 한다. 그리고 의미 있어야 한다. 더불어 즐겁고 의미 있게 살기 위해서는 자신의 대표강점을 찾아내고 계발하여 일상생활에 활용하는 것이다.

앞에서도 논의한 것처럼 행복에 대한 관점은 크게 쾌락주의적 관점과 자기실현적 관점으로 나누어 볼 수 있다. 쾌락주의적 관점에서 행복은 '개인이 주관적으로 경험하는 유쾌한 상태'이다. 행복은 개인이 자신의 삶에 대해서 만족스럽게 느끼는 주관적인 상태라는 생각이다. 자기실현적 관점에서 행복은 '개인의 잠재적 가능성을 충분히 발현하는 것'이다. 성격적 강점과 덕목을 충분히 계발하고 발휘함으로써 인생의 중요한 영역에서 의미 있는 삶을 구현하는 것이 행복이라는 생각이다.

전자의 관점에서 행복을 탐구하는 심리학자들은 긍정적인 주관적 경험들(웰빙, 행복감, 삶의 만족도, 몰입경험, 긍정 정서 등)에 초점을 맞추고 있다. 반면에 후자의 관점을 중시하는 심리학자들은 인간의 긍정적 특질, 즉 성격적 강점과 덕목(지혜, 인간미, 용기, 절제, 정의, 초월)의 연구에 초점을 맞추고 있다.

행복의 정의
Definition of Happiness

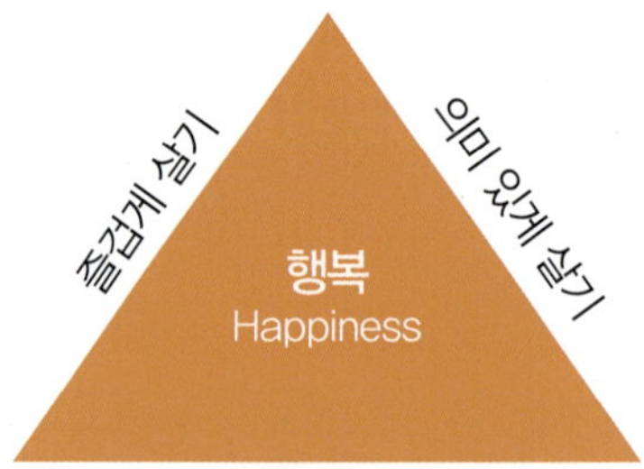

긍정심리학자들은 행복을 추상적인 개념으로 정의하기보다 실증적인 연구를 할 수 있도록 구체적인 방식으로 정의하고자 노력한다. 과학적인 연구를 위해서는 행복을 구체적으로 정의하고 측정하는 작업이 필수적이기 때문이다. 행복을 쾌락주의적 관점에서 탐구하는 연구자들은 주관적 웰빙(subjective well-being)이라는 용어를 선호한다. 주관적 웰빙은 개인이 자신의 삶을 긍정적으로 경험하는 주관적인 심리상태를 의미한다. 또한 삶에 대한 인지적 평가에 초점을 맞추어 삶의 만족도(life satisfaction) 또는 삶의 질(quality of life)이라는 용어가 사용되기도 한다.

키이스와 로페즈(Keyes & Lopez, 2002)는 진정한 행복과 긍정적 정신건강이 정서적 · 심리적 · 사회적 웰빙이라는 3가지 측면으로 구성된다고 하였다. 즉, 진정으로 행복하고 건강한 삶은 긍정정서를 반영하는 정서적 웰빙(emotional well-being), 개인의 원활한 기능수준과 적응상태를 반영하는 심리적 웰빙(psychological well-being) 그리고 적극적인 사회적 참여와 기여를 뜻하는 사회적 웰빙(social well-being)으로 이루어진다는 것이다.

주관적 웰빙의 정서적 요소는 긍정정서와 부정정서를 말한다. 주관적 웰빙의 인지적 요소는 개인이 설정한 기준과 비교하여 삶의 상태를 평가하는 의식적이고 인지적인 판단을 의미하며 삶의 만족도라고 지칭된다. 일반적으로 정서적 반응은 단기적인 상황 변화에 대한 직접적인 반응으로서 지속기간이 짧으며, 무의식적 동기나 생리적 상태에 의해 영향을 받는 경향이 있다. 반면에 인지적 반응은 보다 장기적인 삶의 상태에 대한 의식적 평가로서 삶의 가치관이나 목표에 의해 영향을 받는다. 이러한 심리적 요소로 구성되는 주관적 웰빙은 많은 긍정정서와 적은 부정정서 그리고 높은 삶의 만족도를 경험하는 상태로 정의되고 있다. 따라서 행복이란 즐겁고 의미 있게 살면서 자신의 대표 강점을 찾아내고 계발하여 일상생활에 활용하는 것이다.

시대별 행복관

고대의 행복관

서양사회에서, 헬레니즘(hellenism) 전통은 철학, 과학, 예술 그리고 심리학의 토대를 마련하였으며, 헤브라이즘(hebraism) 전통은 윤리, 도덕, 종교적 신념에 영향을 미쳤다 (권석만, 2008). 일반적으로, 그리스의 고유문화가 오리엔트 문화와 융합하여 형성한 헬레니즘 전통의 행복관은 개인의 이성과 수양을 중시하는 철학적이고 인간중심적인 입장을 지니는 반면, 헤브라이즘 전통의 행복관은 신과의 관계를 중시하는 종교적이고 신중심적인 입장을 지니고 있다.

헬레니즘 전통에 기여한 고대 그리스 철학자들은 이성적 사유와 성찰을 통해서 행복에 이르는 길을 발견할 수 있다고 믿었다. 절대자인 신에 의지하기보다는 인간 자신이 스스로의 이성적 노력을 통해서 행복한 삶을 성취할 수 있다는 인본주의적 입장을 취했다.

소크라테스(Socrates)는 진정한 행복이 자기성찰을 통해서 성취될 수 있다고 하였다. 진정한 지혜는 인간의 이성과 직관에 바탕을 두고 있다. 진리를 발견하는 최선의 방법은 오감에 의해 경험된 내용을 이성적으로 분석하는 것이다. 최선의 삶은 일시적인 욕망충족보다 도덕적 완성이나 인격적 덕성을 구현하는 것으로서, 아리스토텔레스는 이러한 삶의 상태를 유대모니아(eudaimonia)라고 칭했다. 아리스토텔레스는 유대모니아로 이끌 수 있는 12가지 덕목(용기, 관용, 자존, 친밀, 재치, 정의, 절제, 희망, 온유, 정직, 양심, 고결)을 제시하였다. 이러한 덕목들은 양극단의 사이에 위치하는 중용적인 것이다. 이러한 덕목은 누구나 타고나는 것으로서 잠재된 덕성을 발견하여 계발함으로써 행복에 이를 수 있다는 것이다. 이러한 주장을 행복의 덕목이론(virtue theory)이라고 부른다. 즉, 덕목의 계발과 함양을 통해서 가장 행복하고 바람직한 삶을 살 수 있다는 생각이다. 에피쿠로스(Epicurus)는 이러한 주장을 발전시켜 쾌락주의(hedonism)를 제창하였다. 스토아 철학자들은 이성에 의한 감정조절을 행복의 핵심적 요건으로 보았다.

헤브라이즘 전통에 기여한 유대교에서 발생한 기독교는 하나님을 두려움의 대상이 아니라 인간에게 깊은 애정을 지닌 존재로 발전시키면서 종교적 헌신을 중시한다. 진정한 행복에 이르는 길은 예수의 가르침과 생애에서 발견될 수 있다는 것이다. 예수의 가르침은 “하나님이 세상을 사랑한 것과 같이 다른 사람을 사랑하라”, “네 이웃을 네 몸과 같이 사랑하라”는 말에서 나타나듯이 사랑과 연민에 관한 것이었다.

동양사회에서 공자, 맹자, 노자 등의 성인들이 형성한 유교에서 행복을 구체적으로 지칭하지는 않았지만, 기본적인 덕목을 제안하고 있다. 공자는 인(仁)을 최고의 덕목으로 삼았으며 수신(修身) · 제가(齊家) · 치국(治國) · 평천하(平天下)의 실현을 목표로 하였다. 그에 따르면, 인(仁)은 ‘사람을 사랑하는 것’으로 최선의 삶은 긍정적이고 조화로운 인간관계 속에서 평화로운 사회와 국가를 위해 공헌하는 것이라고 할 수 있다. 맹자는 인간이 지켜야 할 5가지 기본적 덕목인 오상(五常), 즉 인(仁) · 의(義) · 예(禮) · 지(智) · 신(信)을 강조하였다. 노자의 도덕경(道德經)에는 도(道)를 따르는 것이 최선의 삶이라고 주장한다. 음(陰)과 양(陽)의 균형과 조화를 반영하며 자연의 도리에 순응하며 살아가는 무위자연(無爲自然)의 삶을 지향했다. 상선약수(上善若水), 즉 물이 흘러가는 것처럼 자연스럽게 살아가는 것이 최선의 삶이라고 주장했다.

불교에서도 행복관을 찾아볼 수 있다. 고타마 싯다르타(흔히 부처 혹은 석가모니로 알려진)는 고(苦 : 인생은 고통스러운 것이다), 집(集 : 모든 고통의 원인은 집착이다), 멸(滅 : 집착을 없애면 열반에 이를 수 있다), 도(道 : 열반에 이르는 길은 팔정도를 따르는 것이다)로 집약될 수 있다.

힌두교는 생명이 죽은 뒤에도 세상으로 회귀한다는 윤회(輪廻)와 현재의 삶은 과거의 행위에 의해 결정된다는 업(業, Karma)의 사상에 바탕을 두고 있으며 윤회의 사슬로부터 영원히 벗어나는 해탈(解脫, Moksa)을 궁극적인 목표로 삼는다.

중세의 행복관

중세는 인류와 행복의 암흑기였다. 중세 기독교의 관점에 따라서 진정한 행복은 세속적 쾌락과 반대되는 것으로서 육체의 사망 이후 천국에서 부활할 때까지 미뤄진 것이다. 인생의 본질을 육체적 욕망과 영적 추구 간의 투쟁으로 생각한 기독교 지도자들은 세속적인 쾌락의 위험을 경고하기 위해서 7대 죄악(seven deadly sins)을 제시했다. 7대 죄악은 분노, 질투, 나태, 교만, 성욕, 방종, 물욕으로서 인격을 파괴하고 다양한 죄로 인도하는 근본적인 악을 의미하며 그 핵심에는 쾌락추구와 자기중심성이 있다.

근대의 행복관

미국 독립선언문에는 “모든 인간은 평등하게 창조되었으며 생명, 자유, 행복을 추구하는 권리는 절대로 침해될 수 없는 것으로서 창조주로부터 부여받았다”라고 명시되어 있다. 행복의 추구는 개인의 선택이자 권리가 되었다. 행복을 위해서는 자신의 진정한 자아를 발견하고 표현하는 것이 중요하다. 사랑과 친밀감의 추구가 삶의 중요한 목표인 동시에 행복의 핵심적 요건으로 여겨지게 되었다.

20세기의 행복관

정신분석학을 창시한 지그문트 프로이트(Sigmund Freud)는 인간의 삶에 있어서 무의식적인 심리적 과정이 중요하다는 점을 강조하였다. 그는 성격의 삼원구조이론에서 인간의 행동과 경험은 대부분 성욕과 공격성으로 이루어진 무의식적 욕구를 사회 · 문화적 요구에 맞추어 표출하려는 방어기제의 작동결과라고 했다. 인간의 본성적 욕망은 문화적 환경과 갈등을 겪을 수밖에 없으며 이러한 갈등을 최소화하는 것이 최선이라는 주장이다. 이런 점에서 프로이트의 행복에 대한 관점은 소극적이고 비관적이라고 할 수 있다.

분석심리학을 제창한 칼 융(Carl Jung)은 인간에게는 전체적이고 통합적인 존재로 살아갈 것을 스스로에게 요구하는 내면적 성향이 있는데 이것은 자기원형(self archetype) 기능이 있기 때문이고, 최선의 삶은 이러한 자기원형에 따라서 진정한 자기가 되어가는 것이며 이를 실천하는 능동적인 과정이 개성화(individuation)이며 자기실현이라고 하였다.

정신분석적 입장은 인간을 기본적으로 성적이고 공격적인 욕구에 의해 움직이는 부정적인 존재로 간주하고 행동주의적 입장은 인간을 로봇처럼 환경에 의해 조작되는 피동적인 존재로 여긴다. 반면에 인본주의적 입장은 자신과 타인을 있는 그대로 수용하면서 타인과 인간적인 유대를 형성하되 자율성과 독립성을 추구하면서 자신의 일에 애정을 지니고 몰입하며 창의적인 활동을 통해 자기실현을 이루는 것이 성숙하고 행복한 삶이라고 여긴다. 인간은 좀 더 가치 있는 존재로 성장하기 위해서 자신의 모든 잠재력을 발현시켜 유능한 존재가 되려는 타고난 성향을 지니는데, 이를 자기실현 성향이라고 불렸다.

로저스(Rogers)와 매슬로(Maslow)와 같은 인본주의 심리학자들은 암묵적으로 '과학적' 심리학에 대해서 비판적인 태도를 취하고 있다. 과학적 연구방법을 강조하는 심리학으로는 인간의 중요한 측면을 다루기 어렵다는 현상학적 입장을 지니고 있어서 과학적이고 객관적인 검증보다는 개인의 의식적 경험을 중시하며 이를 기술하는 데에 주력함으로써 그들의 주장을 실증적인 연구를 통해 입증하거나 발전시키지 못했다. 또한 긍정심리학은 삶의 긍정적 측면과 부정적 측면을 모두 인정하는 반면, 인본주의 심리학은 인간을 본질적으로 선한 긍정적 존재로만 간주하려는 경향이 있다.

21세기의 행복관

21세기로 접어들면서 과학적인 연구방법론을 적용하여 행복에 대해 집중적인 연구를 하기 시작했다. 그 결과로 긍정심리학(positive psychology)이라는 심리학의 새로운 연구 분야가 탄생되었다. 인간 마음의 긍정적인 측면을 과학적으로 탐구하는 심리학의 새로운 분야이다.

긍정심리학이라고 해서 당신에게 억지로 웃음을 지으라고 강요하는 것은 절대 아니다. 또 골치 아픈 문제들을 일부러 외면하고 문제가 아예 존재하지 않는 것처럼 거짓마음을 먹으라고 말하지도 않는다. 그저 모든 일이 잘 될 것이라는 막연한 희망을 주는 것도 아니다. 우리 모두가 깨달은 진리가 하나 있다면, 행복한 척 가식적인 표정을 짓는다고 해서 절대 행복해지지 않는다는 사실이다. 가식적인 장밋빛 비전과는 출발점부터 다르다. 긍정심리학은 잠재력을 끌어 올리고 싶다면 더 현실적이어야 된다고 말한다. 행복은 더 이상 변화가 힘들다는 인식이 아니라 스스로 얼마든지 현실을 바꾸어 나갈 수 있다는 믿음에서 비롯된다.

능력과 태도가 유전자에 의해 모두 결정된다는 믿음은 아직까지 우리가 버리지 못하고 있는 고질적인 근거 없는 믿음 중의 하나이다. 이런 근거 없는 믿음 때문에 오늘날 수많은 사람들이 타고난 자신의 재능과 성격을 원망하면서 어떻게 해도 바꿀 수 없다는 결정론의 피해자로 살아가고 있다. 운명론이나 결정론은 이제 버리자.

20세기 중반까지만 하더라도 대다수 과학자들은 인간의 뇌는 사춘기를 지나면서 그대로 고착화되고 변화의 가능성은 그 이후로 전혀 없다고 생각했다. 그러나 뇌가소성(neuroplasticity)은 우리의 뇌가 평생 변화할 수 있다는 이론이다. 몇몇 과학자들(Maguire, Gadian, Johnsrude, Good, Ashburner, Frackowiak & Frith, 2000)은 택시운전사들의 뇌 속 해마가 다른 사람들보다 훨씬 크고 발달되어 있다고 보고하였다. 해마(hippocampus)는 공간기억력과 밀접한 관련이 있다. 해마는 약 140억 개의 신경세포가 모여 있는 대뇌피질 속 변연계에 있는 신경세포 다발로, 길이 5cm, 지름 1cm로 성인의 새끼손가락만 한 크기다. '기억의 제조공장'으로 정보를 선별하거나 기억을 담당하는데, 그 모양이 바닷물고기인 해마와 닮았다고 해서 해마라고 부른다.

해마를 자극하면 기억력과 판단력을 좋게 할 수 있는데, 이는 자극이 있어야 커지고 발전하는 해마의 특성 때문이다. 택시운전사의 해마가 다른 사람들보다 더 크고 발달되어 있다는 것은 택시운전사가 지리적 위치를 잘 기억해야 하는 것처럼, 우리의 뇌가 살아가는 방식에 따라 크게 바뀔 수 있다는 점을 보여주는 것이다. 뇌가소성이라는 말 속에는 우리가 생각하는 것보다 훨씬 중요한 의미가 담겨 있다. 만일 인간의 뇌가 나이에 관계없이 성장할 수 있다면 인간의 잠재력은 그야말로 무한한 것이기 때문이다.

1950년대 스포츠 전문가들은 엄격한 관찰과 과학적 계산을 바탕으로 인간이 1mile(약 1.6km)을 4분 이내에 주파하는 것은 불가능하다는 결론을 내렸다. 하지만 영국출신의 육상선수 로저 배니스터(Roger Bannister)는 보란 듯이 1마일을 3분 59.4초에 주파했다. 이로써 물리적 장벽뿐만 아니라 사람들의 심리적 장벽까지 깼다. 그 후로 새로운 기록들이 봇물 터지듯 나오기 시작했다.

우리는 인간의 잠재력이 어디까지인지 모른다. 그리고 얼마나 빨리 달릴 수 있을지 모르는 것처럼, 우리의 뇌가 얼마만큼 변할 수 있는지도 모른다. 한 가지 분명한 점은 우리 뇌가 다양한 형태로 변할 수 있다는 사실뿐이다. 비교적 사소한 형태의 실천과 노력으로도 지속적으로 유지 가능한 긍정적인 변화를 만들어낼 수 있다. 작은 노력만으로도 얼마든지 놀라운 성과를 이뤄낼 수 있다.

그동안 우리 인류에게는 더 행복해지기보다 덜 불행해지는 것이 시급한 과제였는지 모른다. 이제는 정신건강 분야도 질병모델에서 행복과 성장을 지향하는 예방모델로의 전환이 필요한 시기이다. 불행의 법칙으로는 행복을 설명할 수 없으며 정신장애를 설명하는 이론으로는 성숙한 인격을 설명할 수 없다. 또한 불행을 감소시키는 방법으로는 행복을 증진하기 어려우며 정신장애를 치료하는 방법으로는 인격적 성장을 함양하기 어렵다. 이러한 문제의식 속에서 행복의 법칙과 행복 증진의 방법을 과학적으로 탐구하는 학문이 긍정심리학이라고 할 수 있다.

현대사회에는 수를 헤아릴 수 없을 만큼 매우 다양한 학문 분야가 존재한다. 세상의 거의 모든 현상에 대해서 학문적 접근이 이루어지고 있다. 그런데 정작 모든 인간이 궁극적으로 추구하는 '행복'에 대해서는 체계적인 학문적 접근이 이루어진 바가 없다. 물론 고대부터 현대에 이르기까지 수많은 철학자나 종교인들이 나름대로의 행복론을 제시해왔다. 그러나 이러한 행복론은 주관적인 체험과 사유에 근거한 개인적인 주장일 뿐 체계적인 학문적 접근이라고 할 수 없다. 현대인들은 엄청난 과학적 지식으로 무장하고 눈부신 물질문명 속에서 살아가면서도 진정으로 행복한 삶을 누리지 못하며 방황하는지 모른다.

21세기로 접어들면서 비로소 행복에 대한 과학적 접근이 본격적으로 시작되었다. 마틴 셀리그먼(Martin Seligman)을 비롯한 여러 심리학자들이 과학적인 연구방법론을 적용하여 행복에 대한 집중적인 연구를 하기 시작했다. 그 결과 긍정심리학이라는 새로운 학문 분야가 태동되었다. 긍정심리학은 행복을 비롯한 인간의 긍정적인 측면을 과학적으로 탐구하는 학문 분야로서 많은 사람들의 주목을 받고 있다.

셀리그먼(Seligman, 2000)에 따르면, 제2차 세계대전 이전의 초기 심리학은 인간의 의식과 행동에 대한 과학적 연구를 통해서 구현하고자 하는 3가지의 실천적 사명을 지니고 있었다. 그 첫째는 정신장애를 치료하는 일이었고, 둘째는 탁월한 재능과 천재성을 발견하여 육성하는 일이었으며, 셋째는 모든 사람들이 좀 더 행복한 삶을 살도록 돕는 일이었다.

당시에는 질병모델에 근거한 예방방법이 주류를 이루었다. 즉, 정신장애를 예방하기 위해서는 장애를 유발하는 부정적인 요인을 사전에 차단하는 것이 중요하다는 관점이 지배적이었다. 셀리그먼은 "심리학은 인간의 약점과 장애에 대한 학문만이 아니라 인간의 강점과 덕목에 대한 학문이기도 해야 한다. 진정한 치료는 손상된 것을 고치는 것만이 아니라 우리 안에 있는 최선의 가능성을 이끌어내는 것이어야 한다"라고 제안하면서, 이러한 심리학의 새로운 방향을 긍정심리학(positive psychology)이라고 명명하였다. 긍정심리학은 인간의 강점과 재능을 함양하고 행복을 증진시키는 심리학의 중요한 사명을 재확인하고 구현하려는 노력이다.

긍정심리학은 인간의 긍정적인 심리적 측면을 과학적으로 연구하고 인간의 행복과 성장을 지원하는 학문이다. 인간의 긍정적이고 적응적이며 창조적이고 자기실현적인 모습을 이해하고 증진하기 위해서 심리학이론, 연구방법 그리고 개입방법을 사용한다. 긍정심리학은 심리학자들로 하여금 인간이 지니는 잠재력, 동기 그리고 능력을 좀 더 열린 마음으로 높이 평가하는 관점을 취하도록 촉구하는 노력이다. 대다수 심리학자들이 인간의 긍정적 측면과 부정적 측면을 연결하는 연속선상에서 다양한 활동을 하고 있으며, 부정적 측면의 이해와 극복 역시 소중하고 필요한 일이다. 다만 긍정심리학은 부정적 측면의 제거보다는 긍정적 측면의 향상에 더 많은 관심을 지닌다.

행복한 삶이란 어떤 것인가? 행복은 사람마다 각기 다른 관점에서 볼 수 있기 때문에 절대적인 정의가 존재할 수 없다(권석만, 2008). 행복한 삶의 첫 번째 조건은 즐거운 삶(pleasant life)이다. 과거 · 현재 · 미래에 대해서 긍정적인 감정을 느끼며 살아가는 삶이다. 과거의 삶에 대해서는 수용과 감사를 통해서 만족감과 흡족함을 느끼고, 현재의 삶 속에서는 '지금 이 순간'의 체험에 대한 적극적 참여와 몰입을 통해서 유쾌함과 즐거움을 경험하며, 미래의 삶에 대해서는 도전의식과 낙관적 기대를 통해서 희망과 기대감을 느끼며 살아가는 삶이다. 즐거운 삶은 긍정정서를 최대화하고 부정정서를 최소화하는 삶으로서 행복에 대한 쾌락주의적 입장을 반영하는 것이라고 할 수 있다.

두 번째 측면은 적극적인 삶(engaged life)이다. 매일의 삶에서 자신이 추구하는 활동에 열정적으로 참여하고 몰입함으로써 자신의 성격적 강점과 잠재력을 최대한 발휘하며 자기실현을 이루어나가는 삶이다. 이러한 강점들 중에서 개인의 독특성을 가장 잘 보여주는 것들을 대표강점(signature strengths)이라고 지칭하면서, 진정한 행복(authentic happiness)은 이러한 대표강점을 찾아내고 계발하여 일, 사랑, 자녀양육, 여가활동과 같은 일생생활에서 잘 활용하는 가운데 발견되는 것이라고 한다. 과학으로서의 긍정심리학은 모든 사람이 삶의 궁극적 목표로서 반드시 행복을 중시해야 한다거나 특정한 성품을 갖추어야 한다거나 어떤 가치가 최선이라고 주장하지 않는다. 그보다는 특정한 성품과 가치관을 지녔을 때 나타나는 삶의 결과를 탐구한다. 긍정심리학은 인간의 삶을 행복하고 풍요롭게 만드는 긍정적 성품과 강점을 이해하고 함양하는 일에 깊은 관심을 지닌다.

세 번째 측면은 의미 있는 삶(meaningful life)이다. 우리의 삶과 행위로부터 소중한 의미를 발견하고 부여할 수 있는 삶을 말한다. 삶의 의미는 자신보다 더 큰 것과의 관계 속에서 발견될 수 있다. 자신만을 위한 이기적인 삶보다는 자신보다 더 커다란 어떤 것을 위하여 공헌하고 있다는 인식으로부터 도출될 수 있다. 긍정심리학은 개인과 사회의 밀접한 관계를 중시한다. 개인은 타인과 사회를 위해 봉사하고 기여할 때 더 큰 행복을 경험할 수 있을 뿐만 아니라 사회적 환경의 개선을 통해서 자신의 행복이 증진될 수 있음을 강조한다.

셀리그먼(Seligman, 2004)은 자신의 책 『마틴 셀리그먼의 긍정심리학』에서 행복한 삶에 대해 다음과 같이 말하였다.

> 행복한 삶은 일상생활에서 자신의 대표강점을 날마다 발휘하여 행복을 만들어가는 것이다. 의미 있는 삶은 행복한 삶에 한 가지가 더해진다. 대표강점을 발휘하되 지식과 능력과 선을 촉진시키는 데 활용하는 것이다. 그렇게 하면 참으로 의미 있는 삶이 될 것이며 신을 자기 삶의 궁극적인 목표로 삼는다면 숭고한 삶이 될 것이다(p.377)

행복의 측정

현재 대다수의 긍정심리학자들은 개인이 행복판단의 주체가 되어야 한다고 믿고 있다. 행복은 주관적 현상이기 때문에 개인의 주관적인 보고에 의해 측정되어야 한다는 것이다. 즉, 어떤 사람에게 "당신은 행복하십니까?" 또는 "당신은 얼마나 행복하십니까?"라고 묻는 것이다.

대부분 행복 정도가 '매우 행복한'에서부터 '매우 불행한'까지의 연속선상에 나열될 수 있으며, 개인은 자신의 행복 정도에 해당되는 지점을 보고할 수 있다고 가정하고 있다. 측정 도구에 따라서 행복 정도는 개인이 느끼는 주관적 행복수준, 주변사람들과의 비교를 통한 행복수준, 자신이 이상적으로 여기는 삶의 상태와의 비교를 통한 행복수준으로 평가될 수 있다.

주관적 웰빙의 측정을 위해서 가장 널리 사용되는 척도는 삶의 만족도 척도(SWLS: Satisfaction With Life Scale, Diener, Emmons, Larsen, & Griffin, 1985)이다. 이 척도는 5문항으로 구성되어 있으며 각 문항에 대해서 1점(전혀 아니다)에서 7점(매우 그렇다)까지의 척도상에서 응답하도록 되어 있다.

아가일(Argyle, 2001)이 개발한 '옥스퍼드 행복척도 개정판(the revised oxford happiness scale)'도 널리 사용되고 있다. 본래 이 척도는 행복을 평가하는 29개 항목마다 그 정도를 달리하는 4개의 문장(1번 문항의 경우 : 나는 행복하지 않다, 나는 약간 행복하다, 나는 상당히 행복하다, 나는 매우 행복하다) 중 하나를 선택하는 4지선다형으로 구성되어 있다. 널리 사용되는 정서척도로는 긍정 및 부정정서성 척도(positive affectivity and negaitve affectivity scale)가 있다(Watson, Clark, & Tellegen, 1988). 주관적 웰빙을 측정하는 대부분의 도구들은 자기보고형 평정척도에 의해서 응답자로 하여금 '요즘' 또는 '지난 일주일간' 경험한 전반적 행복도나 정서를 평가하게 한다.

생태학적 순간평가법(EMA: Ecological Momentary Assessment)은 일정 기간 동안 일상생활 속에서 어떤 경험을 한 순간 또는 가까운 시간 내에 자기보고를 하게 하는 방법이다(Moskowitz & Young, 2006; Stone & Shiffman, 1994; Wheeler & Reis, 1991). 이 방법은 일상생활 속의 생생한 경험을 현장에서 곧바로 측정하므로 기억 왜곡의 문제를 최소화할 뿐만 아니라 일정한 기간 동안 여러 번의 자기보고를 통해서 응답자의 삶을 잘 대표하는 신뢰할 수 있는 평가자료를 얻을 수 있는 장점이 있다.

자기보고 시기는 연구목적에 따라 다양한 방법으로 정할 수 있다. 첫 번째 방법은 고정 시간간격기록법(specified time-interval recording)으로서 일정한 시간간격마다 자기보고를 하게 한다. 두 번째는 사건-연계기록법(event-contingent recording)으로서 특정한 사건이나 경험을 하고 난 직후에 자기보고를 하게 하는 방법이다. 마지막으로, 신호-연계기록법(signal-contingent recording)은 연구자나 전자장치에 의해서 신호음이 울릴 때마다 그 당시의 경험을 기록하게 하는 방법이다. 경험표집법(ESM: Experience Sampling Method)은 전자장치를 사용하여 사람들의 일상생활 경험을 무선적으로 표집하여 보고하게 하는 방법이다(Larsen & Csikszentmihalyi, 1983).

일상재구성법(DRM: Day Reconstruction Method, Kahaneman, Krueger, Schkade, Schwarz, & Stone, 2004)은 응답자가 연구에 참여하기 전날의 하루 일상에 대한 보고를

하고 각 활동에 대한 심리적 경험을 평가하는 것으로서, 연구자로 하여금 응답자 개인이 경험한 하루의 활동과 심리적 경험에 대해 전반적인 이해를 할 수 있게 해준다. 또한 응답하기 하루 전날에 일어난 일에 대해 보고를 받기 때문에 구체적이며 기억 오류를 최소화할 수 있다. 이 방법은 심리적 경험과 시간 사용을 동시에 평가할 수 있는 방법으로서, 경험표집법과 시간대별 일기 쓰기(time diary)를 결합한 것이라고 할 수 있다(장재윤, 유경, 서은국, 최인철, 2007).

이 밖에도 개인의 전반적인 인생경로와 패턴을 직접 물어보는 것도 중요하다. 행복했던 경험들의 전반적인 진행과정을 무시하고 특정한 시점에서의 경험만을 측정하는 것은 나무만 보고 숲을 보지 못하는 일이 될 수도 있기 때문이다.

행복 측정의 고려사항

행복을 측정하는 데 있어서 중요한 문제는 그 측정 점수가 얼마나 시간적으로 안정된 것이냐 하는 점이다. 자기보고형 측정 도구는 몇 가지 문제점을 지니고 있다. 우선, 자기보고는 개인의 주관적인 경험을 반영하는 것이지만 항상 정확한 것이라고 볼 수 없다. 평가가 이루어지는 상황이 상당한 영향을 미칠 수 있기 때문이다. 예를 들어, 슈바르츠와 스트랙(Schwarz & Strack, 1999)은 사람들이 자신의 삶을 종합적으로 고려하여 행복 정도를 평가하기보다 현재의 기분상태에 따라 그 평가가 달라질 수 있다고 주장한다. 또한, 행복이나 삶의 만족도를 평가할 때 사람들은 상대적인 판단을 한다. 따라서 어떤 판단기준을 적용하느냐에 따라 만족도 평가가 달라질 수 있다. 앞으로의 연구에서는 행복을 자기보고형 척도 뿐만 아니라 신체생리적인 반응, 행복감의 시간적 변화량, 실제 생활 속에서 맡은 역할을 성공적으로 수행하는 정도 등과 같은 다양한 지표에 의해서 평가하는 것이 필요하다.

행복의 측정

행복을 측정하는 방법은 행복을 어떻게 정의하고, 어떻게 접근하는가에 따라서 달라질 수 있다. 행복을 측정하려면 우선 인생 전반에 대한 행복인지, 최근 3년간, 3개월간, 3주간, 혹은 3일간의 행복인지, 아니면 지금 이 순간의 행복인지 그 기준부터 확립되어야 한다. 기본적으로 행복측정의 시간적인 기준은 '지금 이 순간'으로 삼는 것이 맞다. 현재는 과거의 결과이고 미래의 자산이기 때문이다. 일반적으로 널리 사용되고 있는 행복의 측정방법은 〈표 2.1〉에 제시한 전반적 행복지수를 측정하는 척도를 사용하는 방법과 〈표 2.2〉에 제시한 옥스퍼드 행복척도를 사용하는 방법이 있다.

〈표 2.1〉에 제시한 전반적 행복지수검사는 캘리포니아 리버사이드대학의 심리학과 교수인 소냐 류보머스키(Sonja Lyubomirsky)가 고안한 것으로, 위의 체크된 숫자를 모두 더한 뒤 8로 나눈 결과가 바로 전반적 행복지수 점수이다(Seligman, 2004). 참고로, 미국 성인의 평균점수는 4.8점이다. 검사를 받은 사람들 중 3분의 2가 3.8점에서 5.8점을 받았다.

표 2.1 전반적 행복지수

1. 나는 나 자신이 대체로 ( ) 이라고 생각한다.		
전혀 행복하지 않는 사람	①-②-③-④-⑤-⑥-⑦	매우 행복한 사람
2. 내 또래들과 비교해 볼 때 나는 나 자신이 ( ) 라고 생각한다.		
덜 행복하다	①-②-③-④-⑤-⑥-⑦	더 행복하다
3. '어떤 사람들은 대체로 매우 행복하다. 그런 사람들은 삶에서 어떤 일이 일어나든 상관없이 모든 것을 최대한 누리면서 삶을 즐기는 것 같다' 이 진술은 당신을 얼마나 잘 묘사한다고 생각하는가?		
전혀 그렇지 않다	①-②-③-④-⑤-⑥-⑦	매우 그렇다
4. '어떤 사람들은 대체로 별로 행복하지 않다. 우울증을 앓는 것은 아니지만 그들이 마땅히 행복해야 할 만큼 행복해 보이지 않는다' 이 진술은 당신을 얼마나 잘 묘사한다고 생각하는가?		
매우 그렇다	①-②-③-④-⑤-⑥-⑦	전혀 그렇지 않다

출처: Martin Seligman(2002). Authentic Happiness. p. 46.

표 2.2 The Oxford Happiness Questionnaire

다음은 행복에 관한 여러 가지 진술들입니다. 각 진술이 당신에게 해당되는 또는 해당되지 않는 정도를 아래의 척도를 이용해 숫자로 평가하여 기록하십시오.

1. 전혀 그렇지 않다. 2. 그렇지 않은 편이다. 3. 약간 그렇지 않다.
4.약간 그렇다. 5. 그런 편이다. 6. 매우 그렇다

( ) 01. 나는 내 자신에게 별로 만족하지 않는다.*
( ) 02. 나는 다른 사람들에 대해 크게 흥미가 있다.
( ) 03. 나는 삶이 아주 보람 있다고 느낀다.
( ) 04. 나는 거의 모든 사람들에게 아주 따뜻한 감정을 느낀다.
( ) 05. 나는 잘 잤다는 기분으로 일어나는 적이 거의 없다.*
( ) 06. 나는 미래에 대해서 별로 낙관적이지 않다.*
( ) 07. 나는 매사가 재미있다고 생각한다.
( ) 08. 나는 언제나 헌신하며 참여한다.
( ) 09. 나는 사는 게 좋다.
( ) 10. 나는 세상이 좋은 곳이라고 생각하지 않는다.*
( ) 11. 나는 많이 웃는다.
( ) 12. 나는 삶 속에서 모든 일에 매우 만족한다.
( ) 13. 나는 내 모습이 매력적이라고 생각하지 않는다.*
( ) 14. 내가 하고 싶은 일과 내가 한 일 사이에는 격차가 있다.*
( ) 15. 나는 매우 행복하다.
( ) 16. 나는 가끔 어떤 것들에서 아름다움을 발견한다.
( ) 17. 나는 언제나 다른 사람들에게 유쾌한 영향을 미친다.
( ) 18. 나는 하고 싶은 모든 일에 시간을 할애할 수 있다.
( ) 19. 나는 내 삶을 별로 통제하지 못한다고 느낀다.*
( ) 20. 나는 어떤 일이나 알아서 할 수 있다고 느낀다.
( ) 21. 나는 정신적으로 완전하게 깨어 있다.
( ) 22. 나는 기쁨과 환희를 자주 느낀다.
( ) 23. 나는 결정을 내리기가 어렵다.*
( ) 24. 나는 삶에 특별한 의미나 목적을 가지고 있지 않다.*
( ) 25. 나는 큰 에너지를 가지고 있다고 느낀다.
( ) 26. 나는 삶에서 일어나는 사건들에 대개 좋은 영향을 미친다.
( ) 27. 나는 다른 사람들과 즐겁게 지내지 못한다.*
( ) 28. 나는 별로 건강하다고 느끼지 않는다.*
( ) 29. 나는 과거에 대해서 특별히 행복한 기억을 가지고 있지 않다.*

〈표 2.2〉에 제시한 옥스퍼드 행복척도는 2단계로 계산한다. 1단계는 12문항(01, 05, 06, 10, 13, 14, 19, 23, 24, 27, 28, 29)을 역산한다. 1은 6으로, 2는 5로, 3은 4로, 4는 3으로, 5는 2로, 6은 1로 바꾼다. 2단계는 합산 한후에 합계를 29로 나눈 평균값이 행복점수가 된다. 평균값은 4.30이다.

더 행복해지기

우리는 지금보다 더 행복해질 수 있는가? 그렇다. 우리가 보다 증진된 행복을 누리는 것이 실제로 가능하다. 그에 따르는 수고를 할 준비가 되어 있다면 말이다. 인생에서 더 행복해지겠다고 결심을 하고 그것이 노력과 어느 정도의 규율이 따르는 결심이라는 사실을 이해한다면 누구나 행복을 실현시킬 수 있다. 우리가 어떻게 생각하고 행동하는가에 따라서 전체 행복 중에서 우리의 힘으로 변화시킬 수 있는 부분이 40%이다. 그건 적은 수치는 아니지만 엄청난 수치도 아니고 그저 적당하고 현실적인 수치이다. 자신을 더 행복한 사람, 새로운 사람으로 개조하는 일은 노력하고 헌신할 의지만 있다면, 그리고 어떻게 진행해야 할지 이해한다면 당신의 손안에 완전히 들어온다.

모든 사람에게 적용되는 단 한 가지 기적의 다이어트법이 있을 수 없듯이, 행복에 이르는 유일한 비결이라는 것은 없다. 어떤 전략이 가장 가치가 있을지는 각자가 판단해야 한다. 가장 적합한 활동을 발견해서 더 행복한 사람이 되기 위한 어렵고도 보람 있는 과정을 시작해야 한다. 환자가 치료의 이치를 잘 이해하고 치료에 협조할 때 치료 효과가 더 높다는 사실은 의료 분야에서뿐만 아니라 심리학에서도 동일한 논리가 적용된다.

대부분의 행복증진 활동들이 주는 효과가 강력한데도 진부하게 생각되는 이유는 행복 증진제안들이 싱겁고 뻔한 소리처럼 들리기 때문이다. 우리는 누구나 각자의 방식으로 행복해질 수 있는 잠재력을 가지고 있다. 또한 우리는 이제까지 엉뚱한 곳에서 행복을 찾으려고 헤매는 경우가 너무 많았다. 우리가 삶을 엄청나게 변화시킬 요소라고 믿는 것들이 사실은 별로 효과가 없을 뿐만 아니라 그런 오해로 인해 행복과 웰빙의 진정한 근원을 놓치곤 한다는 사실이 과학적 연구를 통해 입증되었다.

더 행복해지기 위한 시도

거의 모든 나라의 사람들에게 인생에서 가장 원하는 것이 무엇이냐고 질문했을 때 그들은 한결같이 행복을 첫 번째로 꼽았다(Diener, 2000). 더 행복해질 수 있는 방법을 배우는 일은 누구에게나 소중한 문제이다. 미국 성인들을 대표할만한 전국 표본 조사 결과를 보면 절반이 조금 넘는 54%의 사람들이 '정신적으로 그런대로 건강'하지만 활력이 넘치는 삶을 살지는 못하고 있다고 한다. 다시 말해서 삶에 대한 강렬한 열정이 부족하며 적극적이고 생산적으로 몰입해서 살지 못하고 있는 것이다(Keyes, 2005). 그런데 그런 자신을 일으켜 세우려면 엄청난 에너지와 끈기가 필요할 것이라고 생각할지 모른다. 그러나 류보머스키(Lyubomirsky, 2008)가 연구한 바에 따르면, 아주 적은 노력만으로도 스스로 충분히 수렁에서 탈출할 수 있다. 예를 들어, 셀리그먼(Seligman, 2002a)은 극단적인 우울증세를 보이는 사람들에게 '매일 그날 일어났던 좋은 일을 3가지씩만 기억해내서 적어라'라는 간단한 과제를 수행하게 했다. 그 결과 참가자 중 94%의 증세가 호전되었다.

행복해지기 위한 첫 단계는 행복감을 높이고 싶다는 우리의 갈망이 헛된 희망사항이 아니라는 사실을 깨닫는 데서 시작한다. 더 행복해지겠다는 것은 지극히 중요한 목표이며 누구나 이 목표를 추구할 권리와 거기에 이를 수 있는 수단을 가지고 있다. 행복은 기약 없이 기다려야 하는 행운이 아니고 직접 움직여서 찾아 나서야만 발견할 수 있는 것도 아니다. 행복을 발견해야 하는 것이라는 생각이 너무 널리 퍼져 있다. '행복의 추구(pursuit of happiness)'라는 익숙한 표현에도 행복이 쫓아가거나 찾아내야 할 대상이라는 뉘앙스가 담겨 있다. 그러나 행복의 추구보다는 행복의 창조(creation) 또는 건설(construction)이라는 표현이 적절하다고 생각한다. 왜냐하면 연구결과가 우리 스스로 행복을 만들어낼 힘을 가지고 있다는 사실을 보여주기 때문이다.

행복이 증진되는 유익한 효과를 지속시키려면 좀 더 장기적인 프로그램에 착수해야 한다. 처음 시작할 때는 우리가 배워야 할 새로운 행동과 실천사항들이 아직 몸에 배지 않아 힘들 것이다. 그러나 평생에 걸쳐 행복을 일구고 유지하려는 장기계획을 실천하면 시간이 지날수록 행복의 전략이 습관으로 자리 잡고 굳어지면서 노력이 점점 덜 필요해질 것이다. 그러나 한 가지 중요한 점이 있다. 그 효과를 실제로 만들어낼 수 있는 능력은 오직 당신만이 가지고 있으므로 행복해지고 싶다면 스스로 행복해지겠다고 결심해야 한다는 사실이다.

심리학자들은 우리가 기쁨과 보람의 근원이라고 생각하는 것들이 사실은 진정한 행복의 원천이 아니며, 그것을 추구하는 행동이 무익하다는 점을 뒷받침하는 증거를 많이 확보했다(Gilbert, 2006; Wilson & Gilbert, 2005). 대부분의 사람들이 행복의 원천이라고 생각하는 부, 명예, 아름다움이 사실은 그렇게 중요하지 않다.

사람들은 행복의 유전적 기질, 즉 행복의 기본수준 또는 잠재력을 가지고 태어난다. 유전적 요소에 의하여 사람마다 행복수준이 제각각 다른 이유를 50%까지 설명할 수 있다(Lyubomirsky, Sheldon, & Schkade, 2005). 행복의 설정값(set point)은 유전적으로 체질을 타고나는 것과 똑같다. 어떤 사람은 축복을 받아서 마른 체질로 태어난다. 그런 사람은 노력하지 않아도 쉽게 마른 체형을 유지한다. 반면에 적정 수준의 몸무게를 유지하려면 피나게 노력해야 하는 사람도 있는데 그런 사람은 한순간만 긴장을 풀어도 살이 찐다. 이처럼 행복의 설정값은 사람에 따라 높을 수도 낮을 수도 또는 그 중간 정도일 수도 있다. 따라서 동일한 상황일지라도 어떤 사람은 남달리 행복할 수 있고 어떤 사람은 그보다 덜 행복하며, 어떤 사람은 끔찍하게 불행할 수 있다.

우리의 직관에 가장 어긋나는 발견은 삶의 환경이나 조건의 차이가 행복의 수준을 단 10% 정도밖에 좌우하지 못한다는 점이다(Diener, Suh, Lucas, & Smith, 1999). 부유한가 가난한가, 건강한가 건강하지 못한가, 아름다운가 수수한가, 결혼했는가 이혼했는가와 같은 여건이 행복에 미치는 영향력은 10%에 불과하다. 결혼한 사람들이 독신자들보다 행복한 것은 사실이지만, 결혼이 개인의 행복에 미치는 영향도 실로 대단치 않다. 16개국에서 조사한 결과, 결혼한 사람들의 25%와 미혼인 사람의 21%가 자신들이 '매우 행복하다'고 응답했다(DePaulo & Morris, 2005; Inglehart, 1990). 삶의 환경이 행복의 열쇠가 되지 못한다는 사실을 인정하고 받아들이는 순간 우리는 스스로 행복을 추구할 수 있는 큰 힘을 얻게 된다.

우리가 어떤 사람인지 규정하는 유전적으로 결정된 개성과 우리에게 닥쳐오는 복잡하고 다양한 환경의 영향을 고려하더라도 여전히 사람마다 느끼는 행복수준의 차이 중에서 40%는 해명이 필요하다. 이 40%를 구성하는 것은 무엇일까? 유전자와 환경 외에도 한 가지 중요한 요소가 남아 있다. 바로 우리가 취하는 행동이다. 그렇기 때문에 행복해지는 길은 유전적인 성향을 바꾸는 것(사실 이건 불가능하다)이나 부, 외적인 매력, 뛰어난 학벌을 추구하는 것과 같은 환경을 변화시키는 것(이는 대부분 비현실적이다)에 있는 것이 아니라 의도적으로 행하는 일상의 활동에 달려 있다. 행복을 위해 우리에게 주어진 기회는 연습을 통해 향상시킬 수 있는 40%의 가능성이고, 일상의 행동과 사고방식을 통해 행복수준을 높이거나 낮출 수 있다. 이는 매우 행복한 사람들이 자연스럽고 습관적으로 하는 행동과 생각들을 잘 살펴보고 연습하면 우리도 지금보다 훨씬 더 행복해질 수 있다는 뜻이다.

행복한 사람들은 다음과 같은 행동을 한다(Lyubomirsky, 2008).

- 가족과 친구들에게 많은 시간을 할애하면서 관계를 돈독하게 만들고 즐긴다.

- 자기가 가지고 있는 모든 것들에 대해서 감사한다.
- 동료나 낯선 사람에게 맨 먼저 도움의 손길을 내민다.
- 미래를 낙관적으로 생각한다.
- 삶의 즐거움을 음미하며 현재의 순간에 충실해지려고 노력한다.
- 규칙적으로 운동하는 습관을 가지고 있다.
- 평생에 걸쳐 지속할 수 있는 목표와 포부에 깊이 헌신한다.
- 스트레스와 슬픔, 시련에 대처할 때 균형을 잃지 않으며 단호하다.

매우 행복한 사람들이 매일 실천하는 활동의 목록을 보면 겁이 날 수 있다. 하지만 이 모든 활동을 실천하려 하지 말고 자신에게 효과가 있을 만한 한두 가지 소수의 전략을 선택하여 실천하는 것을 시작한다면 겁낼 이유가 없다. 스스로 통제할 수 있고 바로 오늘부터 자신의 삶에 깊고 의미 있는 영향을 미칠 수 있는 것을 선택해서 실천하는 것이 우리의 출발점이다.

자신에게 잘 맞는 행복 프로그램을 실천하기 위해서 성공적인 전략을 짜려면 현명한 선택이 필수적이다. 보다 더 행복해지려는 노력은 반드시 자신의 흥미 · 가치관 · 욕구에 맞아야 한다. 자신에게 가장 효과가 있을 만한 활동이 무엇인지 알고 나면 목표에 절반 이상 다가간 셈이다.

노력하지 않아도 운 좋게 원하는 것을 얻을 수 있다. 하지만 그렇게 거두는 성공은 오래전에 잊어버린 새해의 결심만큼이나 수명이 짧다. 중요한 어떤 일을 성취하려면 확실히 많은 노력이 요구된다. 지속적으로 더 행복한 상태를 유지하기 위해서는 어떤 영구적인 변화를 일으켜야 하는데 그러려면 매일의 삶 속에서 꾸준히 노력하고 실행해야 한다는 뜻이다. 행복을 추구하려면 노력이 필요하지만 '행복해지려는 노력'이야말로 우리가 이제껏 해온 일들 중에서 가장 큰 보상을 돌려주는 일이 될 것이다.

행복은 삶의 모든 영역에서 셀 수 없이 많은 긍정적인 부산물을 안겨준다. 지금보다 더 행복해지는 과정에서 우리는 기쁨 · 만족 · 사랑 · 자부심 · 경외감을 더 많이 체험하게 된다. 효과는 이에 그치지 않고 우리의 에너지 수준, 면역체계, 일이나 다른 사람과의 관계, 정신적이거나 신체적인 건강과 같은 삶의 다른 영역에서의 개선으로 이어진다. 또한 보다 행복해지면서 자신감과 자존감도 강화되어 자신이 존중받을 자격이 있는 가치 있는 인간임을 믿게 된다. 가장 덜 인식되고 있지만 간과할 수 없는 마지막 효과는 우리가 더 행복해지면 자신뿐만 아니라 배우자와 가족, 지역공동체, 나아가서는 사회 전체에까지도 혜택이 돌아가게 된다는 사실이다.

덜 행복한 사람들과 비교할 때 행복한 사람들은 더 사교적이고 활기차고 보다 관대하고 협조적이며 다른 사람들로부터 더 호감을 산다. 그에 따라 행복한 사람이 결혼생활을 지속해 나가고 원만한 교우관계와 풍부한 사회적 지원을 확보할 가능성이 더 높다는 사실 역시 당연하다. 나아가 사고가 더 유연하고 독창적이며 직장에서도 보다 생산적이다. 또한 더 나은 리더이자 협상가이며 돈도 더 많이 벌며 역경이 닥쳤을 때 더 쉽게 회복하고 면역체계도 강하여 신체적으로 더 건강하다. 행복한 사람은 심지어 수명도 더 길다.

더 행복해지기 위한 시도의 걸림돌

행복을 얻는 데 가장 큰 걸림돌이 되는 것 중 하나는 우리를 행복하게 만들어 줄 것이라고 여겨지는 대부분의 내용이 실은 틀렸다는 점이다. 행복의 근원이라고 짐작되는 많은 것들이 너무나 직관적이고 상식적으로 보여서 대부분의 사람들 심지어 행복 연구자들까지 이 그릇된 신화에 휘둘리기 십상이다.

첫째, 행복은 찾아야 하는 것이 아니라 우리 안에 있다

행복은 '찾아야' 하는 것이다. 행복은 우리의 손이 미칠 수 없는 저기 어딘가, 낙원 같은 장소에 있어서 우리가 찾아야만 하는 것이라는 생각이 첫 번째 통념이다. 이러한 통념에 따르면 우리도 그곳에 도달할 수 있지만 조건이 잘 맞아야 한다는 단서가 붙는다. 오늘 행복하지 않다면, 스스로 주도권을 쥐고 행동을 취하지 않는 한 내일도 행복하지 못할 것이다. 행복의 40%가 의도적인 활동에 따라서 결정된다는 것을 이해한다면, 자신을 더 행복한 사람으로 바꾸기 위해 스스로 의도적인 전략을 실행해야 한다. 행복은 저 멀리 어딘가에 있어서 우리가 찾아야 할 대상이 아니다. 행복은 우리 안에 있기 때문이다. 진부하고 뻔한 소리로 들릴지도 모르지만 행복은 무엇보다도 마음상태이며 지각하는 방식이고 우리가 살고 있는 세상과 자신에게 접근하는 방식이다. 그렇기 때문에 내일, 모레, 그리고 남은 삶 동안 행복해지고 싶다면 지금 우리의 마음상태를 변화시키고 그 변화를 유지하겠다고 결단해야 한다.

둘째, 행복은 환경의 변화가 아니라 내 안의 변화에서 나온다

행복은 환경을 변화시켜야 얻을 수 있다. 또 하나의 커다란 오류는 우리 삶의 어떤 환경이 바뀌기만 하면 행복해질 것이라는 생각이다. 이것은 '만약 ~하면 행복해질 것이다' 또는 '~할 때 행복해질 것이다'라는 사고방식이다. 그리고 삶 속에서 진정한 행복을 체험했던 때를 기억하기는 하지만 행복했던 바로 그 여건을 절대로 재현할 수 없을 것이라고 생각하는 사람들이 가지고 있는 논리이기도 하다. 그러나 환경이 아무리 긍정적으로 변하더라도 우리의 행복에는 별로 큰 영향을 미치지 못한다.

더 행복해지고자 하는 열망에 깃들어 있는 가장 큰 아이러니는 삶의 환경이 변화되면 행복이 찾아올 것이라는 희망에 현혹되어서 너무나 많은 사람들이 상황을 변화시키는 일에만 집중한다는 점이다. 그러나 어떤 변화든 잠시 동안만 조금 더 행복해질 뿐이다. 삶의 환경을 바꿈으로써 행복해지려는 시도는 효과가 없다. 삶을 변화시키는 것이 왜 그렇게 효과가 없을까? 심리학자들이 '쾌락적응(hedonic adaptation)'이라고 부르는 아주 강력한 힘이 작용하기 때문이다(Frederick & Loewenstein, 1999). 인간은 감각적이고 생리적인 변화에 빠르게 익숙해지려는 능력을 가지고 있다. 생리적이거나 감각적인 적응과 똑같은 현상이 쾌락의 변화라는 영역에서도 일어난다. 이사, 결혼, 새로운 직장과 같은 일신상의 변화는 우리를 단지 잠시 동안만 행복하게 해준다.

쾌락적응은 왜 일어날까? 하나는 기대가 높아진다는 점이고, 다른 하나는 사회적으로 비교하게 된다는 점이다. 횡재를 한 후에 큰 집을 사면 얼마 지나지 않아서 그 큰 집이 당연하게 여겨진다. 횡재가 슬그머니 정상적인 상황으로 자리 잡으면서 그보다 더 큰 횡재를 원하기 시작한다. 새 차를 사서 좋아하다가도, 다른 사람이 BMW를 타고 다니니까 나도 그래야만 할 것 같은 기분이 들 수 있다. 쾌락적응의 나쁜 점은 그것이 어떤 긍정적인 사건이나 행운 뒤에서 따라오는 행복감과 만족감에 결국은 찬물을 끼얹는다는 것이다. 그러나 좋은 점도 있다. 나쁜 일이 일어났을 때 이런 능력은 말할 수 없이 유용하다. 우리는 장애를 입게 되는 질병이나 사고를 당한 후에도 행복을 회복하는 놀라운 능력을 가지고 있다. 우리가 모든 것에 적응할 수는 없으며 그렇게 되지도 않을 것이다. 그러나 쾌락적응의 증거, 특히 긍정적인 사건에 금방 적응된다는 사실을 보여주는 증거는 매우 설득력이 있다. 인간은 돈과 집, 소유물은 물론이고 아름다움이나 아름다운 사람들에게 둘러싸여 사는 것, 건강, 결혼에 이르기까지 온갖 긍정적인 변화에 적응한다.

주어진 환경이 아주 극단적인 경우만 아니라면 불행의 핵심이 되지 않는다. 직업, 연봉, 결혼생활, 교우관계 등에 만족하지 못한다면 지속적으로 더 행복해지기 위해서 취해야 할 첫 번째 조치는 당분간 마음속에서 그런 것들을 한 옆으로 치워두는 일이다. 어렵겠지만 그것들을 생각하지 않으려고 노력해야 한다. 더 행복해지는 것을 막는 진짜 원인은 그런 것들이 아니라는 사실을 기억하라. 그러기 위해서는 인내심과 자제력이 많이 필요하며 흔히들 품고 있는 잘못된 믿음을 떨쳐버리는 것이 아주 중요하다.

셋째, 행복은 타고나는 것이 아니라 창조되는 것이다

행복을 타고났거나 그렇지 못했거나 둘 중 하나다. 우리는 행복하게 태어나거나 불행하게 태어난다는 통념이 사람들의 생각을 온통 지배한다. 많은 사람들, 특히 그다지 행복하지 못한 사람들은 자신의 불행이 유전적이며 자신이 할 수 있는 일이 별로 없다고 믿는다. 그러나 점점 더 많은 연구들이 유전적 구조를 극복할 수 있다는 사실을 설득력 있게 보여준다.

유전적으로 결정되는 행복한 또는 불행한 기질이 다른 사람들 간의 차이의 절반을 차지한다. 우울증에 걸리기 쉬운 유전적인 기질을 타고날 수 있다. 자신이 훨씬 더 행복해지기를 바라는 사람들은 자신에게 좀 덜 가혹하게 굴어야 한다. 우리는 어느 정도는 미리 준비된 패를 가지고 있기 때문이다. 행복의 유전적 설정값이 50%를 차지한다는 사실은 확실한가? 이에 대한 강력한 증거는 쌍둥이 연구에서 나왔다. 쌍둥이들은 유전적인 요소 중 특정 부분을 공유하기 때문에 쌍둥이 연구는 행복유전자에 대하여 많은 것을 알려줄 수 있다. 일란성 쌍둥이는 유전자의 100%를 공유하며 이란성 쌍둥이는 보통 형제자매처럼 50%를 공유한다. 따라서 행복수준 면에서 쌍둥이들의 비슷한 정도를 측정함으로써 그들의 행복이 유전적인 요인에 어느 정도나 근거하는지 추론할 수 있다.

쌍둥이연구(Lykken & Tellegen, 1996)에 따르면 수입은 쌍둥이 형제간 웰빙상태의 차이의 단 2%만을, 결혼생활은 1% 미만을 설명할 수 있을 뿐이지만, 쌍둥이의 행복수준은 훨씬 더 정확하게 추측할 수 있다. 다시 말해서 현재 쌍둥이 중 한 사람의 행복한 정도를 추측하려고 할 때, 일란성 쌍둥이 형제의 평균적인 행복 정도가 실제 일어났던 모든 사실과 사건들보다 더 강력한 단서가 된다. 그런데 이란성 쌍둥이 중 한 형제의 행복수준을 안다고 해도 다른 형제의 행복수준을 짐작할 수 없다는 사실을 발견하였다. 이란성 쌍둥이는 전혀 암시하는 바가 없는 반면에, 일란성 쌍둥이는 비슷한 행복수준을 공유한다는 발견은 행복이 상당 부분 유전적으로 결정된다는 사실을 시사하는 것이다. 실제로 점점 증가하는 쌍둥이 연구에 근거해서 행복의 유전성이 대략 50% 정도일 것이라는 데 의견이 모아지고 있다.

쌍둥이연구로 확실한 결론을 이끌어내려면 연구자들은 일란성과 이란성이라는 두 유형의 쌍둥이가 서로 비슷한 가정환경을 경험했을 것이라고 가정해야 한다. 그러나 이란성 쌍둥이의 환경과 양육방식은 일란성 쌍둥이가 공유하는 것만큼 유사하지 않다. 함께 자란 일란성 쌍둥이와 유아기부터 서로 떨어져서 따로 자란 일란성 쌍둥이를 비교한 결과, 일란성 쌍둥이들은 행복점수가 서로 무척 비슷했으며 떨어져 자라도 서로 간의 유사성이 조금도 줄어들지 않았다. 일란성 쌍둥이 중 한 사람이 행복할수록 또 다른 쌍둥이도 행복했다. 이란성 쌍둥이는 그들이 함께 자랐든 따로 자랐든 행복의 수준에서 전혀 연관성을 보이지 않았다. 보통 형제들과 마찬가지로 이란성 쌍둥이도 평균적인 행복수준에 있어서 서로 비슷하지 않았다. 이러한 발견은 행복이 유전적인 요인의 영향을 상당히 많이 받으며 우리는 각자 미리 정해진 행복의 설정값을 가지고 태어난다는 결론을 강조해주는 재미있는 결과다.

사람들은 누구나 타고난 설정값을 가지고 있는데, 뇌의 전두엽피질에서 일어나는 활동의 기본수준이 그러한 설정값이 될 수 있다. 미소를 더 많이 짓고 스스로 열정적이고 기민하며 삶에 몰입하고 있다고 말하는 행복한 사람들은 두뇌활동에서 특이한 비대칭성이 발견되었다. 우뇌보다 좌뇌 전두엽피질에서 더 많은 활동이 일어났다 (Tomarken, Davidson, Wheeler, & Doss, 1992). 신생아조차도 빨기 좋은 물건을 주었을 때 두뇌의 왼쪽에서 더 활발한 활동이 일어났으며 코미디 영화를 본 성인들의 경우도 마찬가지였다. 대조적으로 오른쪽 전두엽 부분은 불쾌한 상태나 부정적인 감정을 느낄 때 활성화된다.

어느 정도 시간을 두고 평가해보지 않는 한 설정값을 정확히 알기란 불가능하다. 주관적 행복평가를 여러 차례 반복할수록, 시간간격을 길게 잡아 실시할수록 설정값의 추정치는 신뢰성을 지니게 된다. 설정값은 평균 5 정도이지만, 희망하는 점수는 훨씬 높거나 낮을 수 있다. 지속적으로 더 행복해지고 싶다면 자신의 설정값을 변화시키려고 노력하지 마라. 설정값은 어떤 외부 영향도 받지 않는 불변하는 것으로서 우리의 유전자에 프로그래밍이 되어 있다. 갈색 눈을 가지고 태어난 사람은 언제까지나 갈색 눈으로 남게 되는 것과 같다. 그러나 눈색깔은 바꿀 수 없어도 컬러렌즈를 통해서 눈색깔을 바꿀 수 있듯이, 행복수준은 의도적인 활동과 전략을 통해서 바꿀 수 있다.

행복의 원천은 유전적으로 결정된 설정값을 바꾸는 데 있지 않다. 설정값은 변화와 영향, 통제에 저항하기 때문이다. 삶의 환경을 바꾼다고 지속적인 행복을 찾을 수 있는 것도 아니다. 긍정적인 상황변화에 빠르게 적응하는 쾌락적응뿐만 아니라 그런 변화는 비용이 많이 들거나 비현실적이거나 때로는 아예 불가능하기 때문이다.

행복의 비밀이 설정값을 높이거나 삶의 여건을 긍정적으로 변화시키는 데 있지 않다면 무엇이 남을까? 보다 큰 행복을 얻고 유지하는 것이 가능하기는 할까? 행복에 관한 파이도표이론(Lyubomirslcy et al., 2005)에 따르면, 행복의 개인적 격차 중에서 50%는 유전자의 지배를 받고, 10%는 환경, 나머지 40%는 우리의 행동과 사고, 다시 말해 우리의 의도적 활동과 전략에 영향을 받는다. 행복의 비밀은 바로 이 40% 안에 들어 있다. 진정으로 행복한 사람을 관찰해보면 그들이 그저 만족한 채 가만히 앉아 있는 것이 아니라는 사실을 발견하게 된다. 그들은 일을 만든다. 무언가를 새롭게 이해하고 성취하려고 애쓰며 자신의 생각과 느낌을 통제한다. 노력을 기울이는 의도적 활동이 우리의 행복에 막강한 영향을 미친다. 우리의 활동이 환경이나 설정값의 영향력을 능가할 수 있다. 만약 불행한 사람이 흥미, 열정, 만족, 평화, 기쁨을 누리고 싶다면 행복한 사람의 습관을 배우면 된다.

넷째, 행복은 외적 아름다움이 아니라 내적 아름다움에서 나온다.

행복으로 이어지지 못하는 삶의 또 다른 조건은 바로 신체적 매력이다. 미국 심미성형수술협회는 점점 더 많은 사람들이 매년 외모를 고치고 있다고 보고한다. 2004년은 2003년에 비해 미용시술의 사례가 44% 증가했다. 대부분의 사람들은 수술 후 외모에 만족한다고 대답한다. 그렇지만 만족은 잠깐뿐이다. 그렇게 높아진 행복감은 지속되지 않는다. 아름다운 사람에게 자신의 외모에 만족하느냐고 물으면 '물론'이라고 대답할 것이다. 그렇지만 그래서 전반적으로 행복하냐고 물으면 아마도 그들의 외모는 판단에 소소한 영향만 미칠 것이다. 왜냐하면 자신이 얼마나 행복한지를 판단할 때 날씨나 신변의 안전 등 특정한 한 가지 측면에 초점을 맞추지 않는 것처럼, 미모도 행복에 영향을 미치지 않는다.

미모와 행복 간에 관계가 없다는 사실을 밝힌 한 연구(Diener, Wolsic, & Fujita, 1995)가 있다. 이 연구는 행복한 참가자들이 정말 '객관적으로' 더 매력적인가 아니면 자신의 미모를 그저 낫다고 생각하는 것에 불과할까라는 의문에서 시작되었다. 연구결과 가장 행복한 참가자들은 자신이 매력적이라고 믿는 경향이 있기는 했지만 객관적인 심사원들은 그들이 덜 행복한 다른 참가자들보다 더 잘생겼다고 보지 않았다. 자기가 매력적이라는 믿음과 평가단의 객관적인 평가 사이의 괴리현상은 그들이 '꾸미지 않았을 때' 더 두드러졌다.

다른 연구(Meyer, Enström, Harstveit, Bowles, & Beevers, 2007)에서는 패션모델들이 실제로 같은 연배들보다 훨씬 덜 행복해했다. 결론적으로 잘생긴 사람이 더 행복한 것은 아니었다. 행복한 사람은 자신의 외모를 포함한 삶의 모든 것을 긍정적이며 낙관적으로 인식할 가능성이 높다. 그러나 다른 사람들은 그들이 신체적으로 더 돋보인다고 평가하지 않았다. 객관적으로 더 아름다워지는 것은 사람들을 더 행복하게 해주지 못한다. 자신이 아름답다고 믿는 것과는 별개의 이야기이다.

Chapter

03

행복이론

Chapter 03

행복이론

자기 자신이 스스로 행복하다고 느끼지 못하는 사람은 행복할 수 없다.

로마황제, 마르쿠스 아우렐리우스(Marcus Aurelius)

컵이 반이나 차있는 것인지 반쯤 비어 있는 것인지를 결정하기 전에, 컵 속에 들어 있는 게 무엇인지 한 번 살펴볼 필요가 있다. 우리의 인생은 아름답기만 하지 않다. 선택할 수 없는 것들이 많기 때문이다. 날씨, 유전자, 재난, 이웃 따위가 그렇다. 개인적인 잘못이나 과실과는 무관하게 발생하는 불의의 사고나 질병도 있다. 간단히 말해서, 우리가 살아가면서 불행은 찾아오기 마련이다. 조너선 헤이트(Jonathan Haidt)는 『행복가설』이란 자신의 책에다 옛 지혜와 현대의 행복학에서 뽑아낸 행복의 정수들을 모아놓고 이렇게 결론지었다. "사람들에게는 상처와 불행이 필요하다. 그래야 자신의 진정한 강점을 발견하고, 충만한 삶을 살고, 완전한 발전을 이룰 수 있다." 우리의 삶에서 모든 고통이 제거된다면 우리는 행복도 체험하지 못할 것이다. 다시 말해서, 불행이 없다면 고난을 통해서 인생에서 얻게 될 최고의 선물인 '행복'을 빼앗는 일이 될 수 있다.

그렇지만 이 장에서 다루고자 하는 내용은 불행이 아니라 행복에 대한 것이다. 행복추구는 미국 독립선언문에도 명시되어 있는 양도 불가한 인간의 기본적인 권리 중의 하나이다. 사람들이 바라는 삶의 목표들 중 1순위는 행복이라는 것을 보여준 조사결과도 많다. 예를 들어, 42개국에서 7천 명의 대학생들을 대상으로 수행된 조사에서는 행복 추구와 삶에 대한 만족이 대학생들의 가장 중요한 목표라는 것이 밝혀졌다(Suh, Diener, Oishi, & Triandis, 1998).

이 장에서는 행복에 대해서 관심을 갖고 있는 다양한 학문들의 관점에서 나온 행복에 대한 여러 이론들을 정리해서 살펴보고자 한다. 심리학 분야에서 행복에 대한 다양한 이론들은 권석만(2008)의 저서 『긍정심리학』과 이현수(2008)의 저서 『긍정적 심리학』에 잘 정리되어 있다. 나는 이 장에서 중요한 행복이론을 ① 웰빙이론, ② 상향이론과 하향이론, ③ 욕망충족이론, ④ 목표이론, ⑤ 비교이론, ⑥ 적응 및 대처이론, 그리고 ⑦ 강점 및 덕목이론으로 정리하였다.

제2장 행복의 이해에서 논의한 것처럼, 행복에 대한 관점은 크게 쾌락주의적 관점과 자기실현적 관점으로 구분할 수 있다. 쾌락주의적 관점에서의 행복이론은 욕망충족이론, 목표이론, 비교이론, 그리고 적응 및 대처이론이며, 자기실현적 관점에서의 행복이론은 웰빙이론, 상향이론과 하향이론, 강점 및 덕목이론이다.

웰빙이론

웰빙이론(well-being theory)은 사회복지학 분야에서 많이 연구되었다. 웰빙이론에서는 행복이라는 용어보다는 웰빙(well-being)이라는 용어를 사용하고는 있지만, 그 취지와 내용은 거의 동일하다. 웰빙은 흔히 '참살이', '잘 사는 법', '삶의 질'과 함께 사용되는데 사전적으로 몸과 마음의 편안함과 행복을 추구하는 태도나 행동으로 정의할 수 있다. 웰빙은 몸과 마음, 일과 휴식, 가정과 사회, 자신과 공동체 등 모든 것이 조화를 이루어 어느 한쪽으로 치우치지 않은 상태를 의미하기도 한다.

웰빙이론에서는 웰빙을 평가할 때 기준이 되는 것은 삶에 대한 만족과 긍정적 정서의 경험으로 정의되는 주관적 웰빙(subjective well-being)이어야 된다고 본다(Diener, 1984). 왜냐하면 사회 · 경제적 지표와 같은 객관적인 측정치로는 개인이 자신의 삶에 대해 얼마나 행복해하거나 만족해하는지를 직접적으로 평가하는 것은 불완전하기 때문이다. 비록 이런 지표들이 개인의 삶에 대한 객관적 사실을 말해주고 있더라도, 사람들이 이런 사실에 대해 어떻게 생각하고 느끼는지에 대해서는 알려주는 것이 없기 때문이다.

키스와 워터맨(Keyes & Waterman, 2003)은 사람들이 살아가면서 경험하는 주관적 웰빙은 크게 정서적 웰빙(emotional well-being), 심리적 웰빙, 사회적 웰빙으로 구분할 수 있으며, 15가지 측면들이 고려되어야 하는데, 각각은 서로 다른 특별한 기능이 있다고 하였다. 첫째, 정서적 웰빙은 자신의 삶을 통해서 경험한 긍정적 · 부정적 경험의 균형상태로 자신의 삶에 대하여 느낀 행복감과 만족감이다. 정서적 웰빙은 ① 긍정적 정서, ② 부정적 정서, ③ 삶의 만족, ④ 행복감으로 구성된다. 둘째, 심리적 웰빙(psychological well-being)은 삶의 과정에서 자신이 경험한 긍정적 경험을 의미한다. 심리적 웰빙의 6가지 긍정적 측면은 ① 자기수용, ② 타인과의 긍정적 관계, ③ 개인의 성장, ④ 삶의 목표, ⑤ 환경통제 그리고 ⑥ 자율성인데, 이것들은 정신건강과 밀접한 관계가 있다. 독자적으로 자기 자신의 가치와 이상을 추구해 나가는 사람은 행복한 사람이다. 끝으로, 사회적 웰빙(social well-being)은 보다 개인적 기준에 역점을 두고 있는 심리적 웰빙과는 대조적으로, 보다 공개적이고 사회적 기준에 역점을 둔다. 사회적 웰빙의 수준은 ① 사회적 일관성, ② 사회적 실현, ③ 사회적 통합, ④ 사회적 수용, ⑤ 사회적 공헌의 차원에 의해 평가된다.

우리의 삶은 삶에 대한 감정상태, 개인적 건강상태, 혹은 사회적 건강상태 등에 의해 평가된다(이현수, 2008). 정서적 웰빙의 수준이 높은 사람은 자기 자신의 삶을 불만보다는 만족, 불행보다는 행복, 부정보다는 긍정적으로 평가한다. 심리적 웰빙의 수준이 높은 사람은 자신이 스스로 원만한 심리적 역할을 수행하고 있다고 생각하며, 더불어 개인의 성장감, 삶의 목표, 그리고 원만한 자기수용을 하고 있다고 생각한다. 사회적 웰빙을 누리고 있다고 생각하는 사람은 스스로 원만한 사회적 관여와 사회적 공헌을 하고 있다고 생각한다.

상향이론과 하향이론

행복은 우연히 외부에서 찾아온 행운이 아니라, 그 사람에 의한 올바른 노력의 결과이다. 외향성, 긍정적 인간관계, 인생의 목적의식, 정서적 안정성 등은 삶의 만족도를 향상시키는 요인이라는 증거들이 있다(Argyle, 1999; Compton, 2005; Diener & Lucas, 1999).

상향이론

행복이 생활 속에서 경험하는 여러 가지 즐거운 순간들의 총합에 의해서 결정된다는 입장으로서, 이를 상향이론(bottom-up theory)이라고 부른다. 이 이론에 의하면, 행복, 주관적 안녕 또는 삶의 만족 등은 삶 속에서 얼마나 많은 행복한 순간들을 경험하느냐에 달려 있다는 것이다. 즐겁고 기쁜 순간들을 더 많이 경험할수록 사람들은 더 행복할 것이라는 것이다. 이러한 입장에 따르면, 우리는 생활 속에서 즐거운 경험들을 증가시킬수록 행복도 증가할 것이다. 또한 즐거운 경험을 제공할 수 있는 삶의 환경적 여건들(결혼, 직업, 종교, 재정상태, 건강 등)이 행복에 중요하다. 따라서 행복을 증진하려는 노력은 환경적 여건과 상황을 개선하는 데에 중점을 두어야 할 것이다.

하향이론

행복이 개인의 유전적 기질, 성격, 정서, 성향 등에 의해서 강력한 영향을 받는다는 것으로서 이를 하향이론(top-down theory)이라고 한다. 개인의 유전적 기질이나 성격적 요인들은 일상적 경험을 긍정적인 방식으로 해석하고 인간관계에서 사교적인 행동을 나타내며 환경에 적극적인 대처를 하게 함으로써 주관적 웰빙에 영향을 미치게 된다. 하향이론에 따르면, 행복은 개인이 처한 환경적 여건보다 삶에 대한 태도에 의해서 더 강력한 영향을 받는다.

행복 증진을 위해서는 개인의 태도와 신념을 변화시키는 데에 중점을 두어야 할 것이다. 셀리그먼(Seligman, 1991)은 낙관주의와 같은 삶의 태도도 학습에 의해서 변화될 수 있다고 주장한다. 행복도의 편차 중 52%는 성격에 의한 것이며 단지 23%만이 상황적 여건들에 의한 것이었다. 다른 유사한 연구에서는 상황적 요인의 영향이 8~15% 정도로 더 작게 나타났다(Diener et al., 1999; Lyubomirsky, 2001). 이러한 연구들은 성격과 환경여건이 모두 중요하지만 성격이 주관적 웰빙에 더 중요하다는 것을 보여준다.

객관적인 환경여건과 성격특질은 행복의 측정방식과 평가차원에 따라 서로 다른 방식으로 상호작용하여 영향을 미칠 수 있다(Heady, Veenhoven, & Wearing, 1991; Leonardi, Spazzafumo, Marcellini, & Gagliardi, 1999). 구체적인 삶의 영역(결혼, 직업 등)에 대한 만족도는 상향이론에 의해서 더 잘 설명될 수 있는 반면, 인생 전반에 대한 만족도는 하향이론이 더 적절하게 적용될 수 있을 것이다(Diener et al., 2003).

통합이론

행복은 성격적 요인에 의해 하향적인 영향을 받는 동시에 삶의 여건과 경험들을 통해서 상향적인 영향을 받는 것이라고 볼 수 있다. 행복은 개인이 삶의 상황을 어떻게 인식하고 그에 반응하느냐에 따라서 영향을 받게 된다. 행복은 성격특성과 삶의 여건의 상호작용에 영향을 받게 되는 심리적 과정에 의해서 결정되는 것이다. 첫째, 행복은 유전적 · 심리적 · 사회환경적 요인들에 의해 영향을 받는다. 둘째, 행복의 하향이론과 상향이론이 통합될 필요가 있다. 셋째, 행복에 영향을 미치는 요인들은 그 영향력의 근접성에 따라 원격원인과 근접원인으로 구분될 필요가 있다. 원격원인(distal causes)은 어떤 심리적 경험을 유발하는 인과적 과정에서 여러 단계를 거치거나 간접적인 방식으로 영향을 미치는 요인을 의미하는 반면, 근접원인(proximal causes)은 그 심리적 경험을 직접적으로 유발하는 요인을 뜻한다(Abramson, Alloy, & Metalsky, 1988). 마지막으로, 행복은 이러한 요인들의 결과인 동시에 원인이 될 수도 있다는 점이다.

아마도 이 세상에서 행복도가 가장 높은 사람들은 서유럽국가의 중상류계층에 속하는 행복한 가정에서 태어나 수용적이고 지지적인 부모의 양육을 받으며 성장하여 굳건한 자존감을 갖춘 낙관적이고 외향적인 성격의 소유자로서 원하는 직업 분야에서 활동하고 있는 건강한 기혼자들일 것이다. 이들은 내적 동기를 지니고 가정, 직장, 여가 등의 영역에서 적극적이고 효율적으로 행동하며, 여러 가지 유쾌한 생활사건을 경험하는 동시에 이러한 사건들에 긍정적인 의미를 부여하면서 다양한 긍정적 감정들을 느낄 것이다. 그 결과, 자신의 삶 전반에 대해 긍정적인 평가를 하면서 주로 긍정정서를 많이 느끼고 부정정서를 드물게 느끼며 살고 있을 것이다.

통합적 설명모델에 따르면, 행복에 가장 강력한 영향을 미치는 근접원인은 심리적 과정이다. 즉, 생활사건이라는 원재료를 성격이라는 가공방식에 따라 행복이라는 제품으로 만들어가는 공정과정에 해당하는 것이 심리적 과정이다.

욕망충족이론

욕망충족이론(desire fulfillment theory)은 인간은 식욕, 성욕, 물욕, 권력욕, 명예욕 등과 같은 다양한 욕망을 지니고 있고, 이러한 욕망이 충분히 충족되었을 때 행복감을 느낀다는 주장이다(Diener, 1984). 욕망충족이론은 대표적인 행복에 대한 2가지 관점 중 쾌락주의적 관점을 취하는 행복이론이라고 볼 수 있다. 쾌락주의적 관점에서는 인간의 행복 정도가 욕망의 충족으로 인한 쾌락이나 만족수준에 비례할 뿐만 아니라 욕망을 충족시킬 수 있는 외부적 또는 상황적 조건(의식주, 재산, 계층, 사회적 지위, 교육수준 등)에 비례한다는 생각으로 이어진다.

욕망과 동기

일생생활에서는 욕망이라는 용어가 일반적이지만, 심리학 분야에서는 동기나 욕구라는 용어가 훨씬 더 많이 사용된다. 연구자의 관심사나 학문적 특성에 따라서 동기(motivation)는 욕구(need), 요구(demand), 욕망(desire), 소망(want), 추동(drive), 그리고 모티브(motive) 등과 같이 다양한 이름을 갖고 있다. 보다 학문적으로 정의하면, 동기란 '어떤 행동의 원인이 되는 것으로서 그 행동의 방향과 강도를 결정하고 그 행동의 지속성을 유지시켜주는 심리적 구성개념'이다(남승규, 1999). 인간의 욕망과 동기는 다음과 같은 특징을 지닌다. 첫째, 동기는 목표지향적 행동을 유발하는 행동의 원인으로 작용한다. 둘째, 동기는 목표지향적 행동을 조절하는 기능을 한다. 특정한 행동이 어떤 식으로 그리고 얼마나 강력하게 나타나는가를 포함하여 행동의 방향과 강도를 결정한다. 셋째, 동기의 기능은 목표지향적 행동을 지속하게 하는 추진력, 즉 에너지를 제공하는 것이다.

: 욕구와 욕구위계

욕구(need)는 기업과 같은 생활현장에서는 복수형을 취해서 니즈(needs)라는 용어로 사용되기도 하는데, 그 근원에 따라 생리적 욕구와 심리적 욕구로 구분될 수 있다. 생리적 욕구는 배고픔이나 갈증, 성욕과 같이 그 생리적 근거가 분명하고 태어날 때부터 갖추어진 욕구로서 모든 인간들이 공유하는 선천적인 욕구이다. 심리적 욕구는 자존심이나 성취욕과 같이 생리적 근거보다는 직 · 간접적인 경험과 학습의 영향에 의하여 획득된 후천적인 욕구이다. 이러한 욕구들은 다른 종들과 공유되지 않고 모든 사람들에게서 발견되지도 않는다.

1954년에 에이브러햄 매슬로(Abraham Maslow)는 "사람들이 세상에서 가장 원하는 것이 무엇인가?"에 관심을 갖고 욕구위계이론(need-hierarchy theory)을 제시하였다. 이것은 사람들은 위계를 이루고 있는 욕구를 충족시키기 위하여 동기화된다는 것이다. 이 이론은 3가지 기본가정을 전제로 이루어져 있다.

첫 번째 가정은 결핍원리이다. 인간은 특수한 형태의 충족되지 못한 욕구들을 만족시키기 위하여 동기화되어 있다고 가정한다. 이 욕구들 가운데 개인별로 충분히 충족되지 못한 욕구들이 긴장을 유발한다. 긴장이 유발되면 인간은 긴장을 감소시킴으로써 내적 평형상태를 회복하고자 행동하게 된다. 그러나 일단 그 욕구가 충족되면 이 욕구는 더 이상 동기로서 힘을 발휘하지 못하게 된다.

두 번째 가정은 위계원리이다. 비록 사람에 따라서 차이가 있지만, 대부분의 사람들이 추구하는 욕구들은 몇 개의 공통된 범주로 나눌 수 있다. 이 보편적인 공통된 욕구들은 충족되어야 할 심리적 발달수준에 따라서 순서대로 피라미드 형태의 위계로 계열화되어 있다고 주장한다. 인간이 충족시키고자 추구하는 욕구들은 최하위 욕구인 생리적 욕구부터 시작되어 안전욕구, 사회적 욕구(애정 및 소속감 욕구), 존경의 욕구, 인지적 욕구, 심미적 욕구 그리고 최상위 욕구인 자기실현 욕구로 위계를 갖추고 있다.

세 번째 가정은 전진원리이다. 사람들을 동기화시키는 것은 우선적으로 하위욕구부터 시작되어 점차적으로 상위욕구로 전진해 나간다는 것이다. 그러므로 낮은 수준의 욕구가 충족되고 난 다음에 한 번에 한 계층씩 상승하여 바로 이웃한 상위 위계의 욕구를 충족시키기 위하여 동기화된다고 주장한다.

위계의 맨아래에는 음식, 물, 산소, 수면 그리고 성을 위한 생리적 욕구가 존재한다. 일단 이런 욕구들이 충족되면 사람들은 안전, 안정적인 직장, 재정상의 여유, 안정적인 가정 및 예측 가능한 환경들을 추구한다. 위계사다리의 다음은 사회적 욕구로 친교, 소속감, 애정, 친밀한 관계, 집단멤버십과 같은 것을 추구한다. 이런 욕구가 충족되지 않으면 고독과 소외감을 느끼게 된다. 다음은 존경욕구인데, 사회적 지위, 존경, 인정, 성취 및 권력과 같은 것에 대한 욕망을 포함한다. 이 욕구가 충족되지 않으면 열등감과 무가치감을 경험한다. 이와 같이 모든 사람들은 위계상의 모든 욕구들을 충족시키기 위하여 자기 자신의 방식을 취하게 된다.

하지만 욕구위계이론은 몇 가지 측면에서 문제가 있다. 첫째, 전반적으로 피라미드상의 하위욕구부터 우선적으로 충족되어야 하지만 때때로 예외를 발견할 수 있다. 가장 기본이 되는 생리적 욕구와는 무관하게 자신의 고유한 삶을 사는 사람들을 쉽게 발견할 수 있다. 둘째, 매슬로가 제안한 것처럼 모든 사람들이 동일한 순서를 따르는 것은 아니다. 어떤 사람들은 자존욕구를 충족시키기 전에 애정 및 소속감을 추구하지만 성취지향적인 사람들은 가족보다는 경력을 확립하는 데 더 많은 노력을 한다. 셋째, 문화에 따라서 동기의 우선순위가 달라질 수 있다. 동양문화권과 서양문화권에 따라서 추구하는 바가 다르다. 예를 들어 개인주의를 지향하는 서양문화권은 집단주의를 지향하는 동양문화권보다 존경욕구를 추구하는 정도가 훨씬 더 강하다.

외적 동기와 내적 동기

동기의 유형에 따라 행복에 미치는 영향이 달라진다. 외부적 보상에 의해 충족되는 동기보다는 행위 자체에서 만족을 얻게 되는 동기를 추구하는 사람들이 더 행복감을 느낀다. 내적 동기가 외적인 보상에 의해 대체되는 현상을 과잉정당화(overjustification)라고 한다. 동일한 일을 하더라도 외적인 보상에 대한 기대를 갖게 하면 그 일 자체에 대한 흥미나 선호는 오히려 떨어지게 된다. 왜냐하면 그 일을 하게 되는 이유가 일 자체에 대한 흥미 외에도 외적 보상이라는 이유로 정당화될 수 있기 때문이다.

외적 동기는 타인의 인정이나 칭찬을 얻기 위한 욕구나 사회적 비판과 처벌을 회피하기 위한 욕구에서 파생되는 것으로서 그 자체로는 행복을 고양시키는 역량이 없는 것이다. 외적 가치(경제적 성공, 신체적 매력, 사회적 인기 등)를 추구하는 사람은 주관적 웰빙이 저하되어 있는 것으로 나타난 반면 내적 목표를 추구하는 사람들은 주관적 웰빙 수준이 높은 것으로 나타났다(Kasser & Ryan, 1993, 1996).

내적 동기를 지닌 사람들은 외적 보상에 의해 동기가 부여된 사람들에 비해서 업무성과, 끈기, 창의성, 자존감, 활기가 향상되었으며 전반적 행복수준을 더 높게 보고했다. 내적 동기를 지닌 사람들은 건강 증진 행동, 종교적 참여, 친밀한 인간관계, 정치적 활동과 같은 다양한 영역에서도 긍정적인 결과를 나타내는 경향이 있었다. 내적 동기를 지니고 흥미로운 일에 전념하게 될 때 몰입이라는 독특한 긍정적 심리상태를 경험하게 된다.

리안과 데시(Ryan & Deci, 2000)는 내적 동기를 '새롭고 도전적인 것을 추구하고 자신의 능력을 확장하여 연마하며 항상 탐구하고 배우고자 하는 선천적 성향'이라고 정의하면서 인간의 대표적인 긍정적 속성으로 간주했다.

내적 동기를 구성하는 3가지의 기본적 욕구 첫째는 유능성(competence)의 욕구로서 환경에 효과적으로 대응할 수 있는 숙달된 경험을 추구하는 성향이고, 둘째는 관계성(relatedness)의 욕구로서 서로에게 지지적인 인간관계를 형성하고자 하는 성향이며, 셋째는 자율성(autonomy)의 욕구로서 삶의 중요한 문제에 관해서 독립적이고 자주적인 결정을 내리고자 하는 성향이다.

자결성이론(self-determination theory)은 행복이 자율성, 유능성, 관계성 이 3가지의 기본적인 심리적 욕구의 충족으로부터 나온다고 본다(Baumgardner & Crothers, 2009). 자율성 욕구는 자신의 활동을 다른 사람이 시켜서가 아니라 자기 스스로 선택할 수 있을 때 그리고 자기개념과 일치할 때 충족된다. 유능감 욕구는 우리 능력에 좀 더 많은 확신을 갖게 하는 바라던 결과가 자신의 노력을 통해 달성되었을 때 충족된다. 관계성에 대한 욕구는 타인과의 긴밀하고 긍정적인 연결에 의해 충족된다. 친밀함과 지지를 제공하는 사회적 상호작용은 이 욕구를 만족시키는 데 기여한다.

쾌락주의와 금욕주의

욕망을 포함하여 쾌락에 대하여 긍정적인 입장과 부정적인 입장이 있다. 긍정적인 입장을 쾌락주의(hedonism)라 한다. 쾌락주의자들은 다음과 같은 주장을 한다. 첫째, 욕망은 삶의 의욕과 활기를 제공한다. 둘째, 욕망은 삶에 필요하고 시급한 과제에 대응하는 능력을 증진시킨다. 인간의 자연스러운 욕망은 생존과 적응에 필요한 활동을 촉진하는 신호라고 할 수 있다. 셋째, 욕망은 즐거움의 원천이다. 욕망의 충족을 통해서 우리는 즐거움과 행복감을 느끼게 된다. 마지막으로, 금욕주의자들은 욕망과 쾌락추구를 무절제한 탐욕이나 방종과 같은 극단적인 상태로 간주한다. 즉, 욕망의 위험성을 지나치게 과장하고 있다. 그러나 적절한 욕망과 쾌락의 추구는 몸과 마음을 즐겁게 함으로써 인생을 향유하도록 만든다. 오히려 욕망에 대한 과도한 억제나 억압은 삶을 메마르게 할 뿐만 아니라 때로는 정신장애의 원인이 되기도 한다.

반면에 욕망과 쾌락을 위험한 것으로 보는 입장이 금욕주의(asceticism)이다. 금욕주의자들은 다음과 같은 주장을 한다. 첫째, 욕망은 충족되기 어렵다. 대부분의 중독현상은 욕망과 쾌락을 추구한 결과로 초래된 불행한 결과이다. 둘째, 욕망은 인간을 무절제하고 나태한 존재로 만들 수 있다. 행복에는 쾌락의 강도뿐만 아니라 쾌락의 결과가 중요하다. 쾌락 중에는 단기적으로는 즐거운 것이지만 장기적으로는 부정적인 결과를 초래하는 것들이 많다. 셋째, 욕망과 쾌락에는 의미가 없다는 것이다. 궁극적으로 공허감을 줄 수밖에 없다. 마지막으로 욕망은 사회적 관계와 유대를 약화시킨다. 욕망은 기본적으로 이기적인 것이어서 다른 사람의 욕구나 입장에 둔감하다.

쾌락과 즐거움

대표적인 긍정심리학자 중의 한 명인 칙센트미하이(Csikszentmihalyi)는 쾌락과 즐거움을 구분하고 있다. 쾌락(pleasure)은 식욕이나 성욕 같은 생물학적 욕구나 타인의 칭찬과 같은 사회적 욕구가 충족될 때 느끼는 긍정정서 상태지만 심리적 성장이나 발달로 이어지지는 않을 뿐만 아니라 반복적인 경험을 통해서만 이러한 유쾌함이 지속될 수 있는 것이다. 반면에 즐거움(enjoyment)은 추구하는 목표의 달성, 기대의 충족, 뜻밖의 심리적 체험이나 창의적 성과에 의해서 경험되는 긍정정서를 의미한다. 이러한 즐거움은 그 자체로 성취감과 신선감을 주며 그 영향이 지속적일 뿐만 아니라 우리의 가능성과 잠재력을 확장시켜 새로운 것을 창조하는 데 기여한다. 따라서 사람들로 하여금 유쾌한 경험과 더불어 생산적이고 성장적인 즐거움을 체험해가도록 만드는 방법을 연구하는 것이 긍정심리학의 중요한 과제이다(Csikszentmihalyi, 1990).

욕망충족이론의 한계

욕망충족이론은 근본적으로 몇 가지 한계가 있다. 첫째, 다양한 욕망을 충족시킬 수 있는 외부적 조건과 행복도의 상관관계는 상당히 미미하다. 둘째, 욕망의 충족상태는 일시적이다. 욕망을 지속적으로 충족시키기는 어렵다. 셋째, 하나의 욕망이 충족되면, 곧 그러한 상태에 익숙해져 행복감을 느끼지 못하는 경향이 있다. 넷째, 개인적 욕망이 충분히 충족되어도, 자신보다 더 풍요로운 상태에 있는 사람을 보게 되면 행복감이 저하된다. 끝으로 행복은 욕망의 충족 이외에 타인과의 비교, 지향하는 목표, 적응과정 등과 같은 다양한 심리적 요인의 영향을 받는 것으로 여겨지고 있다.

목표이론

목표이론(goal theory)이란 인간은 자신이 추구하는 목표를 달성하거나 목표를 향해 진전되고 있다고 믿을 때 행복을 느낀다는 입장이다. 이 이론은 욕망충족이론의 발전된 형태라고 할 수 있는데 욕망을 좀 더 구체적인 목표로 명료화하고 목표달성과 관련된 인지적 평가를 포함하고 있기 때문이다(권석만, 2008).

내면적인 충동상태인 동기는 성장과정을 거치면서 인지적 요인과 결합되고 사회적 영향을 받으면서 가치로 변환된다. 달리 말하면 가치는 동기가 사회적 영향을 받아 인지적 믿음의 형태로 변화된 것이라고 할 수 있다. 이러한 가치는 우리의 선택과 행동에 영향을 미칠 뿐만 아니라 어떤 목표를 지향하게 만드는 중요한 심리적 요인이 된다.

목표이론에 따르면 인간은 목표의 설정, 목표를 향한 진전감 그리고 목표의 성취를 이룰 때 행복을 느낀다(Austin & Vancouver, 1996). 인생에서의 목표와 성취 간의 격차가 작을수록 더 행복하다고 보았다.

목표의 유형

일반적으로 추구하는 목표가 인간의 내적 동기와 잘 부합할 때 행복감이 증가한다. 자기수용, 긍정적 인간관계, 다른 사람을 돕는 것과 관련된 목표를 추구하는 사람들이 물질적 성공, 신체적 매력, 사회적 명성을 추구하는 사람들보다 행복수준이 더 높다(Cantor & Sanderson, 1999; Kasser & Ryan, 1993).

접근목표(approach goals)는 무언가를 향해 움직이도록 동기를 부여하는 것인 반면, 회피목표(avoidance goals)는 위험, 곤란, 공포 등을 피하기 위한 것이다. 일반적으로, 접근목표가 회피목표보다 주관적 웰빙과 관련성이 높다. 기대했던 속도나 그보다 더 빠른 속도로 진전되는 것을 느끼게 되면, 행복감이 훨씬 더 증대된다(Hsee & Abelson, 1991).

자신의 상황적 조건을 고려하여 달성 가능성이 높은 현실적인 목표를 추구하는 것이 중요하다. 죄수의 경우, 뚜렷한 목표가 없거나 교도소 밖에 있는 사람과의 친밀한 관계를 추구하는 사람은 체력단련의 목표를 지닌 사람보다 삶의 만족도가 현저하게 낮았다.

추상적인 목표를 추구할수록 현재의 행복도가 낮아진다. '장대한 환상과 하찮은 추구'의 갈등, 구체적인 목표와 추상적인 목표 간의 균형을 위해서는 추상적이며 의미 있는 장기적인 목표와 더불어 직접 행동으로 연결될 수 있는 구체적인 목표를 세우는 것이 가장 좋은 방법이다(Emmons, 1992).

목표위계와 통합성

행복한 삶을 위해서는 서로 조화롭게 연결된 목표를 선택하여 추구하는 것이 중요하다. 목표는 상위목표와 하위목료로 위계를 갖추어서 나눌 수 있는데, 추구하는 목표들 간의 통합성이 높고 경쟁적 목표들 간의 내적 갈등이 적을수록 주관적 웰빙의 수준이 높다. 더 크고 추상적인 목표를 성취하는 데 도움이 될만한 작은 목표들을 개인적 추구(personal strings)라 한다(Emmons, 1992). 문화는 목표의 선택에 중요한 영향을 미친다. 개인이 속해 있는 문화나 하위문화에서 높이 평가하는 목표를 성취할수록 행복감이 증가한다.

목표의 실현 가능성

목표이론에 따르면, 행복은 개인이 추구하는 목표의 실현 가능성뿐만 아니라 목표 달성을 위해 다가가고 있다는 진전속도에 대한 주관적 평가에 의해서 결정된다. 행복은 지속적으로 유입되는 정보들을 어떻게 평가하느냐에 의해서 결정된다. 평가과정의 핵심은 우리가 추구하는 주요한 목표가 현재 얼마나 달성되었으며 앞으로 얼마나 잘 달성될 것인가에 대한 평가이다.

스나이더, 랜드, 시그먼(Snyder, Rand, & Sigmon, 2002)에 따르면, 희망(hope)은 2가지 믿음의 결과이다. 그 첫째는 목표에 이르는 경로에 대한 것으로서 목표를 달성하는 방법을 찾을 수 있다는 믿음이다. 두 번째는 목표를 향한 추구의지에 관한 것으로서 그러한 목표를 달성할 만큼 충분히 동기와 의지를 지니고 있다는 믿음이다. 즉, 희망이란 목표를 달성할 수 있는 현실적인 방법이 있으며 그 목표를 향해 충분한 욕구를 스스로 불러일으킬 수 있다는 믿음의 결과라는 것이다. 이러한 희망수준이 높은 사람들은 긍정정서를 더 많이 느끼고, 미래에 행복해질 것이라고 기대하며, 더 확신에 차 있고, 스트레스에도 더 성공적으로 대처하며, 목표를 향한 대안적인 방법들을 찾을 가능성이 높고, 더 많은 사회적 지원을 받아내는 경향이 있다(Snyder et al., 2002).

목표이론은 목표를 추구하는 것이 행복에 도달하는 길이라고 본다. 목표를 추구한다는 것은 우리가 삶에 적극적으로 참여하고 있다는 징표이다. 내적 동기에 의해 자발적으로 목표를 선택하여 추구하면서 현실적이고 구체적인 목표를 향한 활동에 적극적으로 참여함으로써 우리의 행복이 증진될 수 있다.

비교이론

비교이론(comparison theory)은 행복이 비교의 결과라고 본다. 인간은 매우 다양한 기준에 의해서 자신을 평가하지만 가장 주요한 비교기준은 다른 사람, 과거의 삶, 이상적 자기상, 지향하는 목표이다. 비교이론에 따르면 개인은 자신의 현재 상태를 이러한 기준들과 비교했을 때 우월한 방향으로의 차이가 클수록 더 높은 행복감을 경험한다. 또한 높은 기준과의 상향적 비교를 하는 사람은 불행감을 느끼기 쉬운 반면 하향적 비교를 하는 사람은 행복감이 증가할 것이다.

다른 사람과의 비교

우리가 자기평가를 위해 적용하는 가장 일반적인 비교기준은 다른 사람들이다. 사회적 비교(social comparison)는 우리가 자기평가를 하는 가장 대표적인 방법인데 이때 어떤 사람들을 비교대상으로 하느냐에 따라 평가결과가 크게 달라진다. 비교대상에 따라서 사회적 비교는 자신과 비슷한 사람들과 비교하는 수평적 비교(lateral comparison), 자신보다 더 나은 사람들과 비교하는 상향적 비교(upward comparison), 자신보다 못한 사람들과 비교하는 하향적 비교(downward comparison)로 구분할 수 있다.

행복한 사람들은 상향적 비교보다 하향적 비교를 더 많이 한다(Lyubomirsky & Ross, 1997). 일반적으로 하향적 비교를 많이 할수록 행복도가 증가한다. 행복감은 우리가 다른 사람들보다 우월하다는 평가와 관련되어 있다. 주변의 비교대상이 어려운 상황에 처해 있을수록 개인은 더 행복감을 느낀다.

과거와의 비교

현재의 자신을 평가하는 두 번째 비교기준은 과거의 자신이다. 우리는 현재를 과거와 비교하여 긍정적인 변화를 인식할 때 행복감을 느끼게 된다. 불행한 사람은 자신의 성격이나 태도로 인해서 불행을 영속화시키는 경향이 있으며, 행복한 사람은 긍정적 변화를 위해 끊임없이 노력하는 경향이 있다. 행복에 있어서 중요한 것은 현재의 절대적 상태가 아니라 과거보다 나아졌다는 긍정적 변화의 인식이다. 행복한 삶을 지속하기 위해서는 점진적인 긍정적 변화를 지속적으로 인식하는 것이 필요하다.

이상적 자기와의 비교

히긴스(Higgins, 1987)에 따르면, 이러한 이상적 자기상에는 이상적 자기와 의무적 자기가 있다. 이상적 자기(ideal self)는 스스로 이상적인 것으로 여기는 자신의 특성인 반면, 의무적 자기(ought self)는 부모와 같이 중요한 사람들에 의해 기대되는 자신의 모습이다. 우리는 자기평가를 할 때 이상적 자기와 더불어 의무적 자기와도 비교를 하게 된다.

자신에 대한 만족감이 실제적 자기뿐만 아니라 이상적 자기의 수준에 의해 결정된다는 것이다. 이상적 자기의 수준이 너무 높은 경우에는 자신에 대한 만족감을 느끼기 어렵다. 개인의 행복은 자기평가를 할 때 적용하는 이상적 자기와 의무적 자기의 수준에 의해서 커다란 영향을 받는다. 너무 높은 이상적 자기상을 지닌 사람들은 행복감을 느끼기 어렵다. 그렇다고 이상적 자기상의 수준이 낮은 사람들이 행복감을 더 많이 느끼는 것도 아니다.

지향하는 목표와의 비교

어떤 사건들이 얼마나 행복감에 영향을 미치는지는 우리가 지향하는 목표와의 비교를 통해서 이루어진다. 일차적 평가과정에서 개인은 직면한 사건을 목표 관련성, 목표 합치성, 자아 관여성의 측면에서 평가한다. 긍정적 자존감의 형성과 유지에는 3가지 과정이 관여하는 것으로 여겨지고 있다. 첫째는 자신에 대해서 정확한 평가를 하려고 노력하는 자기평가 과정(self-assessment)이고, 둘째는 현재의 자신에 대한 자기 평가를 확인하려고 노력하는 자기입증 과정(self-verification)이며, 셋째는 자신에 대해서 호의적인 평가를 하려고 노력하는 자기고양 과정(self-enhancement)이다. 연구에 의하면 자존감이 높은 사람들은 자기고양 과정을 많이 사용하는 경향이 있었다(Sedikides, 1993).

사회적 비교과정

재물과 행복의 관계를 포함하여 우리는 인생에서 일어나는 대부분의 변화에 대해 대략 3개월 이내에 적응하게 된다(Diener & Lucas, 2000). 경제적 부가 지속적인 행복을 가져오지 못하는 이유 중의 하나가 사회적 비교과정(social comparison process) 때문이다. 사람들은 자신의 삶을 다른 사람의 삶과 비교하는 경향이 있다. 소득수준이 증가할수록 물질에 대한 욕구도 증가한다(Sirgy, 1998). 또한 행복해지기 위해서 '가져야만 하는 필요한 것들'의 기대수준도 상승한다(Brickman & Campbell, 1971).

적응 및 대처이론

행복의 비밀 중 하나는 아무리 긍정적인 환경과 행복감 속에 있더라도 그러한 상태가 지속되면 행복감이 저하된다는 점이다. 인간은 지속되는 긍정적 상태에 대해서 적응하기 때문이다. 즉, 쾌락경험의 지속기간은 행복에 있어서 경시되는 경향이 있는데 그 이유는 우리가 그것에 적응하기 때문이다. 적응 및 대처이론(adaptation & coping theory)은 행복이 적응과 대처에 달려 있다고 본다.

적응과정

쾌락은 유쾌한 보상적 경험이기 때문에 우리는 쾌락을 추구하며 반복적으로 경험하기를 원하게 된다. 그러나 쾌락은 반복적 경험을 통해서 그 유쾌함의 강도가 감소하는 경향을 지닌다. 처음에는 매우 유쾌한 경험이었지만 그러한 경험을 반복하면서 쾌감이나 흥미가 저하되는 경우가 흔하다. 이러한 현상을 적응(adaptation)이라고 하며 둔감화

(desensitization) 또는 습관화(habituation)라고 부르기도 한다. 즉, 우리는 쾌락을 추구하지만 반복되는 경험 속에서 지루함을 느끼며 항상 새로운 쾌락을 추구하며 살아간다는 의미이다. 이처럼 인간은 새로운 변화 상황에 계속적으로 적응하면서 중립적인 상태로 돌아가는 경향이 있다(Brickman & Campbell, 1971).

행복의 비밀 중 하나는 우리가 '반복에 둔감하며 변화에 민감하다'는 점이다. 동일한 활동을 반복하게 되면 흥미를 잃게 되지만 매번의 활동 속에서 약간의 변화를 주게 되거나 새로움을 발견하게 되면 흥미를 유지할 수 있다. 쾌락에 대한 적응과정은 매우 보편적인 것으로서 행복을 이해하는 데 중요하다. 커다란 행운 또는 불운을 경험한 사람들이 우리가 생각하는 것보다 자신의 삶을 현저하게 더 행복하거나 불행하게 느끼지 않는다는 것이다. 왜냐하면 현격한 삶의 변화를 겪더라도 그러한 삶에 적응하기 때문이다.

적응현상이 일어나는 이유는 첫째, 적응과정은 어떤 특정한 감각을 유발하는 외부의 자극에 의해 우리가 압도되지 않도록 보호해주는 기능을 지닌다. 커다란 행운 또는 불운을 경험했던 사람들도 시간이 흐르면 그가 경험한 행복감과 불행감이 평소의 수준으로 회귀하는 경향이 있다(Brickman, Coates, & Janoff-Bulman, 1978). 왜냐하면 우리가 생존을 위해서, 다시 말해서 우리가 일상적인 생활로 돌아와 정상적인 생활을 하기 위해서는 이러한 흥분상태가 오래도록 지속되지 않는 것이 유익하기 때문이다(Barkow, 1997). 둘째, 적응은 우리가 주변환경에서 일어나는 변화에 민감해지도록 해준다.

대처

적응은 수동적인 과정인 반면 대처는 능동적인 적응과정이다. 새로운 변화에 대해서 긍정적 의미를 부여하고 합리적으로 행동하며 필요할 때는 도움을 요청할 줄 알고 역경 속에서 분발하며 문제해결적 대처를 하는 사람이 행복감을 많이 느낀다. 미래의 긍정적 결과에 대한 기대는 기분을 고양시킬 뿐만 아니라 스트레스 상황에서도 더 효과적인 대처전략을 사용하게 만든다.

대처(coping)는 '자신의 자원에 부담을 주거나 자원을 압도하는 것으로 평가되는 요구를 처리하려는 끊임없이 변화하는 인지적 및 행동적인 노력(Lazarus & Folkman, 1984)'으로 정의된다. 삶을 살아가는 동안 사람들은 누구나 스트레스를 겪을 수밖에 없고 스트레스 자체보다 그 스트레스들에 대해 어떻게 대처하고 대처의 효과가 어떠한가가 건강에 더욱 중요한 의미를 지닌다.

라자루스와 포크먼(Lazarus & Folkman, 1984)은 사람들이 상황을 평가할 때 일차적 평가, 이차적 평가 그리고 재평가를 거쳐 간다고 본다. 이때 일차적 평가(primary appraisal)는 더 중요하다는 뜻이 아니라 시간적으로 볼 때 최초라는 의미다. 예를 들어 '시험'이나 '승진'과 같은 생활사건은 자신의 안녕이나 복지의 관점에서 평가된다. 개별 사건들은 나의 복지나 안녕에 무관하거나 긍정적이거나 부정적인 것으로 평가된다. 부정적인 것은 상황의 세부적인 의미에 따라 상해(harm)나 상실(loss), 위협(threat) 및 도전(challenge)으로 평가될 수 있다. 상해나 상실은 질병이나 사고와 같이 이미 발생해 버린 상황이라는 평가에서, 위협은 장차 있을 수 있는 위험에 대한 평가에서, 도전은 자신이 하기에 따라서는 위험만 있는 것이 아니라 긍정적인 결과도 초래될 수 있다고 판단하는 데서 유래한다.

이차적 평가(secondary appraisal)는 부정적으로 평가된 상황에 대하여 자신이 사용할 수 있는 대처자원과 관련된 것이다. 일차적 평가가 특정 상황이나 사건이 '나에게 어떤 의미가 있는가?'에 대한 것이라면 이차적 평가는 '내가 이 상황이나 사건에 대하여 무엇을 할 수 있는가?'에 초점이 맞추어져 있다. 2차 평가에서는 흔히 3가지 질문을 하게 된다. '내가 이용 가능한 대처방안에는 어떤 것이 있는가?', '내가 이런 대처방안들을 성공적으로 적용할 수 있는 가능성은 어느 정도인가?', '그것이 스트레스를 경감시켜 줄 확률은 어느 정도인가?' 등의 질문이 그것이다. 일차적 평가에서 부정적으로 평가된 사건들은 이차적 평가과정을 통해 그 강도가 달라진다. 예컨대 일차 평가에서는 앞두고 있는 입사를 위한 면접시험이 매우 위협적인 사건으로 평가되었으나 그 시험에 대해 자신이 지니고 있는 대처자원과 그 결과를 예측해 볼 때 위협적인 평가 정도는 줄어들고 도전적인 평가라는 생각이 더 지배적이 될 수도 있다.

재평가(reappraisal)란 새로운 정보가 입수되어 평가가 변화하는 것을 의미한다. 예를 들어 실직한 사람이 입사지원서를 작성하고 면접을 받는 자신의 기술이 종전에 생각하던 것보다 높다거나 눈높이를 조금만 낮추면 재취업 시장이 생각보다 나쁘지 않다는 새로운 정보를 입수하게 되면 부정적인 평가는 상당 부분 줄어들 수 있다. 물론 재평가가 부정적인 생각을 늘 감소시키는 것은 아니고 증가시킬 수도 있다. 종전에는 긍정적으로 평가되던 상황이 변화거나 다르게 보이기 시작하면 위협적이거나 도전적인 양상으로 다가올 수 있다.

대처자원

대처를 얼마나 잘 하는가는 대처자원과 이의 효과적 활용에 달려 있다. 라자루스와 포크먼(Lazarus & Folkman, 1984)은 의미 있는 대처자원으로 다음과 같이 5가지를 들고 있다. 첫째, 건강과 에너지이다. 건강하고 힘이 넘치는 사람은 아프고 약한 사람보다 외적 및 내적 스트레스 요구들을 더 잘 관리할 수 있다. 둘째, 긍정적 신념이다. 자신이 바라는 결과를 성공적으로 성취할 수 있다는 믿음이 강할수록 대처능력이 증진된다. 셋째, 문제해결 기술이다. 당면문제를 해결하는 데 필요한 기술이 있으면 더 효과적으로 대처할 수 있다. 넷째, 사회적 기술이다. 다른 사람들로 하여금 협조하게 만드는 사회적 기술이 있는 경우 스트레스를 보다 효과적으로 다룰 수 있으며, 스트레스 극복에 힘을 주는 사회적 지원(social support)을 끌어낼 수 있다. 끝으로, 물질적 자원이다. 자동차가 고장이 났을 경우 수리에 드는 비용을 댈 수 있는 충분한 돈이 있다면 그 스트레스를 쉽게 극복할 것이다.

최근에 긍정정서가 대처자원으로 주목받게 되었다(Baumgardner & Crothers, 2009). 긍정정서가 스트레스와 삶의 외상에 대처하는 데 중요한 역할을 한다. 긍정정서경험은 고통의 와중에서도 스트레스의 부정적인 효과를 완충시키거나 감소시킴으로써 이득을 준다. 긍정정서는 낙관주의, 희망, 자신감을 증진시킴으로써 고갈된 심리적 자원을 북돋을 수 있다. 또한 면역기능을 향상시키는 신체적인 자원에도 기여한다. 역경에도 불구하고 사람들은 같이 웃을 수 있는 방도를 찾고 기억을 공유하는 것을 즐기며 긍정적인 삶의 교훈을 얻는다.

대처방법

일반적으로 대처방법은 라자루스와 포크먼이 제안한 문제초점 대처와 정서초점 대처로 구분한다(Lazarus & Folkman, 1984). 문제초점 대처(problem-focused coping)는 스트레스를 유발하는 문제를 해결하기 위해 직접적으로 노력하는 것을 의미하는 것으로 자신의 대처자원이나 기술을 믿으며 문제해결 노력을 지속하는 것이다. 이에 반해 정서초점 대처(emotion-focused coping)는 문제 자체가 아니라 문제상황에서 발생하는 부정적인 정서상태를 완화하려는 노력을 의미한다. 예를 들어 직장상사와의 관계에서 스트레스를 경험하고 있는 사원이 상사와의 대화를 통하여 상사의 요구를 보다 분명하게 알아 이를 잘 처리하거나 상사 요구의 부당성에 대항해서 문제를 바로잡으려는 노력을 한다면 이를 문제초점 대처라 할 수 있다. 반면 상사와의 갈등에서 오는 분노나 불안 등의 정서를 감소시키기 위하여 술을 마시거나 오락에 빠져들거나 직장생활의 중요성을 평가 절하한다면 이는 정서초점 대처라 할 수 있다. 현재까지의 연구결과들을 살펴보았을 때 일반적으로 문제초점 대처가 보다 효율적인 것으로 나타나고 있지만 통제가 불가능한 상황에서나 단기적으로는 정서초점 대처가 더 효과적인 경우도 있었다. 인간생활에서 필연적으로 스트레스를 경험할 수밖에 없다는 점을 감안하면 건강이나 질병은 스트레스 그 자체보다는 스트레스에 어떻게 대처하는가에 따라 달라진다고 보아야 할 것이다.

아스핀월과 테일러(Aspinwall & Taylor, 1997)는 예방초점 대처라는 세 번째 범주의 대처를 제안하였다. 예방초점 대처(proactive coping)는 스트레스가 생기는 것을 사전에 차단하려는 노력을 말한다. 예를 들어 심각한 질병의 조짐이 될 수도 있는 증상을 처음 알아차렸을 때, 증상이 없어지길 바라면서 증상에 대해서 걱정하거나 정말로 심각한 질병에 걸릴 때까지 기다리지 않고 바로 의사를 찾는 것이다. 마감시간 전에 기말보고서를 마치는 것도 예방초점 대처의 한 예이다.

적응 및 대처이론의 시사점

적응 및 대처이론이 시사하는 바는 다음과 같다. 첫째, 긍정적 변화에 주목하라. 그것이 미세한 것이라도 주목하여 긍정적 변화가 있음을 자각하라. 둘째, 사건의 부정적 측면을 무시하지 않되, 긍정적 측면에 주의를 기울여라. 셋째, 사건의 의미를 긍정적으로 해석하여 받아들여라. 부정적 사건에 대해서는 수용을 하면서 미래를 위한 교훈적 의미를 발견하라. 마지막으로 미래에 대한 긍정적 기대를 지니고 최선의 결과를 유발할 수 있는 대처를 하라. 행복은 주어지는 것이 아니라 적극적으로 발견하고 발굴하는 것이다.

강점 및 덕목이론

강점 및 덕목이론(strength and virtues theory)은 자기실현적 관점을 취하는 이론으로 행복이란 개인의 강점과 덕목을 개발하고 현실세계에 활용하는 것이라고 본다. 강점 및 덕목이론에서는 DSM에 상응될 수 있는 심리적 강점과 덕목에 대한 분류체계를 개발하였는데 VIA(Virtues In Action) 분류체계가 그것이다. 이것은 1999년에 돈 클리프턴(Don Clifton)에 의해 시작되었으며, 메이어슨(Mayerson) 재단의 후원 아래 피터슨(Peterson)과 셀리그먼(Seligman)이 확장한 것이다. VIA 분류체계는 6개의 덕목과 24개 강점으로 분류되어 있다. 이런 덕목과 강점을 자신의 대표강점으로 계발하고 일상생활에 활용하는 것이 행복이다.

정신장애진단 및 통계편람

미국정신의학회(APA)에서 만든 『정신장애진단 및 통계편람(*Diagnostic & Statistical Manual for Mental Disorders, DSM*)』은 1994년에 제4판(DSM-IV: APA, 1994)이 발행되었고, 2000년에 개정판(DSM-IV-TR: APA, 2000)이 나왔다. 2013년에 DSM-5로 개정되었다. 신속하고 지속적인 개정을 위해 로마숫자로 표기하던 것을 아라비아숫자로 표기하였다. 심리장애를 분류하고 설명하는 데 가장 보편적으로 사용되고 있는 DSM-Ⅳ의 특징을 살펴보면 다음과 같다(Kaplan, Sadock, & Grebb, 1994). 첫째, 심리장애의 원인과 정의를 이론보다는 임상적인 특징을 중심으로 서술하였다. 둘째, 각 장애에 대한 구체적인 진단준거를 마련함으로써 객관적이고 신뢰할 만하게 진단할 수 있게 되었다. 셋째, 각 장애와 관련된 부가적인 특징들(예를 들어, 발병연령, 유병률, 병의 진행과정, 합병증 등)을 세분하여 심리장애를 이해하고 치료계획을 세우는 데 도움이 되었다. 넷째, 진단을 위한 정보가 부족하거나 환자의 임상적 상태 또는 병력이 진단준거와 완전히 일치하지 않을 경우는 진단을 유보하거나 분화시키지 않을 수 있는 방법을 제시하였다. 끝으로 환자를 종합적으로 진단하기 위하여 다양한 변인을 평가(5개의 진단 축을 이용하여 평가)하는 방법을 사용하였다.

강점 및 덕목 분류체계

강점 및 덕목 분류체계(VIA Classification of Character Strengths and Virtues)는 24개의 대표강점으로 구성된 상위 6개 덕목(the high six)이라 불리는 6개의 핵심덕목이 포함되어 있는데, 그것은 지혜와 지식(wisdom & knowledge) · 인간미(humanity) · 용기(courage) · 절제(temperance) · 정의(justice) · 초월(transcendence)이다.

지혜와 지식

지혜와 지식(wisdom & knowledge)과 관련된 강점들은 더 나은 삶을 위해서 지식을 습득하고 활용하는 것과 관련된 인지적인 강점들로 삶에서의 지혜로운 판단과 지적인 성취를 돕는 강점들로 지혜와 지식 덕목은 창의성 · 호기심 · 개방성 · 학구열 · 지혜를 포함하는 5개의 강점들로 구성되어 있다.

인간미

인간미(humanity)와 관련된 강점들은 다른 사람을 보살피고 친밀해지는 것과 관련된 대인관계적 강점들을 의미한다. 인간미 덕목은 사랑 · 친절성 · 사회지능을 포함하는 3개의 강점으로 구성되어 있다.

용기

용기(courage)와 관련된 강점들은 내면적 · 외부적 난관에 직면하더라도 추구하는 목표를 성취하려는 의지와 관련된 강점들이다. 용기덕목은 용감성 · 끈기 · 진실성 · 활력을 포함하여 4개의 강점으로 구성되어 있다.

절제

절제(temperance)와 관련된 강점들은 지나침으로부터 우리를 보호해주는 긍정적

특질들로서 극단적인 독단에 빠지지 않는 중용적인 강점들이다. 절제덕목은 용서 · 겸손 · 신중성 · 자기조절을 포함하여 4개의 강점으로 구성되어 있다.

정의

정의(justice)와 관련된 강점들은 건강한 공동체생활과 관련된 사회적 강점을 말한다. 정의덕목은 시민정신 · 공정성 · 리더십을 포함하여 3개의 강점으로 구성되어 있다.

초월

초월(transcendence)과 관련된 강점들은 현상과 행위에 대해 의미를 부여하고 커다란 세계인 우주와의 연결성을 추구하는 초월적 또는 영적 강점을 의미한다. 초월덕목은 감상력 · 감사 · 낙관성 · 유머감각 · 영성을 포함하여 5개의 강점으로 구성되어 있다.

자신의 장점, 자신만의 재능을 발휘함으로써 우리는 행복감을 맛볼 수 있다. 누구나 자신이 좋아하는 일을 통해 행복을 얻고자 노력할 수 있다. 먼저 자신의 강점을 살피고, 이를 일상생활 속에서 실천할 수 있는 아이디어를 짜보는 것이 우리가 선택할 수 있는 방법이다. 자신의 대표강점 다섯 가지를 확인하고 싶다면 www.viasurvey.org 사이트를 방문해서 설문조사에 응하면 가능하다.

자기 자신을 소중히 여기지 않으면 어떠한 일도 제대로 할 수 없고 그 누구도 소중히 여길 수 없다. 먼저 자기 자신에 집중하라. 자기 자신이란 밖으로 보이는 나의 모습이 아니라 나라는 사람의 본래 모습을 의미한다. 우리 모두 지문이 다른 것처럼 각자의 본질도 다르다. 우리가 소중하게 여겨야 하는 건 바로 '자신의 본질'이라는 부분이다. 우리가 우리 자신을 소중히 여길 때 더 건강해지고 행복해지기 때문에, 먼저 자기 자신을 소중히 여겨야 한다. 스스로 소중한 사람이 되기 위한 출발점은 바로 자신의 대표강점을 찾아 계발하고 적극적으로 활용하는 것이다.

행복에 대한 7가지 진실

당신이 결코 알고 싶어 하지 않지만 우리가 이미 알고 있는 행복의 7가지 진실은 다음과 같다(Eckart von Hirschhausen, 2010).

사람들은 가끔씩 불행을 원한다

우리는 뜨뜻미지근한 감정보다는 차라리 고통을 더 좋아한다. 우리는 통제할 수 있다면 밀려왔다가 사라지는 고통을 기꺼이 감수한다. 이것은 여자들이 늘 자신의 발 치수보다 조금 작은 구두를 사는 이유도 설명해 주는데 저녁에 구두를 벗을 때 썰물처럼 고통이 사라지면서 느끼는 행복의 순간을 위한 것처럼 우리는 가끔은 행복뿐만 아니라 불행을 원한다.

우리는 항상 행복하기 위해 이 땅에 태어나지 않았다

진화의 목표는 언제나 살아남는 것이다. 행복의 순간들은 우리로 하여금 생존기회를 더 높이기 위해 노력하도록 만든다. 그렇기 때문에 우리는 먹는 게 즐겁고 섹스가 즐겁다. 그런데 마냥 행복하다면 어떨까? 그러면 안 된다. 그러면 죽을 수도 있다. 우리는 행복이 금방 사라지는 탓에 계속해서 새로운 경험을 쌓아 살아남을 수 있었다. 계속해서 마냥 행복하도록 '저주받은' 사람은 없다. 가끔 불행한 것이 행복의 소중함을 일깨워 주고 행복을 만끽할 수 있게 도와준다.

우리를 평생 행복하게 해줄 것이라고 믿는 천생연분은 없다

누구에게나 천생연분의 짝이 있어서 그 짝만 찾으면 평생토록 행복하게 살 수 있다는 낭만적인 생각은 오랜 세월 인간을 불행하게 만들어왔다. 2013년 1월 현재 71억 인구 중에서 자신에게 꼭 맞는 단 한 사람을 찾을 확률은 얼마나 되겠는가? 그것도 한국인 평균수명인 81년 안에. 세상에 완벽한 사람은 없다. 그런데도 우리는 혹시나 하는 기대를 저버리지 못해서 현재의 파트너 몰래 한눈을 팔기도 한다. 완벽하지 않지만, 최상의 삶을 위해 그리고 최선의 삶을 위해서 사랑하는 사람끼리 서로 응원하고 격려하는 것이 우리 행복의 근원이다.

행복도 불행도 영원하지 않다

행복 안에 있을 때 우리는 자동적으로 그 행복이 영원할 것이라고 생각한다. 그러나 행복은 언제나 왔다가 다시 간다. 불행도 마찬가지이다. 정신적 외상에 대한 연구결과에 의하면 엄청난 불행을 겪은 사람의 80% 이상이 그것을 잘 극복한다는 것이다. 물론 시간이 필요하지만 적극적인 치료행위 없이도 2년 정도만 지나면 더 이상 지속적인 고통을 겪지 않으며 심지어는 심신이 전보다 더 강해지기도 한다. 사고, 질병, 이별, 죽음은 모두 삶의 일부이다.

동메달리스트처럼 살아라

올림픽 메달 시상의 순간 은메달리스트와 동메달리스트 중 누가 더 행복할까? 그렇다. 동메달리스트이다. 우리를 행복하거나 불행하게 만드는 것은 결과가 아니라 평가이다. 중요한 것은 자신의 비교대상이 누구인가 하는 것이다. 동메달리스트가 은메달리스트보다 더 행복한 이유는 은메달리스트는 선망의 대상인 금메달리스트와, 동메달리스트는 4위와 비교하기 때문이다.

네 자신을 위해 진정으로 무언가를 하고 싶다면 남을 위해 무언가를 해라

우리는 자기 자신을 간질럽힐 수 없다. 내 손가락이 발에 닿기도 전에 이미 나의 뇌가 간지러움에 대비하기 때문이다. 행복도 마찬가지다. 행복은 자신에게 없을 때도 남에게 전해 줄 수 있다. 행복은 전염된다. 다른 누군가를 행복하게 해주고 그의 행복한 모습을 보는 것은 자신의 배부른 배를 쓰다듬는 것보다 더 많은 것을 우리에게 준다. 이를 위해서 우리의 머릿속에서는 거울뉴런(mirror neuron)이라는 신경세포가 마련되어 있다. 웃음도 전염된다. 그러므로 웃으면 주변이 온통 즐거운 사람들로 가득해진다. 대표강점을 나를 위해 사용하면 열매가 되지만, 남을 위해 사용하면 씨앗이 된다.

네 자신을 사랑하라. 그러면 다른 이들도 너를 좋아하리라

여성들이 패션잡지를 보고 나면 기분이 나빠진다는 것은 이미 증명된 사실이다. 그 이유는 그놈의 비교 때문이다. 그러나 남자들은 헬스잡지의 모델과 자신을 비교하지 않는다. 남자들은 자신의 몸매가 미심쩍으면 사우나에 가서 한 번 쓱 훑어보고는 "뭐, 그렇게 나쁘지 않은데!"라고 생각한다. 거울 앞에 선 여자는 계속 이리저리 몸을 움직인다. 완벽하지 않은 곳을 찾아낼 때까지 잠시도 긴장을 늦추지 않는다. 거울 앞에 선 남자는 아무런 움직임 없이 정면으로 잠시 거울을 보고는 약 2초쯤 뒤에 간단히 "괜찮군!"이라고 말한다. 나이가 들면서 체중이 느는 것은 정상이다. 태어났을 때 우리의 몸무게는 3kg밖에 되지 않았다. 나를 사랑하자.

Chapter

04

긍정심리와 행복

Chapter 04

긍정심리와 행복

행복할 마음의 준비만 되어 있다면, 지금 당장 행복해질 것이다.

– 미국 대통령 에이브러햄 링컨(Abraham Lincoln)

긍정적인 생각과 긍정적인 마음가짐 그리고 긍정적인 행동양식은 자연스럽게 우리에게 행복을 가져다준다. 행복체험을 위해서는 절대적으로 긍정적인 마음의 힘이 중요한데 이에 대한 과학적 접근의 대표 분야가 바로 긍정심리학이다.

행복은 누구나 받기 원하는 성배이고 아리스토텔레스의 유명한 표현대로 '생의 의미와 목적'이며 '인간 존재가 추구하는 목적의 전부이자 궁극'이다. 행복해지려는 노력은 진지하고 정당하며 추구할 가치가 있는 목표이고 행복은 영원하다. 그런데 행복해지기 위해서는 훈련이 필요하다. 탈 벤 샤하르(Tal Ban Shahar)가 말하는 '행복트레이닝(happy training)'도 그중의 하나이다.

행복의 과학인 긍정심리학(positive psychology)이란 움직임으로 다루어지고 있다. 긍정심리학은 삶을 살만한 가치가 있게 만들어주는 것을 연구하는 학문으로 심리학 분야에서 사람들에게 긍정적인 마음상태를 개발할 수 있는 능력을 주는 것이 중요하다는 믿음으로부터 긍정심리학이라는 이름이 탄생했다. 사람들로 하여금 가능한 한 가장 보람 있고 행복한 삶을 살 수 있게 해주는 것이 인간의 약점과 병리현상의 치유에만 집중해 온 전통적인 심리학의 관심사 못지않게 중요한 연구대상으로 취급되어야 한다는 것이다.

긍정심리학

심리학의 사명

21세기로 접어들면서 비로소 행복에 대한 과학적 접근이 본격적으로 시작되었다. 마틴 셀리그먼(Martin Seligman)을 비롯한 여러 심리학자들이 과학적인 연구방법론을 적용하여 행복에 대한 집중적인 연구를 하기 시작했다. 그 결과 긍정심리학이라는 새로운 학문 분야가 태동되었다. 긍정심리학은 행복을 비롯한 인간의 긍정적인 측면을 과학적으로 탐구하는 학문 분야로서 많은 사람들의 주목을 받고 있다.

셀리그먼(Seligman, 2000)에 따르면, 제2차 세계대전 이전의 초기 심리학은 인간의 의식과 행동에 대한 과학적 연구를 통해서 구현하고자 하는 3가지의 실천적 사명을 지니고 있었다. 그 첫째는 정신장애를 치료하는 일이었고, 둘째는 탁월한 재능과 천재성을 발견하여 육성하는 일이었으며, 셋째는 모든 사람들이 좀 더 행복한 삶을 살도록 돕는 일이었다.

긍정심리학의 태동

"심리학은 인간의 약점과 장애에 대한 학문만이 아니라 인간의 강점과 덕목에 대한 학문이기도 해야 한다. 진정한 치료는 손상된 것을 고치는 것만이 아니라 우리 안에 있는 최선의 가능성을 이끌어내는 것이어야 한다"라고 제안하면서, 셀리그먼(Seligman, 2000)은 이러한 심리학의 새로운 방향을 긍정심리학(positive psychology)이라고 명명하였다. 긍정심리학은 인간의 강점과 재능을 함양하고 행복을 증진시키는 심리학의 중요한 사명을 재확인하고 구현하려는 노력이다.

긍정심리학은 많은 학자들이 연구하고 있다. 우선, 긍정심리학의 창시자라고 일컬어지는 마틴 셀리그먼(Martin Seligman)이다. 그는 이미 널리 알려진 학습된 무기력이론(learned helplessness theory)과 절망감이론(hopelessness theory) 그리고 학습된 낙관주의(learned optimism)라는 개념을 발표하고, 『진정한 행복(*Authentic Happiness*)』과 『변화시킬 수 있는 것과 없는 것(*What You Can Change and What You Can't*)』과 같은 저서를 출판하였다. 몰입의 연구자인 미하이 칙센트미하이(Mihaly Csikszentmihalyi), 주관적 웰빙 연구의 선구자인 에드 디너(Ed Diener), 성격적 강점과 덕목의 연구자인 크리스토퍼 피터슨(Christopher Peterson)과 같은 많은 심리학자들이 긍정심리학을 연구하여 왔다.

긍정심리학의 정의

긍정심리학은 인간의 긍정적인 심리적 측면을 과학적으로 연구하고 인간의 행복과 성장을 지원하는 학문이다. 긍정심리학은 인간의 긍정적이고 적응적이며 창조적이고 자기실현적인 모습을 이해하고 증진하기 위해서 심리학이론, 연구방법 그리고 개입방법을 사용한다. 긍정심리학은 심리학자들로 하여금 인간이 지니는 잠재력, 동기 그리고 능력을 좀 더 열린 마음으로 높이 평가하는 관점을 취하도록 촉구하는 노력이다. 대다수 심리학자들이 인간의 긍정적 측면과 부정적 측면을 연결하는 연속선상에서 다양한 활동을 하고 있으며 부정적 측면의 이해와 극복 역시 소중하고 필요한 일이다. 다만 긍정심리학은 부정적 측면의 제거보다는 긍정적 측면의 향상에 더 많은 관심을 갖는다.

긍정심리학의 연구주제

긍정심리학은 인간이 주관적으로 경험하는 다양한 긍정적 심리상태를 연구한다. 이러한 긍정상태로는 행복감, 안락감, 만족감, 사랑, 친밀감 등과 같은 긍정정서를 비롯하여 자신과 미래에 대한 낙관적 생각과 희망, 열정, 활기, 확신 등이 포함된다.

또한, 인간의 긍정적 요소를 신체적, 심리적, 대인관계적, 사회 · 문화적 측면에서 탐구한다. 인간의 삶은 육체와 정신, 자신과 타인 그리고 개인과 환경의 상호작용 속에서 펼쳐지는 것이기 때문이다. 전 생애에 걸쳐 나타나는 인간의 긍정적 특성과 그 변화 과정을 연구한다. 긍정심리학은 학술적 연구뿐만 아니라 실천적 개입을 중시하며 이론과 실제, 연구와 실천, 분석과 개입 모두에 관심을 지닌다. 긍정심리학은 개인이 지니는 긍정적인 특질, 즉 개인의 긍정적인 성격특성과 강점의 연구에 초점을 맞추고 있다. 긍정특질이란 일시적인 심리상태가 아니라 개인이 지속적으로 나타내는 긍정적인 행동양식이나 탁월한 성품과 덕목을 의미한다. 긍정심리학자들이 관심을 지니는 긍정특질로는 창의성, 지혜, 끈기, 진실성, 겸손, 용기, 열정, 리더십, 낙관성, 유머, 영성 등이 있다. 긍정심리학은 구성원의 행복과 자기실현을 지원하는 긍정적인 기관에 대해서 관심을 지니며 행복하고 건강한 가족, 학교, 직장, 지역사회의 특성과 실현방법을 탐구한다.

긍정심리학의 연구방법

긍정심리학은 인간의 긍정적 측면을 연구하고 향상시키는 일에 있어서 기존의 심리학이 사용해온 과학적 방법론을 적용한다. 인본주의 심리학자들은 주로 개인적인 치료 경험이나 사변적 논리에 근거하여 주장을 펼쳤으며, '과학적' 심리학에 대해서 저항적인 태도를 지녔다.

긍정심리학은 기존의 심리학에서 사용하고 있는 다양한 연구방법론을 그대로 적용한다. 인간의 행동과 특성을 객관적으로 측정하기 위해서 면접법, 행동관찰법, 질문지법, 과제수행법 등과 같은 다양한 심리측정법을 사용한다. 아울러 행복과 강점을 연구하기 위해서 상관연구와 실험연구를 시행하며 횡단적 연구뿐만 아니라 종단적 연구를 실시한다. 연구자료는 통계적 분석법을 적용하여 체계적으로 분석된다. 행복이나 강점을 향상시키는 개입방법 역시 실시 전후의 평가를 통해서 객관적으로 효과를 검증하려는 노력을 기울인다.

1999년에 셀리그먼(Seligman)이 미국심리학회에서 행한 연설을 계기로 '긍정심리학'이라는 용어가 공식적으로 사용되기 시작했다. 2002년에 그가 발간한 책인 『진정한 행복(*Authentic Happiness*)』은 긍정심리학을 확산시키는 계기가 되었다. 긍정심리학에 관한 연구들은 대표적인 학술지인 '*Journal of Happiness Studies*'와 '*Journal of Positive Psychology*'를 비롯하여 다양한 학술지에 발표되고 있다.

긍정심리학의 기본적 입장

인간의 근본적 동기

긍정심리학은 인간이 근본적으로 행복과 성장을 추구하는 존재라는 가정에 근거한다. 인간은 누구나 행복하기를 원한다. 편안하고 즐거우며 만족스러운 삶을 추구한다. 또한 인간은 자신의 잠재능력을 계발하고 발휘함으로써 성장하려는 욕구를 지닌다. 왜냐하면 진정한 행복을 위해서는 이러한 욕구들이 균형 있고 조화롭게 충족되어야 하기 때문이다. 쾌락 추구와 성장 추구는 일시적으로 서로 괴리될 수도 있으나 장기적으로는 수렴되는 것이다.

인간이 불행해지는 이유는 이러한 동기를 효과적으로 추구하지 못하거나 부적절한 목표와 잘못된 방법을 통해서 추구하기 때문이다. 행복에 대한 잘못된 생각은 부적절한 목표를 추구하게 만든다. 행복한 삶을 위해 적절한 목표를 추구한다 하더라도 그러한 목표를 실현할 수 있는 접근방법이 효과적이지 못하면 불행과 좌절의 늪에 빠져들 수 있다.

인간은 자신의 삶을 끊임없이 개선하기 위해 노력하는 존재이다. 많은 사람들이 인생의 여러 난관과 역경을 극복하고 성공적인 삶을 성취한다는 점에 주목하면서 이들의 성취과정을 밝혀내고자 한다. 이처럼 긍정심리학은 인간의 행복과 성장에 관여하는 심리적 요인을 탐구한다. 나아가서 행복과 성장을 증진할 수 있는 효과적인 방법을 모색한다.

긍정정서와 부정정서

긍정심리학은 인간의 긍정정서와 부정정서가 서로 독립적이라는 사실을 중시한다. 부정정서의 제거는 그 자체로 소중한 것이지만 그 결과로 얻게 되는 것은 중립적인 정서일 뿐 긍정정서가 자동적으로 유발되는 것은 아니다.

긍정정서와 부정정서는 서로 다른 심리적 과정과 신경학적 기제에 의해서 유발될 뿐만 아니라 그 진화적 기능도 다르다. 부정정서의 감소와 긍정정서의 증진은 매우 다른 독립적인 과정이다. 왜냐하면 긍정정서와 부정정서에 영향을 미치는 요인들이 다르기 때문이다.

부정정서를 중립정서로 변화시키는 방법과 중립정서를 긍정정서로 변화시키는 방법은 다르다. 행복감과 불행감을 느끼는 심리적 과정은 상당히 독립적이며 불행감을 제거하는 방법으로는 행복감을 증진하기 어렵다. 행복과 성장을 증진하기 위해서는 기존의 심리치료와 다른 개입방법이 필요하다.

긍정정서의 다양성

긍정심리학은 사람들로 하여금 평생 동안, 매일, 그리고 온종일 긍정정서만을 경험하게 하는 것을 지향하지 않는다. 그러한 목표는 가능하지도 않다. 또한 긍정심리학은 사람들의 기분을 일시적으로 좋게 만드는 쾌락지향적인 노력이 아니다. 그보다는 지속적인 행복감 속에서 성장과 자기실현을 이루는 삶을 지향한다. 칙센트미하이(Csikszentmihalyi, 1990)는 인간이 경험하는 긍정정서를 크게 쾌락과 즐거움으로 구분하고 있다. 쾌락(pleasure)은 음식, 성행위, 휴식에 대한 생물학적 욕구나 타인의 칭찬과 같은 사회적 욕구가 충족될 때 느끼는 긍정정서를 말한다. 이러한 쾌락은 유쾌한 심리상태지만 항상 심리적 성장이나 발달로 이어지지 않을 뿐만 아니라 쾌락을 지속하기 위해서는 반복적인 경험이 필요하다. 반면에, 즐거움(enjoyment)은 추구하는 목표의 달성, 기대의 충족, 뜻밖의 심리적 체험이나 창의적 성과에 의해서 경험되는 긍정정서를 의미한다. 이러한 즐거움은 그 자체로 성취감과 생동감을 주며 그 영향이 지속적일 뿐만 아니라 우리의 가능성과 잠재력을 확장시켜 새로운 것을 창조하는 데 기여한다. 따라서 칙센트미하이(Csikszentmihalyi)는 사람들로 하여금 쾌락과 더불어 좀 더 생산적이고 성장 촉진적인 즐거움을 많이 체험하도록 하는 방법을 연구하는 것이 긍정심리학의 중요한 과제라고 주장한다.

쾌락과 즐거움의 구분은 쾌락주의적 행복과 자기실현적 행복의 구분과 연결될 수도 있다. 쾌락주의적 입장에서는 쾌락경험을 많이 하는 것이 행복한 삶이라고 여긴다. 쾌락주의에서 지향하는 행복은 긍정정서를 지속적으로 경험할 수 있는 풍요로운 삶을 사는 것이라고 볼 수 있다. 반면에 자기실현적 입장에서는 개인이 지닌 잠재력을 충분히 발현함으로써 진정한 자신의 모습을 구현하는 것이 행복의 중요한 요건이라고 여긴다. 개인이 지니는 강점과 미덕을 계발하고 발휘함으로써 잠재력을 최대한 구현하는 삶이 행복한 삶이라고 보는 것이다. 이러한 자기실현 과정은 쾌락을 수반할 수도 있고 그렇지 않을 수도 있다. 쾌락주의적 행복과 자기실현적 행복은 고대 그리스 시대 이래로 행복한 삶의 본질에 대한 두 기둥이 되어왔을 뿐만 아니라 오늘날 긍정 심리학자들이 행복에 대해 취하는 관점과 측정방법에도 영향을 미치고 있다.

부정정서에 대한 입장

우리의 삶에 다양한 부정적 측면이 존재하는데 이러한 부정적 측면을 제거하고 개선하기 위한 노력은 중요하다. 그러나 우리의 삶에서 불안과 걱정 같은 부정정서를 완전히 제거하는 것이 반드시 바람직하다고 여기지도 않는다. 부정정서가 적절한 수준에서는 적응적인 기능을 지닐 뿐만 아니라 인생의 비극적인 측면을 통해서 우리의 삶이 깊이 있고 풍성해질 수 있기 때문이다. 우리는 고난과 역경을 겪으면서 자신을 단련하고 인생의 의미와 교훈을 깨닫게 되는 경우가 많다. 인생의 부정적 측면을 경험하지 않고는 인생의 긍정적 측면에 대한 감사를 느끼기 어렵다. 긍정심리학은 부정정서의 존재와 그 감소 노력의 중요성을 충분히 인정한다. 다만 인간에게 있어서 행복하고 만족스러운 삶을 추구하는 욕구가 더 보편적이며 중요하다고 보는 것이다.

유쾌한 기분을 느끼며 행복하게 사는 사람은 인생을 피상적인 태도로 살아가는 비지성적인 아둔한 사람으로 여기는 편견이 존재한다. 실증적 연구에서는 프로이트(Freud)의 주장과 상반되는 결과가 나타났다. 행복한 사람과 불행한 사람의 특성을 비교한 결과, 행복한 사람들은 학교나 직장에서 더 우수한 성취를 나타냈고, 다른 사람들과 더 좋은 관계를 형성하고 있었으며, 평균 수명도 더 길었다. 사람들은 긍정적인 정서를 경험할 때, 지적인 기능이 향상되었으며 유연하고 창조적인 성향을 보였다. 또한 지능수준은 행복 정도와 미약하지만 정적인 상관을 나타내고 있다.

긍정심리학의 행복관

행복한 삶이란 어떤 것인가? 행복은 사람마다 각기 다른 관점에서 볼 수 있기 때문에 절대적인 정의가 존재할 수 없다. 긍정심리학에서 행복한 삶의 첫 번째 조건은 즐거운 삶(pleasant life)이다. 과거, 현재, 미래에 대해서 긍정적인 감정을 느끼며 살아가는 삶이다. 과거의 삶에 대해서는 수용과 감사를 통해서 만족감과 흡족감을 느끼고, 현재의 삶 속에서는 '지금 이 순간'의 체험에 대한 적극적 참여와 몰입을 통해서 유쾌함과 즐거움을 경험하며, 미래의 삶에 대해서는 도전의식과 낙관적 기대를 통해서 희망감과 기대감을 느끼며 살아가는 삶이다. 즐거운 삶은 긍정정서를 최대화하고 부정 정서를 최소화하는 삶으로서 행복에 대한 쾌락주의적 입장을 반영하는 것이라고 할 수 있다.

두 번째 측면은 적극적인 삶(engaged life)이다. 매일의 삶에서 자신이 추구하는 활동에 열정적으로 참여하고 몰입함으로써 자신의 성격적 강점과 잠재력을 최대한 발휘하며 자기실현을 이루어나가는 삶이다. 이러한 강점들 중에서 개인의 독특성을 가장 잘 보여주는 것들을 대표강점(signature strengths)이라고 지칭하면서, 진정한 행복(authentic happiness)은 이러한 대표강점을 찾아내고 계발하여 일, 사랑, 자녀양육, 여가활동과 같은 일상생활에서 잘 활용하는 가운데 발견되는 것이라고 주장한다. 과학으로서의 긍정심리학은 모든 사람이 삶의 궁극적 목표로서 반드시 행복을 중시해야 한다거나 특정한 성품을 갖추어야 한다거나 어떤 가치가 최선이라고 주장하지 않는다. 그보다는 특정한 성품과 가치관을 지녔을 때 나타나는 삶의 결과를 탐구한다. 긍정심리학은 인간의 삶을 행복하고 풍요롭게 만드는 긍정적 성품과 강점을 이해하고 함양하는 일에 깊은 관심을 지닌다.

세 번째 측면은 의미 있는 삶(meaningful life)이다. 우리의 삶과 행위로부터 소중한 의미를 발견하고 부여할 수 있는 삶을 말한다. 삶의 의미는 자신보다 더 큰 것과의 관계 속에서 발견될 수 있다. 자신만을 위한 이기적인 삶보다는 자신보다 더 커다란 어떤 것을 위하여 공헌하고 있다는 인식으로부터 도출될 수 있다. 긍정심리학은 개인과 사회의 밀접한 관계를 중시한다. 개인은 타인과 사회를 위해 봉사하고 기여할 때 더 큰 행복을 경험할 수 있을 뿐만 아니라 사회적 환경의 개선을 통해서 자신의 행복이 증진될 수 있음을 강조한다.

셀리그먼(Seligman)은 즐거운 기분을 느끼면서 자신의 일에 열정적으로 몰입하며 삶의 의미를 발견할 수 있을 때 진정한 행복을 누릴 수 있다고 본다. 즐거운 삶, 적극적인 삶, 그리고 의미 있는 삶은 때때로 서로 일치하지 않는 경우도 있지만 밀접한 관련성을 지니며 서로 촉진적인 관계를 지닌다.

긍정정서

주관적인 심리상태로서의 행복에 있어서 가장 중요한 요소는 긍정적인 정서체험이다. 일반적으로 쾌감(pleasure)은 대부분 지속기간이 짧고 특정한 자극과 연결되어 있으며 단순한 것인 반면, 정서(emotion)는 주관적인 느낌뿐만 아니라 특징적인 생리적 반응, 사고 및 행동패턴과 관련되어 있다는 점에 있어서 좀 더 복잡한 것이다.

정서의 기본특성

영어단어들 중에는 정서범주에 속하는 단어가 2,000단어가 넘지만, 심리학자들은 여러 해 동안 인간의 정서를 다양한 방식으로 분류하려고 노력하였다. 오늘날 공포심(fear) · 분노(anger) · 혐오(disgust) · 기쁨(joy) · 놀람(surprise) · 슬픔(sadness)이 기본적인 인간의 정서라는 것에 대해서는 광범위하게 인정되고 있다. 각각은 독특한 얼굴표정을 수반하고, 유아들과 어린 아동들도 그런 표정을 보일 수 있고, 다양한 문화와 지역에서 자신들의 감정을 기술할 때 사용되는 단어들에서 찾을 수 있는 것들이다. 어떤 연구자들은 흥미(interest) · 편애(acceptance) · 경멸(contempt) · 자부심(pride) · 수치심(shame) · 예기감(anticipation) 그리고 죄책감(guilt)을 이 목록에 추가해야 한다고 주장하기도 한다. 동양에서는 인간의 기본정서를 희로애락(喜怒哀樂)으로 말하기도 하고, 사단칠정(四端七情)이라 하여 인간의 기본감정으로 희(喜) · 노(怒) · 애(哀) · 구(懼) · 애

(愛) · 오(惡) · 욕(慾)을 말하기도 한다.

플루치크의 정서바퀴

만약에 단지 몇 가지 기본정서들만 존재한다면, 우리가 경험하는 다양한 정서들을 어떻게 설명할 것인가? 로버트 플루치크(Robert Plutchik, 1980)의 정서바퀴(emotion wheel)에 의하면 빨강, 파랑, 초록인 삼원색이 조합되어 색환의 다양한 색상들을 형성하듯이, 기본정서들이 보다 복합정서들을 경험하기 위한 벽돌로서 역할을 한다. 다시 말하면 기본정서는 모든 인간에게 공통적으로 나타나는 원형적 감정을 뜻하는 반면, 복합정서는 기본정서의 조합에 의해 파생되는 감정을 의미한다. 인간의 정서가 다양하고 풍부한 것은 3가지 방식으로 설명할 수 있다. 첫째, 8개의 기본정서가 존재한다. 기본 6개 정서(기쁨과 슬픔, 공포와 분노, 놀람, 혐오)에 예기감과 편애를 추가하였다. 둘째, 각 정서유형은 강도수준에 의하여 음영이 달라진다. 예를 들어 강한 혐오스러움은 증오로 느껴지지만, 약한 혐오스러움은 지루함으로 느껴진다. 셋째, 새로운 정서들은 8개의 기본정서가 혼합되어서 형성된다. 예를 들어 사랑은 기쁨과 편애, 경멸은 혐오와 분노, 그리고 향수는 기쁨과 슬픔이 뒤섞인 것이다.

러셀의 원형모형

제임스 러셀(James Russell, 1980)은 원형모형(circumplex model)을 제안하였다. 이 모형은 인간의 모든 정서를 2가지 차원- 유쾌함과 강도 -에 따라서 구분하였다. 정서는 유쾌하거나 불쾌하고 강하거나 약하다. 대부분의 사람들은 긍정적인 감정들은 부정적인 감정들의 반대쪽에 있다고 가정한다. 예를 들어 행복한 사람이 동시에 슬플 수는 없다고 생각한다. 실제로 이런 정서의 양분론성에 대한 직관적인 가정은 연구를 통해서 확인되었다(Russell & Carroll, 1999). 두 차원에 따라서 원형태의 정서가 4등분 되는데 유쾌-강함 분면에는 '행복한(happy)'과 '아주 기쁜(delighted)' 등이, 유쾌-약함 분면에는 '편안한(relaxed)'과 '만족스런(satisfied)' 등이, 불쾌-약함 분면에는 '지루한(bored)'과 '슬픈(sad)' 등이, 그리고 불쾌-강함 분면에는 '오싹한(alarmed)'과 '성가신(annoyed)' 등이 들어간다.

왓슨의 긍정정서 차원

왓슨(Watson, 2002)은 다양한 긍정정서에 3가지의 기본적 차원이 존재한다고 주장한다. 첫째 차원은 행복감, 쾌활한 기분, 열광적 관심에서 볼 수 있는 유쾌성(joviality)이고, 둘째 차원은 자신감이나 대담한 용기에서 나타나는 확신성(assurance)이며, 셋째 차원은 주의집중, 명료한 의식, 전념에서 볼 수 있는 주의집중성(attentiveness)이다.

긍정정서의 빈도와 강도

행복감을 느끼는 데에는 긍정정서의 빈도가 중요한가 아니면 강도가 더 중요한가? 정서의 강도와 빈도는 주관적 웰빙에 각기 다른 영향을 미치는 것으로 여겨지고 있다(Diener, Larsen, Levine, & Emmons, 1985). 일반적으로 긍정정서의 빈도가 전반적인 행복감에 더 중요하다. 드물게 경험하는 환희경험보다는 일상생활에서 일관성 있게 자주 경험되는 즐거움이 주관적 웰빙에 더 중요하다. 강렬한 긍정정서가 그 경험의 기억에 중요한 영향을 미친다. 긍정정서 강도는 부정정서 강도와 상관이 있는 것으로 밝혀졌다(Diener et al., 1985). 매우 강렬한 행복감을 느끼는 사람은 부정적인 정서경험 역시 매우 강렬하게 느낀다는 것이다. 일반적으로 여성은 남성보다 긍정정서든 부정정서든 더 강렬하게 경험하는 것으로 알려져 있다.

긍정정서의 기능

정서의 기본적 기능은 현재의 상황 또는 미래에 겪게 될 상황에 대응하는 현재의 대처방식이 얼마나 적절한지를 알려주는 것이다(Morris, 1999). 대부분의 기본정서는 타고나는 것이며, 이처럼 타고나는 것들은 대부분 적응에 필요한 진화적 기능을 지니고 있다. 데이비드 부스(David Buss, 2000)와 같은 현대의 진화심리학자들은 긍정정서가 인간의 진화 · 적응 · 생존에 절대적으로 필요하다는 의견이 지배적이다.

그런데 긍정정서와 부정정서는 작동기제나 적응적 기능이 다른 것으로 밝혀지고 있다. 부정정서는 인간이 처하게 될 위험과 위협에 대응하도록 만드는 적응적 기능을 지닌다. 또한 특정적인 행동경향성(specific action tendency)을 유발하여 특정한 방식으로 행동하도록 만든다. 부정정서가 우리에게 위험을 알리고 반응범위를 좁혀서 위험신호에 재빨리 대처하도록 하는 반면, 긍정정서는 안전의 신호로서 그 주요한 기능은 대처역량을 집중하는 것이 아니라 확장하고 증대시키는 것이다. 다시 말해서 긍정정서의 진화적 이득은 현재 상황에 대한 것이 아니라 미래상황에 대한 것이라는 주장이다.

프레드릭슨의 확장구축이론

바바라 프레드릭슨(Barbara Fredrickson, 2001)은 긍정정서의 기능과 관련하여 긍정정서의 확장구축이론(broaden-and-build theory)을 제시하였다. 이 이론에 따르면 긍정정서 경험은 이후에 다른 상황에서 사용할 수 있는 개인적 자원을 확장하고 구축하는 기능을 지닌다. 우선, 긍정정서는 직면한 상황에서 적응행동으로 이끄는 불특정적인 행동경향성(nonspecific action tendency)을 유발한다. 또한 긍정정서는 그 상황에 적합한 새로운 적응적 사고-행동경향성(thought-action tendency)을 생성하는 인지적 활동을 촉진한다.

긍정정서를 경험하게 되면 우리의 일시적인 사고기능과 행동양식이 확장되며, 그 결과로서 얻어진 학습경험을 통해서 미래의 상황에 효과적으로 대처할 수 있는 인지적 자원과 정서적 자원을 구축하게 된다. 일시적인 정서상태를 통해 습득한 자원들은 그러한 정서상태가 종료된 이후에도 지속된다. 즉, 긍정정서 경험은 이후에 다른 상황에서 사용될 수 있는 개인적 자원을 구축하고 증대시키는 효과를 가지는 것이다. 따라서 이러한 자원 증대로 인해 개인의 상향적 발전과 성장이 일어나며 새로운 상황에 대한 효과적인 대응으로 인해서 다시 긍정정서를 경험하게 되는 선순환을 통해 적응을 돕게 된다. 이와 달리, 부정정서는 일반적으로 사고와 행동의 선택범위를 축소시킨다. 위험에 처하면 그것을 피하기 위한 행동을 한다. 그러나 긍정정서는 요구하는 선택범위의 축소가 아니라 미래의 대처자원을 극대화하기 위해 선택범위를 확장한다. 긍정 정서는 우리의 인식을 확장시키고 대처자원을 축적시키는 기능을 지닌다.

긍정정서는 다음과 같은 4가지 특성을 지닌다(Baumgardner & Crothers, 2009). 첫째, 긍정정서는 우리의 사고-행동 레퍼토리를 확장시킨다. 사람들은 만족하고 행복할 때 화가 나고 두려울 때와는 달리 자기초점에서 벗어나 다양한 대안과 개방적인 사고방식을 보인다. 둘째, 긍정정서는 부정정서를 상쇄시킨다. 긍정정서와 부정정서는 양립하지 않기 때문에, 긍정정서는 부정정서의 영향을 상쇄시킬 수 있다. 셋째, 긍정정서는 회복탄력성을 고양시킨다. 회복탄력성(resilience)은 스트레스를 주는 사건으로부터 회복할 수 있는 능력이고 평정을 찾고 웰빙의 느낌을 얻는 능력을 말한다. 긍정정서는 스트레스 경험으로 야기된 부정정서를 상쇄시키는 효과를 통하여 우리의 회복탄력성과 대처능력을 향상시킨다. 끝으로 긍정정서는 지속적인 자원을 구축하고 웰빙을 향상시킨다. 프레드릭슨의 확장구축이론처럼, 긍정정서는 웰빙의 상향적 선순환을 낳는다. 긍정정서는 우리의 시야를 넓혀주고, 부정정서의 영향을 상쇄시키며, 회복탄력성과 정서적 웰빙을 고양시킨다. 확장된 시각과 증가된 회복탄력성은 다시금 긍정정서 경험을 높인다. 그리고 이러한 패턴은 반복된다. 요약하면, 긍정정서는 질병에 대처하는 신체적 자원, 스트레스에 대처하는 심리적 자원, 그리고 거의 모든 삶의 도전들을 다루는 데 중요한 사회적 자원을 구축하는 데 도움을 준다.

프레드릭슨의 원상복구가설

긍정정서는 부정정서의 해독제 기능을 하는 것으로 밝혀지고 있다. 긍정정서는 부정정서의 생리적 효과를 원상태로 회복시키는 기능을 한다(Fredrickson & Levenson, 1998; Tugade & Fredrickson, 2004). 프레드릭슨(Fredrickson)은 긍정정서가 부정정서의 유해한 영향에 대해서 해독제 역할을 한다는 원상복구가설(undoing hypothesis)을 제시하였다. 긍정정서는 부정정서나 스트레스의 신체적이거나 심리적 후유증으로부터 안정된 평정상태로의 회복을 돕는다는 것이다.

긍정정서는 이타주의 성향과 같은 의사결정의 효율성을 높이고, 창의력을 증진시키며 공격성을 줄이는 경향이 있다(Isen, 2002). 또한 긍정정서는 인간관계의 질을 향상시키며 직업만족도 향상에도 도움이 된다(Isen, 2001; Morris, 1999). 특정한 기분을 느끼는 상태에서는 그 기분과 일치하는 기억들이 더 잘 회상되는 경향이 있는데 이러한 현상을 기분 일치 회상(mood congruent recall)이라고 한다. 긍정적인 정서상태에서는 긍정적인 과거 기억의 회상을 촉진하는 반면, 부정적인 기억의 회상을 억제한다.

긍정정서와 신체

정서는 신체 생리적 반응과 행동적 반응으로 표출되지만 정서가 가장 즉각적으로 표현되는 것은 얼굴표정이다. 정서표현은 문화에 따라 달라질 수 있으며 개인에 따라 차이가 있다.

긍정정서와 호르몬

긍정정서는 우리의 몸에서 분비되는 호르몬과 밀접한 관련이 있다. 특정 호르몬의 상태를 살펴보면 그 사람의 긍정정서 상태를 알 수 있다. 키스를 할 때 심장을 뛰게 하는 흥분호르몬인 아드레날린(adrenalin), 쾌감을 주는 엔도르핀(endorphine), 행복을 느끼게 하는 세로토닌(serotonin), 짜릿한 맛을 느끼게 하는 도파민(dopamine), 면역력을 높여주는 인슐린(insulin)과 아드레날린, 사랑하는 마음과 신뢰를 주는 옥시토신(oxytocin) 등이 분비돼 우리의 가슴을 두근거리게 하고, 혈관을 넓혀 체내 산소량을 증가시킴으로써 몸 곳곳에 시동을 걸어준다. 우리가 정상적인 생활을 위해서는 이와 같은 호르몬의 생성이 매우 중요하다. 예를 들어 인슐린을 제대로 생성하지 못하는 상태를 당뇨병이라고 하고, 우울증은 엔도르핀과 세로토닌의 분비가 제대로 되지 않을 때 나타난다.

행복경험은 도파민 수준의 증가와 관련된다는 연구가 있다. 마라톤과 같은 육체적 훈련 시에 경험하게 되는 유쾌감(runner's high)은 엔도르핀 수준의 증가 때문인 것으로 밝혀졌다(Farrell, Gustafson, Morgan, & Pert, 1987). 강렬한 쾌감을 느끼는 성관계 시에는 엔도르핀 수준이 평소보다 200%까지 증가한다는 보고가 있다.

긍정정서와 유전

재미있는 사실은 정서체험이 유전에 의해서 영향을 받는다는 점이다. 개인의 기본적인 정서반응 성향은 상당 부분 유전적 요인에 의해 정해진다. 유전율(heritability)은 유전적 요인의 영향력을 나타내는 지표로서, 쌍둥이들 간의 유사성에 있어서 일란성 대 이란성 쌍둥이들의 차이로 산출된다. 일반적으로 키와 몸무게는 높은 유전율을 나타내며, 지능은 중간 정도의 유전율을 나타내는 것으로 알려져 있다. 우리의 장기적인 정서 상태를 결정하는 주요 요인은 초기 아동기의 정서경험이나 후천적인 학습경험보다는 유전적 형질이라는 연구결과가 보고되고 있다. 유전적인 특성 때문에 낙관적인 태도로 여러 사람과 즐거운 경험을 나누며 활기와 열정을 지니고 긍정정서를 주로 경험하며 살아가는 사람들이 있는 반면, 비관적이고 소극적인 태도로 다른 사람과의 접촉을 두려워하며 부정적인 감정을 자주 느끼며 살아가는 사람들도 있다. 예를 들어, 바넘효과로 유명한 심리학자 폴 밀(Paul Meehl, 1975)은 즐거움과 기쁨을 더 잘 느끼는 기질을 타고나는 사람들이 있음을 지적하면서 긍정적인 정서 성향에 대한 관심을 촉구하였다. 그는 긍정정서를 경험하는 것도 일종의 능력이라고 가정하면서 '쾌락능력(hedonic capacity)'이라는 용어를 사용하였다. 또한 일란성 쌍둥이의 행복도 점수는 상당히 높은 상관(r=.44~.53)을 나타낸 반면, 이란성 쌍둥이의 상관(r=.08~.13)은 미약하다는 연구결과도 긍정정서에 대한 유전의 영향을 보여주는 것이다.

행복기준점

대부분의 심리학자들은 유전적 요인이 완전하게 행복수준을 결정하는 것은 아니라고 생각하지만, 유전의 강력한 영향을 보여주는 개념이 행복기준점이다. 행복기준점(happiness set point)이라는 개념은 대다수 사람들이 일시적으로 높거나 낮은 정서 경험을 한 후에 되돌아오게 되는 행복의 평균수준 또는 기준점을 갖고 있다는 것이다. 우리가 일시적으로 강렬한 기쁨이나 슬픔을 경험하게 되지만 장기적으로 보면 어떤 수준의 정서상태로 되돌아오게 된다. 어떤 사람들은 기준점이 긍정정서 쪽으로 기울어져 있어서 전반적으로 활기찬 기분상태를 유지하는 반면, 어떤 사람은 부정정서 쪽으로 기울어져서 비관주의에 이끌리고 걱정을 많이 하는 경향을 나타내게 된다는 것이다.

물론 행복수준을 유전적 요인이 모두 좌지우지하는 것은 아니다. 유전은 상당히 강렬하게 정신에 영향을 미친다. 만약 우리의 행복기준점이 평균 이하라면 우리의 유전자가 우리를 비생산적인 방식으로 행동하도록 유혹하여 행복을 저하시키는 방향으로 인도해간다는 것을 의미한다. 만약 우리의 유전자가 제멋대로 하도록 내버려둔다면 그것이 지향하는 목적지에 도달하게 될 것이다. 그러나 인생은 우리의 것이다. 우리는 상당히 넓은 선택의 범위 내에서 우리 자신의 목적지를 선택할 수 있다. 성장환경, 가족상황, 교육경험, 문화적 배경과 같은 다양한 요인들이 개인의 행복 수준에 영향을 미친다. 우리가 행복한 삶을 위해서 할 수 있는 일들은 분명히 많이 있다.

행복은 개인의 기준점, 삶의 상황, 의지적 활동이라는 3가지 요인에 의해 50대

10대 40의 비율로 결정된다(Lyubomirgky, Sheldon, & Schkade, 2005). 삶의 상황(life circumstances)은 나이, 성별, 교육수준, 사회적 계층, 수입, 가족, 자녀, 지능 수준, 신체적 매력도와 같이 행복에 영향을 미치는 외부적인 여건들을 의미한다. 의지적 활동(volitional activity)은 개인의 동기와 의지에 의해서 선택된 자발적인 활동들을 의미한다. 즉, 행복은 유전적 요인에 의해 결정되는 기준점, 외부적인 환경여건 그리고 개인의 의지와 선택에 의한 행위의 산물이라는 것이다.

어떤 사람이 긍정정서를 자주 경험하는 정도를 긍정정서성(positive affectivity)이라고 부른다. 일정한 강도의 긍정정서를 안정되게 경험하는 사람들이 있는 반면, 매우 변덕스럽게 정서변화를 나타내는 사람이 있음을 보여준다(Larsen, 1987; Watson, 2000, 2002). 긍정정서성이 결혼생활과 직업만족도에 영향을 미치는 것으로 추정된다. 긍정정서성은 유전적 기반을 지니는 것으로 여겨지고 있다.

그러나 긍정정서가 유전에 의하여 결정되는 것은 아니다. 정서 성향에 대한 대표적 연구자인 데이비드 왓슨(David Watson, 2002)은 다음과 같이 말하고 있다. "유전이나 생물학적 요인이 영향을 미친다고 해서 숙명론적 체념을 할 필요는 없다. 우리는 긍정 감성을 증대시킬 수 있는 자유를 지니고 있다" 반복적으로 경험하는 정서를 좀 더 긍정적인 것으로 변화시키기 위해서는 개인이 지향하는 목표의 달성보다 목표를 향해 노력해가는 과정에 집중하면서 그 미세한 변화와 과정을 잘 음미하는 것이 도움이 된다(Peterson, 2006).

긍정적 사고

마음은 뇌활동에 의해 영향을 받을 뿐만 아니라 뇌활동에 영향을 미친다. 적어도 인간의 경우, 정서경험은 환경적 자극의 의미를 해석하는 인지적 과정과 밀접한 관련성을 지니고 있다. 우리는 체험기계를 통하여 행복을 경험할 수 있다. 그런데 체험기계 속에서 사는 삶이 진정 행복할까? 대다수의 사람들은 그렇게 살기를 거부한다. 우리가 바라는 행복한 삶은 뇌의 화학물질이나 전기자극이 만들어낸 환상이 아니라 우리가 능동적으로 만들어가는 실제적인 삶이다.

정서는 진화과정에서 형성한 생물학적 기반을 지니고 있지만 주로 인지적 평가의 결과로 발생한다. 인지적 심리치료자인 앨버트 엘리스(Albert Ellis)나 아론 베크(Aaron Beck)은 정서경험에 있어서 인지적 요인의 중요성을 강조하고 있다. 이 세상에 인간이 의미를 부여하지 않고서 그 자체로 의미를 지니는 것은 없다. 모든 현상과 사건의 의미는 인간에 의해 부여된 것이다. 이런 점에서 인간은 외부적 사건에 의해 수동적으로 영향을 받는 존재이기보다 사건의 의미를 능동적으로 해석하여 반응하는 존재이다.

제3장 행복이론 중 적응대처이론에서 논의된 것처럼, 인지평가는 일차적 평가와 이차적 평가로 이루어진다. 일차적 평가(primary appraisal)는 개인이 추구하는 목표와 관련지어 사건의 의미를 평가하는 과정인 반면, 이차적 평가(secondary appraisal)는 사건상황에 효과적으로 대응하기 위한 대처방법을 평가하는 과정을 의미한다. 라자루(Lazarus)에 따르면, 정서는 일차적 평가의 산물이다.

행복하기 위해서는 긍정적 사고와 부정적 사고의 균형이 중요한데, 심리적으로 건강한 사람들은 긍정적 사고와 부정적 사고가 대체로 황금비, 즉 1.6 대 1.0의 비율로 적절한 균형을 이루고 있다고 한다(Kendall, Howard, & Hays, 1989). 긍정적 사고는 자동차의 액셀러레이터처럼 우리에게 낙관적 기대와 더불어 의욕과 활기를 불어넣는 삶의 추진기인 반면, 부정적 사고는 자동차의 브레이크처럼 비관적 기대와 더불어 삶의 폭과 속도를 감소시키는 삶의 제동기라고 할 수 있다. 따라서 심리적으로 건강한 사람은 삶의 추진기와 제동기를 모두 구비하고 적절하게 사용하는 사람이라고 할 수 있다. 즉, 긍정적 사고와 부정적 사고의 적절한 균형이 건강한 삶의 비결이라고 할 수 있다.

긍정적 사고를 하는 사람들은 비판이나 자아상에 위협적인 정보에 대해 덜 방어적이다(Trope & Pomerantz, 1998). 나아가 자신의 신념이나 선입견과 일치하지 않는 정보를 부정하거나 왜곡할 가능성이 적다(Estrada, Isen, & Young, 1997). 테일러와 브라운(Talyor & Brown, 1988)은 자신에 대한 긍정적 평가, 미래에 대한 낙관적 신념, 통제감에 대한 실제 이상의 과장된 지각이 모두 정신건강을 향상시킨다고 보고하였다. 우리는 우리 자신이 스스로 믿고 있는 것보다 그리고 다른 사람들이 생각하고 있는 것보다 훨씬 더 훌륭한 존재이다. 우리 자신의 무한한 가능성을 믿고 그것을 실현시켜줄 사람은 우리 자신뿐이다. 우리는 스스로를 자신의 부정적인 생각의 틀 속에 가두어 두어서는 안 된다. 스스로 자신을 부정이란 틀 안에 가두어 두고서는 어떤 노력도 아무런 결과를 얻어낼 수 없다. 우리는 긍정적으로 사고해야 한다. 긍정의 힘은 우리를 행복하게 만든다.

낙관주의

낙관주의와 비관주의는 미래에 대한 일반적인 기대이다. 낙관주의자들은 보다 좋은 일이 일어날 것으로 기대하는 반면에, 비관주의자들은 보다 나쁜 일이 일어날 것이라고 기대한다(Caver & Scheier, 2002). "잔이 반쯤 비어 있는가 아니면 아직도 반이 남아 있는가?"라는 물음에 대한 답변은 낙관적 전망과 비관적 전망 간의 근본적인 차이를 보여준다. 긍정적 사고의 대표적인 것이 바로 낙관주의이다.

낙관주의자들은 비관주의자들보다 나은 건강을 유지한다는 것을 많은 연구들이 보여주고 있다. 예를 들어, 낙관적인 대학생들은 비관적인 대학생들에 비해 지난 1년 동안 감기나 인후염, 유행성 질환에 덜 걸렸다(Affleck, Tennen, & Apter, 2001). 보스턴에 살고 있는 1,300명의 남자들을 대상으로 10년에 걸친 연구에서 낙관적인 사람들은 비관적인 사람들보다 심혈관질환에 걸릴 가능성이 50% 낮았다(Kubzansky, Sparrow, Volkonas, & Kwachi, 2001). 하버드대학교 졸업생들을 대상으로 한 35년 후의 추적연구에서도 낙관주의적 동창생들이 비관주의적 동창생들보다 유의하게 더 건강하였다(Peterson, Seligman, & Vaillant, 1988).

일반적으로, 낙관적인 사람이 비관적인 사람보다 장기적인 웰빙 증진에 도움이 되기 위해서는 낙관성이 현실적이어야만 한다(Schneider, 2001). 낙관주의는 긍정적 기분과 의욕, 인내심과 효과적인 문제해결, 신체적 건강, 학문적이거나 직업적 성공을 촉진할 뿐만 아니라 심지어 장수와 관련되는 것으로 알려져 있다. 반면, 비관주의는 우울증, 소극성, 실패경험, 사회적 고립, 신체적 질병, 사망률을 높이는 것으로 알려져 있다(Peterson & Bossio, 1991). 가능한 한 긍정적인 관점에서 세상을 바라보고자 하는 전반적 경향성이야말로 행복의 필요조건이다.

긍정적 재평가

긍정적 재평가란 문제를 보다 긍정적인 맥락에서 재구성하는 인지적 전략을 말한다. 이런 전략은 긍정적 사고를 높일 수 있다. 후천성면역결핍증(AIDS)으로 죽어가는 사람들을 간호하는 데서 오는 스트레스나 정서적인 고통에도 불구하고, 보호자들은 자신의 노력과 관련된 긍정적인 느낌들을 보고하였다(Folkman & Moskowitz, 2000). 배우자의 간호에 대한 자신의 헌신이 배우자에 대한 사랑의 깊이를 표현하는 것으로 여겼으며, 자신들의 노력이 배우자의 존엄성을 유지해왔다고 믿었다.

행복은 실천을 통해 마음에서 느끼는 것이다. 행복은 일에서의 성공이나, 일확천금, 또는 권력이나 명성을 통해 얻는 거창한 것이 아니다. 왜냐하면 행복이란 자신 밖에 있는 것이 아니라 자신 안에 있기 때문이다. 행복은 마음의 상태이고, 지각하는 방식이며, 자신이 살고 있는 세상과 자신에게 접근하는 방식이다. 따라서 학교성적, 돈, 대학합격, 취업 등과 같은 어떤 환경이 바뀌면 행복해질 것이라고 주장하는 것은 잘못이다. 왜냐하면 환경은 마음에 영향을 주지만 마음 그 자체가 아니기 때문이다. 중요한 것은 생각을 바꾸는 것이다. 다시 말해서, 우리의 삶을 긍정적으로 재평가하는 것이다. 우리는 마음을 긍정적으로 키우는 것은 행복에 한 발짝 더 가까와지게 만든다.

긍정경험

긍정경험은 우리를 행복하게 만들기 때문에, 긍정경험을 많이 누리는 것은 매우 바람직하다. 미국 여론조사기관 갤럽에서 Gallop World Poll을 통해 2013년에 조사한 긍정경험지수(Positive Experience Index)에 의하면, 우리 국민의 긍정경험지수는 63점으로 전체 138개 국가 중 90위를 차지하였다. 우리의 경제력과 국력에 비추어 볼 때, 결코 높지 않은 순위이다. 우리나라와 함께 63점을 얻은 국가는 체코(Czech Republic, 수도 프라하), 이란(Iran, 수도 테헤란), 룩셈부르크(Luxembourg, 수도 룩셈부르크), 카자흐스탄(Kazakhstan, 수도 아스타나)이다.

긍정경험지수를 구성하는 문항들은 '충분히 휴식을 취했는가?', '존중을 받았는가?', '많이 미소 짓거나 웃었는가?', '흥미 있는 것을 배우거나 했는가?', '즐겼는가?'이다. 이런 문항들에 기초할 때 우리를 행복으로 이끄는 긍정경험은 잘 쉬고, 존중받고, 많이 웃고, 흥미로운 것을 하고, 즐기는 것이다.

성취경험

성취(achievement)는 말 그대로 목적한 바를 이루는 것이다. 작든 크든 상관없이 성취경험은 자신감을 고양시키는 긍정경험으로 우리를 행복하게 만든다. 자신이 제일 잘하는 일을 할 때 우리는 긍정적인 감정을 불러일으킬 수 있다. 흥미롭고 관심 있는 것에 도전을 하면서 묵혀두었던 재능을 마음껏 발휘할 수 있는 기회를 만들고 그 순간을 즐기면서 원하는 바를 달성하는 성취경험은 진정 행복에 가까이 가는 것이다. 성취경험은 제5장 '성공심리와 행복'에서 구체적으로 살펴보았다.

친교경험

우리는 어떤 사람과 사랑이나 친밀감을 느낄 때 행복감을 느낀다. 사랑은 삶 속에서 특별하게 경험하는 강렬한 긍정적 체험이다. 이 밖에 친구 간의 우정과 친밀함, 타인과의 신뢰감 등과 같이 인간관계에서 다양한 긍정적 체험을 하게 된다. 사랑과 친밀감은 제6장 '연애심리와 행복'에서 자세히 다루었다.

여가경험

여가(leisure)는 의무적인 일이나 직업적인 업무를 떠나 한가하게 즐기는 여유로운 휴식이나 재미를 찾기 위한 취미활동을 의미하는데, 긍정적 체험을 제공하며 행복과 삶의 만족과 밀접한 관계를 지니고 있다. 여가경험은 제7장 '여가심리와 행복'에서 자세히 소개하였다.

소비경험

돈으로 행복을 사는 일은 의외로 쉽다(Achor, 2010). 다만 일반적인 쇼핑이 아니라 경험을 위해 투자할 때만 그렇다. 『사치 열병(Luxury Fever)』의 저자 로버트 프랭크(Robert Frank)는 새로운 물건을 살 때 얻는 기쁨은 실망스러울 만치 대단히 짧지만, 경험을 위해 돈을 투자하거나 특히 다른 사람과 의미 있는 시간을 함께 보내는 일은 장기적으로 긍정적인 감정을 유지하는 데 큰 도움을 준다. 신발, 텔레비전, 명품시계에 돈을 쓸 때보다 다른 사람들과 함께 콘서트를 보거나 저녁식사를 하느라 돈을 쓸 때 더 많은 행복을 느낀다(Van Boven & Gilovich, 2003). 소비경험은 제8장 '소비심리와 행복'에서 중점을 두고 다루었다.

완벽주의와 최적주의

긍정심리학은 행복학이다. 스스로 행복해지는 것을 방해하는 가장 큰 문제점은 행복할 뿐 아니라 동시에 완벽한 삶을 살고 싶다는 염원이 있다는 것이다. 탈 벤 샤하르(Tal Ban Shahar, 2010)는 『완벽의 추구』에서 완벽주의자와 최적주의자를 잘 설명하고 있다.

완벽주의자는 행복할 수 없다

완벽주의 그 자체는 기본적으로 중요한 삶의 방식이다. 완벽을 기하는 삶은 우리가 보다 안정되고 성취적인 삶을 살아가는 데 매우 필요하다. 그러나 극단적인 완벽주의자는 문제이다. 극단적인 완벽주의자(perfectionist)를 특징짓는 3가지 측면은 실패에 대한 거부, 고통스러운 감정에 대한 거부, 그리고 성공에 대한 거부이다. 완벽주의자는 우선적으로 실패를 거부한다. 실패를 좋아하는 사람은 아무도 없다. 하지만 실패에 대해 정상적인 거부감을 느끼는지, 극심한 두려움을 느끼는지에 따라 차이가 생긴다. 실패하지 않겠다는 생각은 필요한 예방조치를 취하고 성공하기 위해 좀 더 열심히 노력하게 한다. 반면, 실패에 대한 극심한 두려움은 종종 성장에 필요한 모험을 할 수 있는 용기를 꺾어버린다. 그 결과 능력을 마음껏 발휘할 수 없을 뿐 아니라 전반적인 정신건강에도 문제가 생긴다. 전체적으로, 인생에서 실패는 누구에게나 불가피한 것으로 결국 성공에 도움을 준다. 실패를 하지 않으면 배울 수 없다.

역설적이지만 고통스러운 감정을 느끼지 못하면 행복을 느낄 수 있는 능력도 제한된다. 우리가 느끼는 모든 감정은 같은 경로를 따라 흐르므로 고통스러운 감정을 차단해버리면 간접적으로 즐거운 감정까지 차단된다. 행복한 삶을 살기 위해서는 인간이 누릴 수 있는 모든 감정을 느낄 수 있어야 한다. 다시 말해, 우리 자신에게 인간적인 감정을 허락해야 한다. 긍정적인 감정들뿐만 아니라 질투나 분노, 실망이나 슬픔, 두려움이나 불안을 느껴야만 진정한 행복을 체험할 수 있다.

완벽주의자에 대비되는 개념이 최적주의자(optimalist)이다. 완벽주의자와 최적주의자는 둘 다 같은 수준의 야망을 품고 목표를 달성하기 위해 열심히 노력한다. 그러나 결정적으로 그들은 목표 달성 과정에 접근하는 방식이 다르다. 완벽주의와 최적주의의 중요한 차이점은 전자는 본질적으로 현실을 거부하는 반면 후자는 현실을 받아들인다는 것이다. 이 둘의 차이는 나중에 자세히 설명하겠지만 실패와 고통스러운 감정, 그리고 성공을 인식하고 반응하는 방식에 있다.

콜롬비아대학 심리학과 교수인 철학자 미니어 몰도베아누(Mihneq Moldoveanu)가 "우리가 진실을 원한다고 말할 때 사실은 우리 자신이 옳다는 것을 확인하려는 것"이라고 한 말은 완벽주의자를 아주 잘 묘사하는 것이다. 완벽주의자는 말로는 다른 사람들에게 배우고 싶다고 할지 모른다. 하지만 그들의 가장 큰 관심사는 실제로 자신이 옳다는 것을 증명하는 것이므로 학습을 위한 대가 – 결점, 부족함, 실수를 인정하는 것 – 는 치르지 않으려고 한다.

완벽주의자를 방어적으로 만드는 2가지 특별한 심리기제가 있는데, 첫째는 자기 향상이고 둘째는 자기확인이다. 자기향상(self-enhancement)이란 우리 자신을 더 나은 사람으로 보이고 싶어 하는 욕망이다. 자기확인(self-verification)은 우리 자신을 있는 그대로, 또는 우리가 알고 있는 우리 자신을 보여줌으로써 우리 자신을 올바로 인식시키고자 하는 욕망이다. 이 2가지 기제는 종종 충돌한다.

"이 세상은 마음먹기에 따라 지옥이 될 수도 있고 천국이 될 수도 있다"는 미국의 철학자이자 시인인 랠프 월도 에머슨(Ralph Waldo Emerson)의 말처럼 세상을 어떻게 해석하고 어디에 초점을 맞추는지가 큰 차이를 만들어낸다. 최적주의자가 어떤 상황에서도 잠재적인 가능성에 초점을 맞춘다고 해서 모든 부정적인 사건에 긍정적인 면이 있다고 생각하는 것은 아니다. 세상에는 많은 잘못이 있고 상황에 따라 부정적으로 반응하는 것이 적절할 때가 있다. 부정적인 것을 전혀 보지 못하는 것은 순진한 낙천주의자이며 세상을 부정적으로만 보는 사람과 마찬가지로 비현실적이다.

완벽주의자와 최적주의자와의 관점의 차이는 자기 자신과 다른 사람을 대하는 부분에서도 뚜렷하게 보인다. 완벽주의자는 잘못은 피할 수 있는 것이므로 스스로 책임을 지기 위해 자신에게 가혹해져야 한다고 여긴다. 책임을 진다는 개념을 지나치게 극단적으로 몰고 가는 것이다. 최적주의자는 실수를 했을 때 책임을 지고 실패에서 배운다. 실수와 실패는 불가피하다는 사실을 받아들인다. 따라서 실패에 대해 훨씬 관대하고 실패한 자신을 용서한다. 완벽주의자의 가혹함과 최적주의자의 관대함은 다른 사람들과의 관계로까지 확대된다. 자신을 대하는 것처럼 다른 사람들을 대하는 것이다. 자신에게 친절하고 동정적이면 다른 사람들에게도 친절하고 동정적이다. 반대로, 자신에게 가혹하면 다른 사람들에게도 가혹하다.

완벽주의자는 끊임없이 자기향상을 도모하면서 자존감 연구로 유명한 심리학자인 나다니엘 브랜든(Nathaniel Branden)이 거짓 자긍심이라고 부른 '실제로는 느끼지 못하는 자신감과 자존감'으로 위장한 완벽한 모습을 바깥세상에 보여주려고 노력한다.

자주 실패한다는 것은 그만큼 자주 시도하고 모험하고 도전한다는 의미다. 우리는 도전을 통해 배우고 성장하며 종종 성공보다는 실패를 겪으면서 훨씬 더 성숙하고 발전한다. 게다가 모험을 하고 넘어지고 다시 일어날 때마다 더욱 강해지고 더욱 탄력을 받게 될 것이다. 역설적으로 좌절을 극복할 수 있는 믿음과 자신감은 실패할 때 오히려 강화된다. 그 이유는 우리가 항상 두려워했던 그 '괴물' 실패라는 것이 생각했던 것만큼 무시무시하지 않다는 것을 알게 되기 때문이다. 오즈의 마법사가 정체를 드러냈을 때 더 이상 무섭지 않았던 것처럼 실패는 막상 마주하면 오히려 위협적이지 않다.

칼 로저스(Carl Rogers)는 내담자가 자신을 딱딱한 고체가 아닌 흐르는 강물처럼 유동적인 액체로 확정적이 아니라 끊임없이 변화하는 가능성으로 이루어진 존재로 인식한 경우 치료에 중요한 진전이 있었다고 평가했다. 로저스는 최적주의자의 본질이 제자리에 머물지 않고 끊임없이 학습하고, 약해지지 않고 점차 강해지며, 정서적 혼란 속에 가라앉지 않고 거센 물결을 헤쳐나갈 수 있는 융통성에 있다고 말한다.

완벽주의는 어느 시대에나 문제가 되지만 비교적 변화가 느린 세상에서는 완벽주의자로 살아남을 수 있었고 성공할 수도 있었다. 하지만 오늘날 그리고 앞으로는 누구나 점점 더 완벽주의에서 최적주의로 변하지 않으면 어려움을 겪을 수밖에 없다. 경직된 사고방식은 지금의 유동적인 세상에 맞지 않는다. 이것은 미국과 전례 없는 성장을 거듭하고 있는 중국을 포함한 전 세계에서 젊은이들 사이에 우울증, 불안증, 자살이 증가하고 있는 이유이기도 하다. 최적주의자는 융통성 있고 변화에 열려있으므로 끊임없이 변화하는 환경에 좀 더 수월하게 대처할 수 있다. 최적주의자는 때로는 변화와 씨름을 해야 하지만 예측불허의 불확실성을 이겨내기 위해서 필요한 자신감과 의지를 갖고 있다. 최적주의자에게 미지의 세상은 두려움이 아닌 매혹의 대상이다. 변화는 위협이 아니라 도전이다.

실패가 성공을 하기 위한 충분조건은 아니다. 다시 말해 실패가 성공을 보장해주는 것은 아니다. 하지만 실패가 없으면 성공도 없는 것은 확실하다. 실패가 업적과 밀접한 관계가 있다는 것을 이해하는 사람들은 배우고 성장하고 결국 성장한다. 실패하지 않으면 배우지 못한다.

다중지능의 저자인 하버드대학의 하워드 가드너(Howard Gardner, 1993)는 간디, 프로이트, 피카소, 아인슈타인을 비롯한 성공한 인물들의 삶을 연구했다. 가드너는 비즈니스, 운동, 의학, 예술 등 어떤 분야에서든 성공하기 위해 필요한 전문적인 수준에 오르려면 적어도 10년 동안 열심히 노력해야 한다는 것을 알았다. 물론 그 노력은 10년 이후에도 계속되어야 하며 성공을 유지하기 위해서는 때로 전보다 더 분발해야 한다. 최적주의는 어떤 일에 대해서는 완벽주의자가 하듯이 많은 시간을 투자한다. 하지만 모든 일이 똑같이 중요하지 않으며 똑같은 노력을 하지 않아도 된다는 사실을 알고 있다.

우리는 누구나 치유하는 능력을 갖고 태어난다

우리의 본성은, 그리고 삶의 현실은 좋든 싫든 모든 감정을 경험한다. 만일 우리가 어떤 감정을 거부한다면 불가피하게 극심한 고통을 겪을 수밖에 없다. '바람직하지 않은' 감정이라고 해서 무조건 억누르고 거부한다면 정신건강에 해롭다. 자연에 대한 인위적인 개입의 결과가 대부분 그렇듯이 자연스러운 감정을 억누르면 반드시 부작용이 생기기 마련이다. 하버드대학교 심리학과 교수인 웨그너(Wegner, 1989)는 사고를 억제하고자 하는 시도가 그 주제에 대한 사고를 증가시킨다는 '백곰현상(white bear phenomenon)과 함께, 웨그너는 "떠오르는 어떤 생각을 억누르거나 피하기보다 생각나는 대로 받아들이고 표현하는 것이 불안과 우울증을 다스리는 데 효과적"이라고 말한다.

과학자들이 중력, 열역학 등과 같은 물리적 자연법칙을 받아들임으로써 중요한 과학기술의 발전을 이루었던 것처럼, 우리도 역시 본성의 법칙을 받아들임으로써 좀 더 풍요롭고 충만한 삶을 살 수 있다. 좋든 싫든 고통스러운 감정은 우리 본성의 일부이기 때문이다.

우리는 누구나 자신을 치유하는 능력을 갖고 태어난다. 우리는 몸 안에 들어온 세균과 싸워 이기고, 부러진 뼈를 다시 붙이고, 새살이 돋아나게 할 수 있다. 이러한 신체적 재생을 위해서는 우리가 갖고 있는 치유력이 그 힘을 사용할 수 있는 시간이 필요하다. 마음의 상처를 치유하는 것도 마찬가지다. 마음의 상처를 치유하기 위해서는 우리가 느끼는 '감정의 고통'에 주목해야 한다. 모든 상처에 전문적인 치료가 필요한 것은 아닌 것처럼, 많은 경우 마음의 상처도 외부의 도움 없이 우리가 가진 치유력으로 충분히 치료할 수 있다.

심리적 문제를 해결하기 위해서는 고치려고 노력하는 것이 아니라 받아들이고 인정해야 한다. 어떤 감정들을 피할 수 없다. 누구도 질투나 두려움이나 분노나 불안감에서 벗어날 수 없다. 문제는 우리가 그런 감정을 느낀다는 사실이 아니라 그 감정을 처리하는 방식에 있다. 우리는 감정과 이성의 동물이기 때문에 어떤 감정을 느끼면 그 이유를 찾으려고 한다. 따라서 어떤 불편한 감정을 느끼는 이유를 자신에게서 찾지 못하면 다른 사람들을 탓하는 것으로 그 감정을 정당화하려 한다. 우리는 종종 우리 자신의 잘못을 정당화하기 위해 상대방을 비난한다.

긍정적인 수용은 상황을 있는 그대로 인정하고 나서 가장 적절하다고 생각하는 행동방향을 선택하는 것이다. 두려움을 느끼면서도 용기 있게 행동하고, 질투를 느끼면서도 자애롭게 행동하고, 인간성을 받아들이고 인간애를 발휘하는 것처럼 우리는 매 순간 어떻게 행동할 것인지 선택할 수 있다.

있는 현실, 그대로 보라

철학과 심리학에 기여한 아리스토텔레스(Aristotle)의 가장 중요한 사상 중의 하나는 모순율이다. 모순율(principle of contradiction)이란 '모든 사물은 그 자체가 아닐 수 없다'는 명제다. 예를 들어, 말은 말이 아닐 수 없다. 사람은 사람이 아닐 수 없다. 동일률(principle of identity)은 모든 사물은 그 자체와 같다는 사실이 함축하는 모든 의미를 인정하는 것이다. 다시 말해, 모든 사물은 어떤 사람 – 또는 세상 전체 – 이 어떻게 생각하든지 간에 그 자체로 존재한다.

어떤 사물이 그 자체와 같다는 사실을 인정하지 않는다면, 그리고 그러한 인정에 기초해서 행동하지 않는다면 무서운 일이 일어날 수 있다. 예를 들어, 어떤 사람이 트럭을 트럭이 아니라 꽃이라고 생각한다면 그는 트럭에 치일 수 있다. 마찬가지로 독약을 음식이라고 생각한다면 십중팔구 죽게 될 것이다.

거울이 우리에게 설교하지 않고 단지 있는 그대로 보여주는 것처럼, 감정의 폭풍 속에 있는 상대에게 설교를 하지 말아야 한다. 상대가 느끼는 슬픔이나 분노를 가라앉히기 위해서는 "너 무척 슬퍼 보여" 또는 "너 화가 많이 난 것 같구나"라는 말로 충분하다. 누구나 강렬한 감정을 느낄 때는 다른 누구의 말에도 귀를 기울이지 않는다. 아무리 유익하고 필요할지라도, 조언이나 위안이나 건설적인 비판을 받아들이지 못한다. 단지 자신을 이해해주기를 바랄 뿐이다.

물론 우리 자신이나 상대방의 감정을 받아들인다고 해서 모든 문제가 해결되는 것은 아니다. 어떤 문제는 해결하려면 상당한 노력과 시간을 투자해야 한다. 하지만 일단 감정을 인정하는 것은 문제해결로 가는 중요한 첫 단계이다. 거의 즉시 감정의 강도가 완화될 뿐 아니라 정기적으로 동일률과 현실을 존중하는 법을 배우게 된다.

완벽주의를 극복하고 최적주의로 가기 위해서는 실패, 감정, 성공, 무엇이든 현실을 있는 그대로 받아들여야 한다. 실패를 받아들이지 않으면 도전과 노력을 피하게 되고 그 결과 학습과 발전의 기회를 놓치게 된다. 고통스러운 감정을 받아들이지 않으면 결국 그러한 감정에 사로잡히게 되어 마음의 평화에서 멀어진다. 그리고 성공을 받아들이고 포용하고 감사하지 않는다면 세상만사가 부질없는 일이 된다.

너무 개입하지 말고, 그냥 내버려 두라

애리조나 주립대학 심리학자 수니야 루타(Suniya Luthar)의 연구진은 소위 불행한 행운아들의 가장 큰 문제는 부담감과 외로움이라고 말한다. 그 문제의 요인 중 하나는 부모와 교사가 아이들의 삶에 지나치게 개입하기 때문이다.

안타깝게도 오늘날 교육제도는 본의 아니게 완벽주의를 부추긴다. 명문대학에 입학하기 위해서는 어떤 학생이 되어야 할까? 자신의 열정을 발견하게 위해 이것저것 시도해보다가 여러 번 실패해본 학생일까? 아니면 나무랄 데 없이 깨끗한 성적증명서를 받은 학생일까? 다른 모든 조건이 동일하다면 대부분의 대학에서는 전자보다 후자를 받아들인다. 용기 있는 실패보다는 정형화된 성공을, 열정적인 탐구보다는 측정 가능한 결과를 중요하게 생각하는 것이다.

아이들에게 높은 기대를 거는 것은 필요하다. 사실 가난한 동네의 공통적인 문제점은 일부 부모들, 교사들, 그리고 교육자들이 아이들에게 거는 기대가 낮은 것이다. 높은 기준에 맞추려고 노력하면 우리가 최적주의라고 부르는 건강하고 현실적인 완벽주의로 갈 수 있다. 장기적인 성공과 행복을 위해서는 대체로 도전적인 목표를 추구하면서 동시에 실패와 부족함을 받아들여야 한다. 부모와 교육자가 해야 할 일은 아이들에게 높은 기대를 걸고 또한 탐험하고 모험하고 실수하고 실패할 수 있는 기회를 주고 격려하는 것이다.

아이러니하게 부모의 과다한 칭찬과 격려는 과다한 비난만큼이나 아이에게 해로울 수 있다. 일부 부모는 심리학자와 육아전문가의 조언에 따라 아이가 뭔가를 잘할 때마다 아낌없이 칭찬을 한다. 칭찬은 물론 중요하지만 아이들은 또한 칭찬이나 비판을 듣지 않고 스스로 공부나 놀이에 집중하는 시간이 필요하다.

최악의 경우는 위의 2가지가 결합된 상황이다. 루타의 연구진은 부유한 배경의 10대 아이들이 약물을 남용하고 탈선할 가능성이 큰 원인은 보통 '부모의 부재와 잔소리'라는 사실을 밝혀냈다. 아이들과 보내는 시간이 적고 방과 후에 적절한 감독을 하지 못하는 부모들이 자신들의 부재를 만회하기 위해 지나치게 간섭하고 잔소리하는 것이다.

부모의 참여는 반드시 필요하다. 아리스토텔레스의 중용을 빌려서 말하자면, 문제는 적절한 시간에 적절한 정도로 적절한 동기를 갖고 적절한 방식으로 참여하는 것이다. 물론, 모든 부모가 알고 있듯이 말하기는 쉽지만 실천하기는 어렵다.

현실세계에서 실패는 불가피하다는 사실에 비추어보면, 진정으로 아이를 사랑하는 엄마라면 안전한 환경 속에서 점차적으로 아이가 혼자 어려움을 극복할 수 있도록 훈련을 시켜야 한다. 아이가 독립하는 과정 – 예를 들어, 우는 아이가 엄마의 부재를 견디는 시간 – 은 부모나 아이 모두에게 불편하고 힘들다. 하지만 다른 방법은 없다. 아이가 넘어지지 않도록 계속 안아주고 보호한다면 아이는 혼자 걷는 법을 배우지 못할 것이다. 실패가 없으면 배우지 못한다.

부모는 아이가 청년이 될 때까지 방임과 과잉보호 사이에서 중도를 찾아야 한다. 아이가 불편한 경험들을 비켜가고, 자신보다 행복하게 살기를 바라는 부모의 마음은 지극한 사랑과 관심에서 비롯되는 당연한 것이다. 하지만 부모가 모르는 것이 있다. 그것이 당장 아이를 행복하게 해줄지 몰라도 장기적으로는 아이에게서 자신감, 융통성, 의지, 사회성을 배우는 기회를 빼앗는 결과가 된다는 사실이다. 19세기 영국 작가 새뮤얼 스마일스(Samuel Smiles)는 말했다. “원하는 모든 것을 갖추고 더 이상 희망하거나 욕망하거나 노력할 필요가 없는 것보다 무서운 저주는 없을 것이다” 건강한 발달을 위해, 성장하고 성숙하기 위해, 아이들은 어느 정도 실패와 시련, 고통스러운 감정을 경험할 필요가 있다. 나 역시 부모로서 종종 우리 아이들이 고통을 피할 수 있는 지름길이나 우회로를 찾아가기를 바라지만 현실에서 그런 길은 있을 수 없다.

스텐퍼드대학의 심리학과 교수인 캐럴 드웩(Carol Dweck)은 고정형 사고방식과 성장형 사고방식을 구분한다. 고정형 사고방식(fixed mindset)은 우리의 지능, 신체적 기능, 인격, 사회성과 같은 특성들이 고정적이며 변하지 않는다고 믿는다. 지능과 재능을 타고나면 학업, 직업, 운동, 대인관계에서 성공할 수 있고 그렇지 못하면 영원히 부족한 사람이 되고 결국 실패할 수밖에 없다는 것이다. 반면, 성장형 사고방식(growth mindset)은 우리의 능력이 향상될 수 있으며 평생 변화할 수 있다고 믿는다. 타고난 능력은 있지만 그것은 단지 출발점에 불과하며 뭔가를 잘하기 위해서는 시간과 노력을 투자해야 한다는 것이다.

캐럴 드웩(Carol Dweck)의 연구결과처럼 “노력을 강조하면 아이들은 자제력을 배우고 스스로 성공을 통제할 수 있다고 생각하게 된다. 타고난 지능을 강조하면 아이들은 성공이 자신의 통제력에서 벗어나 있다고 생각하게 되고 실패에 대해 속수무책이 된다.” 아이들은 모든 일에서 최고가 될 수 없으며, 단지 즐거움을 느끼는 것만으로도 뭔가를 하는 충분한 이유가 있다고 생각할 수 있어야 한다. 뭔가를 잘하기 위해서는 노력이 필요하지만, 그렇다고 해서 가는 길에서 즐거움을 제외시켜야 하는 것은 아니다. 최적주의자는 일반적으로 인간의 본성에 대해 우리의 본성이 고정적이라는 제한적 관점과 함께 성장형 사고방식도 갖고 있다. 반면, 완벽주의자는 우리의 본성은 고정적이 아니라는 무제한적 관점과 고정적 사고방식을 믿는다.

Chapter

05

성공심리와 행복

Chapter 05

성공심리와 행복

천부적 재능이 있더라도 열심히 하는 사람을 이기지 못하지만,
열심히 하는 사람도 즐기는 사람을 넘어서지 못한다.

– 농구 황제, 마이클 조던(Michael Jordon)

누구나 성공을 꿈꾼다. 그 성공은 아침 일찍 일어나려는 약속을 지키는 것처럼 사소하면서도 개인적인 것부터 우주비행선 발사와 같이 방대하면서도 인류적인 것까지 다양할 수 있다. 꿈을 갖고 있든 그렇지 않든, 능력이 특출하든 그렇지 않든, 운이 아주 좋든 그렇지 않든, 눈부시게 잘생겼든 그렇지 않든, 입 벌어지게 예쁘든 그렇지 않든, 상관없이 성공은 누구나 경험해야 하는 그리고 누구나 경험할 수 있는 중요한 심리적 체험이다. 우리의 마음속에는 성공을 위한 많은 자산들이 가득한데 가장 큰 선물은 희망이고 가장 큰 자유는 상상력이다. 우리는 우리에게 주어진 선물과 자유를 맘껏 누려야 한다. 보다 나은 삶에 대한 희망을 가득 가슴에 담고 맘껏 성공을 상상하자.

성공이란 행복체험은 에카르트 폰 히르슈하우젠(2010)의 『행복은 혼자 오지 않는다』에서 말한 5가지 행복나침반 중 '자기극복의 행복'에서도 다루어졌다. 그는 도전하고 노력하고 과감하게 뛰어들어 약점을 극복하고 성장하는 것이 지속적인 만족을 준다고 보았다. 몰입을 위한 노력은 시간낭비가 아니라 채움이다. 마음속의 나약함을 극복하고

자긍심을 얻을 수 있기 때문이다.

우리는 태어날 때부터 다양한 성공을 경험한다. 부모를 포함한 많은 사람들을 행복하게 만들면서 태어나자마자 큰 소리로 힘차게 자신의 존재를 알리며 울음을 터트린다. 물론 5억분의 1이라는 경쟁률을 뚫고 수정이 이루어진 순간이 그 먼저의 성공이기는 하지만, 탄생을 알리는 울음은 최초의 성공경험이다. 옹알거리다가 어느 순간 말을 할 줄 알게 되고, 기어 다니다가 설 줄 알게 되고 걷기도 하고 뛰기도 한다. 글을 읽을 줄도 쓸 줄도 알게 된다. 공룡이름도 모두 외울 줄 알고 한자도 읽을 줄 알고 외국어도 척척 말할 수 있게 된다. 성장과 더불어 우리의 성공경험은 자꾸자꾸 쌓여간다. 우리는 성공한다. 고로 존재한다.

2013년 7월부터 민법상 성인기준이 만 19세로 정해졌다. 성인이 되면 부모의 동의 없이 결혼을 할 수 있고 보험계약과 카드발급이 가능하며 합법적으로 원하는 일을 할 수 있다. 이처럼 우리는 만 19세, 다시 말해 20대를 시작하면서부터 독립이든 자립이든 홀로서기가 가능하다. 홀로서기란 세상에 '나만의 무대'를 만드는 것이고 성공이라는 중요한 심리적 체험을 구체화하고 현실화하는 것을 말한다.

먼저 성공을 위한 키워드 하나는 '성공은 내가 원하는 것보다 사람들이 원하는 것을 해줄 때 가까워진다'는 점이다. 다시 말하면, 성공은 사람들이 원하는 것을 가능하도록 해주는 것에서 시작된다. 오늘날 성공방정식은 다른 시각으로 보고 다른 생각으로 구상하고 다른 기획으로 실행하는 것이다. 성공적이면서 충만한 삶을 살기 위해서는 성공에 대한 기준이 현실적이어야 하며 우리가 달성한 것에 대해 기뻐하고 감사할 수 있어야 한다. 현실을 바탕으로 꿈을 꾸고 우리가 노력해서 이루어낸 것의 가치를 인정해야 한다. 이제부터 성공심리와 행복에 대하여 알아보자.

성공과 성취

영어로 성공은 'Sucess'라 하고, 성취는 'Achievement'라 한다. 그러나 의미는 같다. 성공(成功)도 목적한 바를 이루는 것이고, 성취(成就)도 목적한 바를 이루는 것이다. 굳이 구분을 한다면 성공은 결과에 초점을 둔 것이고 성취는 과정에 초점을 둔 것이라 할 수 있다. 우리는 누구나 행복을 원한다. 그리고 누구나 성공을 꿈꾸고 원한다. 성공을 꿈꾸고 원하는 것은 개인뿐만 아니라 사회, 국가, 나아가 인류에 도움이 되는 긍정적인 방향의 결과를 얻어낸다. 그런데 가끔 성공을 야심과 혼동하기도 한다. 그래서 사람들은 성공하지 못하고 혹은 성공을 하더라도 행복하지 않다.

야심과 목표지향에는 중요한 차이가 하나 있다. 야심을 지닌 사람은 반드시 다른 사람을 이겨야 하지만, 목표를 추구하는 사람은 자기 내면의 약한 의지를 극복하고 최선을 다하는 것으로 충분하다. 야심가는 항상 남보다 더 잘하려고 애쓰지만 목표지향적인 사람은 항상 자신과 남을 위해 최선을 다한다. 목표지향적인 사람은 외부의 그 어떤 인정도 자기 내면의 100% 만족보다 더 큰 만족감을 주지 못한다는 사실을 잘 안다. 그 밖에 다른 만족은 아예 필요치도 않다.

성공은 자신과의 싸움이다. 진정한 성공은 어제보다 나은 오늘의 나를 만드는 것이다. 성공이란 하워드 가드너(Howard Gardner, 1997)는 행운이나 비합법적인 행동이 아니라 헌신과 노력을 통해 어떤 것을 획득한 상태로 한 영역에서 공헌을 했다는 평가를 다른 사람들로부터 받을 때 진정한 성공이라 하였다.

성공 5단계

세상에는 성공한 사람도 있고 실패한 사람도 있다. 스스로 자신을 성공했다거나 실패했다고 말하기도 하고 다른 사람을 성공했다고 하거나 실패했다고 하기도 한다. 그 기준이 무엇인지는 분명하지 않지만 저마다 성공에 대한 기준을 가지고 있는 것은 분명하다. 결국 성공에 대한 기준은 사람마다 다르다고 말할 수 있다. 성공의 기준이 사람마다 다르다는 사실은 성공을 가늠하기가 쉽지 않다는 것을 말해주는 것이기도 하다. 그러나 성공에 대한 절대적 기준은 없지만 성공을 위한 원칙은 분명히 있다.

우리가 성공을 정의하는 것은 우리의 나이와 상당 부분 관계가 있다. 때에 따라서는 적응과정이 필요하기도 하다. 인생도 돌고 돌며 성공의 기준도 돌고 돈다. 1살짜리 아기의 성공은 대소변을 가리는 것이고, 25세에는 성행위, 50세에는 돈이 성공이며, 75세에는 여전히 성행위를 하는 것이, 그리고 90세에는 다시 대소변을 가리는 것이 성공이다.

일반적으로 좋아하는 것을 하면 성공할 가능성이 높아진다. 좋아하는 것과 좋아 보이는 것을 구분하는 방법은 그것에 기꺼이 돈을 지불하는가 여부에 달려 있다. 우리는 좋아하면 그것에 기꺼이 값을 치른다. 그런데 좋아하는 것이 무엇이든 그것을 시작하면 사람들은 열정-권태-성취의 단계를 거치게 된다. 누구나 새로운 시작을 하는 출발점에서는 열정을 갖고서 그것을 시작한다. 그러다가 어느 순간 그것에서 의미를 잃기도 하고 가치가 없다고 생각하면서 권태를 경험한다. 이런 권태로움을 제대로 이겨내면 성취의 단계로 넘어서게 되는데 대부분은 이를 이겨내지 못하고 실패의 나락으로 떨어지게 된다.

성공에 이르기까지는 일반적으로 5단계의 과정을 거쳐야 한다. 무엇을, 어떻게, 왜

하든 상관없이 성공에 이르기 위해서는 누구나 '시작기–정체기–인내기–보상기–정상기'를 거쳐야 한다. 성공 5단계를 연령대와 심리상태와 연결지어 보면 훨씬 더 이해가 쉬울 수 있다.

표 5.1 성공 5단계

연령대	10대	20대	30대	40대	50대
심리상태	반항기	무능기	버티기	보상기	성공기
성공으로 가는 길	시작기	정체기	인내기	보상기	정상기

성공 1 단계 – 시작기

첫 번째 단계는 재미와 발전으로 가득 찬 시작기(beginning stage)다. 새로운 것을 시작하면서 반짝 좋은 성과를 낸다. 그래서 반짝기라고도 한다. 누구나 성공이 눈앞에 곧 펼쳐질 것 같은 느낌이 가득한 시기이다. 새로운 세상에 입문하면서 모든 것이 신기하고 재미있다. 열정도 넘쳐난다. 제법 잘하기도 하고 앞으로는 더 잘할 것 같다는 느낌도 피할 수 없다. 자신의 적성과 흥미뿐만 아니라 가치와도 맞는 것 같다. 이제야 삶에 방향과 의미를 찾은 것 같다. 이 시기는 행복한 삶을 이루는 즐거운 삶, 열정적인 삶, 그리고 의미 있는 삶이 모두 펼쳐진다. 정말 행복하다.

성공 가능성을 높이기 위해서 시작기에 꼭 해야 하는 것이 있다. 바로 공부이다. 모든 부분에서 뛰어난 레오나르도 다빈치(Leonardo da Vinci)와 같은 사람은 더 이상 없다. 성공을 위해서는 깊이 있는 지식으로 무장한 어떤 분야의 전문성과 더불어 다른 사람들이 당연히 아는 것들인 상식을 갖춰야 한다. 공부는 3가지 의미를 지닌다. 첫째, 열심히 공부한 만큼 전문성을 얻는다. 어떤 분야에 전문성을 확보하고 인정받는 것 더 나아가 권위자가 되는 것은 우리에게 무한한 자유와 여유를 준다. 둘째, 공부하다 보면 다른 사람이 얼마나 열심히 사는지를 깨닫게 한다. 아무리 새롭고 기발한 생각도 세계 곳곳에서 유사한 생각을 하는 사람들이 거의 동시에 나타난다. 나만 열심히 사는 것이 아님을 깨닫는다. 끝으로, 공부하다 보면 자신을 알게 한다. 썰물이 빠지면 갯벌의 굴곡이 드러나듯이 자신의 실체를 알 수 있게 한다.

무엇을 시작하기에 앞서서 다시 한 번 3가지를 꼼꼼하게 따져 봐야 한다. 내가 하고자 하는 일이, 내가 가고자 하는 길이, 내가 살고자 하는 삶이 "의미 있는가?", "재미있는가?", 그리고 "잘할 수 있는가?" 이렇게 3가지 질문을 해보고 모두가 다 그렇다면, 그것이 바로 자기가 갈 길이다.

성공 2단계 – 정체기

두 번째 단계는 누구나 피할 수 없는 슬럼프를 경험하는 정체기(stagnating stage)이다. 더 이상 발전이 없다. 더 많은 시간을 들이고 더 많은 노력을 해보지만 좀처럼 나아지지 않는다. 오히려 퇴보의 길을 걷는다는 느낌이 엄습해 온다. '정말 내게 맞는 것일까?'하는 의문도 생기기 시작한다. 해왔던 방법을 바꿔보기도 한다. 새로운 각오를 해보기도 한다. 그래도 나아지는 것이 없다. 시간과 정력을 낭비하고 있다는 생각과 함께 '다른 것을 했더라면 더 좋았을 텐데'하며 후회가 생기기도 한다. 명분만 서면 그만둘 기회를 엿본다. 울고 싶다. 누군가가 뺨을 때려주길 기다린다. 조금만 쉬고 싶다는 생각이 든다. 그러면 훨씬 더 잘할 수 있을 것 같다. 실리도 없는 것 같다. 계속하는 것이 '바보 같은 짓은 아닐까?'하는 의구심이 든다. 이 시기는 행복한 삶을 이루는 즐거운 삶, 열정적인 삶, 그리고 의미 있는 삶이 모두 사라진다. 정말 불행하다.

성공하지 못하는 대부분의 사람들은 정체기까지 왔다가 이 길에서 벗어나기로 결정을 한다. 그러나 포기라고 생각하기보다는 새로운 시작을 위한 준비를 할 때라고 생각한다. 더 잘할 수 있는 것을 찾는 것이 더 빠른 길이라고 자기 자신을 설득하고 독려한다. 자신의 적성과 흥미 그리고 가치와 맞지 않는 이 길보다는 새로운 성공여정을 계획하고 처음부터 다시 시작하는 것이 훨씬 낫다고 믿는다. 간혹 이런 생각이나 믿음이 맞기도 하지만 거의 대부분은 누군가가 성공하지 못하는 가장 큰 이유이고 핑계일 뿐이다. 자신의 능력에 대한 믿음인 자기효능감(self efficacy)이 너무 높거나 너무 낮은 사람들이 스스로 중도탈락과 탈선을 선택하는 대표적인 이유이고 핑계이다. 성공으로 이르는 길의 출입문은 다를 수 있지만 목적지까지 도착하는 과정은 동일하다. 이 정체기를 슬기롭게 넘기는 것이 성공과 실패를 결정하는 가장 중요한 통과의례다.

성공 3단계 – 인내기

세 번째 단계는 성공이란 정상에 오르기 위한 올바른 길을 찾게 되는 인내기(enduring stage)이다. 정체기의 힘든 시간을 '때려치우자'는 결정으로 무대에서 내려오는 것이 아니라 자신의 길을 묵묵하고 의연하게 잘 버텨내면서 걸어가는 시기이다. 이 시기에 무엇보다도 필요한 것은 내 삶의 타석에 당당히 서서 성공이란 장외홈런을 쳐보겠다는 마음을 단단히 먹는 것이다. 행복한 삶을 이루는 3가지 요소 중 즐거운 삶과 열정적인 삶은 아니지만, 자신의 삶에서 의미를 추구하고자 의미 있는 삶을 만들어 간다.

인내기는 그냥 시간을 끄는 기간이 아니라 수련과 단련의 시간이다. 다중지능으로 유명한 하워드 가드너(Howard Gardner)는 간디, 프로이트, 피카소, 아인슈타인을 비롯한 성공한 인물들의 삶을 연구했다. 가드너는 비즈니스, 운동, 의학, 예술 등 어떤 분야에서든 성공하기 위해 필요한 전문적인 수준에 오르려면 적어도 10년 동안 열심히 노력해야 한다는 것을 알았다. 물론 그 노력은 10년 이후에도 계속되어야 하며 성공을 유지하기 위해서는 때로 전보다 더 분발해야 한다. 재능이 있는 사람은 많지만 그 재능을 실현할 수 있는 사람은 극소수이다. 피다만 꽃처럼 그냥 질 수 있다. 남다른 노력이 필요하다. 그리고 노력은 우리를 배신하지 않는다. 힘들게 노력하는 과정은 우리에게 즐거움을 준다. 우리는 누구나 자기 안에 내재된 능력을 기꺼이 내보이고 싶어 하기 때문이다.

인내기에 긍정적인 사고를 하는 것은 매우 중요하다. 긍정성은 과거에 대한 긍정성과 미래에 대한 긍정성으로 구분할 수 있다. 일이 안 될 때 우리는 남 탓을 한다. 그러나 문제의 반은 내 몫이라는 생각을 해야 한다. 적어도 절반의 책임을 감당해야 한다. 감정을 소진한 후회가 아니라 뭔가 교훈을 얻으려는 건설적인 후회를 해야 한다. 낙관주의자가 되라는 것이 아니다. 성공할 수 있다는 긍정적인 마음과 함께 뜨거운 가슴과 차가운 머리를 가진 실용주의자이자 현실주의자가 되어야 한다.

성공 4단계 – 보상기

네 번째 단계는 그동안의 수고와 노력에 대한 결실이 조금씩 보이기 시작하는 보상기(rewarding stage)이다. 작지만 조금씩 성과들이 생겨난다. 무심했던 주위 사람들의 관심과 인정도 생겨난다. 조금씩 바빠진다. 찾는 사람들도 많아진다.

성공 5단계 – 정상기

마지막 단계는 우리가 열정과 시간과 에너지를 모두 받친 분야에서 최고의 시간을 맞이하고 그 순간의 풍요와 여유를 맘껏 누릴 수 있는 정상기(crowning stage)이다. 정상에 우뚝 올라 왕관을 쓰는 것이다.

정상기에 오른 다음에 가장 필요한 것은 초심을 잃지 않는 것이다. 자동차 판매업계의 거장인 밥 골롬(Bob Golomb)은 자신의 일거수일투족을 안내하는 3가지 단순한 규칙이 있다고 말한다. "고객을 소중히 대하라. 고객을 소중히 대하라. 고객을 소중히 대하라." Property(부), Power(힘), Prestige(권력)은 성공을 장담하지 않는다. 성공은 초심을 잃지 않고 자신이 좋아하는 것, 잘하는 것을 찾아 열정적으로 노력하며 신나게 즐기는 것이다.

성공의 조건

성공에 대한 평가는 상황에 따라서 그리고 시대에 따라서 달라질 수 있다. 흔히 직업과 혹은 경제력으로 성공했는가 여부를 판단하지만, 일반적으로 성공에 대한 평가기준은 3가지이다. 첫째, 하는 일이 있는가? 둘째, 사랑하는 사람이 있는가? 끝으로, 주위에 사람들이 있는가? 즉 직업이 있고, 사랑하고 있으며, 친밀한 인간관계가 있는가를 보고 이 3가지를 모두 갖췄을 때 우리는 성공했다고 한다. 이런 현상은 심리학자인 알프레트 아들러(Alfred Adler)가 주장한 인생과업(life task)과 일맥상통하는 것이다. 그는 사람들이 살아가면서 직면하게 되고 해결해야 할 3가지 인생의 과업은 일(work), 사랑(love), 친구(friend)라고 하였다.

성공한 사람은 하고 싶은 일을 하고 있다.

성공한 사람이라는 평가를 받으려면 적어도 일을 갖고 있어야 한다. 그것도 즐거운 마음으로 하고 싶은 일을 하고 있다.

성공적인 삶
Successful Life

성공한 사람은 사랑하는 사람이 있다.

성공한 사람이라는 평가를 받으려면 누군가에 의하여 사랑받고 누군가를 사랑할 줄 알아야 한다. 사랑은 우리의 인생에서 반드시 겪어보아야만 할 중요한 심리적 체험이다.

성공한 사람은 친밀한 인간관계를 맺고 있다.

성공한 사람이라는 평가를 받으려면 가족, 친구와 지인들을 포함하여 다양한 사람들과 친밀하고 폭넓은 인간관계를 맺고 있어야 한다. 현대사회에서 인터넷 못지않게 중요한 것이 바로 인간관계 네트워크인 휴먼넷(humannet)이다.

성공한 사람은 특별함이 있다

다니엘 핑크(Daniel Pink, 2007)는 『새로운 미래가 온다(A Whole New Mind)』에서 앞으로 하이컨셉 · 하이터치의 시대가 온다고 주장하였다. 여기서 하이컨셉(high concept)은 예술적 · 감성적 아름다움을 창조하는 능력을 말한다. 이는 트렌드와 기회를 감지하는 능력, 훌륭한 스토리를 만들어내는 능력, 언뜻 관계가 없어 보이는 아이디어를 결합해 뛰어난 발명품으로 만들어내는 능력이다. 하이터치(high touch)는 공감을 이끌어내는 능력이다. 인간관계의 오묘한 감정을 이해하는 능력, 한 사람의 개성에서 다른 사람을 즐겁게 해주는 요소를 도출해 내는 능력, 평범한 일상에서 목표와 의미를 이끌어내는 능력이다.

다가오는 미래는 좀 더 특별한 능력을 갖춘 인재를 필요로 하는데, 6가지 미래인재의 조건은 다음과 같다(Pink, 2005).

첫째, 기능만으로는 안 된다. 디자인으로 승부하라. 단순히 기능만 갖춘 제품, 서비스, 경험, 라이프스타일만으로는 더 이상 충분하지 않다. 이와 함께 시각적으로 아름답거나 좋은 감정을 선사할 수 있는 가치가 만들어져야 경제적 · 개인적 보상을 받을 수 있다.

둘째, 단순한 주장만으로는 안 된다. 스토리를 겸비해야 한다. 우리 시대의 삶은 정보와 데이터로 넘쳐나고 있기에 강력한 메시지를 쏟아내는 것만으로는 부족하다. 어디선가 누군가는 분명 주장을 반박할 수 있는 요소를 찾아낼 것이다. 본질적으로 설득 · 의사소통 · 자기이행 등은 훌륭한 스토리를 만들어내는 능력의 밑받침이다.

셋째, 집중만으로는 안 된다. 조화를 이루어야 한다. 산업화시대 및 정보화시대에서는 집중과 전문화가 요구되었다. 하지만 현 시대가 가장 많이 요구하는 능력은 분석이 아니라 통합이다. 큰 그림을 볼 수 있고 새로운 전체를 구성하기 위해 이질적인 조각들을 서로 결합해내는 능력인 조화가 필요하다.

넷째, 논리만으로는 안 된다. 공감이 필요하다. 논리적인 사고는 인간을 인간답게 만드는 능력 가운데 하나다. 하지만 정보가 풍부하고 분석적인 도구가 발전한 세계에서 논리만으로는 부족하다. 성공을 위해서는 차별화가 필요하다. 다른 사람들의 마음을 상처나게 하는 것이 무엇인지 이해하고 유대를 강화하며 다른 이들을 배려하는 마음을 갖춰야 한다. 예를 들어, 소프트웨어의 발전은 많은 의료관행을 바꿔가고 있다. 의사들 스스로가 일상적이고 정보에 기반을 둔 업무에서 벗어나 사람의 감정을 보듬는 대화치료와 전체론적 치료를 향해 가고 있다.

다섯째, 진지한 것만으로는 안 된다. 놀이도 필요하다. 진지해야 할 때가 있고 진지해져야 하는 때도 있다. 그러나 지나친 진지함은 사회생활에도 악영향을 미칠 뿐만 아니라 개인적인 풍요로운 삶도 망치고 만다. 현 시대에는 업무적으로나 일상생활 면에서 마음의 여유를 즐길 필요가 있다.

끝으로, 물질의 축적만으로는 부족하다. 의미를 찾아야 한다. 우리는 풍요한 세상에서 살고 있다. 물질적인 풍요는 사람들에게 필요 이상의 물질적 혜택을 제공함으로써 만족, 심지어 과다만족을 선사하였다. 그 결과 아름다움과 인간의 감정에 대한 중요성이 높아졌고 목적의식, 초월적 가치, 정신적 만족감 등과 같은 좀 더 깊은 의미를 모색하게 이끌었다. 앞으로는 의미를 부여하는 능력은 필수적이다.

성공과 목표

의미 있는 인생의 목표를 향해 나아가는 것은 우리를 성공으로 이끌고, 지속적으로 더 행복해질 수 있는 가장 중요한 전략 중의 하나이다. 중요한 무엇인가를 추구하는 사람은 강한 꿈이나 열망을 가지지 못한 사람보다 훨씬 행복하다(Cantor & Sanderson, 1999). 목표를 이루기 위해 일하고 가치 있고 도전적인 활동에 참가하는 과정이 그 목표에 도달하는 것보다도 웰빙에 더욱 중요하다(Brunstein, 1993). 실제로 수많은 일화를 보면 사람들이 오랜 세월에 걸쳐서 노력해왔던 무엇인가를 얻고 난 후에는 엄청난 허탈감을 느끼는 경우가 많다. 그러나 목표는 우리를 성공과 행복의 세계로 이끌어주는 중요한 출발점이다.

앞에서도 언급한 것처럼 야심과 목표지향에는 중요한 차이가 하나 있다. 일본 홋카이도의 삿포로 농과대학의 퇴임사에서 윌리엄 클라크(William Clark)는 "젊은이여, 야망을 가져라(Boys, be ambitious)"라는 말로 젊은 청춘들에게 꿈과 희망을 갖고 새로운 세상을 맞이하라고 도전정신을 불러일으켰고, 많은 젊은이들의 가슴속에 진한 감동을 주었다. 그러나 이런 야망이 사회와 인류를 위하여 보다 나은 방향으로 사용되어야지 개인 자신에게 매몰되게 되면 문제의 소지가 있는 야심가가 될 수 있다. 야심을 지닌 사람은 반드시 다른 사람을 이겨야 하지만 목표를 추구하는 사람은 자기 내면의 약한 의지를 극복해내고 최선을 다하는 것으로 충분하다. 야심가는 항상 남보다 더 잘하려고 애쓰지만 목표지향적인 사람은 항상 자신과 남을 위해서 목표를 달성하기 위하여 최선을 다한다. 목표지향적인 사람은 외부의 그 어떤 인정도 자기 내면의 100%만족보다 더 큰 만족감을 주지 못한다는 사실을 잘 알고 있고, 그 밖에 다른 만족은 아예 필요치 않기도 하다.

왜 목표를 추구하는 과정이 행복에 중요한가? 목표추구가 중요한 첫 번째 이유는 헌신적인 목표추구가 우리에게 목적의식을 주며 자신이 삶을 장악하고 있다고 느끼게 해주기 때문이다. 둘째, 의미 있는 목표를 가지면 자극을 받아 자신감과 능력을 자각하게 되므로 우리의 자존감이 강화된다. 셋째, 목표추구는 우리의 일상생활에 틀과 의미를 더해준다. 목표가 생기면 계획이 생기고, 할 일이 생기고, 생활이 생긴다. 이것은 우리에게 틀과 의미가 된다. 목표에 헌신함으로써 얻을 수 있는 네 번째 유익함은 시간을 잘 활용하는 방법을 터득하도록 도와준다는 점이다. 더 높은 목표를 파악하고 그것을 몇 가지 작은 단계들이나 하위목표로 나눠서 스케줄을 짜야 한다. 이것은 삶을 단순화하고 개선하는 진정한 기술이다. 다섯째, 위기를 겪는 시기에 목표를 향해서 지속적으로 노력하는 것이 가능할 뿐만 아니라 시련의 시기에 목표에 헌신하면 문제에 더 잘 대처할 수 있다. 끝으로, 목표를 추구하다 보면 다른 사람들과 교제할 기회가 생기는데 그렇게 해서 맺어지는 사회적인 관계는 그 자체만으로도 행복을 불러올 수 있다.

본질적인 목표와 외부적인 목표

꿈을 추구하는 것은 행복의 필수요소이다. 그렇지만 어떤 꿈을 어떻게 추구하는가도 중요하다. 본질적으로 보람이 있는 인생의 목표를 추구하는 사람들이 더 큰 만족과 기쁨을 얻는다(Ryan & Deci, 2000). 외적인 것이 아니라 내적인 기반을 지닌 본질적인 목표(intrinsic goals)는 근본적으로 만족스럽고 의미가 있어서 우리가 인간적으로 성장할 수 있게 해주고 정서적으로 성숙하고 공동체에 공헌할 수 있게 해주는 목표이다. 스스로에게 보상을 해주거나 노력하도록 압력을 가하는 주체는 우리 자신뿐이다. 자발적으로 그리고 내적으로 세워진 목표는 기분전환이 되고 즐겁고 의미가 있기 때문에, 우리는 본질적인 목표를 추구한다. 본질적인 목표가 우리를 행복하게 해주는 또 다른 이유는 우리가 본질적으로 가치 있게 여기는 개인적인 목표가 가장 기본적인 심리적 욕구를 직접적으로 만족하게 해주기 때문이다. 여기서 가장 기본적인 심리적 욕구란 자율성에 대한 욕구(자신의 행동을 통제하고 있다는 느낌), 유능성에 대한 욕구(나를 둘러싼 세상에 효율적으로 대처하고 있다는 느낌), 관계성에 대한 욕구(자신이 맺는 대인관계에 만족하는 느낌)를 말한다.

이와 대조적으로 외부적인 목표(extrinsic goal)는 부나 사회적 인정 등의 보상을 얻기 위하여 혹은 망신이나 수입의 상실 등 처벌을 피하기 위해서 열심히 일하는 것이다. 외부적인 목표는 언제나 나쁘다는 뜻일까? 꼭 그렇지 않다. 소중하게 간직해 온 꿈 또는 본질적인 목표를 추구할 여건을 조성해주는 자원과 기회를 얻기 위해서 외부적인 목표를 추구할 때도 있다.

진정한 목표

진정한 목표(authentic goal)는 스스로 결정한 목표를 말한다. 자신이 정말로 가치 있게 여기며 진정으로 소유하고 있는 목표를 추구할 때 사람들은 더 행복하고 건강하며 더 열심히 일한다. 그리고 진정한 목표를 이루었을 때 행복이 더욱 증진된다(Sheldon, 2002; Sheldon & Elliot, 1999). 진정한 목표를 실현하면 우리의 진정한 가치기준과 타고난 욕구가 만족되고, 그럼으로써 강력한 정서적 유인을 얻게 된다. 자신에게 잘 맞는 목표를 고르는 것이 목표를 소유할 수 있는 한 가지 방법이다. 어떤 목표를 향해서 노력할 때 일관되게 기분이 좋다면 우리는 더 행복해지고 목표를 성취할 가능성이 더 높다. 목표가 우리의 성격에 맞을수록 목표추구가 보상과 즐거움을 가져오고 행복을 증진시켜줄 가능성이 높다. 외향적인 사람이라면 다른 사람과의 교류가 포함된 목표를 추구하는 것이 좋고, 지배적인 성격이라면 리더십을 발휘하는 목표를 선택하는 것이 좋다. 어떤 목표가 우리에게 가장 잘 맞는지 알려면 어느 정도의 자의식과 감성지능이 필요하다. 자신을 이끄는 가치관을 이해하고 자신의 취향과 욕구에 대해 분명히 알고 있다면 자신과 잘 어울리는 특정한 활동 또는 인생과제를 보는 즉시 알아차리게 될 것이다. 만약에 잘 알지 못한다면 어떤 특정한 목표를 추구할 때 행복한 느낌이 드는지를 잘 생각해보아야 한다.

접근지향 목표와 회피지향 목표

바람직하지 않은 결과를 회피하기 위한 과정이 포함된 회피지향 목표(avoidance goal)가 아니라 어떤 바람직한 결과를 향해서 다가가는 과정이 포함된 접근지향 목표(approach goal)가 행복에 도움을 준다. 어떻게 개념화하는가에 따라서 똑같은 목표가 도달하려는 목표(좋은 몸매와 건강한 식습관을 가진 사람이 되겠다는 목표)도 될 수 있고 회피하려는 목표(살이 찌지 않겠다는 목표)도 될 수 있다. 주로 회피하려는 목적을 추구하거나 자신의 목표를 회피라는 개념으로 해석하려는 사람들이 목표를 적극적으로 추구하는 사람들보다 덜 행복하고 더 불안하고 괴로워하며 건강하지 않다는 사실이 점점 더 많은 연구들을 통해서 드러나고 있다(Elliot & Sheldon, 1998). 당연히 회피할 목표를 많이 가지고 있는 사람들이 대체로 자신이 추구하는 것을 신통치 못하게 수행한다(Elliot & McGregor, 2001). 그 한 가지 이유는 목표에 이르는 한 가지 길을 파악하기는 비교적 쉬운 반면에(하루에 건강한 식사를 세 차례 한다) 목표를 회피하는 데는 여러 가지 길이 있기 때문이다. 목표의 회피에 집중하면 지나치게 부정적인 시각으로 사물을 보게 되며 실패나 위협에 너무 민감해지기도 한다(Strachman & Gable, 2006). 어떤 것을 생각하거나 행하지 않으려고 너무나 열심히 노력하면 결국에는 오히려 그것을 생각하거나 행하게 되는 현상인 반동효과(rebound effect)처럼 죄책감을 피하기 위해서 생각하는 모든 것들이 역작용을 일으켜 마침내 정말로 죄책감을 느끼는 상황에 빠질 수 있다(Wagner, 1994).

조화로운 목표

서로 보완적인 조화로운 목표(harmonious goal)가 바람직하다. 서로 모순되는 목표들을 동시에 추구하면 너무나 짜증이 나고 실망한 끝에 2가지 목표를 모두 포기하게 되고 결국 스트레스를 받아 불행하다고 느끼게 된다. 말하기보다 실천은 훨씬 어렵다. 조화가 불가능하다면 목표 중에서 하나를 포기해야 할지 모르며 그 편이 두 가지 목표를 모두 희생하는 것보다는 낫다.

융통성 있고 적절한 목표

융통성 있고 적절한 목표(flexible and appropriate goals)가 필요하다. 융통성 있고 적절한 목표를 선택할 때, 다시 말해서 적절한 시기에 적절한 과제를 택할 때 최대의 행복을 누리는 것은 당연하다. 일반적으로 주어지는 기회에 자신의 목표를 맞추는 것이 현명하다. 우리의 문화는 개인들이 삶의 특정한 단계에서 특정한 삶의 과제들을 수행하기를 기대한다. 정체성과 자아의식을 확립하는 것, 학업을 마치는 것, 결혼하는 것, 집을 사는 것, 직장에서 성공을 거두는 것, 아기를 가지는 것, 은퇴 등이 그 예이다. 모든 것에는 이루어야 할 때가 있다. 20대에 세웠던 목표와 50대나 60대에 세우는 목표는 분명히 다르다. 젊은이들이 새로운 정보를 추구하고 지식을 습득하며 새로운 체험을 하는 일과 관련된 목표를 가지고 있을 가능성이 더 높다. 나이 든 사람들은 정보의 지평을 확장하는 것보다는 긍정적인 감정을 극대화하고 불쾌한 감정을 피할 수 있는 정서적으로 의미 있는 목표에 더 관심을 둔다. 시간이 흐르면 우리가 목표로 하는 것들의 우선순위는 바뀌지만 모든 연령대에 공통되는 한 가지 분명한 사실은 목표를 추구하는 것이 목표를 포기하는 것보다 큰 행복을 가져다준다는 것이다.

상황개선 목표와 활동목표

상황을 개선시키는 목표보다 새로운 활동을 시작하는 목표가 더 많은 행복을 유발한다. 환경을 변화시키려고 노력할 때 사람들은 목표를 설정하고 그것을 성취하면서 더 행복해지지만 쾌락적응을 감수해야 한다. 새로운 상황에 금방 적응하고 이전 수준의 행복감을 느끼기 위해서 그보다 더 높은 수준의 즐거움을 새로 바라게 된다. 그러나 활동목표(activity goal)를 추구하는 과정에서 사람들은 끊임없이 새로운 도전을 겪고 새로운 기회를 접하며 다양한 경험을 할 수 있다. 상황의 변화가 활동의 변화보다 더 중대한 경우가 많은 건 사실이지만 사람들은 긍정적인 상황의 변화에는 쾌락적응을 하고(그래서 더 이상 그러한 변화가 행복감을 증진해주지 않고) 활동의 변화(활동목표를 추구하는 것)에는 쉽게 적응되지 않는다.

성공하고자 한다면 위와 같은 다양한 목표 중에서 의미가 있는 한 가지 이상의 목표를 선택해서 시간과 노력, 열정을 목표를 추구하는 데 쏟아야 한다. 목표를 달성하는 길도 목표만큼이나 다양하다. 그렇지만 가장 성공적으로 노력하는 사람들은 몇 가지 특성을 공유하고 있다. 본질적이고 진실하며 접근지향적이고 조화로울 뿐만 아니라 활동에 기초를 둔 융통성 있는 목표의 추구가 외부적이고 진실하지 않으며 회피지향적이고 모순적일 뿐만 아니라 상황에 기초를 둔 경직된 목표의 추구보다 더 많은 행복감을 준다.

성공과 직업

누가 뭐래도 직업은 성공의 주요 잣대이다. 직업이 있다는 것은 할 일이 있다는 것이고 삶을 영위할 기본적인 생활 토대를 갖추고 있다는 것이다. 인간은 누구나 자신의 행복을 만드는 대장장이이다. 그런데 모든 대장장이가 행복한 것은 아니다. 특히, 취업을 하지 못했거나 취업을 했다가 퇴직을 한 실업 대장장이에게는 성공과 행복은 머나먼 나라의 이야기가 될 수 있다.

실업자들에게는 삶에 필요한 기본적 토대가 없다. 그들은 자신이 사회에 필요한 존재이며 뭔가 의미 있는 일에 매진하고 있다는 느낌을 가질 수 없다. 실업자가 쉽게 우울증에 빠지고 정신질환에 걸리는 것은 자신의 능력을 더 이상 남들이나 자신에게 보여줄 수 없기 때문이다. 이것이 문제의 핵심이다. 실업은 육체적 고통, 만성질병, 지속적 스트레스와 더불어 행복의 가장 큰 적이 된다. 실업이 주는 스트레스는 그 종류가 조금 다르다. 우리는 끊임없는 도전을 통해서 스트레스를 해소하고 행복감을 느낄 수 있는데 실업자에게는 아예 그런 기회도 주어지지 않는다.

직업의 정의

직업은 생계유지를 위해서 하는 일로 경제적 소득을 얻거나 사회적 가치를 이루기 위해 참여하는 계속적인 정신적 · 육체적 활동이라 정의할 수 있다. 직업과 관련하여 Career, Job, Occupation 등과 같은 용어를 같이 사용한다. 경력(career)은 보수나 시간에 관계없이 한 인간이 평생 하는 일의 총체를 의미하고, 직무(job)는 직업의 최소 단위를 구체적으로 표현한 것이며, 직업(occupation)은 반드시 보수가 지급되는 직업을 말할 때 사용한다.

직업의 의미

직업은 적어도 3가지 의미를 지닌다. 첫째, 경제학적 의미로 직업은 생계유지의 수단이다. 둘째, 사회학적 의미로 직업은 사회생활과 사회활동의 기반이다. 끝으로, 심리학적으로 직업은 자아실현의 수단이다.

직업의 가치

큰 일이기 때문에 더 중요하거나 작은 일이므로 덜 중요한 것이 아니다. 모든 일이 얼개처럼 연결되어 있는 세상은 더 아름다워지고 더 위대해지기 위해 계속해서 진화하는 것이다. 따라서 자신이 맡은 일에 최선을 다해야 한다.

심각한 얼굴로 일한다고 다 의미 있고 중요한 일은 아니다. 그런데도 많은 사람들은 마치 인생 전체가 형벌이라도 되는 듯한 얼굴로 다닌다. 30대 중반의 체감연령이 65세이다. 기업이 이들을 조기에 퇴직시키려는 것은 어쩌면 동정심의 발로인지도 모른다. 당신이 하는 일이 당신의 천직인지 아닌지를 알고 싶으면 "나는 돈을 받지 않아도 이 일을 할 것인가?"라고 스스로에게 물어보라. 천직을 발견한다면, 행복에 훨씬 가까이 갈 수 있다.

성공과 행복

긍정정서와 행복은 성공을 촉진하는가? 오랫동안 행복한 사람들은 삶의 다양한 영역에서 더 성공적인가? 이 물음에 대한 답은 "그렇다"이다(Baumgardner & Crothers, 2009). 많은 종단적 연구, 횡단적 연구 및 실험적 연구들을 분석한 결과, 행복한 사람들은 결혼 · 우정 · 소득 · 직업 · 정신적 건강 · 신체적 건강에서 더 큰 성공을 즐기는 것으로 나타났다. 행복한 사람들은 덜 행복한 동년배에 비해서 만족스러운 결혼생활을 하고 있었고, 사람들에게 인기도 많았으며, 친구관계의 폭도 넓었고, 고용주로부터 호의적인 평가를 받고 있었다. 또한 행복한 사람들은 자신의 건강도 더 잘 돌보고 도전에 효율적으로 대처하였으며 소득 또한 더 높았다.

우리는 응원 속에서 혹은 야유 속에서 살 수 있다. 우리의 인생은 성공한 삶이 되기도 하고 실패한 삶이 되기도 한다. 대한민국의 남자는 일을 잘한다. 그리고 열심히 한다. 물론 여자는 남자보다 더 잘하고 더 열심히 한다. 누구나 자신이 잘하는 일을 열심히 하고 있다면, 자신이 성공의 길을 걷기 시작했다고 확신해도 된다. 성공의 길을 걷는 것은 매우 즐거운 일이다. 그러나 성공했기 때문에 행복한 것이 아니다. 행복이 성공을 이끈다. 행복이야말로 성공을 가늠하는 가장 중요한 요인이다(Lyubomirsky, King, & Diener, 2005).

행복이 먼저이다

1543년 코페르니쿠스는 자신의 저서 『천구의 회전에 대하여(*De Revolutionibus Orbium Coelestium*)』를 통해 우주를 바라보는 방식 자체를 완전히 뒤집어 놓는 획기적인 이론, 지구가 태양을 중심으로 돈다는 지동설을 주장하였다. 오늘날 심리학 세계에서도 똑같은 일이 벌어지고 있다. 지금까지 사람들은 행복이 성공을 중심으로 돌고 있다고 믿었다. 성공은 태양처럼 그대로 멈춰 있고 행복이 행성처럼 그 주위를 돈다고 생각한 것이다.

하지만 새롭게 떠오르고 있는 긍정심리학 전문가들은 성공이 행복을 중심으로 돈다고 주장한다. 또한 우리가 행복하고 긍정적이며 열정적일 때 비로소 성공이 따라온다고 말한다. 행복이 먼저고 성공은 그 다음이라는 것이다. 성공이 행복을 중심으로 돈다고 하는 긍정심리학의 주장이 심리학 세상의 코페르니쿠스적 혁신이다. 행복이 모든 것의 중심이라고 주장하려는 것이 아니라, 성공의 원동력이라는 사실을 강조하고 싶을 뿐이다 (Achor, 2010).

대부분의 기업들은 더 오래 더 열심히 일을 해야 성공할 수 있고 행복은 그 다음 문제라고 말한다. 그리고 목표를 향해 달려가는 동안은 행복에 한눈을 팔아서는 안 된다고 믿고 있다. 이들에게 행복이란 성공을 위해 쉽사리 포기할 수 있는 사치 또는 고생 끝에 얻을 수 있는 쾌락에 불과하다. 또한 행복에 관심을 기울인다는 말은 성공을 향해 충분히 노력하지 않고 있다는 뜻으로 받아들인다. 하지만 이러한 믿음을 버리지 못하는 기업이나 개인들은 행복뿐만 아니라 성공의 기회마저 날려버리고 있다.

최근에 심리학 및 신경과학 분야에서 나온 획기적인 연구결과들은 성공과 행복이 지금까지 우리가 믿어온 방식대로 움직이지 않는다는 사실을 분명하게 보여준다. 오늘날 긍정심리학자들은 행복감으로 충만한 사람들이 성공을 거둔다고 말한다.

긍정적인 감정상태를 꾸준히 유지하는 의사들이 그렇지 않은 집단에 비해 합리성과 창조성 항목에서 3배 정도 점수가 높으며 진단속도와 정확성 항목에서도 19%나 점수가 높다는 사실을 보여주고 있다. 또 긍정적인 영업사원들이 비관적인 영업사원들보다 56%나 실적이 더 좋다는 연구결과도 있다. 마찬가지로 긍정적인 학생들이 부정적인 학생들보다 수학성적이 훨씬 높다. 결론적으로 말하자면 우리의 뇌는 부정적이거나 중립적일 때보다 긍정적일 때 훨씬 더 놀라운 힘을 발휘한다.

많은 연구결과들은 무조건 열심히 일한다고 해서 절대 최고의 성적을 올릴 수 없다는 걸 보여준다. 아울러 지배와 복종으로 구성되어 있는 기존의 기업문화로는 더 이상 직원들에게 진정한 동기부여를 할 수 없다고 지적한다. 이처럼 행복과 긍정성을 주제로 한 최근의 획기적인 연구들은 학계는 물론 비즈니스 세계를 완전히 뒤엎을 만큼 충격적인 결과들을 내놓고 있다.

행복은 먼저 신체적인 측면에 영향을 미치고, 이는 다시 장기적인 차원에서 성공가능성을 높이는 실질적인 기반이 된다. 기업이 직원들의 행복에 관심을 기울이고 이를 위해 투자하면 직원들의 건강상태를 높일 수 있고 이는 결국 조직적인 차원에서 더 높은 성과로 이어질 수 있다. 근로환경에 관한 한 연구는 불행하다고 느끼는 직원들은 한 달에 평균 1.25일, 1년에 평균 15일 정도 질병으로 출근을 하지 못했다.

행복과 적응력

심리학자들은 오래전부터 부정정서가 생각과 행동에 어떠한 영향을 미치는지 잘 알고 있다. 여기서 부정정서란 일종의 진화적 산물이다. 밀림에서 습격을 받을 때 우리의 몸은 본능적으로 스트레스 호르몬을 분비한다. 그리고 눈 깜짝할 사이에 맞서 싸우거나 재빨리 도망갈 만반의 준비를 한다. 물론 이러한 반응이 실패로 끝날 수도 있지만 아무것도 하지 않고 맹수가 달려들기를 가만히 기다리는 것보다는 훨씬 낫다.

그렇다면 진화적인 관점에서 볼 때 긍정정서는 인류에 어떤 기여를 하고 있는가? 행복을 주제로 한 다양한 연구결과들은 긍정정서 역시 부정정서 못지않게 인류의 진화적인 과정에서 고유한 역할을 담당해 왔음을 밝혀냈다. 제4장 긍정심리와 행복에서 설명한 것처럼 부정정서가 위기의 순간에 우리 몸이 순식간에 투쟁-도주 반응을 보이도록 만든다면 긍정정서는 우리의 능력 및 잠재력을 계속해서 개발하는 역할을 담당한다. 긍정정서가 충만해지면 학습능력과 창의성이 높아지고, 다양한 아이디어가 떠오른다. 이와 관련하여 한 연구팀(Fredrickson & Branigan, 2005)은 긍정정서를 자극했던 피실험자 그룹이 부정정서를 자극받았던 그룹에 비해 과제를 수행하는 과정에서 창의적인 아이디어들을 더 많이 내놓았다는 사실을 확인했다. 긍정정서는 사고력과 창의력을 확대하여 행복감을 느끼게 만드는 데다 물질적 · 정신적 · 사회적 자원들을 좀 더 적극적으로 활용하도록 자극한다.

행복한 감정을 느낄 때 우리의 뇌는 도파민(dopamine)과 세로토닌(serotonin)을 분비한다. 이 2가지 호르몬은 기분을 좋게 만들 뿐만 아니라 학습중추를 자극하여 정보를 받아들이고 이를 처리하는 능력을 높이는 역할을 한다. 다시 말해서 새로운 정보를 흡수하고 기억하며 이후에 그 정보를 다시 신속하게 끄집어내어 활용할 수 있는 능력을 향상시키는 것이다. 또 뇌의 신경회로를 좀 더 섬세하고 복잡하게 조직화하고 이를 계속해서 유지시키는 역할도 한다. 행복을 느끼면 고차원적인 사고력과 창의력이 높아지고 까다로운 문제를 효율적으로 유연하게 처리할 수 있는 대처능력이 향상된다.

행복과 창의성

융 · 복합의 시대, 창의력과 상상력이 필요하다. 정보와 혁신이 비즈니스 성공의 핵심요인으로 떠오른 상황에서 창조적이고 독창적인 전략을 수립하는 능력은 기업의 성패를 가름하는 열쇠라고 해도 과언이 아니다. 세계적인 제약회사 머크(Merck)가 피나스테리드(finasteride)라는 성분을 개발했는데, 이것은 본래 전립선비대증을 해결하기 위한 물질이었다. 하지만 임상실험을 거치는 동안 뜻하지 않았던 부작용이 나타났다. 머리카락을 자라게 한 것이다. 담당연구원은 이러한 부작용을 창조적으로 활용하여 피나스테리드를 발모치료제로 내놓았고, 이를 통해 머크사는 생각지 못했던 수십억 달러의 수익을 올릴 수 있었다.

긍정적인 감정을 자극받을 때마다 직원들의 창의력과 업무능력이 높아진다는 사실을 기업들이 잘 파악하고 업무환경을 변화시킴으로써 조직의 성과를 크게 높일 수 있다고 믿고 있다. 버진그룹의 CEO 리처드 브랜슨(Richard Branson)은 이렇게 말한다. “즐거움은 우리 기업의 최고 성공요인이다.”

긍정정서의 효과는 여러 연구사례에서 뚜렷하게 보여준다. 예를 들어, 수학시험을 앞둔 학생들에게 살아오면서 가장 행복했던 순간을 떠올리도록 했을 때 성적이 더욱 향상되었다(Bryan & Bryan, 1991). 그리고 긍정적인 감정을 유지하는 직장인들이 중립적 혹은 부정적인 감정상태의 사람들보다 효율적으로 업무를 처리한다는 사실도 밝혀졌다(Kopelman, Rosette, & Thompson, 2006). 이러한 연구사례들이 우리에게 전달하는 메시지는 분명하다. 지금 이 순간 행복을 느끼는 사람들은 계속해서 성공을 누리는 반면, 행복이 성공 너머에 있는 존재라고 믿는 사람들은 실패를 거듭한다는 것이다.

실제로 의료현장에서 벌어지고 있는 진단오류들은 창조적인 사고능력의 부족에 따른 기점현상(anchoring) 때문에 발생한다. 기점현상이란 초기 진단과 모순되는 새로운 정보가 나타나도 처음에 닻을 내린 지점에 계속해서 집착하는 현상을 말한다.

의사들의 긍정적인 감정상태가 진단과정에 어떠한 영향을 미치는지 알아보기 위해 의사들을 대상으로 한 가지 실험을 했다(Estrada, Isen, & Young, 1997). 우선 의사들을 세 그룹으로 나누고, 첫 번째 그룹에는 긍정적인 감정을 자극하고, 두 번째 그룹에는 중립적이고 객관적인 감정의 자극을, 세 번째 그룹은 아무런 자극이나 언질을 주지 않고 환자들을 진료하도록 했다. 이 연구의 목적은 세 그룹의 의사들이 얼마나 빨리, 정확하게 진단을 내리고, 어떻게 기점현상의 함정을 피해 나가는지를 관찰하는 것이었다. 그 결과는 첫 번째 그룹의 의사들이 가장 정확하고 신속하며 창조적으로 진단한 것으로 나타났다. 게다가 원래 정해진 시간의 20%밖에 쓰지 않았다. 이는 세 번째 그룹보다 두 배 정도 빠른 속도였다. 또한 기점현상도 두 배 반 정도 적게 나타났다. 긍정적인 감정을 자극하는 방법은 보너스나 승진, 휴가와 같은 실질적인 혜택이 아니라 고작 사탕 한 봉지로 충분했다. 아주 사소한 자극으로도 긍정적인 감정을 충분히 효과적으로 불어넣을 수 있다. 이 연구결과는 의사들의 진단능력을 높이기 위해 병원 측에서는 긍정적인 감정을 자극할 수 있는 근로환경에 투자해야 한다는 것이다. 의사에 대한 혜택을 다각화하고, 활기찬 분위기를 만들고, 탄력적인 방식으로 일할 수 있는 획기적인 방안들을 적극 검토해야 할 것을 보여준다. 물론 의사뿐만 아니라 간호사와 인턴, 그리고 병원에서 근무하는 다양한 기술자들 역시 마찬가지다.

행복과 경쟁력

현대사회는 실력과 전문성의 시대이고, 인성과 창의성의 시대이다. 행복은 실력과 전문성의 시대에서 우리의 경쟁력을 높여준다. 중요한 프레젠테이션을 앞두고 신경 써야 할 부분은 실수할까 봐 걱정하는 것이 아니라 긍정적인 감정을 최대로 고조하려고 노력해야 한다. 왜냐하면 긍정정서는 신속하게 사고능력과 창의력을 강화하고 스트레스와 긴장감을 이완시키는 역할을 하기 때문이다. 이를 일컬어 심리학자들은 복원효과(undoing effect)라 한다(Fredrickson, Mancuso, Branigan, & Tugade, 2000). 긍정적인 감정이 스트레스 상황에 대처하는 유연성을 크게 높여준다. 긍정적인 감정이 사고능력을 높이는 것은 물론 긴장감을 해소시키는 탁월한 효과가 있다. 실제로 긍정적인 감정에 노출된 피실험자들의 집중력과 사고능력은 긴장이 완화되면서 정상상태로 회복되는 모습을 보였다(Fredrickson, 2001).

비즈니스 세계의 대다수의 사람들은 긍정적인 감정을 자극하는 이러한 노력들이 너무 간단하다거나 진지하지 않다는 이유로 종종 무시하는 경향이 있다. 하지만 긍정적인 감정이 비즈니스 환경에 미치는 효과를 입증해 주는 연구들은 헤아릴 수 없이 많다. 아마 당신에게도 생각만 해도 기분 좋아지는 그런 일이 하나쯤은 있을 것이다. 아무리 사소한 사건이나 경험이더라도 중요한 순간에 놀라운 효과를 발휘할 수 있다는 사실을 항상 기억하자.

우리들이 누리는 행복감은 얼마든지 달라질 수 있다. 행복이란 자신의 일과 세상을 바라보는 태도에 달려 있다. 행복감을 높이기 위해 생각과 행동의 차원에서 근본적인 변화를 추구하려는 노력도 중요하지만 일상 속에 깊이 배어 있는 작고 사소한 부분에 신경을 쓰는 노력 또한 중요하다. 재미있는 영상이나 친구와의 통화, 사탕 한 봉지로도 업무적인 차원에서 놀라운 변화를 만들 수 있다. 행복을 위해서는 거대한 변화도 의미가 있지만 행복이 우리를 찾아오는 역동적인 과정을 자세히 들여다본다면 일상적이고 사소한 일에 먼저 집중해야 한다는 사실을 깨달을 수 있다.

행복과 몰입수준

성공을 위해서는 휴식도 필요하다. 그러나 휴식이란 힘든 일을 해치우고 맞이할 때만 좋은 법이다. TV를 장시간 보는 것은 휴식과 거리가 먼 행동이다. 무의식적으로 우리의 뇌가 과도한 자극을 받기 때문이다. TV를 보다가 곧바로 잠자리에 들거나 TV를 켜놓고 졸다가 잠들면, 숙면을 취하지 못하고 수면의 질도 저하된다는 것은 이미 증명된 사실이다. 깨어 있는 상태에서 TV 보기도 몰입과는 거리가 멀다.

우리는 몰입경험을 하게 되는데 몰입은 우리의 행복을 위해서 필요하다. 일과 자신이 하나가 되면 행복해지고, 일에 짓눌려 버리면 불행해진다. 미국의 심리학자 미하이 칙센트미하이(Mihaly Csikzentmihalyi, 1990, 1997)는 몰입상태에 이르기 위한 기본조건들을 제시하였다. 분명한 목표, 재미, 집중적 행동, 근심 · 걱정의 소멸, 어느새 지나가 버린 시간, 빠른 피드백, 뛰어난 과제수행 능력, 잘 컨트롤하고 있다는 느낌 이런 것들이 몰입체험의 기본조건들이다. 몰입을 방해하는 몰입브레이크 요인은 모든 것을 한꺼번에 처리하기, 능력 이상의 요구, 천천히 옳은 방향으로 가느니 재빨리 그릇된 방향으로 가기, 건성으로 일하기, 일할 때 항상 제 이익부터 따지고 남에게 잘 보일 궁리하기, 끊임없이 시계 보고 문자와 이메일 확인하기, 절대로 남에게 조언 구하지 않기 등이 있다.

몰입을 위해서는 무슨 일을 하느냐가 아니라 어떻게 하느냐가 중요하다. 이론적으로 우리는 어떤 직업을 가져도 행복할 수 있지만 실제로는 자신의 능력과 맞는 직업을 가질 때 더욱 쉽게 행복을 얻을 수 있다. 에카르트 폰 히르슈하우젠은 몰입이 섹스와 비슷하다고 말한다. 몰입의 느낌을 얻으려면 자신을 버리고 흐름 속에 몸을 내맡겨야 한다는 것이다. 또한 켄 윌버(Ken Wilber)에 따르면 인간 발달의 최고 단계는 언제 어디서나 몰입이 가능한 상태라고 한다.

Chapter

06

연애심리와 행복

Chapter 06

연애심리와 행복

미숙한 사랑은 말한다. "당신을 사랑해요. 왜냐하면 당신이 필요하기 때문에"
성숙한 사랑은 말한다. "당신이 필요해요. 왜냐하면 당신을 사랑하기 때문에"

– 에리히 프롬(Erich Fromm)

아름다움은 우리를 사랑하게 만들고 행복하게 만드는가? 매력적인 외모는 자연의 선물이다. 인생에서 이런 선물을 받은 사람은 여러 가지로 이득을 본다. 일상생활에서, 학교에서, 직장에서, 심지어는 법원에서도 이런저런 호의를 얻을 수 있다. 우리는 외모가 아름다운 사람이 성격도 더 좋으리라고 맹목적으로 단정할 때가 많다. 이런 현상을 후광효과(halo effect)라고 한다. 이런 근거 없는 호의는 자주 실망의 형태로 우리에게 되돌아온다. 왜냐하면 아름답다고 더 선한 건 아닌데 아름다운 사람들은 다른 사람들이 그들에게 거는 기대가 더 크기 때문에 당연히 그런 기대를 충족시키기도 더 힘들 수밖에 없다.

그러나 아름다운 외모는 일시적인 것에 불과하다. 미네소타대학의 엘렌 버샤이드(Ellen Berscheid)는 40대 말에서 50대 초의 남녀 240명을 대상으로 한 실험을 통해서 아름다움의 소멸이 당사자들을 얼마나 괴롭히는지 잘 보여주었다. 그는 사람들에게 학창

시절의 사진을 보여주고 자신의 매력을 평가해보도록 요구했다. 그러자 20대 때 뛰어난 미모를 지녔던 여자들은 볼품없는 외모를 지녔던 여자들보다 훨씬 더 불행해했다. 그들은 자신의 삶과 결혼에 대한 만족도도 더 낮았고, 자존감도 떨어졌다. 게다가 남편이 바람을 피우는 비율도 젊은 시절 예뻤던 여자들이 더 높았다. 남자는 첫째 부인 덕에 성공을 얻고 성공 덕에 둘째 부인을 얻는다는 옛말이 떠오른다.

그럼에도 해마다 50만 명 이상의 독일인들이 성형수술을 받는다고 하는데, 성형수술의 부작용 발생률은 무려 20%에 이른다. 지방흡입 수술을 받다가 심지어 사망하는 경우도 심심치 않게 있다. 미용성형수술을 받는 환자 4사람 중 한 명은 5년 안에 정신과 치료를 받는다. 애당초 문제는 육체가 아니라 정신에 있었다는 얘기다. 대부분의 성형외과 의사들은 자기 환자의 정신적 장애를 제대로 인식할 능력이 없다. 잘못된 진단은 의사 자신에게도 위험할 수 있다. 미국에서는 매년 적지 않은 성형외과 의사들이 정신적으로 불안정한 환자들에 의해 살해당하고 있다. 그들의 모습을 추하게 망쳐놓은 데 대한 복수로 말이다.

이 장에서 다루고자 하는 내용은 남녀 간의 연애심리와 행복에 대한 것이다. 사람들이 사랑에 빠지는 과정과 사랑의 체험을 살펴보고 그것이 행복으로 연결되는 과정을 설명하고자 한다.

호감

사람들은 혼자서 사는 것이 아니라 여러 사람들과 더불어 살아간다. 그래서 심리학은 개인이 혼자서 어떻게 살아가는가를 밝히고자 할 뿐만 아니라, 사람들이 다른 사람들과 어떻게 어울리며 살아가는가도 이해하고 설명하고자 한다.

우리는 사회생활 속에서 다른 사람들에게 호감을 느끼고 그들과 관계를 맺고 그 관계를 친구나 동료와 같은 친밀한 관계로 발전시키고 유지하면서 살아간다. 다른 사람들과 친구관계를 맺거나 그 밖의 다른 친분관계를 맺는 것은 일상생활에서 매우 중요한 과정이다. 우리는 대인관계를 통해서 자신의 욕구를 충족시키고, 편안함과 애정을 주고받고, 감정적 지지를 얻고, 충고를 듣거나 조언을 해 주고, 다른 사람에게 영향력을 발휘하고, 자아상을 발전시킬 수 있다(Reisman, 1979; Brehm, 1992). 대부분의 친분관계는 갑자기 이루어지기보다는 시간의 흐름에 따라 서서히 발전하는 경우가 많다. 친밀한 대인관계를 형성하기 위해서는 다음을 실천하자.

신체적 매력을 키워라

신체적 매력(physical attraction)은 호감을 얻는 데 중요하다. 대부분의 문화에 있어 중요한 믿음은 아름다운 것은 선할 것이라는 확신이다. 그래서 사람들은 매력적인 사람과 관계를 맺기 원한다. 한 연구(Feingold, 1992)에 따르면 사람들은 매력적인 사람들이 더 사교적이고, 리더십이 있고, 성격이 따뜻하며, 정신적으로 건강하고, 지적일 것이라고 여긴다. 데이트나 결혼을 할 때 매력적인 사람들을 더 좋아하는 것도 바로 이와 같은 인식의 결과이다. 사람들은 신체적으로 매력적인 사람들을 좋아하는데 이 같은 경향은 여자보다 남자에게서 더 두드러지게 나타난다. 대부분의 남자들은 신체적으로 매력적인 여자들을 좋아한다. 남녀가 교제할 때 중요하다고 생각하는 13가지의 특징 중 남자들은 신체적인 매력을 세 번째로 중요한 특징으로 생각하는 반면, 여자들은 여섯 번째로 꼽았다(Buss, 1985). 대개 여자들은 덜 매력적인 남자와 데이트하려는 경향이 있다. 결혼한 사람의 경우 일반적으로 여자의 신체적 매력은 남자에게 즐거움을 가져다주지만 남자의 신체적 매력은 여자에게 불안감을 가져다주기 때문이다.

페인골드(Feingold, 1992)는 신체적 매력에 대한 객관적 평가보다 자신에 대한 주관적 지각이 훨씬 더 중요하다고 본다. 대부분의 사람들은 객관적인 기준으로 판단해 볼 때 아름답다거나 잘생겼다고 할 수 없다. 그럼에도 사람들은 자신을 좋아하며 패션잡지의 모델처럼 생기지 않은 것을 걱정하지 않는다. 결국 자신의 정서적 안정을 위해서는 객관적인 평가보다 자신을 스스로 어떻게 평가하느냐가 더 중요하다.

자신이 아름답지 않고 못생겼다고 해서 부정적으로 생각할 필요는 없다. 신체적으로 매력적인 사람은 극히 소수에 불과하고 그들도 별 혜택 없이 그럭저럭 지내는 경우가 많다. 사람들은 결혼이나 데이트를 할 때 자기 자신과 유사한 외모를 가진 사람을 찾는다. 그 이유로는 현실생활에서 이상적인 사람을 찾기가 매우 어렵고 신체적으로 매력이 비슷한 사람을 선택함으로써 상대방이 자신을 덜 거부할 것이라고 믿기 때문이다.

가까이 지내라

근접성(proximity)은 물리적 거리를 의미한다. 이웃사촌이라는 말이 있듯이 우리는 물리적으로 가깝게 사는 사람과 친해지는 경향이 있다. 또한 친한 친구도 물리적으로 멀리 떨어져 살게 되면 멀어지는 경향이 있다. 물리적 거리는 대인관계에서 중요한 역할을 한다. 대인관계에서 근접성의 중요함을 보여주는 실험결과가 있다. 이 연구에서는 서로 모르는 대학생들을 무선적으로 기숙사의 방에 배정하였다. 그런 다음 몇 개월 후 친한 사람을 조사한 결과 공간적으로 가까운 사람들과 친하다는 사실을 발견하였다. 기숙사의 다른 층에 있는 사람보다는 같은 층에 있는 사람과 더 친했으며, 같은 층에서도 자신의 방과 떨어진 곳보다는 인접한 방에 있는 사람들과 더 친해지는 경향이 있었다.

우리는 왜 가까운 곳에 있는 사람과 친해지는 것일까? 근접성이 대인관계를 촉진하는 이유는 무엇일까? 첫째, 가깝게 사는 사람은 만날 기회가 많기 때문에 친해질 수 있다. 자주 접촉하게 되면 친숙해지고 호감도 증가하는 경향이 있다. 둘째, 가까이 사는 사람은 커다란 노력 없이 쉽게 접촉할 수 있기 때문에 만남의 부담을 적게 한다. 물리적 거리가 커지면 그만큼 사귀는 데 심리적 부담이 증가한다. 따라서 근접성은 경제적인 접촉을 가능하게 하여 대인관계를 촉진한다. 셋째, 가까이 사는 사람은 서로 유사한 경우가 많기 때문에 친해지게 된다. 비슷한 지역에 사는 사람들은 사회 · 경제적 수준, 교육수준, 취미, 가치관 등이 유사한 경우가 많아 넓은 공감영역을 갖게 된다. 넷째, 가까이 사는 사람과는 친밀한 관계를 형성해야 한다는 인지적 압력이 친교의 노력을 증진시킬 수 있다. 이웃과 불편한 관계를 맺는 것은 서로에게 고통스러운 일이다. 따라서 우리는 이웃사람에 대해서는 친밀하고 긍정적인 관계를 맺으려는 노력을 더 많이 기울이게 된다.

친숙해지도록 하라

친숙성(familiarity)은 호감을 증가시킨다. 우리는 무엇이든 자주 접하는 것을 좋아하는 경향이 있다. 한 연구(Saegett, Swop, & Zajonc, 1973)에서, 사람들을 한 방 안에 모아놓고 선 채로 서로를 관찰하도록 하였다. 그리고 이들이 서로를 바라보는 시간을 다르게 조작하였다. 그런 다음 사람들에게 누구를 좋아하느냐고 물었을 때 서로 바라보는 시간이 가장 길었던 사람을 가장 좋아하는 것으로 지적하였다. 그들은 이전에 서로 만난 적도 없고 얘기를 나눈 적도 없었지만 서로 눈 접촉을 가장 많이 한 사람을 좋아하였던 것이다. 이렇게 단순한 접촉의 증가에 의해서 호감이 증가하는 현상을 단순노출효과(mere exposure effect)라고 한다.

우리는 자주 접하는 사람에게 호감을 느끼게 되어 친한 관계로 발전하는 경향이 있다. 이런 경향은 생물학적인 적응가치를 지니고 있다. 우리가 자주 접하는 사람은 양육자나 보호자이므로 이러한 사람들에 대해서 호감과 애착행동을 나타내는 경향성은 보살핌과 보호의 기회를 증가시킨다. 따라서 낯선 사람보다는 친숙한 사람에게 호감을 느끼는 것이 생존 가능성을 높여준다. 또한 친숙한 사람은 잘 알고 익숙하기 때문에 그 사람의 행동을 이해하고 예측하기 쉽다. 이러한 예측 가능성이 친숙한 사람에 대해 편안함과 호감을 느끼게 하는 이유가 될 수 있다.

그러나 반복된 접촉이 항상 호감을 증가시키는 것은 아니다. 적어도 싫지 않은 대상에 대해서는 반복 접촉이 호감을 증가시키는 경향이 있지만, 불쾌감을 느끼는 대상에 대해서는 이러한 단순노출효과가 나타나지 않는다. 오히려 싫어하는 사람을 자꾸 만나게 되면 혐오감이 더욱 강화될 수도 있다.

닮은 점을 갖춰라

유유상종(類類相從)이라는 말이 있듯이 우리는 자신과 비슷한 사람을 좋아하는 경향이 있다. 이러한 유사성(similarity)은 사람을 친하게 만드는 중요한 요인이다. 사람들은 서로 비슷한 사람끼리 친구가 되며, 친한 사람들 간에는 태도, 가치관, 취미 등이 비슷하다는 연구결과가 있다. 그러나 이러한 결과는 유사하기 때문에 친해졌다고 해석할 수 있지만 친해졌기 때문에 유사해졌을 가능성도 배제할 수 없다. 따라서 유사성과 친밀도의 인과관계를 알아보기 위해 한 실험에서는 처음부터 태도가 비슷한 짝과 비슷하지 않은 짝을 만들어 한 방에 살게 한 후 일정한 기간이 지난 후에 그들이 각각 얼마나 친해졌는지를 알아보았다. 그 결과 태도가 비슷한 쌍의 친밀도가 더 높았다. 이러한 결과는 태도나 취미 등의 유사성이 대인관계를 촉진하는 원인이 된다는 것을 입증하는 것이다.

그러면 유사성이 대인관계를 촉진하는 이유는 무엇일까? 첫째, 서로 유사하면 상대방의 속성을 이해하기 쉽고 두 사람 사이에 일어날 접촉의 성격을 예상하기 쉽다. 따라서 심리적 부담을 감소시켜 접촉을 용이하게 한다. 둘째, 우리는 유사한 상대에 대해서는 그가 나를 좋아할 것이라고 기대하는 경향이 있다. 따라서 상대방과의 관계에 대한 긍정적 기대가 호감을 촉진시킬 수 있다. 셋째, 유사한 사람들 간의 관계는 서로에게 보상을 가져다준다. 유사한 사람끼리는 서로의 태도나 의견에 대해서 공감과 강화를 많이 주고받게 되므로 긍정적 체험을 경험하게 된다.

도움이 되는 사람이 되라

사람들은 자신에게 보상을 주는 사람들을 좋아하며 보상을 주지 않는 사람을 좋아하지 않는 경향이 있다(Brehm, 1992). 사회적 상호작용에서 사람들은 정보나 애정, 지위, 돈, 기술, 그리고 친절 등의 다양한 보상을 서로 주고받는다. 보상은 관계를 지속시키는 촉진제가 된다. 행복한 부부들은 불행한 부부들에 비해서 서로에게 긍정적이며 보상을 주는 양식으로 행동한다. 또한 친구와의 교류나 친밀한 연인 사이는 그들이 주고받는 보상수준에 따라 그들의 관계가 지속될 수도 있고 깨질 수도 있다.

대인관계에서 보상을 받는 것은 중요한 문제다. 이를 달리 표현하면 자신이 손해를 보지 않아야 한다는 것이다. 1974년에 호맨스(Homans)는 사람들 간의 상호작용에는 비용이 든다고 지적했다. 사람들은 상호작용에 시간이나 에너지, 돈 등을 투자하고 때로는 좋지 못한 결과나 감정을 얻기도 한다. 어떤 사람과 상호작용을 계속할 것인가의 여부는 그 상호작용으로부터 얻는 만족의 양과 관련이 있다. 이때 만족은 보상이 비용을 초과할 때만 얻어지는 것이다. 상호작용에서 비용이 보상을 초과하는 경우에 사람들은 관계를 단절하거나 새로운 관계를 시작하려는 경향이 있다. 보상이 비용을 얼마만큼 초과해야 하는지에 관한 확고한 기준은 없지만, 자신이 과거에 경험한 것에 비추어 현재의 관계를 유지하기 위한 최소한의 비용 지출을 설정한다. 그래서 설정한 최소치보다 낮은 보상을 주는 친구와의 관계나 그 밖의 친분관계는 계속하지 않는다.

고정관념과 편견을 버려라

대부분의 사람들은 고정관념과 편견을 갖고 있다. 어떤 사람에 대해 선입견을 갖고 굳어버린 믿음을 고정관념(stereotype)이라 한다. 이것은 때로 사람이나 장소, 그리고 생활의 사건들을 범주화시키는 역할을 한다. 그래서 서울 출신 사람은 '까다롭다', '싹싹하다', 강원도 출신 사람은 '소박하다', '단순하다', 충청도 출신 사람은 '태평하다', '점잖다', 전라도 출신 사람은 '친절하다', '과격하다', 경상도 출신 사람은 '의리 있다', '퉁명스럽다' 등으로 성격을 구분하기도 한다.

사람들은 어떤 집단에 속하는 사람을 볼 때 그 집단의 고정관념에 맞추어 행동을 해석하는 경향이 있다. 이 같은 편파가 고정관념을 더욱 공고히 하고 지속되도록 한다(Schlusher & Anderson, 1987). 그러나 고정관념 때문에 어떤 집단의 구성원들 사이에 존재하는 개인적 차이를 무시할 때 문제가 발생한다. 물론 고정관념적인 사고가 적응적인 면도 있다. 예를 들어 다른 형태나 색깔의 의자, 차, 그 밖의 어떤 것들과 직면할 때마다 그것들의 기능을 다시 배워야 한다면 사람들의 생활이 얼마나 어려워질 것인가를 생각해 보자. 만약 어떤 사람을 직업으로 구분하고(예를 들면, 선생님, 의사, 법률가 등) 그들이 입고 있는 제복으로 구분한다면 무엇을 하는 사람이고 그 사람이 자신에게 어떤 도움을 줄 수 있는 사람인가를 아주 쉽게 알 수 있다. 낯선 사람이 손에 칼을 들고 어두운 거리에서 다가올 때 '위험한 적'이라는 것이 머리에 떠올라 즉각적으로 도망갈 수 있다.

고정관념을 사람이나 물체, 사건들에 대한 느낌과 결합시킬 때 이를 편견(prejudice)이라고 한다. 이는 다른 사람들에 대해 경직된 믿음이나 강한 느낌을 갖는 태도이다. 편견은 학습될 수 있다. 그러나 사람들은 진화의 역사 속에서 자신들을 보호하기 위한 한 수단으로 편견을 갖게 되었다(Fishbein, 1992). 이 관점에 따르면, 우리 조상들은 생존을 위하여 가족이나 부족, 국가에 대한 응집력을 확고히 할 필요가 있었다. 그래서 집단의 이방인은 적으로 간주하였고, 이방인에 대해서는 의심이나 공포, 적의를 가지고 대하게 되었다. 이방인을 거부하는 경향은 현대사회에서도 여전히 지속되고 있다.

부정적인 고정관념과 편견은 사람을 부정적으로 인식하게 한다. 예를 들면, 미국에서는 흑인과 스페인인이 백인보다 덜 우호적으로 묘사되며, 경영자는 노조지도자들이 비협조적으로 행동하고 경직된 사고를 한다고 생각한다(Zalkind & Costello, 1976). 부정적인 고정관념과 편견은 다른 사람을 불공평하게 다루게 한다. 사람들의 경직된 신념은 때로 어떤 사람들을 싫어하게 만들고 그들을 별로 중요하지 않게 생각하게 한다. 그 결과로 그들을 차별한다. 차별대우는 어떤 사람이 특정한 사회집단에 소속되어 있다는 이유만으로 그 사람을 차별적으로 대하는 것이다. 역사적으로 어느 특정 시기까지는 법과 사회적 압력 때문에 여성들이 투표하지 못했다. 흑인들은 흑인 전용 버스를 타야 했고

게이와 레즈비언들은 군대에도 가지 못했다. 그리고 신체장애자들에 대한 편견으로 인해 그들은 일상생활에서 많은 어려움을 겪어야 했다.

고정관념과 편견으로 인해 사람들을 무시하고 싫어하는 것은 이루 말할 수 없는 무서운 사건을 야기시킬 수 있다. 나치 독일에서 이루어졌던 유태인을 말살하려는 체계적인 시도, 월남전쟁 때 시민 대량 학살, 중동에서의 폭발테러, 유고슬라비아 내전 시의 민족말살 등은 고정관념과 편견이 어떤 사건을 빚어낼 수 있는지를 보여주는 대표적인 예이다.

그렇다면 이러한 고정관념과 편견을 어떻게 극복해야 할 것인가? 첫째, 다른 사람의 독특한 특성을 찾아야 한다. 그러기 위해서 다른 사람의 성격이나 개인적 특성을 깊이 생각할 시간을 갖는 것도 하나의 방법이다. 이것은 어떤 사람을 재빨리 범주화시켜버리는 경향을 수정하고 감소시킬 수 있다(Rajecki, De Graaf-Kaser, & Rasmussen, 1992). 그리고 대면 접촉을 하면 자신이 다른 사람과 얼마나 많은 공통점을 갖고 있는지도 알게 된다. 둘째, 자신이 고정관념을 갖고 있는 집단의 사람들과 함께 일하고 협동하려고 노력하는 것이다. 직장에서나 학교에서 프로젝트를 위해 팀을 구성해야 할 때 함께 일할 사람을 선택해야 한다. 이때 고정관념을 갖고 있는 집단의 구성원이나 이전에 거의 접촉해 보지 않았던 집단의 구성원 중 한 사람과 함께 일을 하도록 한다. 그러면 함께 일하는 동안 그 집단구성원에 대해 긍정적 감정이 생기고 자연스럽게 부정적인 태도는 사라질 것이다.

자기노출을 하라

상대방에게 자신의 생각이나 관심, 경험, 감정을 표현하는 사람들은 그렇지 않은 사람들보다 더 많은 친구를 가지고 있고 그 관계는 더 오래 지속된다. 인간관계는 상대방에 대한 믿음과 존중, 자신이 다른 사람에게 정직하고 개방적이라는 신념, 그리고 공동의 관심사를 얼마나 개발하느냐에 달려 있다. 친구관계에 있어서 자기노출이 증가함에 따라 정서적 관여가 커지며 모임에 대한 만족도 커진다(Hendrick, 1989). 자기노출과 다른 사람과의 친밀감 사이에는 상호 연관이 있다. 자기노출은 친밀감과 믿음을 증가시키고, 나아가 그것으로 인해 더 많은 자기노출을 하게 된다(Miller, 1990).

어떤 사람들은 다른 사람들보다 자기노출을 더 잘한다. 딘디아와 알렌(Dindia & Allen, 1992)은 205개의 연구들을 분석한 결과 여성들이 남성들보다 새로운 사람에게 그들 자신을 더 많이 개방하며 여성들은 다른 여성들과 대화를 할 때 자기노출을 더 잘한다. 그리고 여성과 여성의 상호작용에서 자기노출이 가장 잘 일어났고, 남성과 남성의 상호작용에서는 자기노출이 잘 이루어지지 않는다. 또한 여성들은 배우자나 부모, 가까운 친구와 같이 오래 지속된 관계에 있는 사람들에게 더 개방적이다.

1971년에 저라드(Jourard)는 성역할상 남성들은 자신의 문제와 관심을 밖으로 표출하지 않는 경향이 있기 때문에 그들은 다른 사람과의 상호작용에서 주로 정신적 · 육체적 건강과 관련된 얘기를 많이 한다고 지적하였다. 이 같은 문제는 특히 성고정관념에 사로잡혀 있는 남성들에게서 나타난다. 즉, 전통적인 남자들은 더 근엄한 자세를 유지하고 자신의 감정을 표출하지 않으려 한다. 반면에 감수성이나 이해심, 온정, 감정표현력 등 여성적인 자질을 많이 가지고 있는 남성들이 다양한 상황에서 자신을 더 잘 표현한다(Shaffer et al., 1991).

대인관계에서 자기개방은 여러 가지 이점을 제공해 주지만 과도하게 자신을 개방하는 것은 단점을 유발시킬 수 있다(Wortman, Adesman, Herman, & Greenberg, 1976). 대인관계의 초기에 자기를 과도하게 표출하는 것은 오히려 관계를 발전시키는 데 장애가 된다고 지적하였다. 사람들은 그러한 행동을 보고 그 사람이 미숙하고 불안정하며 모든 사람들에게 그런 식으로 행동한다고 생각한다는 것이다. 따라서 대인관계의 초기에는 서로를 개방하고 감정을 나누기 전에 잠시 동안 여유를 가진 다음 서로 관심을 갖고 있으며 관계가 계속되기를 원한다는 인상을 주고받는 것이 바람직하다. 과도한 자기표현이 습관이 되는 것은 그다지 바람직하지 못하다. 왜냐하면 상대방에 대해 모든 것을 알게 되면, 호감을 증가시키고 지루함을 감소시킬 만한 어떤 여지도 남지 않게 되기 때문이다.

자기 자신을 드러내지 않는 것과 과도하게 드러내는 것은 대인관계에서 단점으로 작용하기 쉽다. 따라서 자기 자신을 적절하게 표현하는 것이 가장 바람직하다. 그러나 그것은 그리 쉽지 않다. 어떤 사람들은 다른 사람과 상호작용할 수 없거나 파트너로 받아들여지지 않을까 두려워한다. 또한 다른 사람들이 자신을 사랑과 우정을 나눌 줄 모르는 사람이라고 규정하지나 않을까 두려워한다. 그러나 이러한 불안이 사실로 나타나는 경우는 거의 없다. 일반적으로 자기개방은 단점보다 장점을 더 많이 가진다. 자신을 얼마나 드러낼 것인가 하는 것은 개인이 선택할 문제이다. 우리는 대인관계에 있어서 자신을 노출시켰을 때의 장점과 자신을 노출시키지 않았을 때의 단점을 신중하게 고려할 필요가 있다.

사랑에 빠진 몸

'어떤 상대의 매력에 끌려 열렬히 그리워하거나 좋아하는 마음', '남을 돕고 이해하려는 마음', '어떤 사물이나 대상을 몹시 아끼고 귀중히 여기는 마음', '열렬히 좋아하는 상대', '아끼고 위하는 따뜻한 인정을 베푸는 일 또는 그 마음', '마음에 드는 이성을 몹시 따르고 그리워하는 일 또는 그러한 마음' 등과 같은 사전적 정의를 포함하여 사랑(love)에 대한 정의는 다양하다. 사랑에 대한 정의는 사랑에 빠진 사람들의 수만큼이나 여럿일 수 있지만 사랑에 빠진 사람이 보여주는 신체상의 변화는 동일하다. 이제 사랑에 빠진 사람의 몸에 대하여 살펴보도록 하자.

사랑의 호르몬

우리는 사랑을 하게 되면 마음에 큰 변화가 생겨나게 되지만 우리의 몸도 그에 못지 않게 달라진다. 다양한 호르몬이 사랑이란 현상에 관련이 있다. 호르몬(hormone)은 우리 몸의 한 부분에서 분비되어 혈액을 타고 표적기관으로 이동하는 일종의 화학물질이다. 먼저 사랑에 빠진 사람은 사랑의 전도사 혹은 행복호르몬이라고 불리는 도파민(dopamine)이 분비되면서 행복감에 빠져들게 된다. 도파민은 뇌에 이런 좋은 느낌을 줘서 사랑이 시작될 수 있게 시동을 걸어준다. 사랑의 시작부터 끝날 때까지 우리의 몸에서 분비되는 화학물질은 우리의 정상적인 생활을 어렵게 만들 정도로 쾌감을 주고 우리를 흔들어 놓는다.

대부분의 연인들은 자신이 해야 할 일들을 뒤로 미루거나 위험을 감수하는 등 어느 정도 용기가 필요한 행동을 서슴없이 하게 된다. 사랑에 빠진 사람들이 이러한 행동을 할 수 있는 것은 두려움을 극복하도록 용기를 주는 노르아드레날린(noradrenalin)이라고도 불리는 노르에피네프린(norepinephrine) 덕분이다. 사랑에 빠지면 우리는 평소와는 다른 상황에 놓이게 되므로 평형상태에서 이탈한 몸은 이를 스트레스로 간주하고 노르에피네프린을 분비한다. 이 호르몬은 심장을 빨리 뛰게 만든다. 사랑하는 사람이 눈에 들어오는 순간부터, 아니 연인을 생각하기만 해도 우리의 심장은 빠르게 뛰게 된다. 그래서 사랑을 하면 우리를 들뜨고 설레게 만든다.

사랑을 하면 잠 못 드는 밤도 많아진다. 세로토닌(serotonin)은 정신적인 안정감을 위해서 체내에 약 10mg 정도 가지고 있어야 한다. 세로토닌 수치가 낮아지면 수면장애나 불안과 같은 증세가 유발된다. 세로토닌 부족이 장기화되면 스토커처럼 편집증적인 반응을 보이기도 한다. 실제로 사랑에 빠진 사람과 강박증 환자의 혈액에서 세로토닌의 농도가 평균보다 40%나 낮게 나타났다. 이처럼 사랑을 하면 일상적인 느낌이 아니라 안정감에서 벗어난 상태가 된다.

사랑을 하는 사람의 뇌에는 행복호르몬 도파민(dopamine)과 함께 페닐에틸아민

(PEA: phenylethylamine)이 변연계에 가득 차게 된다. 대뇌 아랫부분에 위치한 변연계(limbic system)는 우리의 감정과 기억에 관여하는 희로애락의 중심부위이다. 특히, 변연계의 시상하부(hypothalamus)는 즐거움과 성적 만족도를 담당하고, 편도(amygdala)는 감정과 두려움을 관할한다. 페닐에틸아민은 천연 암페타민으로 알려져 있는데 암페타민(amphetamine)은 중추신경을 자극하는 각성제이다. 페닐에틸아민은 심장박동을 증가시키고 마약과 같은 행복감을 주기 때문에 연인이 지치지 않고 밤새 사랑을 나눌 수 있는 것이다. 그런데 더 재미있는 것은 이 페닐에틸아민에 의한 효과가 길어야 30개월이라는 점이다. 이것은 아무리 첫눈에 사랑에 빠져 정신 못 차리던 연인들도 채 3년을 넘기지 못하고 그 사랑이 시들해지게 된다는 점을 알려주는 것이다. 사랑에 빠진 지 6개월이 지나면 처음의 흥분은 조금씩 가라앉는다. 우리의 몸에 분비되는 화학물질이 줄어들고 뇌의 활성화 부위도 변화하게 된다. 욕구와 감정의 중추인 변연계에서 이성과 합리적 판단의 뇌인 신피질(neocortex)로 옮겨가게 된다. 그러면 로맨틱한 사랑은 그 모습을 의리, 친구, 가족, 동지, 동료애와 같은 다른 형태를 취하게 된다.

사랑과 오르가슴

남녀가 사랑을 나누면서 오르가슴에 도달하려면 남자들은 '따끈한' 생각이 필요하고 여자들은 '따뜻한' 말이 필요하다. 남자들이 오르가슴에 도달하면 보상중추인 복측피개영역(area tegmentalis ventralis)의 활동이 활발해지는데 반해서, 여자들이 오르가슴에 도달하면 뇌의 상당부분에서 활동이 활발해지기보다는 오히려 저하된다. 특히 충동의 통제와 자제력을 관할하는 좌측 안와전두피질의 활동이 본격적으로 둔화된다. 여성이 쾌감을 느끼려면 먼저 제동이 풀려야 한다. 즉, 자신에 대한 통제를 놓아버리는 과정이 선행되어야 한다.

남녀가 하나가 되어 교감하면 파트너의 성호르몬이 자신의 체내에서도 높아진다. 그리하여 성행위를 하면 여성의 혈액 안에 남성호르몬 테스토스테론(testosterone)의 수치가 높아지면서 여성은 더욱 적극적이고 능동적으로 행동하게 된다. 반면에 남성은 모든 면에서 긴장이 풀어지고 느슨해져서 만족감에 젖어들어 조용해진다.

성행위 후에 남성과 여성에게 모두 혈중 프로탁틴(protactin) 수치가 증가하는데, 이것은 원래 젖의 형성을 촉진시키는 유선자극 호르몬으로 휴식과 졸음에 관여한다. 프로탁틴이 증가하면 여성과 남성 모두에게서 새끼를 돌보는 행동이 유발되어서 남녀 모두가 서로 몸을 맞대고 기대어 의지하기를 좋아하게 된다. 또 이 호르몬은 흥분을 담당한 도파민의 작용을 억제한다. 그래서 폭풍이 지난 다음에 고요가 찾아오게 되면 한동안 휴식을 취하는 상태를 유지하게 되는 것이다. 혼자서는 이런 만족감을 얻을 수 없다. 자위를 통해 얻은 오르가슴이 더 강렬할지는 몰라도 행복감은 주지 못한다. 파트너와의 절정감은 성적 만족도가 훨씬 더 높다.

성행위를 할 때 오르가슴을 느끼는 능력은 여성의 생활만족도에도 상당한 영향을 미친다. 규칙적으로 오르가슴을 맛보는 여성들의 정확히 2/3가 자신의 삶을 대단히 행복하다고 생각한다. 여성 파트너가 성행위 중에 자주 오르가슴을 느끼는 커플은 가장 행복하다. 반면에 남성의 오르가슴 여부는 여성의 성적 만족도에 별다른 영향을 미치지 않는다.

사랑 제대로 하기

사랑은 우리 인생에 있어서 가장 중요한 심리적 체험이다. 사랑은 누구나 동경하는 체험이며 동서고금을 막론하고 예술과 문학에서 가장 소중하게 다루는 주제이다. 한 개인의 삶에 있어서도 사랑이 기쁨과 슬픔, 환희와 고통, 행복과 불행을 좌우하는 가장 중요한 요인임을 부정하지 못할 것이다. 사랑은 인간관계에서 경험할 수 있는 가장 행복하고 오묘한 감정이며 가장 황홀하면서도 때로는 가장 고통스러운 체험이기도 하다.

그러나 우리는 사랑에 대해서 너무도 아는 게 없다. 그 누구도 사랑에 대하여 잘 알고 있다고 자신하지 못한다. 왜냐하면 사랑에 대한 우리들의 몇 가지 묵시적인 동의가 있었기 때문이다(권석만, 2011). 첫째, 사랑에 대해서만은 과학적 연구나 이성적 이해를 부정하면서 신비의 영역으로 남겨두려는 낭만적인 태도가 지배적이었다. 심지어 1960년대에 미국의회에서는 사랑에 대한 연구를 금지해야 한다는 의견이 제기된 적이 있는데, 그 이유가 사랑이 과학적으로 해부되어 버리면 삶이 너무 무미건조해지지 않겠느냐는 것이었다고 한다. 다이아몬드가 단지 탄소덩어리에 불과하다는 것이 밝혀지면 무가치한 돌덩어리로 변해버리지 않을까 하는 다이아몬드 애호가의 불안처럼 사랑이 과학적으로 연구되어 그 신비함이 사라지면 사랑의 가치가 상실될지도 모른다는 불안이 숨겨져 있을지도 모른다. 둘째, 사랑은 자연스럽게 이루어지는 것이고 또 그래야 한다는 생각이 지배적이다. 그래서 우리는 사랑에 대해서 가르치지도 않고 또 배우려 하지도 않는다. 셋째, 사랑은 누구나 체험할 수 있는 것이지만 그 체험은 개인적인 것이다. 개인적인 문제를 공공연하게 다루는 것에 반대한다. 이런 연유로 우리는 사랑에 대해 무지한 상태에서 이성관계에 노출되는 것이 사실이다. 사랑에 대한 무지는 다른 영역과 마찬가지로 사랑에 대한 환상과 신비감을 증가시킬지는 모르나 사람들을 미숙하고 파괴적인 사랑으로 이끌어 불행과 고통 속에 빠지게 한다. 사랑에 대한 오해, 편견, 혹은 착각은 많은 사람들을 상처받게 하고 불필요한 고통 속에서 괴로워하게 만들 수 있다. 진정으로 아름답고 성숙한 사랑을 하기 위해서는 사랑에 대한 깊은 이해가 필요하다.

사랑의 유형

사람들이 사랑을 하는 형태는 사람들의 수만큼이나 다양할 수 있다. 사랑이라는 심리적 체험은 그 형태에 상관없이 모두가 다 소중한 것이지만 조금 더 예쁘거나 멋진 사랑은 존재할 수 있다. 짝사랑이 아니라면, 사랑은 적어도 둘 이상이 관련된 현상이기 때문에 예쁘고 멋진 사랑을 하려는 노력은 누구에게나 필요하다.

일반적으로 사랑을 말할 때 육체적 사랑(physical love)과 정신적 사랑(platonic love)으로 구분하기도 하지만, 학문적으로는 사랑을 일차적 사랑과 이차적 사랑으로 구분한다(Lee, 1988). 색의 3원색처럼 일차적 사랑에는 낭만적 사랑, 동반적 사랑 및 유희적 사랑이 있다. 에로스(eros)라고도 불리는 낭만적 사랑(romantic love)은 뜨거운 열정과 욕망이 중요한 요소가 되는 강렬한 사랑을 말한다. 스토르게(storge)라고도 불리는 동반적 사랑(companionate love)은 서로에게 느끼는 친밀감과 편안함이 주가 되는 사랑을 의미한다. 루더스(ludus)라고도 불리는 유희적 사랑(playful love)은 놀이를 하듯이 재미와 쾌락을 중요시하며 즐기는 사랑을 말한다.

색의 3원색이 혼합되어 다른 색을 만들어 내는 것처럼 이차적 사랑은 일차적 사랑이 혼합되어 실용적 사랑, 이타적 사랑, 및 소유적 사랑을 만들어 낸다. 프라그마(pragma)라고도 불리는 실용적 사랑(pragmatic love)은 동반적 사랑과 유희적 사랑이 혼합된 형

표 6.1 사랑의 유형과 특징

유 형	특 징	비 고
낭만적 사랑 (romantic love)	뜨거운 열정과 욕망이 중요한 요소가 되는 강렬한 사랑인 일차적 사랑	Eros
동반적 사랑 (companionate love)	서로에게 느끼는 친밀감과 편안함이 주가 되는 사랑	Storge
유희적 사랑 (playful love)	놀이하듯이 재미와 쾌락을 중요시하며 즐기는 사랑	Ludus
이타적 사랑 (altruistic love)	낭만적 사랑과 동반적 사랑의 혼합된 형태로 무조건적이고 헌신적으로 타인을 위하고 보살피는 사랑	Agape
소유적 사랑 (possessive love)	낭만적 사랑과 유희적 사랑의 혼합된 형태로 상대방에 대한 강렬한 소유욕과 집착을 중요한 요소로 하는 사랑	Mania
실용적 사랑 (pragmatic love)	동반적 사랑과 유희적 사랑의 혼합된 형태로 현실적이고 합리적이며 논리적인 사랑으로 사랑의 관계가 안정적이고 지속적일 수 있는 서로의 조건을 고려한다.	Pragma

태이다. 아가페(agape)라고도 불리는 이타적 사랑(altruistic love)은 낭만적 사랑과 동반적 사랑이 혼합된 형태이다. 마니아(mania)라고도 불리는 소유적 사랑(possessive love)은 낭만적 사랑과 유희적 사랑이 혼합된 형태의 사랑이다. 이런 사랑의 특성을 정리해 놓은 것이 〈표 6.1〉이다.

사랑의 삼각형 이론

일반적으로 사랑은 친밀감, 열정 그리고 헌신이라는 3가지 구성요소로 이루어져 있다고 말한다(Sternberg, 1986). 친밀감(intimacy)은 사랑의 정서적 측면이 반영된 요소로, 사랑이 따듯하고 포근하고 가깝고 편하게 느끼게 하여, 함께 공유하며 원활한 의사소통이 이루어지는 것을 의미한다. 열정(passion)은 사랑의 동기적 측면이 반영된 요소로 사랑이 뜨겁고 황홀하게 느껴지게 하고 들뜨고 흥분시키고 사랑하는 사람과 함께 있고 싶고 일체가 되고 싶은 강렬한 욕망을 일으킨다. 헌신(commitment)은 사랑의 인지적 측면이 반영된 요소로 상대방을 사랑하겠다는 결정과 행동적 표현을 의미한다. 이런 3가지 구성요소의 유무에 따라서 사랑의 유형을 정리한 것이 〈표 6.2〉이다.

사랑의 3가지 요소는 사랑 삼각형의 세 변을 구성한다. 각 변의 길이는 그 변이 대표하는 요소의 강도나 정도를 의미한다. 이때 각 변의 길이는 '사랑의 삼각형 이론척도'에 응답한 각 요소의 반응들에 대한 총점으로 구한다. 삼각형을 구성하는 세 변 중 두 변의 길이의 합이 다른 한 변의 길이보다 짧을 때 삼각형이 구성될 수 없다는 기하학의 원리가 사랑에도 존재한다. 따라서 어느 한 변이 지나치게 길어서 다른 두 변의 길이 합보다 크면 삼각형을 만들 수 없다. 3가지 요소가 지나치게 불균형적으로 구성되어 있는 애정관계는 그만큼 불완전한 사랑이라고 할 수 있다. 참된 사랑이 되기 위해서는 3가지 구성요소가 균형을 이루어야 한다. 삼각형의 모양은 사랑을 구성하는 요소들 간의 균형 정도를 나타내고, 세 변으로 구성한 삼각형의 넓이는 사랑의 양 또는 크기를 나타낸다. 삼각형의 넓이는 3가지 구성요소가 균형 있게 증가할 때 최대한 커진다.

표 6.2 사랑 구성요소에 따른 사랑의 유형

사랑의 유형	친밀감	열정	헌신	비고
사랑이 아니다 (nonlove)	×	×	×	일상적으로 만나 지나치게 되는 무의미한 대인관계
호감 (liking)	○	×	×	가까움과 편안함을 느끼는 상태
얼빠진 사랑 (infatuation)	×	○	×	첫눈에 반했지만 말 한 번 걸어보지 못하고 혼자 가슴앓이를 하는 경우
공허한 사랑 (empty love)	×	×	○	정략적이거나 조건 때문에 마지못해 관계를 유지하는 상태
허구적 사랑 (fatuous love)	×	○	○	할리우드식 사랑이라고도 하는 영화와 같은 사랑
동반적 사랑 (companionate love)	○	×	○	오랜 연애나 결혼생활을 한 연인이나 부부
낭만적 사랑 (romantic love)	○	○	×	서로 친밀하고 열정을 느끼지만 미래에 대한 약속이나 확신 없이 서로를 사랑하는 경우
완전한 사랑 (consummate love)	○	○	○	완벽하고 이상적인 사랑

사랑의 삼각형은 적어도 2개의 관점에서 구성될 수 있다. 하나는 현실적인 사랑과 이상적인 사랑에 대한 삼각형을 구성할 수 있다. 이것들을 비교함으로써 보다 발전적인 애정관계로 개선해 나갈 수 있을 것이다. 다른 하나는 자기 자신의 삼각형과 상대방인 연인의 삼각형을 구성해 볼 수 있을 것이다. 이것은 부족한 부분을 찾아내어 어떤 요소를 채워주기 위하여 노력해야 하는가를 알 수 있다. 모양이나 크기에 있어서 차이가 클수록 서로 추구하는 사랑이 다르다는 것을 의미하는 것이며 갈등의 소지가 그만큼 많다는 것이다. 따라서 서로가 지향하는 사랑의 모양으로 나갈 수 있도록 서로 대화하고 조정하는 노력이 필요하다.

나의 사랑, 나의 로맨스

이성에 대한 사랑을 경험하는 초기에 열정이 중요한 역할을 한다. 청소년기에 이성을 사랑하게 되는 연애과정에서는 흔히 로맨스(romance)를 경험하게 된다. 로맨스라는 용어가 낭만적 사랑이라는 표현보다는 훨씬 일상적이고 적절해 보여서 로맨스라 할 것이다. 로맨스에는 상대방에 대한 강한 애정과 집착을 나타내게 되고, 그 결과 강렬한 기쁨과 고통을 수반하게 된다. 많은 문학작품이나 영상물 등에서 그려지는 사랑은 대부분 강렬한 애정과 집착과 함께 미화된 로맨스라 불리는 낭만적 사랑에 해당하기 때문에 많은 사람들은 로맨스를 사랑의 원형으로 보고 그런 영화와 같은 사랑을 동경하는 경향이 있다.

로맨스의 가장 중요한 특성은 아마도 그 발전속도가 매우 빠르다는 것이다. 두 사람을 묶어 맬 아무런 객관적 이유가 없는 남녀가 급속하게 그것도 '첫눈'에 반해서 '사랑에 빠져' 모든 것을 다 같이 하고자 하는 강렬한 인간관계로 발전한다는 점이다. 더불어, 그 어떤 다른 인간관계에서도 경험할 수 없는 매우 뜨겁고 강한 애착감정이 유발되어 상대방에 대한 강렬한 애정과 집착이 생겨난다. 연인이 자신을 사랑하고 있다는 것을 확인했을 때는 기쁨과 환희에 넘쳐나는 반면에, 연인이 자신을 거부하거나 떠나갈 때 쓰라린 고통과 불행을 경험하게 된다.

일반적으로 로맨스에 빠지게 되면 다음과 같은 심리적 측면들을 경험한다(Pope, 1980).

- 사랑하는 사람에 대해 강렬하게 집착하고 몰두한다.
- 사랑하는 사람과 늘 함께 있고 싶은 강렬한 욕망을 느낀다.
- 함께 있든 아니든, 사랑하는 사람에 대해서 끊임없이 생각한다.
- 사랑하는 사람을 보거나 생각하면, 강렬한 애정과 더불어 신체적 흥분을 느낀다.
- 사랑하는 사람에게는 모든 것을 다 주어도 아깝지 않을 것 같은 느낌이 든다.

- 사랑하는 사람으로부터 독점적인 관심과 애정을 받고자 한다.
- 사랑하는 사람의 관심이 다른 사람에게 쏠리면 강렬한 질투를 느낀다.
- 사랑하는 사람이 없이는 자신의 존재가 불완전하다는 느낌을 갖는다.
- 사랑하는 사람이 자신을 거부할 것에 대한 강한 두려움이 생긴다.
- 사랑하는 사람과 이별하게 되면 깊은 슬픔과 절망감을 느끼게 된다.

『로미오와 줄리엣』이나 『트리스탄과 이졸데(*Tristan & Isolde*)』와 같이 극적인 사랑은 아름답다. 하지만 이것은 삶이 오로지 사랑 그 자체인 사람들에게나 해당되는 말이다. 평범한 사람들에게는 그런 사랑은 너무 힘겨울 뿐이다. 너무 많은 사람들이 사랑에 빠진 감정을 사랑하지만, 열렬한 사랑에 빠지는 것은 결코 행복한 일이 아니다. 사랑에 빠진 사람의 뇌를 촬영해 보면 강박증 환자의 뇌와 비슷하다. 모든 생각이 비현실적으로 욕망의 대상에게 종속되어 있기 때문이다. 정말 행복한 사랑은 서로 좋아하면서도 제정신을 잃지 않는 사랑, 서로를 돕는 동지애적인 사랑, 오직 상대의 눈만을 바라보는 것도 아니고, 그렇다고 주변을 두리번거리지도 않으면서 두 사람의 눈은 함께 한 곳을 바라보는 사랑이다.

사랑을 하게 되는 이유

우리가 사랑을 하게 되는 이유는 여러 가지 관점에서 생각해 볼 수 있다. 태어날 때부터 본능적으로 사랑하도록 타고났을 수 있다. 사랑은 성장해 가면서 서서히 배워가는 것일 수도 있다. 일반적으로 사랑에 대한 대표적인 관점은 진화심리학적 관점, 정신분석학적 관점, 애착이론적 관점, 그리고 인지이론적 관점에서 살펴볼 수 있다.

첫째, 인간의 행동을 진화론적 관점에서 설명하는 진화심리학에서는 사랑의 원인을 종족보존을 위한 본능적 욕구가 사랑의 바탕을 이룬다고 본다. 따라서 사랑은 종족보존의 기능을 하는 심리적 현상이다. 남자는 자신의 자손을 건강하게 낳아 기를 수 있는 건강하고 아름다운 여성에게 매혹을 느끼는 반면에, 여자는 자신과 자녀를 안전하게 보호하고 돌볼 수 있는 강인하고 유능한 남성에게 매력을 느끼게 된다. 결국 진정한 사랑은 생존을 위한 본능이다.

둘째, 성적 욕구를 인간의 가장 기본적인 동기로 보는 프로이트(Freud)의 정신분석학적 관점에서 사랑은 성적 욕구가 승화되어 나타나는 것으로 본다. 남근기에 겪게 되는 오이디푸스 콤플렉스(oedipus complex)는 아동이 처음으로 경험하는 삼각관계(아빠, 엄마, 그리고 나) 속에서의 연애경험이다. 이것을 원만하게 해결하게 되면 건강한 성정체감의 형성, 초자아와 자아의 발달, 삼자관계의 수용을 통한 건강한 이성관계를 맺을 수 있는 능력의 발달이라는 긍정적인 결과를 낳는다. 결국 진정한 사랑은 건강한 성격을 형성한 사람들의 무의식적 행동이다.

셋째, 보울비(Bowlby)의 애착이론에 근거한 애착이론적 관점은 사랑하는 스타일을 어머니와의 애착유형에 의하여 영향을 받는다고 본다. 아이의 애착행동에 어머니가 일관성 있게 수용적이고 우호적인 행동을 보이게 되면 안정적 애착(stable attachment)을 형성하게 되어 성인이 되어서 타인에 대해 신뢰를 갖게 되고 지나치게 의존하지 않으며 안정되고 친밀한 인간관계를 형성하게 된다. 결국 아동기에 안정적 애착을 형성한 사람들만이 진정한 사랑을 나눌 수 있다는 것이다.

끝으로, 인지이론적 관점은 개인이 사랑에 대해서 지니고 있는 사회적으로 학습된 믿음이나 기대가 사랑의 행동과 체험에 영향을 미친다고 본다. 따라서 사회적으로 학습된 사랑에 대한 생각과 환상이 실제적인 이성관계에 투영되어 강렬한 감정을 생성시킨다. 사랑의 체험에는 정서적이거나 신체적인 흥분과 인지적 평가가 중요하다. 사랑을 체험하기 위해서는 신체적 흥분을 경험하고 그러한 흥분을 이성에 대한 사랑으로 여기는 인지적 평가가 있어야만 한다. 예를 들어 떨리는 가슴이 무서워서 그렇다고 생각하면 그것은 사랑이 아니라 공포감이 될 수 있지만, 상대가 좋아서 그렇다고 생각하면 그것은 공포가 아니라 사랑이 될 수 있다. 결국 진정한 사랑은 사랑한다는 생각이 중요하다.

사랑에 대한 몇 가지 오해

남자와 여자는 싫든 좋든 어울려 살게 되어 있다. 남녀의 사랑과 성은 세상이 각박하고 살벌할수록 유일한 안식과 행복의 출처가 된다. 프로이트(Freud)는 일과 사랑의 능력을 정신건강의 지표로 보았다. 건강하고 성숙한 사람만이 일에 몰두하고 타인을 사랑할 수 있으며 진정한 성적 만족도 누릴 수 있다고 본다. 일반적으로 사람들이 사랑에 대해 갖고 있는 몇 가지 오해들이 있다.

대표적인 경우를 몇 가지 예로 들어 보자. 먼저, 많은 사람들이 "참된 사랑은 단 한 번만 운명적으로 다가오는 것이다. 따라서 그런 사랑은 올 때 잡아야 한다"는 잘못된 생각을 갖고 있다. 일생에 거쳐 참된 사랑을 단 한 번만 하는 사람도 있지만 몇 번이고 여러 번 사랑을 경험하는 사람도 있고 사랑을 전혀 해보지 못하는 사람도 있다. 사랑은 우리의 삶 속에서 여러 번 경험하게 되는 아름답지만 때로는 쓰라린 경험이라는 것을 아는 것이 보다 현실적이다(김종운, 박성실, 2011). 첫눈에 반할 수도 있다고 하지만 이것이 진정한 사랑이라고 볼 수 없다. 만난 적도 없고 알지도 못하는 사람을 어떻게 사랑할 수 있는가? 그것은 단지 '반했을 뿐'이다. 섹스, 언약식, 약혼, 그리고 결혼에 대한 결정을 내릴 때는 특별히 신중해야 하고 이성적이어야 한다.

또한 "사랑이면 무엇이든 다 해결할 수 있다. 사랑은 모든 문제에 대한 해답이다"라는 잘못된 생각도 자주 목격할 수 있다. 사랑하는 사람들은 역경을 이겨내고 어려움에 맞설 수 있다. 그러나 사랑이 언제나 길을 찾아주는 것은 아니다. 비슷하게, "사랑한다면 어떤 조건도 문제될 것이 없다"는 생각도 있다. 진실한 사랑이 확실히 많은 문제들과 걸림돌을 헤쳐나가는 데 도움이 되지만, 모든 것에서 성공을 보장하는 것은 아니다. 사랑에 의한 행복은 여건과 상황에 따라서 자신들의 의지와는 달리 파괴될 수 있다.

다른 예는 "진정한 사랑은 고통과 슬픔을 수반한다"는 오해이다. 진실은 사랑은 고통과 슬픔보다는 행복과 기쁨이 함께 한다. 상대방이 사랑하지 않는데 한쪽만 계속해서 사랑하는 식으로 관계가 어긋나게 될 때 고통과 슬픔이 커지는 것이다. 사랑이 고통과 슬픔만을 가져온다면 그 관계를 끝낼 것을 진지하게 생각해야 한다. 반대로, "사랑에 빠지면 마냥 행복하기만 할 것이다."라는 비현실적인 기대도 있다. 사랑은 부정적인 정서와 쓰라린 고통을 낳을 수 있다. 사랑을 할 때 우리의 감정은 양가적이다. 우리는 사랑하는 상대방에게 더 많은 것을 요구하고 기대하는 경향이 있다. 데이비스(Davis, 1985)에 의하면, 사람들은 연인과 배우자를 대할 때 친구보다 더 참을성이 없고 비판적인 행동을 더 많이 하는 경향이 있다.

강박적인 사랑

우리가 환상을 갖고 꿈꾸는 로맨스는 여러 가지 심리적 고통과 갈등을 안겨줄 수 있다. 사랑은 행복과 기쁨의 원천인 동시에 불행과 고통의 원천이 되기도 한다. 사랑은 끝없는 행복감에 젖게도 하지만 갈등과 고뇌 속으로 몰아넣을 수 있다. 사랑하는 과정에서 서로에 대한 작은 오해와 갈등이 생겨날 수 있는데 이런 것들이 잘 해결되지 않으면 그 관계가 악화되어 사랑의 관계에 위기를 초래할 수도 있다.

사랑의 문제로 고통받는 대부분의 사람들은 상대방에게 지나치게 비이성적이고 강렬하게 집착하는 병적인 사랑인 강박적인 사랑을 보일 수 있다. 강박적인 사랑(obsessional love)은 다음과 같은 특성을 지니고 있다.

- 사랑하는 사람에게 지나치게 집착한다.
- 상대도 자신과 똑같이 강렬한 사랑을 보여주어야 한다는 매우 강한 기대를 갖고 있다.
- 사랑하는 사람의 행동을 왜곡하여 해석해 극단적인 감정변화를 보인다.
- 사랑하는 사람이 사랑을 보여주지 않으면 심한 불안과 우울에 빠진다.
- 사랑하는 사람을 비현실적으로 이상화하고 과대평가하고, 결점을 보지 않으려 한다.

- 사랑하는 사람의 관심과 사랑을 얻기 위해 무모한 행동을 한다.

우리가 사랑 때문에 힘들어하게 되는 주된 이유는 사랑에 대한 비현실적인 신념 때문이다(Ellis & Dryden, 1987). 비현실적인 신념이란 현실적인 이성관계에서는 실현되기 어려운 신념으로서 비합리적이며 당위적이고 경직된 신념을 의미한다. 이런 비현실적인 신념이 친밀한 이성관계를 해치고 오히려 불행한 결과를 초래하는 미숙한 사랑의 주요 원인이 될 수 있다. 사랑에 대하여 우리가 갖고 있는 일반적인 비합리적인 신념들은 다음과 같다.

- 사랑은 뜨겁고 열정적이어야 한다.
- 진정한 사랑은 평생에 한 번밖에 할 수 없다.
- 우리의 사랑은 영원히 지속될 것이다. 로맨스는 행복한 결혼을 보장한다.
- 항상 사랑받고 있다고 느낄 수 있어야 한다.
- 사랑하는 사람을 잃는다면, 다시는 사랑에 빠질 수 없을 것이다.
- 첫눈에 반한 사랑이 진짜 사랑이다.
- 진정한 사랑을 위해서는 모든 것을 희생해야 한다.
- 진정한 사랑은 영원히 지속될 것이다.
- 사랑에 빠지면 누구도 통제할 수 없다.

이런 신념들은 현실적인 삶 속에서 충족되기 어려운 기대이자 무리한 요구이다. 우리가 사랑하는 방식은 매우 다양하다. 서로의 성장배경과 성격 그리고 만남의 상황이 다르기 때문에 사랑은 다양한 형태로 나타날 수 있으며 그러한 사랑 속에서 행복을 느낄 수 있다. 우리의 인생은 인간의 다양성, 삶의 다양성 그리고 사랑의 다양성을 깊이 인식하고 나름대로 만족스런 사랑을 창조해 나가는 것이 중요하다.

건강한 성

우리 사회에서 공식적으로나 비공식적으로 행해지는 잘못된 성교육은 남녀 모두에게 성을 '인간 대 인간'의 만남인 친밀감의 표현으로 보기보다는 '성기 대 성기'의 접촉으로 보게 만든다. 스스로 원할 때 성관계를 맺고 싫으면 싫다고 하는 것이 아니라, '허락'하거나 '더럽혀'지거나 남자다움을 과시하기 위하여 흉내 내게 되는 것이다. 그러나 건강한 성은 남자 대 여자, 나아가 인간 대 인간의 가장 친밀하고 밀착된 만남이다. 성을 단순히 성기의 접촉이 아니라 사람과 사람의 만남으로 본다면 성교 자체만 아니라 서로 손잡고 껴안는 것도 심지어는 서로 바라보는 것도 얼마든지 성적일 수 있다. 따라서 인간의 성은 생물학적 충동에 그치지 않고 사랑하는 사람과 하나가 되고자 하는 모든 갈망과 시도라고 할 수 있다.

'영웅은 주색을 겸비해야 한다'는 말처럼, 가능한 많은 여자를 정복해야만 '진짜 사내'라는 잘못된 생각으로 남자는 성경험이 많아도 되고, 여자는 순결해야 된다는 이중 기준은 아직도 우리 사회에 존재하고 있다. 많은 여자를 탐해야만 한다는 압박감이 남자들에게서 성의 기쁨을 빼앗아 가듯이 수동적으로 '응해주어야 한다'는 여자에게도 성이 즐거움이 아니다. '몸을 지킨다'거나 '순결'을 지킨다는 것 자체가 가치가 되면 성에 무지한 것이 미덕이 되어 버리게 될 수 있는데 이것은 오히려 해가 될 수 있다. 현모양처나 '좋은 여자'는 자기주장을 하면 안 되고 수동적이고 보조적인 역할에 머물러야 한다는 고정관념에서 벗어나 성에서도 평등과 서로의 만족이 존재함을 인식해야 한다. 이제는 자신이 좋으면, 원할 때, 그리고 책임질 수 있을 때, 대등한 존재로서 사랑을 나누는 것이지 회유나 협박 혹은 유혹에 '넘어가고', '당하고', '빼앗기고' 하는 시대는 지나갔다.

성을 통하여 사랑하는 사람과 하나가 되는 체험은 생활에서 누릴 수 있는 가장 순수한 즐거움에 속한다. 서로 즐거움을 베풀면서 동시에 받는다는 것 그 자체가 또한 말할 수 없는 행복을 준다. 이렇게 성에 만족스러우려면 자기 자신과 상대방에 대한 커다란 신뢰가 필요하다. 자신의 욕구를 부끄러워하지 않으며 상대방의 욕구를 두려워하지 않아야 상대방이 어떤 때 얼마나 좋아하는지 느낄 수 있고 또한 상대방이 어떻게 해줄 때 자신이 좋은지를 말로든 행동으로든 표현할 수 있는 것이다. 자유의지와 신뢰가 동반하는 사랑을 할 때 건강한 성이 가능하다. 그리고 건강한 성은 서로의 사랑과 행복을 확인하고 실감하게 만들어 준다.

남녀 간의 사랑과 행복

남자와 여자 중 누가 더 행복한가? 대답은 '그 어느 쪽도 아니다'다. 남자와 여자는 모두 거의 비슷한 수준의 행복을 보고했으며(Diener, Suh, Lucas, & Smith, 1999; Ingelhart, 1990; Manstead, 1992) 자신의 삶에 대체로 만족해했다.

일상적으로 경험하는 정서적 삶에 있어서는 남자와 여자가 유의미한 차이가 있다. 전반적인 행복도에서는 남녀가 유사하지만 정서경험에서는 차이를 보인다. 여자는 남자에 비해서 부정적인 정서를 더 많이 경험하고 우울과 불안과 같은 내면화장애(internalizing disorder)를 더 많이 겪는다(Nolen-Hoeksema & Rusting, 1999). 우울증과 불안장애의 성차는 생의 초기에 나타났다.

남녀 간의 차이를 명쾌하게 설명한 존 그레이(John Gray, 1992)의 『화성에서 온 남자 금성에서 온 여자』에 나오는 내용 중 몇 가지를 살펴보면 다음과 같다.

첫째, 남자와 여자의 가치관은 본질적으로 다르다. 남자들은 어떻게든 해결책을 제시하려 들고 감정 따위는 무시하는 반면에, 여자는 쓸데없는 조언과 보살핌을 제공하려 한다. 이런 이유 때문에 문제상황에 놓이면 여자는 남자가 문제를 스스로 해결하도록 믿어주고 지지해주기만 하면 되는 반면에, 남자는 여자의 문제를 잘 들어주고 공감해주기만 해도 여자에게 도움이 된다.

둘째, 남자와 여자는 스트레스를 해결하는 방법이 다르다. 남자는 스트레스 상황이 닥치면 다른 사람들이 모르는 동굴 같은 곳에 어디론가 사라져서 자기를 괴롭히는 문제에 대해 조용히 생각해보는 경향이 있는 반면에, 여자는 자신의 문제에 대해 누군가에게 이야기하고 싶어 하는 본능적인 욕구가 있다.

셋째, 남자와 여자는 동기가 유발되는 방법이 다르다. 남자는 상대가 자기를 필요로 한다고 느낄 때 마음이 움직이는 반면에, 여자는 자기가 상대로부터 사랑받고 있다고 느낄 때 의욕이 생겨난다. 남자는 신뢰와 인정, 찬사를 받고 싶어 하지만 여자는 관심과 이해, 공감을 받고 싶어 한다. 그리고 남자는 목표지향적이고 유능함과 자율성을 과시하고 싶어 하고 여자는 관계지향적이어서 친밀감과 관심, 보살핌과 대화를 원한다.

넷째, 남자와 여자는 다른 언어를 사용한다. 부정적인 감정이 솟아오르면 이를 상대에게 그대로 전달하는 것이 아니라 남자는 여자에게 냉정하고 야비하게 들릴 수 있는 말을 거침없이 내뱉는 반면에, 여자는 남자에게 비난하거나 원망조의 말을 한다. 또한 여자는 상대에게 도움을 요청하지 않아도 도와주는 것이 서로에게 사랑을 보여주는 것이라 생각하기 때문에 도움을 요청하지 않지만, 남자는 요청이 있어야만 비로소 움직인다.

다섯째, 남자와 여자는 친밀성과 자율성에서 차이가 있다. 남자는 친밀성 욕구와 자율성 욕구가 번갈아 작용하기 때문에 이성을 좋아하면서도 가까이 다가갔다가는 곧 멀어지려고 하는 행동을 반복한다. 반면에 여자는 친밀성 욕구가 생겨나면 자율성 욕구는 완전히 사라져버리기 때문에 늘 같이 있고 싶어 한다.

여섯째, 남자와 여자는 사랑에 차이가 있다. 남자가 원하는 사랑은 주로 신뢰해주고 인정해주고 고마워하는 그런 종류인 반면에, 여자는 관심을 기울여주고 이해해주고 존중해주는 사랑을 필요로 한다.

일곱째, 남자와 여자는 행동방식이 다르다. 남자는 항상 자기가 옳은 것처럼 행동함으로써 여자의 감정 따위는 무시해 버리는 경향이 있는 반면에, 여자는 상대에게 이의를 제기하는 대신 자기도 모르게 불만이나 비난을 표시한다.

여덟째, 남자와 여자는 채점방식도 다르다. 남자는 크기에 민감하지만, 여자는 크기와 상관없이 모두 같은 비중으로 받아들인다. 여자는 하나의 큼직한 선물에 많은 점수를 주기보다는 작은 사랑의 표현들이 그에 못지않게 중요하다.

덜 아프게 결별하기

사람들은 때로 연인이나 결혼 등과 같은 친밀한 대인관계에서 서로 갈라서는 경우가 있다. '갈라서는 것', '각자가 자신의 길을 가는 것', 그리고 '이혼하는 것' 등과 같은 결별은 오히려 가까운 관계에서 자주 발생한다. 결혼한 부부들 사이에 이혼은 결별의 전형적인 예로서 가장 많이 연구되어져 왔다. 미국의 경우 결혼한 사람들의 약 50%가 이혼하고 있으며 재혼의 경우에는 그 비율이 더 높다(Brody et al., 1988). 19세기 후반에는 결혼한 사람들의 1%만이 이혼한 것과 비교하면 오늘날의 이혼율은 상당히 높은 것이다. 이혼은 거의 반 이상이 결혼한 첫 7년 내에 일어나며 처음 2~3년은 특히 위험한 시기이다. 이혼의 실제적인 비율은 훨씬 높을 수도 있다. 법률상의 정리가 이루어지지 않고 별거상태에 있는 부부가 얼마나 되는지, 아이들 때문에 그냥 공허한 관계를 유지하는 부부가 얼마나 되는지 알 수 없기 때문이다(Grasha, 1992).

결별의 이유

결별하게 되는 이유는 수없이 많을 수 있지만 몇 가지 대표적인 이유들을 찾아보는 것은 현명하게 결별을 준비할 수 있게 도움을 줄 것이다.

첫째, 지루해질 때가 있다. 한 연구(Hill, Rubin, & Pepau, 1976)에서 200쌍의 연인들을 2년에 걸쳐 조사했다. 그 결과 이 기간 동안, 그 연인들 중의 절반이 결별을 했으며, 남자와 여자의 78%가 결별의 이유로 지루함을 꼽았다. 로맨틱하고 열정적인 사랑은 식어 버렸고, 그들 사이에 남은 것은 거의 없었다고 하였다. 그 다음으로 결별의 이유는 취미나 흥미, 종교, 지식, 교육 등에서의 차이를 들었다. 지루해졌다는 것은 결국 상대에 대한 호감과 매력이 상실되었다는 것이다. 연인에 대해서 호감과 매력을 느끼지 못하게 되면, 연인관계는 해체될 수 있다.

둘째, 대화의 부족이 원인이 될 수 있다. 행복하거나 불행한 결혼생활을 하고 있는 부부들을 면접한 연구에 따르면 서로 어떻게 의사소통을 하느냐가 중요하다고 한다. 이혼한 부부들은 서로에 대하여 매우 비판적이며, 그들 사이의 중요한 문제에 대해 논의하는 것을 회피하거나 철회한다(즉, 참지 못하고, 화를 내고, 공격적인 행동을 하는 등). 반면 행복한 결혼생활을 영위하는 부부들은 서로 이야기를 많이 하고, 개방된 의사소통을 하며, 각자의 느낌과 요구에 민감하게 반응하며, 그들의 문제에 대해 상호 협조적으로 동의할 수 있는 해결책을 찾는다. 대화부족이란 결국 갈등해결의 실패를 말한다. 가벼운 데이트에서는 갈등이 적지만 진지한 데이트에서는 갈등과 다툼이 자주 발생한다. 왜냐하면 사랑이 깊어지면 기대와 요구도 그만큼 커지기 때문이다. 인간관계, 특히 연인관계를 와해시키는 것은 갈등 그 자체라기보다는 갈등을 해결하려는 노력이 실패하거나 노력을 포기하기 때문이다.

셋째, 성적인 태도와 기대에서의 차이가 그 원인이 될 수 있다. 결별한 연인들의 약 46%는 그들의 성적인 태도가 결별에 영향을 미쳤다고 하였다. 성적인 행동의 빈도와 유형에 대한 서로의 견해 차이는 행복을 가로막는 큰 장애가 된다. 결국 그들은 서로의 관계에 대해 생각을 달리하기 시작한다.

넷째, 역할갈등이 원인이 될 수 있다. 결혼한 부부와 오랫동안 관계를 유지해 온 연인들 사이에서 상대 배우자의 역할에 대한 갈등은 사람들이 헤어지는 중요한 이유가 된다(Blumstein & Schwartz, 1983). 예를 들면, 사람들은 상대방에게 전통적인 성역할을 기대하며, 그러한 기대가 빗나갈 때 서로 갈등을 경험한다. 여자들은 가정보다는 일을 더 중요하게 여기거나 다른 취미를 위해 더 많은 자유를 원하는데 남자들은 여자들을 집에 남겨두려 할 때 갈등은 일어난다. 그리고 결혼한 여자들이 바깥일을 하면서도 집안일과 아이를 돌보는 일을 더 많이 해야 된다고 기대할 때 많은 긴장과 갈등이 발생한다.

다섯째, 다른 연인의 출현이다. 결별의 가장 큰 원인이다. 새로운 연인의 등장은 기존의 연인관계를 끝내는 가장 강력하고 직접적인 원인이다. 현재의 연인에게서 점점 매력을 느끼지 못하게 되거나 불만이 하나씩 늘어나게 되면 더욱더 파괴력은 강력하다. 현재 사귀고 있는 연인보다 더 강한 매력을 지닐 필요도 없다. 그저 새롭다는 것이 구속력이 약한 이성관계를 끝내게 만들 수 있다. 그래서 우리는 본능적으로 연인이 다른 이성에게 관심과 호감을 갖게 되면, 질투를 느끼고 새로운 사람의 접근을 방해하면서 자신에게 집중하도록 노력하는 것이다. 다른 연인의 출현으로 생기는 결별은 다른 결별의 이유보다도 가장 후유증이 심하다. 배신감과 더불어 분노를 느끼고 고통스러운 마음의 상처를 경험한다.

끝으로, 사랑에 따른 변화를 수용하지 못하기 때문이다. 사랑을 하려면 변화와 용기가 필요하다. 남녀가 사랑하는 과정은 늘 좋은 일만 있는 것이 아니다. 도대체 이해할 수 없는 부분이 생기기도 한다. 사랑하는 연인들은 서로가 공유하는 부분을 누구보다도 많이 갖고 있지만, 각자의 세상도 존재한다. 각자의 세상에 대한 인정은 사랑을 유지하는 데 매우 중요하다. 그러나 각자의 세상 때문에 상대에 대해 욕구불만도 생기고, 좌절하기도 하고, 실망도, 상실감도 경험한다. 심한 경우에는 견디기 어려운 고통을 겪기도 한다. 이런 다양한 시련 속에서 사랑을 유지하고 시련을 극복하기 위해서는 서로가 변화를 해야 한다. 그리고 그러한 변화를 위한 용기와 노력이 필요하다.

결별에 대한 대처방안

누구와 헤어진다는 것은 사람들로 하여금 새로운 관계를 형성하도록 만든다. 이것은 하나의 도전과도 같다. 결혼을 한 사람들이나 오랫동안 연인관계를 맺어 왔던 사람들에게 이것은 어려운 일이다. 사랑의 산술에서, 1 더하기 1은 모든 것과 같고, 2 빼기 1은 아무것도 아닌 것과 같기 때문이다. 다른 사람들과 시간을 보내는 것을 좋아하지 않거나 새로운 사람들을 사귀려 하지 않는다. 그러나 서두를 일은 아니지만 결별은 새로운 만남의 시작이다. 결별의 아픔을 극복하기 위해서는 다음에 제시된 방법들이 도움이 될 것이다.

첫째, 후원집단을 찾아라. 유사한 문제를 가진 사람들과 얘기하는 기회를 가지면 도움이 된다. 다른 사람들이 결별을 통해 배우게 된 교훈이 바로 당신이 필요로 하는 것일 수 있다. 우리 주변에서 이 같은 문제를 다루는 모임이나 단체를 찾아라. 그러한 과정은 서로 경험을 나누고 사람들과 건설적인 이야기를 하고 무엇보다 새로운 사람을 만나는 기회를 제공한다.

둘째, 역할모델을 찾아라. 자신이 좋아하거나 존경하는 사람들 중에 결별한 경험이 있는 사람을 찾아보라. 그 사람에게 자신의 상황을 이야기하고 이용할 수 있는 모든 아이디어를 얻어라. 좋은 모델을 찾아서 그대로 따라 하는 것은 많은 시행착오를 최대한 줄일 수 있는 좋은 방법이다.

셋째, 끝은 새로운 시작일 수 있다는 사실을 받아들여라. 끝이라는 것은 새로운 시작을 의미하기도 한다. 끝내는 것과 그 후의 변화가 두려워 불행한 연인관계를 지속하는 것은 바보 같은 짓이다. 불행한 연인관계를 아파하면서 그대로 계속 유지하는 것보다는 불확실하기는 하지만 행복한 연인관계라는 긍정적인 결과가 잠재되어 있는 새로운 미래를 택하는 것이 보다 현명한 일이다. 사랑은 고통스러운 경험이 아니라 행복한 경험이어야 한다.

넷째, 가능하다면 1~2주 정도 일상적인 생활로부터 벗어나 보라. 가능하다면 휴가를 얻거나 시간을 내어서 답답한 현실을 벗어나 보라. 여행을 하거나 새로운 일을 하거나 환경의 변화를 통해 기분을 전환하는 것이 필요하다. 이러한 생활의 변화는 침체된 감정을 전환시키는 계기가 될 수 있다.

끝으로, 자신을 낮게 평가하지 마라. 결별을 하면 자신에 대하여 나쁜 생각을 하고 자신을 불쌍하다고 생각하고 또는 일어났던 사건에 대하여 자신을 비난하는 경우가 있다. 하지만 자신을 자책하는 것은 아무런 도움이 되지 않는다. 그러한 생각을 거꾸로 하거나, 적어도 상황에 대해서 균형 잡힌 지각을 하거나, 또는 보다 긍정적인 시각으로 자신을 바라보려는 시도를 하라. 예를 들면 '내가 그에게 너무 화냈기 때문에 그가 떠났다'라는 생각을 '나는 그에게 화냈고, 그도 나에게 화냈다. 그는 다른 일 때문에 나를 떠났다. 서로의 문제에 대해 얘기를 거절하는 사람과 관계를 형성하는 것은 어렵다'라고 생각을 바꾸는 것이다.

Chapter

07

여가심리와 행복

Chapter 07

여가심리와 행복

인간은 행복해지기로 마음먹은 만큼 행복해질 수 있다.

– 미국 대통령, 에이브러햄 링컨(Abraham Lincoln)

즐겁지 않으면 행복할 수 없다. 즐거움은 행복한 삶의 중요한 구성요소이다. 인생이 즐겁기 위하여 우리가 할 수 있는 것은 무엇인가? 일을 즐겁게 할 수는 있다. 그렇다고 즐겁기 위하여 일을 하는 것은 아니다. 직업상의 일이나 가정에서의 일을 즐겁기 위하여 하는 것은 아니다. 물론 보람도 있고 재미도 있지만, 즐겁기 위해서 일을 하는 것은 아니다. 우리가 즐겁기 위하여 선택할 수 있는 것은 여가의 영역이라 할 수 있다. 자유와 여유를 갖고서 즐겁기 위하여, 누리기 위하여, 그리고 쉬기 위하여, 우리가 하는 모든 것을 여가(leisure)라 한다.

모든 종류의 행복에 다 똑같이 행복이라는 단어를 쓸 수 있다면 우리가 운동을 하든, 여행을 가든, 초콜릿을 먹든 똑같이 행복해야 한다. 그러나 실제로는 그렇지 않다. 즐길 줄 모르는 사람은 남에게도 즐거움을 주지 못한다. 즐거움은 더 커지거나 작아질 수 있다. 하지만 우리가 쉽게 착각하듯이 양이 늘어난다고 자동적으로 즐거움이 더 커지지는 않는다. 그보다는 강도와 의도적 절제가 더 즐거움을 키워준다. 즐거움은 자제할수록 더 커진다. 자기가 제일 좋아하는 음식을 더욱 맛있게 즐기려면 매일 그것을 먹는 것보다는 그보다 덜 좋아하는 음식과 번갈아 먹으며 대비를 느끼는 것이 좋다. 또한 노래를 부르면 행복해지고 건강해진다. 가수들은 감기에 잘 걸리지 않는다고 한다. 노래를 부르면 기분이 좋아지고 이로 인해 면역력도 증강되기 때문이다. 노래를 부르는 것만으로도 우리는 우울에서 벗어날 수 있다. 큰 소리든 작은 소리든 노래를 즐겁게 부르는 것은 천연 항우울제이다.

여가활동

프로이트(Freud)는 우리의 인생에서 중요한 것이 일(work)과 사랑(love) 그리고 한 가지 더 든다면 놀이(play)라고 언급한 바 있다. 여가(leisure)는 의무적인 일이나 직업적인 업무를 떠나 한가하게 즐기는 여유로운 휴식이나 재미를 찾기 위한 취미활동을 의미한다. 실제로 여가(leisure)는 직업상의 일이나 필수적인 가사활동 외에 소비하는 시간이다. 여가는 먹기, 자기, 일하러 가기, 사업하기, 수업에 출석하기, 숙제하기, 집안일하기 등과 같은 의무적인 활동 전후의 자유시간이다. 여가는 노동과 직무뿐만 아니라 일체의 용무나 책임으로부터 해방되어 개인이 자기 뜻대로 이용할 수 있는 시간을 의미한다. 따라서 여가는 자유시간 또는 자유시간을 갖게 된 데서 오는 자유로움이나 좋은 기회를 의미한다. 다시 말해서, 여가활동은 자유와 함께 누리는 즐거움이 되어야 한다.

여가활동은 즐거움과 더불어 즐김이 함께 해야 한다. 즐거운 것과 즐기는 것은 다르다. 즐거운 것은 'Pleasure'이고 즐기는 것은 'Enjoyment'이다. 즐거움과 즐김을 모두 갖고 있는 것이 바로 여가이다. 올바른 여가를 체험하려면 다음의 3가지 기준을 만족해야 한다. 첫째, 체험이 마음에 와 닿아야 한다. 둘째, 자발적으로 참여해야 한다. 끝으로, 본질적으로 자기만의 장점으로 동기부여가 되어야 한다.

여가의 어원과 정의

여가의 어원은 고대 그리스와 로마시대에서 본질적 의미를 찾을 수 있다(곽한병, 2005). 여가는 그리스어로 스콜레(scole), 로마어로 오티움(otium), 라틴어로 리세레(licere)에서 어원적 의미가 비롯되었다. 스콜레는 '정지, 중지, 평화, 평온'을 의미하고, 오티움은 '아무것도 하지 않는 것'을 의미하며, 리세레는 '허락되다, 자유롭게 되다'라는 의미를 지닌다. 이런 어원들은 여가라는 것이 정지상태와 평화상태를 내포하고 있으며 자기를 위한 자유시간이란 의미를 포함하고 있다. 이것은 일보다는 여가를 상위개념으로 생각하고 있음을 보여주는 것이다.

국내에서는 서구에서 사용되는 여가와는 많이 다른 모습이다. 여가(餘暇)는 '남을 여'와 '겨를 가'로 구성된 한자를 사용하거나 영어 'Leisure'를 사용하고, 외래어화하여 '레저'로 사용되기도 한다. 여가는 '남는 겨를'이다. '겨를'은 바쁜 가운데서 달리 활용할 수 있는 시간이나 동안 또는 다른 행동을 할만한 기회라는 뜻이다. 결국 여가라는 것이 일하는 와중에 취할 수 있는 짧은 시간 정도이다. 이것은 서구와는 반대로 여가보다는 일을 상위개념으로 생각하고 있음을 보여주는 것이다. 과거에는 일을 하지 않을 경우에는 나태와 게으름으로 규정하였으나 오늘날에는 자유시간의 향유가 게으름으로 간주되지 않고 오히려 노동을 위한 재충전 또는 자기계발을 위한 창조적 활동으로 간주된다.

여가에 대한 정의는 크게 3가지 형태를 취할 수 있다(Haworth, 1997). 첫째, 여가는 시간적으로 정의할 수 있다. 우리의 생활시간을 생리적 시간, 노동시간 및 자유시간으로 구분할 때, 1일 24시간 중에서 생리적 시간과 노동시간을 제외한 나머지 자유시간을 여가라고 정의하는 것이다. 그래서 일과 생존을 위한 기초적 욕구가 충족되고 남은 잔여시간(residual time), 노동, 수면, 기타 필수적인 것에 소용된 시간을 제외한 잉여시간(surplus time), 개인의 판단과 선택에 의해 갖게 되는 자유재량시간(discretionary time)으로 정의하는 것이다. 둘째, 여가는 활동에 기초하여 정의할 수 있다. 오락을 의미하는 레크리에이션(recreation)을 포함하여 활동으로 인식하는 것이다. 여기서 여가는 개인이 노동과 가족 그리고 사회적 의무로부터 벗어나 휴식, 기분전환, 오락, 지식의 확대, 자발적 사회참여, 자유로운 창조력 발휘, 자기실현을 위한 임의적 활동들의 총체이다. 끝으로, 여가를 통하여 개인이 느끼는 주관적인 마음상태에 따라서 정의할 수 있다. 여기서 여가는 바쁜 일상생활로부터 우리를 심리적으로 해방시켜주는 삶에 대한 감사와 평화의 마음상태로 개인의 자유정신과 자유의지를 누리는 것이다.

여가생활의 특성

기본적으로 여가는 6가지 요소를 지니고 있다(Veal, 2010). 첫째, 경제적 기능 면에서 일과 대립되는 개념이다. 여가는 업무로부터 해방되어야 한다. 둘째, 유쾌한 기대감과 회상이 존재한다. 여가는 재미와 기쁨이 있어야 한다. 셋째, 비자발적인 사회적 의무가 최소화된 상태이다. 여유시간에 어울리는 친구들과의 접촉과 교제는 자발적인 것이다. 넷째, 심리적으로 자유란 개념을 자각한다. 여가는 자유를 만끽해야 한다. 다섯째, 문화적 가치와 밀접한 관련이 있다. 여가는 자유롭게 즐기는 문화생활이다. 끝으로, 인간사의 모든 영역에 걸쳐 영향을 미친다.

대부분의 사람들은 삶의 속도를 늦추고 좀 더 여유롭게 살아가기를 원한다. 여가생활의 만족도는 전반적인 삶의 만족도를 예측하는 강력한 요인이다. 편안한 이완상태에서 휴식을 하고 좋은 음식을 즐기며 취미활동에 참여하는 것은 행복감을 단기적으로 증진시키는 효과를 지닌다(Argyle, 2001). 특히 취미활동을 집단적으로 하는 경우에 만족도가 더 높은 경향이 있다. 그 이유는 같은 취향, 가치관, 활동시간, 사회적 관계를 공유하는 동호인 집단 속에서 유쾌한 흥분감, 협동적 성취, 소속감과 유대감 등을 경험하기 때문일 것이다(Carr, 2004).

여가활동이 사람들을 행복하게 하는 것은 분명하지만 단지 여가시간을 많이 갖는다고 해서 삶의 만족도가 증가되는 것은 아니다. 여가활동을 통해서 긍정적인 경험을 많이 하는 것이 중요하다. 일반적으로 다양하고 활동적인 여가활동에 참여할수록 삶의 만족도가 높아지는 경향이 있다(Bammel & Burrus-Bammel, 1996). 개인적으로 의미를 느끼는 여가활동에 참여할수록 행복도가 높았다(Ogilvie, 1987).

평균적으로 여성은 남성에 비해 여가활동에 참여하는 시간이 적은데, 여성이 직업을 갖고 있거나 자녀를 양육하고 있는 경우에 더욱 그러하다. 은퇴한 노년층이 다른 연령층에 비해서 여가를 즐길 수 있는 시간적 여유가 많지만 더 다양한 여가활동을 하는 것은 아니다. 은퇴 후에 새로운 취미활동을 배우는 경우는 많지 않았다. 따라서 은퇴 후에 다양한 여가활동을 위해서는 그 이전에 다양한 관심사를 계발하는 것이 바람직하다(Peterson, 2006).

여가활동의 효과

여가활동은 다양한 측면에서 긍정적인 효과를 가져온다(Cameron, 2011). 첫째, 여가활동은 긍정적인 기분을 유발하는 직접적인 효과를 지닌다. 여가는 지친 심신을 휴식하게 만들고 회복시켜 준다. 여가는 일상생활의 반복에서 오는 권태로부터 벗어날 수 있도록 기분전환을 해준다. 휴식과 재미를 줌으로서 특히 생동감을 증대시킨다. 다양한 긍정적인 감정을 유도할 수 있으며 경쾌한 흥분감과 차분한 안락감을 느낄 수 있다. 또한 여가는 해방감을 준다. 의무와 구속으로부터 해방해주는 여가는 보다 차원 높고 정신적 가치를 추구하며 인간다운 삶을 가능하게 하는 자유의 영역이다.

둘째, 여가활동을 통해서 기본적인 내적 욕구를 충족시킬 수 있다(Argyle, 1987). 인간은 자율성, 유능성, 관계성의 내적 동기를 지닌다(Ryan & Deci, 2000). 취미로 몰두하던 활동이 직업적으로 전환되는 경우가 흔하듯이, 여가는 개인의 잠재능력을 발견하고 확장하며 발휘하게 하는 성장적인 기능도 지니고 있다. 또한 여가는 자기표현활동으로 아무런 제약 없이 자아를 있는 그대로 충분히 표현함으로써 만족을 느끼게 되는 활동이며 개성을 살릴 수 있는 활동이다.

셋째, 여가활동은 대인관계를 촉진한다. 여가활동을 하게 되는 주된 이유 중 하나는 다른 사람과 함께할 수 있는 기회라는 점이다. 집단적인 여가활동은 정서적 교감, 협동적 활동, 소속감 등의 사회적 욕구를 잘 충족시켜 줄 수 있다.

넷째, 여가활동은 개인의 정체감 형성에도 도움을 준다. 취미와 관련된 특정한 행위에서 각별한 묘미와 의미를 공유하는 사람들만의 세계가 존재하고 정체감을 확립해 준다.

끝으로, 여가활동은 자아실현에 기여할 수 있다. 건전하고 발전적인 여가활동의 체험은 기본적인 욕구충족과 사회적 의무 및 책임완수 그리고 충실한 삶의 영위에 커다란 도움을 줄 수 있다. 자발적 선택과 자기발전적 여가활동은 만족감과 성취감을 북돋우며 발전적인 미래관과 창조적인 사고력을 키우는 데 도움이 된다.

여가문화

여가를 즐기는 것이 생활의 일부분이므로 여가는 문화의 일부이기도 하다. 현대사회에서 여가는 고급문화와 대중문화 그리고 셀 수 없이 많은 하위문화들이 정의되고 표출되는 영역에까지 계속 이어진다. 여가는 현대문화를 생성시키고 유지하는 데 중요한 역할을 한다. 사회질서의 중심이 일에서 여가로 바뀌고 있음에 따라서 현대의 문화발전 속에서 여가는 중요한 위치로 부상하게 되었다.

시대적 흐름에 따라서 여가문화는 그 형식과 내용을 달리한다. 일반적으로 여가문화는 5단계를 거치게 된다. 첫 번째 단계는 낮잠을 자거나 TV 시청을 하는 것처럼 무계획적인 활동과 쾌락이나 소비적 활동에 심취함으로써 이기주의적인 생물학적 활동이 주류를 이룬다. 두 번째 단계는 첫 단계의 여가활동에 염증을 느낀 나머지 권태감과 회의감에 빠져서 아무것도 하지 않는다. 세 번째 단계는 자신의 취미와 소질을 충분히 살릴 수 있도록 여가활동을 함으로써 자기를 새롭게 발견한다. 네 번째 단계는 자신을 재발견하기 위해 여가를 적극적으로 활용하면서 자기실현의 방법을 찾는다. 마지막 다섯 번째 단계는 단순히 자신만을 위한 여가생활에서 진일보하여 사회와 세계에 공헌하기 위한 봉사를 한다.

산업사회에서 후기 산업사회로 넘어가게 됨에 따라서 여가에 대한 관점이 변화하였다. 첫째, 여가의 본질은 수단적 가치에서 자기충족적 가치로 바뀌었다. 둘째, 여가의 추구방향도 의지와 감정보다는 이성을 중시하는 주지주의에서 감성을 중시하는 쾌락주의로 변화하였다. 셋째, 여가의 사회적 위치도 노동의 보상적 차원에서 노동의 대가로 누리는 것에서 인간의 권리로 인정받게 변화하였다. 넷째, 여가의 평가기준도 변화하였다. 도덕적인 사회가치의 기준에서 향락적인 인간가치의 기준으로, 노동재생산적 여가 중시에서 자기실현적 여가 중시로, 지역과 집단의 공헌도에서 개인적 성취의 공헌도로 바뀌었다. 다섯째, 여가의 실태도 변화하였다. 전통적 · 폐쇄적 · 계급적 여가에서 자유방임적 · 개방적 · 대중적 여가로, 통제적 · 권위적 · 우월적 여가에서 자율적 · 오락적 · 평등적 여가로, 여가의 계급적 분화에서 여가의 계급평준화로 바뀌었다. 여섯째, 여가에 대한 일반적인 견해도 부정적이고 비관적인 입장에서 긍정적이고 낙관적인 입장으로, 사회문제에서 문화적 필요로 바뀌었다. 끝으로 여가의 현상학적 특성도 변화하였다. 계몽적, 교육적 활동에서 향락적, 자기지향적 활동으로, 지역중심의 여가활동에서 가족중심의 여가활동으로, 일종의 활동양식에서 일종의 생활양식으로 바뀌었다. 이와 같이 산업사회와 후기 산업사회의 관점의 차이를 정리한 것이 〈표 7.1〉과 〈표 7.2〉이다.

오늘날의 여가문화는 대중문화이다. 대중문화(popular culture)는 문화의 생산과정에 초점을 둔 개념인 예전의 대중문화(mass culture)가 아니라 문화의 소비와 수용과정에 초점을 맞춘 개념이다. 대중문화는 다수의 사람들이 소비하고 향유하는 문화라는 관점에서 접근해야 하며 어떤 문화든지 그것이 대중의 삶 속에 존재하고 대중에 의해 수용되지 않으면 대중문화로서의 가치가 없는 것이다. 대중문화는 음악, 문학, 연극 등의 예술분야와 스포츠 그리고 여가 등을 포함한다. 현대의 대중문화가 여가와 밀접한 관련을 맺고 있는 것은 대중문화가 종전의 시대보다도 여가의 증가를 배경으로 하고 있기 때문이다. 과학기술의 발달로 노동시간이 단축되고 생산성이 향상되었으

표 7.1 산업사회와 후기 산업사회에서의 관점 차이

항목	산업사회	후기 산업사회
생활공간의 비중	일, 집단생활	여가, 개인생활
주요 관심사	일, 직무, 생산	여가, 가족, 소비
자기확인의 기반	일, 직업, 노동	자유시간, 여가, 휴식
몰두사항	일, 사회적 의무	여가, 자기실현
일반적 가치기준	일중심의 업적주의, 금욕주의	여가중심의 향락주의, 욕구충족
생활욕구의 기조	생리적, 경제적 욕구	정신적, 인간적 욕구
일과 여가 간의 관계	여가의 일화, 일을 위한 여가	일의 여가화, 여가를 위한 일

출처: 곽한병(2005). 여가문화론. p.232.

표 7.2 산업사회와 후기 산업사회에서의 여가

항목	산업사회	후기 산업사회
여가의 본질	수단적 가치	자기충족적 가치
여가의 방향	주지주의	쾌락주의
여가의 사회적 위치	노동의 대가	인간의 권리
여가의 평가기준	도덕적, 사회적 가치 노동재생산적 여가 중시 지역 · 집단의 공헌도	향략적, 인간적 가치 창조적 · 자기실현적 여가 중시 개인적 성취의 공헌도
여가실태	전통적, 폐쇄적, 계급적 통제적, 권위주의적, 우월적 여가의 계급적 분화	자유방임적, 개방적, 대중적 자율적, 오락적, 평등적 여가의 계급평준화
여가의 향유계층	유한계급과 특권계급	일반 대중
여가의 일반적 견해	부정적, 비관적 사회문제로서의 여가	긍정적, 낙관적 문화적 필요로서의 여가
여가현상	계몽적, 교육적 활동 신사형, 숙녀형 여가 여가활동 공간의 협소 지역중심의 여가활동 세대 간의 격차 존재 일종의 활동양식	향락적, 자기지향적 활동 자기표현형, 자기확인형 여가 여가활동 공간의 광역화 가족중심의 여가활동 세대 간의 격차 축소 일종의 생활양식

출처: 곽한병(2005). 여가문화론. p.225.

며 나아가 여가의 증대를 가능하게 하였다. 여가의 증대는 우리의 생활에 변화를 가져왔다.

여가와 함께 우리가 쉽게 누릴 수 있는 대중문화는 음악과 춤이다. 음악은 뇌와 다리에 동시에 작용한다. 음악에 따라 몸을 움직이는 것은 자연스러운 일이다. 춤을 많이 추는 아이들은 공간적 사고력이 더 뛰어나고 또 다른 여러 가지 사회적 능력에서도 그렇지 않은 아이들보다 더 좋은 성과를 보인다. 심근경색이나 뇌졸중 환자의 재활치료에 춤보다 더 건강한 방법은 없다. 춤은 수명연장에도 도움이 되지만 노년의 삶에 활력을 불어넣어 준다. 수수께끼 풀기나 독서 혹은 다른 각종 운동들보다 춤은 훨씬 효과가 좋은 방법이다. 그 이유는 춤이 우리에게 다양한 차원의 여러 가지 동작을 요구할 뿐만 아니라 무엇보다도 커다란 기쁨을 주기 때문이다. 춤을 추려면 자신의 몸뿐만 아니라 다른 사람의 몸과도 함께 움직이며 새로운 스텝을 배우고 각종 동작을 익혀야 한다. 이런 방식으로 사람들과 나누는 교제는 우리 기분을 밝게 해주며 춤을 출 때 즐거운 음악을 함께 듣는 것도 우리를 더욱 행복하게 해준다.

활동하기

『행복의 공식』을 쓴 슈테판 클라인(Stefan Klein, 2006)은 행복에 대한 방대한 연구를 통해서 많은 지식을 얻고 난 뒤에 본인의 삶에 어떤 변화가 왔느냐는 질문에 "예전보다 운동을 더 많이 한다"고 대답했다.

• 운동

현대사회는 고혈압, 동맥경화, 심장병, 뇌졸중, 당뇨병 등 우리가 성인병이라고 부르는 많은 질병이 만연해 있다. 이러한 성인병 발병의 최대 원인은 운동부족과 영양과다섭취이다. 운동부족과 영양의 과다섭취가 반복되면 체내에 에너지원이 과도하게 축적되고 여분의 에너지원은 지방으로 변하여 신체에 축적된다. 지방의 일부분은 콜레스테롤(cholesterol)로 변하여 혈관, 특히 동맥혈관 벽에 쌓여 동맥경화를 일으킨다. 동맥경화가 발생하면 혈관이 좁아지기 때문에 고혈압이 진행된다. 고혈압과 함께 동맥경화가 계속 진행되면 최종적으로 혈관이 막혀 혈액을 통하여 산소와 영양분을 운반할 수 없기 때문에 세포가 죽게 된다. 그런데 동맥경화는 우리의 인체에서 가장 중요한 심장이나 뇌의 동맥혈관에서 주로 발생한다. 심장혈관이 막히면 심장병(heart disease)이 되고, 뇌혈관이 막히면 뇌졸중(stroke)이 된다.

최근 의학의 눈부신 발전에도 불구하고 성인병 환자가 줄지 않고 있다. 왜냐하면 성인병은 다른 질병과는 달리 약으로 좀처럼 치료가 되지 않기 때문이다. 그러나 운동을 적절하게 지속하면 예방과 개선이 가능하다. 널리 알려진 바와 같이 매년 사망원인 1위로 꼽히는 것은 암이고, 2위와 3위를 차지하는 것은 심장병과 뇌졸중이다. 성인병의 대표적인 심장병과 뇌졸중은 운동부족과 매우 관계가 깊다. 다시 말해서 운동을 하면 심장병과 뇌졸중을 예방할 수 있고 심장과 뇌의 건강을 개선할 수 있다. 나아가 보다 행복한 삶을 영위하는 것이 가능해진다.

여가활동 중에서 운동은 중요한 신체활동이다. 운동(physical exercise)은 우리의 신체적 건강과 심리적 건강을 높여주고, 행복감을 고취시켜 준다. 운동을 하면 지방이 연료로 사용된다. 지방을 연소시키기 위해서는 산소가 필요하기 때문에 운동은 산소를 섭취하는 데 관여하는 호흡계와 순환계를 활발하게 자극한다. 이런 이유로 운동을 규칙적으로 하면 혈관에 콜레스테롤이 축적되는 것을 막을 수 있을 뿐만 아니라 축적된 콜레스테롤을 제거하여 혈관탄성을 높이고 모세혈관의 수를 증가시킬 수 있다.

운동은 에너지대사의 양식에 따라서 유산소운동과 무산소운동으로 나눌 수 있다. 탄수화물과 지방을 산소로 연소시켜 에너지를 생산하는 운동을 유산소운동(aerobic exercise)이라고 한다. 흔히 조깅이라고 하는 천천히 달리기, 워킹이라고 하는 빠르게 걷기, 장거리 달리기, 자전거 타기, 수영, 크로스컨트리 스키, 등산 등이 바로 유산소운동에 해당한다. 낮은 강도로 장시간 지속할 수 있는 운동이 유산소운동이다. 한편 우리는 비상시를 위하여 산소가 필요 없는 상태에서도 운동에 필요한 에너지를 생산할 수 있는 능력을 갖고 있어야 한다. 이런 운동을 무산소운동(anaerobic exercise)이라고 한다. 단거리 달리기, 씨름, 역도, 육상, 투포환 등과 같이 시합 중에 호흡을 거의 하지 않고 짧은 시간에 끝내는 고강도의 운동이 무산소운동이다. 건강에 좋은 운동은 지방이나 산소를 사용하는 유산소운동이다. 무산소운동은 지방과 산소를 사용하지 않고 신체에 커다란 부담을 주기 때문에 경우에 따라서는 건강을 해치기도 한다.

4개월간의 유산소운동은 4개월간의 항우울제 졸로프트(zoloft)를 복용하는 것만큼이나 우울증 치료에 효과가 있었고, 재발 가능성도 더 낮은 것으로 나타났다. 또한 운동이 훨씬 비용이 덜 들고 몸이 뻐근하다는 점만 빼면 대체로 부작용도 없다. 신체적 활동은 건강과 웰빙에 여러 가지 유익한 영향을 준다. 신체적인 활동은 불안과 스트레스를 감소시키고 다양한 원인(특히 심장병이나 암)에 의한 사망으로부터 보호해주며, 당뇨병, 직장암, 고혈압 등의 발병 위험성을 줄여주고 뼈와 근육과 관절을 강화시켜줄 뿐만 아니라 삶의 질을 높여준다. 또한 운동은 숙면을 취하게 해주며, 노화와 더불어 찾아오는 인지적 손상으로부터도 보호해주고, 체중조절에도 도움이 된다. 운동은 모든 활동 중에서 행복을 증진시키는 데 가장 즉각적으로 효과가 있다.

신체활동은 '휴식할 때 소모되는 수준 이상의 에너지 소모'라고 정의된다. 따라서 신체적 활동범위는 활짝 열려있으며 선택대상도 무수히 많다. 축구, 야구, 농구, 배구, 테니스, 배드민턴 등과 같이 여럿이서 같이 하는 것부터 달리기, 수영, 스키, 스케이트, 등산 등과 같이 혼자서 할 수 있는 것까지 매우 다양하다. 일반적으로, 건강을 위해 운동할 때는 심장박동수가 분당 120회 이상으로 30분 정도 지속되어야 에너지 소모가 제대로 이루어진다. 운동전문가들은 대개 최대 심장박동수를 계산하고 그 수치의 65%에서 80% 수준에서 운동을 하라고 조언한다. 최대 심장박동수를 가장 간단히 계산하는 방법은 220에서 자기의 나이를 빼는 것이다. 만약에 32세라면 최대 심장박동수는 분당 188회이고 운동을 할 때 목표로 해야 하는 범위는 분당 122회에서 150회이다.

운동을 시작하면 처음 며칠 동안은 운동하기가 그렇게 어렵지 않다. 처음에는 의욕이 강하기 때문이다. 하지만 시간이 좀 지나면 게을러진다. 이때 게으름에 굴복하지 않고 3주일 정도 꾸준히 운동을 하면 우리 몸에 새로운 행동패턴이 학습된다. 그때부터는 조깅해야 한다고 자신에게 강요하지 않아도 몸이 알아서 조깅하고 싶어 한다. 조깅하는 사람들은 누구든 30km만 달리고 나면 그 전까지 상상도 못했던 행복감을 맛보게 된다. 문제는 30km를 쉬지 않고 단번에 달려야 한다.

출산과 마라톤은 더 없이 강력한 행복한 순간을 맛보게 한다. 물론 모든 일이 끝난 다음에 말이다. 아직 진행 중일 때 당사자들의 얼굴에 나타난 표정만 보면 행복과는 아주 멀찌감치 떨어져 보인다. 하지만 달릴 때 머릿속은 겉보기와 달리 아주 상태가 좋다. 달리면서 동시에 이런저런 고민을 할 수 없기 때문이다. 똑같은 생각에서 좀처럼 벗어나기가 힘든 사람에게 달리기는 최상의 처방이다. 달리면 금세 잡념들이 활동을 멈춘다. 이것은 게임을 하는 동안 삶의 의미에 대해 고민하는 사람이 없는 것과 비슷하다. 운동할 때 우리 몸은 격렬하게 활동하지만 정신은 점점 더 차분히 가라앉는다. 달리는 동안은 고민도 없고 해야 할 일도 없다. 그냥 계속 달릴 뿐이다.

자주 달리는 사람에게는 심지어 새로운 뇌세포가 자라나기도 한다. 운동을 열심히 하면 천연 항우울제로 알려진 '신경성장인자 유도성 단백질'인 VGF가 만들어진다는 것은 이미 증명된 사실이다. VGF는 알츠하이머병이나 정신력 쇠퇴와 관련된 다른 질병들을 예방해준다. 운동이 구체적으로 어떤 방식으로 정신건강에 도움이 되는지는 학자들 사이에서도 논란이 되고 있다. 체온을 높이기 때문인지, 엔도르핀이나 대사전달물질

세로토닌 때문인지, 아니면 단순히 자존감이 상승하기 때문인지 말이다. 어쩜 이 모든 것들이 다 함께 작용해서 그럴 수도 있다. 분명한 것은 운동이 우울증에 좋다는 사실이다. 운동을 시작하는 순간 우리는 나도 마음만 먹으면 달라질 수도 있다는 감정을 얻게 된다. 경미한 우울증에는 밖으로 나가 햇빛을 받으며 운동하는 것이 약을 먹고 소파에 누워 부작용만 기다리는 것보다 훨씬 낫다. 우울증 치료제가 없던 시절에는 정신병원에 농장을 만들어 환자들이 모두 힘을 합해 일을 하도록 처방하는 경우가 많았다.

물론 활기찬 사람도 휴식을 취할 시간이 필요하다. 깨어 있는 동안 아무리 활동적이고 활력 있고 성공적으로 지내더라도 적당한 시간의 수면을 취하지 못하면 기분, 에너지, 각성, 수명과 건강 면에서 손상을 입게 된다. 매일 한 시간만 더 잘 수 있다면 '잠이 부족한' 우리 사회가 훨씬 더 건강하고 행복해질 것이다.

여행

여가를 육체적이거나 정신적인 회복과 발전이라는 측면에서 볼 때, 여행은 육체적인 측면보다는 정신적인 측면을 그리고 회복적인 측면보다는 발전적인 측면이 강조된 여가활동이다. 여행은 일상생활에서 벗어나 다시 돌아올 목적하에 이동하는 행위로서 인간의 기본욕구를 충족시키기 위한 경제적 소비를 하는 일시적 이동이며, 타지역이나 타국의 문물과 풍경을 접하고 즐김으로써 정신적 상태와 육체적 상태를 새롭게 하는 행위이다. 여행은 다음의 5가지 요건으로 정의할 수 있다. 첫째, 여행은 기본적인 관광욕구를 충족시키는 행위이다. 둘째, 일상적인 생활영역을 떠나는 공간적 이동행위가 필요하다. 셋째, 일시적 이동의 시간적 범위와 활동이 수반되는 공간적 범위가 필요하다. 넷째, 경제적 소비를 수반하여야 한다. 끝으로, 자유시간 내의 행위일 뿐만 아니라 자유재량껏 즐길 수 있는 시간이어야 한다.

여행은 새로운 자극을 찾아가는 것이다. 현대사회에서 자극에 대한 감수성은 자꾸만 낮아지고 있다. 자극에 대한 둔감화로 인하여 앞으로 모험여행이 갈수록 성행할 것으로 전망된다. 아마존 정글에서 래프팅하거나 극지방 탐험에 나서는 일이 흔해진다. 아마존에 사는 식인어 '피라냐'나 극지방의 강추위로부터 보호받을 수 있는 안전장치가 개발됨에 따라서 모험여행은 더욱 확산될 전망이다. 2005년에 미국의 모험여행 시장규모는 연간 2,200억 달러에 달하였고, 지난 5년간 미국 성인의 절반 정도인 9,800만 명이 모험여행을 즐겼다. 히말라야산맥과 코스타리카 래프팅 및 중남미 갈라파고스섬 원시림 탐험 등이 미국에서 인기를 얻고 있는 모험여행 상품이다.

등산

사람들이 등산을 하는 이유는 매우 다양하다. 그러나 그 이유가 무엇이든 산에 가면 심신이 건강해지고 상쾌해지는 것은 누구에게나 공통된 점이다. 등산은 특수한 기술을 필요로 하지 않고 자신의 체력에 따라서 즐길 수 있기 때문에, 자신에게 적절한 산을 선택하고 안전에 주의를 기울이면 누구에게나 좋은 운동이 된다. 산을 오르내리며 육체를 튼튼하게 하는 것과 정상에 올랐다는 정신적인 만족감을 주는 등산은 우리의 심신건강에 커다란 효과를 발휘한다. 구체적으로, 등산은 잡념을 없애주는 명상효과와 정화효과가 있고, 다이어트는 물론이고 심폐기능과 근력강화를 해주는 운동효과가 있으며, 스트레스뿐만 아니라 우울증까지도 해소해주는 스트레스 감소효과가 있다.

등산은 가장 이상적인 유산소운동이다. 운동을 시작한 직후에는 탄수화물의 연소비율이 높고, 지방은 별로 연소되지 않는다. 그러나 운동을 계속하면 점차로 지방의 연소비율이 높아진다. 지방은 저중강도의 운동을 장시간 지속했을 때 가장 쉽게 연소된다. 등산은 바로 이러한 타입의 운동이다. 또한 등산은 자주 저온 · 저산소의 산악환경에서 이루어지는데 이러한 환경에서는 보통 환경에 비해서 지방의 연소가 높다고 알려져 있다. 따라서 등산은 지방을 연소시키기 좋은 운동이다.

등산은 건강뿐만 아니라 장수에도 도움이 된다. 잘 알려진 장수촌은 히말라야, 안데스, 카프카스 등 1,000m에서 2,000m로 표고가 높은 지방에 있으며, 그곳 사람들은 농사나 목축 등의 육체노동을 하고 있고, 영양섭취량이 적다는 3가지 공통점을 가지고 있다. 이러한 조건은 등산과 매우 비슷하다. 등산은 산을 오르는 행위이기 때문에 당연히 높은 고도에서 활동이 이루어지고, 오르막길과 내리막길을 무거운 배낭을 지고 하루종일 걸어가는 경우에는 농사나 목축 등의 육체노동과 에너지 소모가 비슷하며, 짊어질 수 있는 배낭의 무게가 제한이 있기 때문에 식사량도 적어질 수밖에 없다. 이런 유사성에 비추어 볼 때, 등산을 즐기는 것은 장수의 길을 가는 것이다.

등산은 신체건강뿐만 아니라 정신건강에도 좋다. 즐거운 등산은 일상사의 피로로 찌든 심신을 새롭게 할 수 있다. 아울러 험난한 산에 오르면서 힘든 과정을 이겨내면 커다란 성취감을 얻게 된다. 특히 위험을 동반한 겨울산이나 암벽등반을 한 경우에는 죽음과 맞서 싸우면서 오히려 살아 있다는 쾌감을 강하게 느낄 수도 있다. 더욱이 다른 사람들과 동행을 하면서 등정하는 과정을 통하여 우리는 인생에서 가장 중요한 건강과 우정을 얻을 수 있는 소중한 경험을 할 수도 있다.

신체활동이 행복을 주는 이유

왜 신체활동이 사람들을 더 행복하게 해줄까? 첫째는 자존감과 정복감을 들 수 있다. 운동이나 체력단련 훈련을 하면 스스로 자신의 몸과 건강을 조절하고 있다고 느끼게 된다. 무엇인가 '더 빨리, 더 멀리, 더 강하게' 점점 더 잘하게 되는 자신을 보면 자신이 가치 있고 능력 있다는 것을 확실하게 느낄 수 있다. 둘째는 신체활동이 근심이나 생각을 반추하는 것을 몰아내서 긍정적인 기분으로 전환시켜줄 뿐만 아니라 몰입을 체험할 가능성도 높여준다. 운동은 본질적으로 스트레스를 받는 일상으로부터 휴식으로 작용하며, 그 이후로도 몇 시간 동안 긍정적인 효과를 미친다. 셋째로, 다른 사람들과 함께 운동을 하면 사회적인 접촉의 기회가 생기기 때문에 사회적 지원이 확대되고 우정이 돈독해지기도 한다. 또 외로움과 고립감이라는 짐을 벗을 수 있다. 넷째, 운동이 기분을 좋게 해주는 효과의 근원은 생리적인 것일 수도 있다. 운동을 하면 심혈관계의 지구력이 좋아지고 유연성과 힘이 증가되는 등 신체적으로 단련되는 데서 오는 부차적인 유익함도 경험하게 된다. 전보다 더 무거운 것을 들어 올리고 더 빨리 걷고 노화로 인한 건강문제를 피해갈 수 있다. 이런 효과만으로도 더 행복해질 수 있다. 실제로 운동은 프로작(prozac, 우울증 치료약)의 효과와 유사하게 세로토닌(serotonin)이라는 물질의 분비를 증가시켜 준다.

휴식하기

수면

휴식하기의 첫 번째 방법은 잠을 자는 것이다. 우리가 숙면이라고 부르는 건강한 수면은 세 부분으로 구성되어 있다. 꿈꾸는 시간 20%, 깊게 잠자는 시간 20%, 얕게 잠자는 시간은 60% 비율로 반복하게 된다. 건강한 수면이 되기 위해서는 적절한 수면시간으로 충분히 피로를 해소시킬 수 있어야 하는데, 수면효과를 높이기 위해서는 밤 11시 이전에 취침하여 6~8시간의 수면을 취하는 것이 좋다. 낮잠은 오래 자면 잘수록 두통이 심해지고 오히려 피로가 쌓이는 것으로 느껴지며 늦게 취침할 때에도 수면효과는 떨어지게 된다.

잠을 자면서 꿈을 꾼다는 것은 잠을 자고 있는 동안에도 우리가 사고하고 있다는 점을 시사한다. 꿈을 기억할 수 있다는 사실로부터 우리는 수면 동안에 기억을 형성할 수 있다는 점도 알 수 있다. 이처럼 수면은 휴식을 취하는 것이지만 아무런 활동이 없는 상태가 아니다. 어떤 사람은 잠을 자는 동안에도 걸어 다닌다. 잠을 자는 사람이 잠자는 동안 그들의 환경에 완전히 둔감한 것도 아니다. 아기의 울음소리를 듣고 엄마는 금방 깨어난다. 또한 수면은 전적으로 무계획적인 것도 아니다. 사람들은 주어진 시간에 맞추어 깨어나서 다른 일을 하기도 한다.

수면단계

뇌의 전기적 변화를 도표로 기록하거나 뇌의 전기적 파형을 기록할 수 있다. 사람들이 보여주는 뇌파를 기록한 것을 뇌전도(EEG : Electro Encephalo Gram)라 하는데, 전극이 놓인 대뇌피질 표면에 있는 수천 개나 되는 뉴런들의 빠르게 변하는 평균 전위를 나타내 줌으로써 수면연구에 대단히 유용하게 사용되고 있다. 뇌파의 패턴을 분석해 보면 수면에는 5단계가 있음을 알 수 있다. 사람들이 깨어서 눈을 감고 쉬고 있을 때는 8~12Hz까지의 규칙적 모습의 뇌파를 특징적으로 보여주는데, 이를 알파(alpha)파라고 한다. 1단계 수면으로 들어가면 뇌파는 약간 불규칙적인 모습으로 바뀌고 진폭도 줄어든다. 2단계 수면에 들어가면 12~16Hz의 짧은 리드미컬한 반응의 방추모양의 파형이 나타난다. 1단계와 2단계의 뇌파를 세타(theta)파라고 한다. 제3단계와 제4단계의 깊은 수면에 들어가면 1~2Hz의 느린 파형이 특징인데 이 느린 파형을 델타(delta)파라고 부른다. 일반적으로 3단계와 4단계의 수면 동안에는 깊은 수면상태에 빠지기 때문에 잠자는 사람을 깨우기가 어렵다. 4단계에서는 자기의 이름과 같은 친밀한 사람의 이름이나 아기의 울음소리와 같은 개인적 자극에 의해서는 쉽게 깨어날 수 있지만 시끄러운 소리와 같은 방해자극에 의해서는 좀처럼 깨어나지 않는다. 수면의 5단계는 잠을 자면서 규칙적으로 눈을 빨리 움직이는 기간이 여러 번 나타나는데, 이를 시카고대학의 아세린스키(Aserinsky)와 클라이트먼(Kleitman)은 빠른 안구운동(REM : Rapid Eye Movement) 수면이라 하였다. REM 수면 동안 사람들은 꿈을 꾸게 된다. 앞서 4단계까지의 수면을 비 REM 수면(non-REM or NREM sleep)이라 한다.

NREM 수면 동안에는 안구운동이 없어지고 심장박동률과 호흡률이 현저하게 감소되며, 근육이 이완되고, 뇌의 대사율이 각성 상태에 비해 25~30% 정도로 감소된다. 이와는 대조적으로 REM 수면 동안에는 급속 안구운동이 10~20초 동안 폭발적으로 일어나며 심장 박동률이 증가하고 뇌의 대사율이 각성 시기에 비해 더욱 증가하게 된다. 더구나 REM 수면 동안 우리의 근육은 거의 완전하게 마비된다. 단지 심장, 횡경막, 눈 근육과 내장과 혈관근육과 같은 팽활근 근육만이 최소한의 활동을 한다. 요약하면, NREM 수면은 신체가 매우 이완된 상태로 있는 반면에, REM 수면은 뇌는 활성화되어 있지만 몸은 실제로 활동이 차단되거나 마비되어 있는 것이 특징이다.

수면주기의 패턴은 나이에 따라 달라진다. 예컨대 신생아는 총 수면시간 중 반 정도를 REM 수면으로 보낸다. 5살에 이르면 총 수면시간 가운데 REM 수면이 20~25% 정도로 줄어든 후 노인이 될 때까지 그대로 유지된다. 노인이 되면 REM 비율이 18% 또는 그 이하를 유지한다. 노인들은 제3단계나 제4단계의 깊은 수면을 적게 경험하며, 어떤 경우는 이런 단계의 수면이 아예 없어지기도 한다. 나이 든 사람들은 밤 동안 더 자주, 더 오랜 시간 동안 깨어 있다. 이처럼 사람들은 나이가 들어감에 따라 자연스럽게 불면증이 생긴다(Liu & Ancoli-Israel, 2006).

수면과 건강

만성 수면부족은 비만, 당뇨병, 심장병 위험을 증가시키는 것으로 알려져 있는데 그 이유가 바로 수면부족에 의한 신체활동 감소 때문이라는 연구결과가 나왔다. 독일 뤼베크대학의 세바스티안 슈미트(Sebastian Schmidt) 박사는 체중이 정상인 건강한 남자 15명에게 이틀은 4시간씩, 그 이후 이틀은 8시간씩 잠을 자게 하고 손목장치를 통해 하루 신체활동량을 측정한 결과, 수면을 제한한 날은 충분한 수면을 취한 날에 비해 신체활동량이 적은 것으로 나타났다고 밝혔다. 8시간 잔 날은 몸을 움직이는 시간의 25%가 강도가 높은 운동으로 채워진 데 비해 4시간 잔 날은 22%에 그쳤다.

발작수면(narcolepsy)을 가진 환자는 불가항력적인 수면발작이 되풀이되며, 편지를 쓴다거나 자동차를 운전하거나 대화를 하는 동안에도 금방 수면에 빠지고 만다. 강의를 하는 도중 학생이 잠을 자는 것은 정상적인 수면이지만, 교수가 강의 도중 잠이 든다면 발작수면인 것이다. 발작수면은 하루에도 여러 번 발생할 수 있으며 단 몇 초로부터 30분 동안 지속될 수 있다. 발작수면 환자는 낮 동안의 수면발작 때문에 직업을 유지하기가 어려우며 만약 발작이 왔을 때 자동차를 운전한다거나 기계를 조작한다면 몹시 위험할 수 있다. 약 1,000명 가운데 한 사람 정도가 발작수면으로 고생하고 있고, 잘 알려지지 않은 가벼운 발작수면 환자의 사례는 보다 많을 수 있으며, 발작수면은 유전되는 경향이 있다(Baumann, Bassetti, & Scammell, 2011).

무호흡증(apnea)은 잠자는 동안 호흡이 멈춰지는 것을 말한다. 대부분의 사람들은 매일 저녁 몇 번의 무호흡증을 경험한다. 그러나 심한 수면문제를 가진 환자는 매일 밤 수백 번의 증상이 나타나게 된다. 이럴 때마다 수면자는 호흡을 하기 위해 깨어나지만 이러한 깨어남은 너무나 짧아서 사람들은 이를 잘 인식하지 못한다. 무호흡증으로 고통받는 사람들은 매일 밤 12시간 이상을 잠자리에 들어 있지만, 그 이튿날까지도 졸려서 제대로 기능할 수 없고 대화 도중에 수면에 빠지게 된다(Vandeputte & de Weerd, 2003). 수면 무호흡증은 노인들에게서 흔하다. 수면제 복용은 각성을 힘들게 하여 무호흡증의 기간을 연장시켜 뇌에 산소결핍을 일으켜 치명적인 영향을 미칠 수 있다.

하루 6시간보다 적게 자면 요절할 수도 있다는 연구결과도 있다. BBC는 4일 영국과 이탈리아의 연구결과를 인용해 25년 동안 정기적으로 하루 6시간 미만의 수면을 취한 사람은 하루 6~8시간 잠을 잔 사람보다 향후 25년 내에 사망할 확률이 12% 더 높다고 전했다.

고독한 사람들과 정상인을 대상으로 실험실과 일상생활을 하는 집에서 수면양상을 분석한 결과(Cacioppo, Harkley, Crawford, Ernst, Burleson & Kowalewski, 2002)에 의하면, 고독한 사람들의 수면효율성이 정상인에 비해서 현저히 떨어지는 것으로 나타났다. 전체 수면시간에서는 차이가 없으나, 숙면을 취하지 못하고, 깨어 있는 시간이 길어서 충분한 휴식을 취하지 못하는 것이다.

• 명상

명상(meditation)은 무언가에 마음을 집중시키는 일을 가리킨다. 명상은 다양한 정신 질환과 신체질환 특히 높은 수준의 스트레스가 야기하는 질환을 겪고 있는 사람들을 위한 치료수단으로 광범위하게 연구되어 왔다(Baumgardner & Crothers, 2009). 그런 문제들에는 정신 · 신체장애, 심혈관장애, 천식, 고혈압, 만성통증, 암, 공황발작, 불안, 공포, 그리고 섭식장애 등이 포함된다.

명상은 주의를 한곳에 집중하여 마음을 청정하게 만들고 나아가서 삶에 대한 통찰에 이르게 하는 영적인 수행방법 중의 하나인데, 크게 집중명상과 관찰명상으로 구분할 수 있다.

집중명상

집중명상(samatha)은 주의를 지속적으로 한곳에 집중하는 방법으로서 흔들리지 않는 평온한 마음상태를 경험하고 계발하는 것을 목표로 한다. 집중명상은 몸과 마음을 안정시켜 심리적 건강과 신체적 건강에 도움이 된다. 깊은 집중명상을 통해서 자아와 세계의 경계가 사라지는 초월적 의식상태를 체험함으로써 우리의 존재와 삶에 대한 나름대로의 통찰에 이를 수도 있다.

관찰명상

관찰명상(vipassana)은 변화하는 의식과 현상에 의식을 집중하여 있는 그대로 바라보며 알아차리는 방법으로서 흔히 마음챙김 명상(mindfulness meditation)이라고 불리고 있다. 마음챙김 명상은 주의를 내면으로 집중하여 자신의 마음에 떠오르는 모든 현상을 있는 그대로 알아차리는 방법이다. 마음챙김은 경험의 현시점에 초점을 맞추는 현재중심적 주의집중으로 현재의 경험을 수용적으로 자각하여 알아차리는 것이다. 마음챙김은 과거를 곱씹거나 미래에 대한 불안과 소망적 사고에 사로잡히기보다는 현 시점에 초점을 맞추는 것을 의미한다. 이 말은 현재를 살아가는 것을 의미하는 것이고, '몰입경험'과 유사하다(Brown & Ryan, 2003).

마음챙김의 반대가 마음놓음이다. 마음놓음(mindlessness)은 제정신이 아니라거나 무모하다는 것을 의미하는 것이 아니라, 현시점에서 일어나고 있는 것을 자각하지 못하는 의식상태를 지칭한다. '지금 이 순간에' 일어나고 있는 것보다 '규칙과 일정한 순서가 지배하는' 상태이다. 책을 읽거나 다른 사람과 대화를 하면서도 마음은 자신의 생각, 정서, 걱정거리, 관심사, 미래에 대한 불안 또는 과거사를 곱씹는 데 빠져있는 것과 같다.

성공적인 목표추구는 상당한 정도의 끊임없는 주의집중, 즉 마음챙김을 함으로써 목표를 향한 진행을 모니터링하고, 필요한 조정을 가하며, 목표달성을 위한 노력이 흩뜨려지기보다는 집중된 채로 남아 있는 것을 필요로 한다. 또한 마음챙김은 자기결정적이고 자율적인 행위에 도움을 줄 수 있다.

마음챙김 명상의 주요한 특징은 현재의 자기경험을 관찰하되, 판단하지 않고, 평가하지 않고, 수용적 자세로 관찰에 임하는 것이다. 마음챙김 명상에서는 어떤 것에 대한 관찰이든 주의 깊게 지속적으로 변화를 관찰한다. 이러한 꾸준한 관찰을 통해서 몸과 마음에서 일어나는 자기경험의 세밀한 속성과 변화를 알아차리게 된다. 이를 통해서 자기이해와 자기통제가 증진될 뿐만 아니라 삶의 본질에 대한 통찰에 이를 수 있다. 현재의 자기경험을 세밀하게 관찰하게 되면, 매 순간의 경험이 항상 새롭고 신선하게 느껴진다. 항상 새롭게 펼쳐지는 우리 자신의 내면적 드라마는 흥미로울 뿐만 아니라 경이롭게 느껴지기까지 한다. 이를 탈친숙화(defamiliarizing)라고 한다. 이러한 탈친숙화는 매 순간의 자기경험에 대해서 신선함을 느끼게 만들기 때문에 삶에 대한 생동감을 느끼게 한다.

행위양식과 존재양식

인간의 삶의 양식에는 행위양식과 존재양식 두 가지가 있다(Segal, Williams & Teasdale, 2002). 행위양식(doing mode)은 목표지향적이고 목표의 성취를 위해 행위에 몰두하게 만든다. 이러한 행위양식은 현실과 목표의 괴리를 인식할 때 촉발된다. 어떤 것이 있어야 하는 상태에 있지 못한다고 느낄 때, 즉 자신이 원하는 것 또는 당연히 그래야 하는 것과 현실 간의 괴리를 느낄 때 행위양식이 촉발된다. 행위양식에서 마음은 현재에 머무르지 못하고 과거로 또는 미래로 분주하게 옮겨 다닌다.

존재양식(being mode)은 주의의 초점은 모든 것을 있는 그대로 '수용(accept)'하고 어떤 변화도 바라지 않으면서 있는 그대로 '허용(allow)'하는 것에 맞추어진다. 존재양식에서는 마음이 현재에 머무르며 다른 곳으로 옮겨 다니지 않는다. 그저 순간순간의 경험을 처리하는 데에 전념할 뿐이다. 즉, 현재의 경험을 충분히 자각하고 현재의 순간에 충분히 존재하고자 한다.

마음챙김 명상은 이러한 행위양식에서 존재양식으로의 점진적인 변화를 유발한다. 마음챙김 명상을 통해서 점차 존재양식으로 변화하게 됨에 따라 현재의 상태를 있는 그대로 수용할 뿐만 아니라 허용하게 되고 자신의 사고와 감정을 마음속에 나타났다 사라지는 하나의 사건으로 여기면서 이러한 경험을 새롭고 신선한 것으로 받아들일 수 있게 된다면, 심리적 평온과 자유를 누릴 수 있을 것이다(권석만, 2006).

독서

독서는 여가와 함께 할 수 있는 좋은 휴식이다. 모든 것은 좋은 책 속에 담겨 있다. 우리는 독서를 통하여 건강하고 행복하게 살아가는 노하우를 배울 수 있다. 독서는 한 개인의 일생을 변화시키고 운명을 바꾸어 놓을 수 있을 만큼 강한 영향력을 가지고 있다. 특히 지적 호기심이 강하고 감수성이 예민한 청소년기에 좋은 책을 읽는 것은 참으로 소중하고 값진 경험이다. 독서는 올바른 삶을 보여주고 인도해주는 정신적 행위이고, 정서적 체험이며, 교양적 체험이다. 예를 들어, 미국 16대 대통령 에이브러햄 링컨(Abraham Lincoln)은 헤리엇 엘리자베스 비처 스토(Harriet Elizabeth Beecher Stowe) 부인이 쓴 『톰 아저씨의 오두막*(Uncle Tom's Cabin)*』을 읽고 깊은 감명을 받아 노예해방을 결심하였다고 한다.

독서는 우리에게 영감적 가치 · 정보적 가치 · 오락적 가치뿐만 아니라 치유적 가치를 제공한다.

첫째, 독서는 우리에게 영감(inspiration)을 준다. 책을 읽으면서 펼치는 상상의 날개와 상상력의 세상은 우리에게 새롭고 특별한 영감을 불러일으켜 준다. 창의성이 중요시되는 현대사회에서 창의성의 토대는 책, 특히 인문학 서적에 대한 폭넓은 독서를 통하여 현실화될 수 있다. 시간과 공간을 뛰어넘는 독서는 우리를 인생경험이 풍부한 인간으로 만들고 현실적으로 당면하는 여러 가지 문제에 적응할 수 있도록 도움을 준다. 독서는 보다 나은 삶의 지혜와 현명함을 얻을 수 있도록 도와준다.

둘째, 독서는 우리에게 정보(information)를 준다. 인터넷에 기반을 둔 지식정보화사회인 오늘날에도 책을 통한 정보 습득은 유효하다. 진정으로 중요하고 깊이 있는 정보와 지식은 책 속에서 찾아볼 수 있다. 독서를 통한 정보와 지식의 습득은 우리가 문화적 가치를 체험하도록 해줘서 참과 거짓, 선악, 아름다움과 추함 등과 같은 가치판단의 기준과 능력을 부여해준다.

셋째, 독서는 우리에게 오락(recreation)을 준다. 책은 수많은 오락거리로 가득하다. 책은 게임이나 오락보다 더 많은 것을 담고 있다. 관심 있는 주제에 대한 책을 읽는 것만큼 우리를 즐겁고 행복하게 만드는 것은 없다. 아마도 누구나 만화나 무협소설 혹은 판타지에 흠뻑 빠져 본 경험을 갖고 있을 것이다. 책은 우리가 다양하고 수많은 삶을 살 수 있도록 도와준다.

끝으로, 독서는 우리를 치유(healing)해 준다. 독서는 우리의 인격형성에 매우 중요한 역할을 한다. 독서를 통하여 우리의 마음을 충분히 보듬고 감싸고 행복하게 만들 수 있다. 우리는 독서를 통하여 책 속에 있는 다양한 사람들과 우리 자신을 동일시(identification)하거나 우리 자신이 가지고 있는 문제를 정화(catharsis)하거나 새로운 삶에 대한 통찰(insight)을 얻을 수 있다.

향유하기

행복은 생활 속에서 즐거운 경험들을 통해 체험되는 것이다. 행복한 삶을 위해서는 실패나 역경을 잘 극복하는 것도 중요하지만 성공이나 성취를 잘 즐길 수 있어야 한다. 행복 증진을 위해서는 생활 속에서 만나게 되는 긍정적인 경험들을 음미하며 향유하는 것이 중요하다.

향유하기의 의미

겸손과 절제를 중시하는 문화권에서는 우수한 성과를 다른 사람의 탓으로 돌리거나 행복감의 표현을 자제해야 하는 경우가 많다. 또한 긍정적인 경험을 하더라도 이를 잘 자각하여 즐기지 못할 뿐만 아니라 부정적인 생각으로 즐거움을 냉각시켜 버리곤 하는 사람들이 많다. 향유하기(savoring)는 긍정적인 경험을 자각하여 충분히 느낌으로써 행복감이 증폭되고 지속되도록 의도적인 노력을 기울이는 것이다. 이는 '음미하기'라고 번역될 수도 있다. 대처하기(coping)는 부정적 경험에 대응하기 위한 노력인 반면, 향유하기는 긍정적 경험에 대응하기 위한 노력이라고 할 수 있다.

긍정적 경험을 향유하는 경향은 습관적인 것으로서 개인마다 상당한 차이가 있다. 향유경향은 상당히 안정된 개인적 특성으로서 측정될 수 있다. 향유경향이 높은 사람일

수록 삶의 만족도와 행복도가 높았으며 낙관적이었고 덜 우울했다. 향유하기는 긍정정서의 경험을 증가시키고 부정정서를 감소시킴으로써 행복감을 고양시킬 뿐 만 아니라 심리적 · 신체적 건강을 강화한다.

향유경험의 4가지 유형

브라이언트와 베로프(Bryant & Veroff, 2007)에 따르면 향유경험은 크게 세계초점적 향유와 자기초점적 향유로 나눌 수 있고, 향유경험의 과정은 인지적 성찰과 체험적 몰입으로 구분할 수 있다. 세계초점적 향유(world-focused savoring)는 외부대상을 긍정적 느낌의 원천으로 지각하는 경우이다. 자기초점적 향유(self-focused savoring)는 긍정적 느낌의 원천을 자기 자신 또는 자신의 특정한 측면(육체, 성격, 행동, 능력 등)으로 지각하는 경우이다.

인지적 성찰(cognitive reflection)은 긍정적 느낌을 상위 관점에서 관찰하고 정교화하며 의미를 부여하는 과정을 의미한다. 반면에 체험적 몰입(experiential absorption)은 상위 관점에서 관찰하기보다 긍정적 느낌에 자신을 맡기고 푹 빠져서 그러한 느낌을 충분히 체험하는 과정을 뜻한다.

표 7.3 향유경험의 4가지 유형

구분	인지적 성찰	체험적 몰입
세계초점적 향유	감사하기(고마움)	감탄하기(경외감)
자기초점적 향유	자축하기(자긍심)	심취하기(즐거움)

출처: 권석만(2008). 긍정심리학. p.434.

첫째, 감사하기(thanksgiving)는 자신에게 긍정적인 경험을 제공해 준 대상에 대해서 고마움을 느끼는 것이다. 자신의 행복에 대해서 감사함을 느낄 뿐만 아니라 그에 기여한 사람이나 환경에 감사함을 느끼고 표현하는 것을 의미한다. 이를 위해서는 긍정경험의 원천에 대한 인지적 과정과 외적 귀인이 필요하다.

둘째, 감탄하기(marveling)는 긍정적인 경험에 몰입하는 동시에 그러한 경험을 제공한 대상에 대해서 경외감 또는 경이로움을 느끼는 것이다. 긍정경험을 새롭고 놀라운 것으로 여기며 감동하거나 감탄하는 것이다.

셋째, 자축하기(basking)는 긍정경험과 성취에 대해서 스스로 축하와 칭찬을 하게 됨으로써 자긍심이 증폭된다. 긍정경험에 대해서 스스로에게 따뜻한 축하와 칭찬을 함으로써 행복감이 증진될 수 있다. 충분한 자격을 갖추고 누릴 수 있는 행복감을 최대한 즐기는 것이다.

끝으로, 심취하기(luxuriating)는 긍정경험에 수반하는 신체적 쾌감과 정서적 흥분을 자세하게 다각적으로 체험하며 만끽하는 것을 의미한다. 심취하기를 통해서 긍정체험이 세밀하고 풍부해질 뿐만 아니라 오랜 기간 연장될 수 있다.

향유하기의 다양한 방식

즐거운 경험을 하는 동안 사람들이 사용하는 향유하기는 다양한 방식으로 이루어질 수 있다(Bryant & Veroff, 2007). 첫째, 다른 사람과 공유하기(sharing with others)이다. 이것은 자신의 긍정적 경험을 다른 사람에게 이야기하며 기쁨을 함께 나누는 방법이다. 둘째, 기억을 잘 해두기(memory building)는 긍정적인 경험을 나중에 잘 회상할 수 있도록 하는 것이다. 셋째, 자축하기(self-congratulation)는 긍정적 경험에 대해서 스스로 칭찬하고 축하하는 것이다. 넷째, 세밀하게 감각 느끼기(sharpening the sense)는 즐거운 경험에 주의를 기울이며 그 세부적인 내용과 요소들을 음미하는 것이다. 다섯째, 비교하기(comparing)는 다른 사람과의 사회적 비교나 과거와의 시간적 비교를 통해서 현재 자신의 긍정적 경험을 충분히 즐기는 것이다. 여섯째, 몰입하기(absorption)는 즐거운 경험에만 주의를 기울이며 다른 것에 대해서 생각하지 않는 것이다. 일곱째, 행동으로 표현하기(behavioral expression)는 기쁨을 느낄 때 큰 소리로 웃거나 노래를 부르거나 춤을 추는 등 신체적인 행동으로 표출하는 것이다. 여덟째, 일시성 인식하기(temporal awareness)는 이 순간의 소중함을 인식하며 경험을 깊이 음미하는 것이다. 지금 이 순간의 경험은 한 번 지나가면 결코 다시 경험할 수 없는 소중한 것이다. 아홉째, 축복으로 여기기(counting blessing)는 긍정적 경험을 행운이자 축복으로 생각하며 이에 감사한 마음을 지니는 것이다. 끝으로, 즐거움을 해치는 생각하기(kill-joy thinking)는 향유하기를 방해하며 행복감을 감소시키는 것이다.

향유하기를 통한 행복 증진

행복의 기준점에 대한 고려가 필요하다. 향유하기와 대처하기는 행복기준점이라는 어떤 범위 내에서 행복감을 증진하기 위한 의지적 활동이라고 할 수 있다. 향유하기는 긍정정서 경험을 증가시키기 위한 의도적 노력인 반면, 대처하기는 부정정서를 감소시키기 위한 의도적 노력이라고 할 수 있다.

행복에는 정답이나 왕도가 없다. 모든 사람을 확실히 행복하게 만들 수 있는 완벽한 사람은 없다. 긍정심리학자들이 제시하는 행복의 조건들을 개인마다 자신이 처한 삶의 상황에 적절하게 적용함으로써 자신이 그리는 행복한 삶을 스스로 창조해나가야 한다.

향유하기와 대처하기를 모두 증진할 수 있는 6가지 방법이 있다. 그 첫째는 사회적 지지망을 확대하고 강화하는 것이다. 둘째, 생활경험을 기록하는 것이 중요하다. 셋째, 행복감을 증진하기 위해서는 하향식 비교를 하는 것이 좋다. 넷째, 힘들 때나 즐거울 때나 유머감각을 잘 활용하는 것이 중요하다. 다섯째, 영성과 종교는 고난의 극복뿐만 아니라 삶에 대한 감사함과 축복감을 증진한다. 마지막으로, 인생의 무상함을 자각하는 것이 중요하다. 현재의 경험이 지속되지 않고 흘러간다는 자각은 괴로움을 줄이고 즐거움을 증가시킬 수 있다. 이 경우 씁쓸달콤함(bittersweetness)을 경험하게 된다. 우리말에 '시원섭섭하다'는 말이 있듯이, 무상함의 자각은 불행과 고난을 견디도록 돕는 동시에 긍정적 경험의 기쁨을 만끽하도록 하는 데 기여한다.

향유하기의 필수조건은 3가지이다. 첫째, 향유하기를 위해서는 다른 사람으로부터 관심을 끌거나 인정을 받으려는 욕구로부터 자유로워지는 것이 필요하다. 둘째, 향유하기를 위해서는 현재에 주의를 집중하는 것이 필요하다. 마지막으로, 현재 경험의 긍정적 측면에 주의를 기울이는 것이 향유하기의 필수조건이다.

향유하기를 증가시키는 기본적인 방법은 우선 일상생활에서 의도적으로 향유시간을 갖는 것이다(Bryant & Veroff, 2007). 향유하기를 증가시키는 또 다른 방법은 인생을 되돌아보는 것이다. 행복한 삶을 위해서는 향유할 것들을 많이 확보하는 것도 중요하지만 이미 주어진 것을 잘 향유하는 것이 중요하다. 향유하기는 쾌락주의적 행복관점에서 긍정정서를 증가시키기 위한 방법이다. 진정한 행복은 의미 있는 일을 통해 자기실현을 하는 동시에 인생의 즐거움을 충분히 향유하는 것이다.

Chapter

08

소비심리와 행복

Chapter 08

소비심리와 행복

돈으로 살 수 있는 행복이라 불리는 상품은 없다.

헨리 밴 다이크(Henry Van Dyke)

행복한 삶은 모든 인류가 소망하는 가치들 중의 대표적인 것이다(남승규, 2009; Rokeach, 1973). 행복이란 심리적 체험은 다양한 영역에서 그리고 다양한 수준에서 체험될 수 있는데, 소비가 이루어지는 장면에서도 예외가 아니다. 소비가 사람들을 행복하게 만든다는 것에 대해서는 이론의 여지가 전혀 없다고 단정적으로 말할 수 없지만, 소비 그 자체는 행복체험의 중요한 요인임은 틀림없다. 적어도, 소비하는 그 순간만큼은 사람들을 충분히 행복하게 만든다.

물론 리처드 플로리다(Richard Florida, 2010)와 같은 학자는 소비가 사람들을 행복하게 만드는 것이 아니라, 소비를 과소비처럼 어리석고 무의미한 것이라고 취급하기도 한다. 고인이 된 법정스님도 '무소유'를 평생에 걸쳐서 설파하였다. 그러나 현대사회에서 소비는 무엇보다도 중요한 경제활동의 동력원이고, 소비자는 현대경제의 중심이고, 생활의 중심이며, 관심의 중심이기도 하다. 질 리포베츠키(Gilles Lipovetsky, 2009)에 의하면 소비자가 주인인 새로운 경제체제에서 새로운 인류인 소비인간(homo consumericus)이 탄생했다.

돈과 행복

행복을 돈으로 살 수는 없다. 그러나 돈은 행복해 지는 데 도움이 된다. 현명하게만 사용한다면 충분히 그럴 수 있다. 돈이 행복에 미치는 영향이 상당히 크다는 사실을 많은 사람들이 인식하고 있다. 확실히 돈이 있으면 많은 혜택을 누릴 수 있다. 경제적 안정은 우리로 하여금 물질적인 편안함에서 의미나 균형, 즐거움과 같은 초월적인 문제로 관심을 돌릴 수 있게 해준다. 돈이 모든 사람들에게 똑같은 효과를 나타내지는 않는다. 부자든 가난한 사람이든 돈을 어떻게 사용할지 스스로 결정할 수 있고, 그 선택이 행복을 증진시키거나 약화시킬 수 있다. 돈은 우리의 훌륭한 하인이기도 하고 형편없는 주인이기도 하다. 우리의 행복을 향상시키기 위하여 우리는 현명하게 돈을 사용할 줄 알아야 한다. 돈은 우리의 행복한 삶에 다양성을 지원하고 확충하는 데 사용되어야 한다.

인생에서 돈이나 건강이 문제가 되면 다른 생각은 거의 할 수 없다. 하지만 돈이나 건강이 문제가 아닐 경우에 우리는 그것에 대해 거의 생각하지 않는다. 돈과 건강은 행복에 부정적인 측면에서 영향을 미친다. 돈과 건강은 그것이 풍족할 때 행복을 주는 정도보다 부족할 때 훨씬 크게 불행을 가져다준다.

돈을 적당한 만큼 소유하면 우리는 행복해진다. 일단 기본생활이 보장되고 나면, 돈이 무조건 많아진다고 삶의 만족도도 덩달아 커지지 않는다. 사람들은 무의식적으로 돈을 떠올리기만 해도 자동적으로 남을 도우려는 의지가 감소하였고 여가시간이 생겨도 친구들과 함께 하지 않고 홀로 보낸다. 현재 우리는 1950년대와 비교해 볼 때 3배나 더 부자가 되었다. 그러나 행복은 3배로 늘어나지 않았다. 최근에 나온 사회보고서에서도 유럽에서 가장 부강한 나라인 독일은 유럽에서 가장 불만이 많은 나라 중의 하나로 판명되었다.

오늘날 우리가 누리는 물질적인 안락함의 수준은 반세기 전에 상위 5% 이내에 드는 사람들이 누리는 부의 수준과 같다. 그러나 행복수준은 높아지지 않았다. 1940년대 미국인의 삶 전반에 대한 만족도는 10점 만점에 7.5 정도의 점수를 얻을 정도로 '매우 행복하다'고 답했다. 개인의 실질소득이 2배 이상 늘어난 오늘날 미국인의 평균 행복점수는 7.2이다. 아주 부유한 사람들은 평균적인 사람들보다 훨씬 많은 것을 가지고 있지만 그들이 더 행복한 것은 아니다.

연봉이 3만 달러 미만인 사람들은 5만 달러를 벌면 감격할 것이라고 주장한 반면에 10만 달러 이상을 버는 사람들은 25만 달러는 벌어야 만족할 수 있다고 주장한다. 792명의 부자들을 대상으로 실시한 연구에서 응답자의 절반 이상은 부가 자신에게 더 큰 행복을 가져다주지 못한다고 대답했다. 1천만 달러 이상의 재산을 가지고 있는 부자들 중 3분의 1은 돈이 문제를 해결해주기보다는 더 많은 문제를 일으켰다고 말했다. 소득이 높은 사람들은 일상적인 불안과 분노를 겪을 가능성도 더 높았다(Kahneman, Krueger, Schkade, Schwarz, & Stone, 2006).

다음 달부터 월급이 50만 원 인상된다면 행복해질 것이다. 하지만 다른 직원들에게는 모두 100만 원씩 월급을 올려준다는 소식을 듣는 순간 끝나게 된다. 분명 예전보다 더 많은 돈을 받게 되는 데도 불구하고 기분은 전보다 훨씬 나빠진다. 절대수치가 아니라 비교를 통해서 자신의 행복을 정의하기 때문이다. 우리는 즐겨 자신과 남을 비교한다. 영국의 철학자 버트런드 러셀(Bertrand Russell)은 문제의 핵심을 이렇게 표현했다. '거지는 백만장자를 부러워하지 않는다. 자신보다 조금 돈이 많은 거지를 부러워할 뿐!'이라고.

우리는 5만 원어치 기름을 넣을 때 5백 원을 아끼려고 온 시내를 자동차로 헤매고 다닌다. 그런데 막상 5천만 원짜리 자동차를 구입할 때 5만 원을 절약할 수 있는 방법에는 별관심을 보이지 않는다. 또한 사람들은 얻는 것보다 잃은 것에 더 민감하게 반응한다. 가격이 10% 인하되었을 때 느끼는 기쁨보다는 가격이 10% 인상되었을 때 느끼는 분노가 더 강력하다. 10% 임금인상의 기쁨은 곧 아무것도 아닌 일이 되어버리지만 10%의 임금삭감은 퇴직할 때까지, 아니 그 이상까지 두고두고 우리를 분노하게 만든다. 이처럼 돈에 대한 우리의 생각은 일관된 모습을 보이지 않는다. 에카르트 폰 히르슈하우젠(2010)이 제안하는 돈이 당신을 행복하게 만들 수 있는 3가지 방법은 다음과 같다. 첫째, 현재 살고 있는 곳에서 계속 살고 그 대신 여행을 하라. 둘째, 큰 물건 한두 개보다 소소한 물건 여러 개가 더 큰 기쁨을 준다. 셋째, 당신의 돈을 남을 위해서 써라.

유형의 물질에 투자하지 말고 무형의 경험에 투자하라

많은 사람들은 소득이 늘어나면 곧바로 하는 일은 더 좋은 곳으로 이사해서 자신을 부러워하는 사람들이 더 많은 곳에서 살아가는 것이다. 반면에 세계 최고의 부자인 워렌 버핏(Warren Buffett)은 1958년에 구입한 집에서 지금도 살고 있다. 단순한 사람들은 이렇게 말한다. “뭔가 손에 잡히는 것을 사라. 그래야 오래도록 소유할 수 있다.” 하지만 행복한 경제학자들은 “무형의 경험에 투자하라”고 말한다. 내 눈앞에 있는 자동차의 가치는 계속해서 떨어진다. 그런데 세계여행은 시간이 지날수록 점점 더 아름다워진다. 여행은 새로운 우정을 만들어주고 기존의 우정을 더욱 돈독하게 해준다. 모든 것이 사라졌을 때에도 여전히 남아 있는 게 2가지가 있다. 우리 머릿속에 있는 것과 우리 가슴속에 담긴 사람이 그것이다.

인간은 모든 변화에 민감하다. 우리는 과거와 비교해서 현재를 평가하고, 더 좋은 쪽으로 변화가 이루어졌을 때 비로소 행복해졌다고 생각한다. 물질적 성장도 중요하지만, 정신적 성장을 경험하는 것은 행복에 매우 중요하다. 성장의 느낌은 행복으로 나아가는 여정에서 매우 중요한 요소이기 때문에 무형의 경험에 소비하고 투자하는 것은 우리를 행복하게 만든다.

큰 것 하나에 모두 쓰지 말고 나누어 써라

수많은 작은 행복의 순간들이 하나의 큰 행복보다 더 낫다. 심리학자 소냐 류보머스키(Sonja Lyubormirsky)의 연구에 따르면 이런저런 좋고 나쁜 사건에 적응하는 우리의 능력은 너무나도 큰 행운 앞에서는 별로 힘을 쓰지 못한다고 한다. 평범하지 않은 '운명적 사건'은 우리의 판단기준을 파괴한다. 친구들과의 식사, 흥미로운 사람과의 대화, 뜻밖의 선물 등 이제껏 쾌적한 기쁨을 주던 작은 일들은 금메달을 따는 것처럼 큰 사건이 있은 이후에는 더 이상 전과 같은 긍정적인 감정들을 유발하지 못한다. 류보머스키는 우리를 지속적으로 행복하게 하는 것은 적당하게 좋은 일들이며, 평범치 않은 일들은 오히려 정신적 부담으로 작용한다고 결론 내렸다.

『스펜트(*Spent*)』의 저자 제프리 밀러(Geoffrey Miller)는 상식적으로 우리가 어떤 물건을 사는 것은 그것을 가지면 즐거울 거라 생각해서지만, '득템'의 즐거움은 얼마 못 간다고 한다. 따라서 한 번에 자신의 가진 돈을 모두 쏟아 붓는 식의 '큰' 씀씀이는 삼가야 한다. 조금씩 잠깐씩이라도 기쁨과 만족을 주는 '작은' 씀씀이가 필요하다.

적당한 사치를 즐길 필요가 있다. 건강과 행복을 위해서, 관계를 위해서, 일을 위해서, 다른 사람을 위해서, 행복한 기억을 위해서 적당한 사치를 즐길 필요가 있다. 자신을 위해서 조금은 사치를 누려야 한다. 진정한 행복이란 다른 사람에게 선행을 베풀거나, 친구나 가족과 함께 시간을 보내거나, 안식을 찾거나, 명상을 함으로써 얻을 수 있다. 하지만 많은 사람들은 무언가를 사고 있을 때, 즉 소비를 행하고 있을 때 행복해 보이거나 행복한 듯이 행동한다. 무엇인가를 사거나 얻는 경험은 커다란 행복감을 느낄 수 있다. 우리를 행복하게 만드는 것은 다른 사람이 아닌 바로 우리 자신이다. 나 자신에게 가치 있다고 생각되는 일이나 물건에 돈을 쓰는 것이 중요하고, 그러기 위해서는 내가 정말로 원하는 것이 무엇인지에 대한 인식과 절제가 필요하다. 꼭 기억할 것은 작은 사치를 통해 기쁨을 얻는 것도 그것을 가끔씩 행동으로 옮겼을 때나 가능한 일이라는 점이다. 자신을 위하여 매달 일정한 돈을 써라. 자신만의 발전과 기쁨을 위해서 무엇보다도 우선적으로 소비하길 권한다. 여행을 하든 운동을 하든, '신상'을 사든 아낌없이 자신을 위해 써라.

나를 위해서 쓰지 말고 남을 위해서 써라

내가 남을 위해 사는 커피 한 잔에서부터 기부금에 이르기까지 액수와 상관없이 남을 위해 돈을 쓰고 나면, 항상 자신이 더 부자가 된 느낌을 갖게 된다. 부자란 스스로 충분히 가졌다고 생각하는 사람이다. 당신을 위해서, 모든 이를 위해서. 최고로 장기적인 수익을 낼 수 있는 투자는 관계이다. 정말 좋은 친구 한두 명은 그저 그런 사이의 친구를 두세 배쯤 가진 것보다 훨씬 더 소중하고 든든하다. 돈을 나를 위해서 쓰는 것은 하수이고, 남을 위해서 쓰는 것은 상수이다. 최고는 좋은 것이고, 더 좋은 것이 최고다(Best is good, better is best). 나를 위해 돈을 쓰는 것은 현재를 행복하게 만들고 남을 위해 돈을 쓰는 것은 미래를 행복하게 만든다.

소비문화

소비문화(consumption culture)는 문화가 소비가치 혹은 소비행동에 내재되어 있다는 가정을 바탕으로 한 개념으로, 한 사회의 소비문화는 그 사회를 구성하고 있는 소비자의 소비 관련 가치 및 행동에 의해 그 사회문화권 내에서 독특하게 형성되며 동시에 그 사회의 소비문화는 그 사회에 속한 소비자의 소비가치 및 소비양식을 결정하고 소비행동에 영향을 미친다.

소비행동이 개인행동의 하위행동이고 문화적 가치가 개인행동 전반에 포괄적으로 영향을 미치기 때문에 소비문화도 소비생활과 관련된 개인의 행동에 동일한 방식으로 영향을 미치게 된다(남승규, 2009). 첫째, 쾌락주의를 중시하는 문화에서는 여가 관련 제품과 서비스 그리고 시간절약형 제품이나 서비스의 성공 가능성이 높다. 둘째, 안정추구를 강조하는 문화에서는 외제 · 유명상표를 선호하며, 보험에 가입하는 고객의 수가 급증할 것이며, 천연 · 무공해 · 유기농 · 건강식품 시장의 전망이 높다. 셋째, 타인지향을 중시하는 문화에서는 브랜드 · 제품 · 포장 · 광고메시지 설계에 있어 사회적 소구의 중요성이 높다. 넷째, 인본주의를 강조하는 문화에서는 헌금이나 성금의 모금운동이나 복지시설 등과 같은 자선사업이 유망하다. 다섯째, 개인주의를 중시하는 문화에서는 개인의 정체성이나 개성을 강조하는 광고메시지나 제품디자인이 효과적이다. 끝으로, 권위주의를 중시하는 문화에서는 자동차, 주택, 장신구와 같은 고급품과 회원권, 콘도와 같은 사업이 호조를 보인다.

소비문화는 소비자들이 중요시하는 가치를 반영하는데 가치(value)는 사회적 변화와 밀접한 관련이 있다. 어떤 사회의 문화가 변화함에 따라서 그 사회를 구성하고 있는 개인들의 가치도 변화하게 된다. 가치의 변화는 경영전략에 직접적으로 영향을 미칠 수 있다. 스타우퍼(Stouffer) 식료품회사는 가정주부들의 가치가 변화함을 직시하였다. 중요시하는 가치가 가족구성원이란 소속감에 대한 관심과 가족의 부엌데기처럼 일하는 것에서 벗어나 자기만족과 자신을 위하여 일하고자 하는 가치로 변화하고 있음을 인식하고, "당신 자신을 자유롭게 하라(set yourself free)"라는 광고문구와 함께 냉동요리 제품을 출시하여 성공을 거두었다.

가치의 변화는 제품의 이름을 어떻게 붙이는가, 무슨 색상을 사용하는가, 어떻게 디자인하는가에 영향을 미칠 수 있다. 광고에서 가치는 메시지의 기본적인 어조와 모델의 선택에 영향을 미칠 수 있다. 예를 들어, 코카콜라의 광고를 살펴보면, 1930년대에는 '상쾌한 순간(The Pause that Refreshes)', 1940년대에는 '코크와 잘 어울리는 것(Things Go Better with Coke)', 1950년대에는 '코크를 마시며 웃어요(Have a Coke and a Smile)', 1960년대는 세계가 국제적 긴장상태에 놓여 있었기 때문에, 세계평화에 매우 관심이 높았다. 광고는 여러 나라의 사람들이 한 줄로 길게 늘어서 코크를 건네주는 내용을 담으며 세계평화를 표방하면서 '세상에 코크를 전하고 싶다(I'd Like to Give the World a Coke)'는 주제를 사용하였다. 1970년대에는 '알짜배기(It's the Real Things)', 1982년 후반에 시작된 '코크 그것뿐(Coke Is It)'은 자기 자신을 강조하는 소위 'Me Generation'의 시대적 추세를 반영한 것이다. 1990년대의 '난 느껴요(I feel it)', '언제나 코카콜라(Always Coca Cola)'는 소비자의 감성에 부응하는 소구라 할 수 있다. 2010년 밴쿠버 올림픽부터 진행된 '행복을 열어요(Open Happiness)' 광고캠페인은 오늘날 가장 중요한 화두가 되고 있는 행복이란 가치를 강조하고 있다.

급격한 경제성장과 더불어 서구문명의 무분별한 도입으로 인해서 물질적 가치를 정신적 가치보다 우위에 둠으로써 물질주의적 성향이 나타났고, 서구자본주의의 가치관을 무분별하게 받아들임으로써 한국의 전통적인 생활과 가치관은 낡고 구식이며 서구적인 것은 진보적인 것으로 생각하는 경향과 한국 소비문화의 정체성 혼란과 부재현상을 낳았다. 또한 감성에만 의존하는 상대주의적 가치관의 추구는 소비자로 하여금 자신의 판단과 행동의 근거를 감성에 의존케 함으로써 소비문화의 감성주의 경향을 이끌었다. 이런 전반적인 경향성으로 인해 현대 소비사회의 사회적 문제로 지적되는 대표적인 소비문화의 특성은 소비자본주의, 물질주의, 과시소비이다.

소비자본주의

『행복의 역설*(Le Bonheur Paradoxal)*』을 쓴 질 리포베츠키(Gilles Lipovetsky, 2009)에 의하면, 소비문명은 역사적으로 3단계를 거치며 변화해왔다. 소비자본주의 역사의 제1단계는 1880년대 무렵부터 시작되어 제2차 세계대전과 함께 막을 내렸다. 제1단계에서는 철도, 전보, 전화 등 근대식 교통 통신 인프라가 발달하면서 소규모 지역시장 대신 전국적으로 대형 시장들이 생겨났고, 지속적인 생산라인 개발로 생산속도와 생산량이 대폭 증가하면서 낮은 가격으로 높은 생산성을 올렸다. 대량생산이 확산되면서 대중 마케팅과 현대적 의미의 소비자가 생겨났다. 상인이 지배하던 오랜 판매관행을 깨면서 기존의 고객을 현대적 소비자, 제품에 대해 홍보하고 특히 광고로 유인해야 할 브랜드를 구매하는 소비자로 변화시켰다. 브랜드, 포장, 광고라는 3가지 발명은 소매상을 거치지 않고 직접 제품을 구매하고 제품의 성능보다는 브랜드로 판단하며 물품 대신 브랜드를 구매하는 현대사회의 소비자를 탄생시켰다.

소비자본주의 역사의 제2단계는 1950년대 무렵 시작되었고 제2차 세계대전 전후 30년에 걸쳐서 자리를 잡으면서 대중 소비사회를 구축했다. 제2단계는 놀라운 경제성장, 노동생산성 향상, 포드주의 경제시스템의 확장을 그 특징으로 하며 '풍요로운 사회'와 동일시된다. 제2단계에서는 봉급자의 구매력이 3~4배 정도 올라 소비의 엘도라도라는 꿈이 일반화되었으며 '대중 소비사회'의 완벽한 모델로 등장했고, 대량생산과 대량소비는 대량유통을 불러왔다. 대중 소비사회는 평균 생활수준이 빠르게 향상된 것 외에도 욕구를 자극하는 분위기, 행복을 보여주는 광고, 화려한 바캉스 이미지, 성적인 기호와 인간의 육체를 성적인 대상으로 만들었다. 이것은 강제 대신 유혹, 의무 대신 쾌락, 저축 대신 소비, 예의 대신 유머, 억압 대신 해방, 미래에 대한 약속 대신 현재를 주장하는 새로운 사회의 모습이다. 제2단계는 모든 일상을 젊고 행복하고 가볍게 만들었고, 미래에 대한 근심이 없고 자유로운 청춘의 신화를 만들면서 끊임없이 유혹과 욕망을 자극하는 시대를 만들었다. 이것은 상품소비를 라이프스타일로 그리고 대중의 꿈과 새로운 삶의 의미로 만들어버렸다. 소비사회는 대대적으로 신상품에 대한 열정과 상품 구매욕을 부추기고 소비바이러스를 퍼트리며 물질적 가치에 치중하는 라이프스타일을 창조해냈다. 이렇게 제2단계는 우리가 현재의 삶과 즉흥적인 만족을 지향하도록 만들었다.

소비자본주의 역사의 제3단계는 1970년대 말 이후에 현대사회의 무대에 올랐다. 자유주의와 개인주의에 기초한 현대사회는 새로운 세상을 맞이하였다. 누구나 안락함과 여가활동을 즐기고 신상품을 구매하게 되면서 사회계층 간의 규범이 느슨해지고 새로운 기대와 행동들이 생겨났고 소비자들은 예측할 수 없을 정도로 변덕스러워졌다. 삶의 질, 소통, 건강에 더욱 신경을 쓰고 다양한 공급 속에서 선택을 할 수 있기 때문에 개인의 목표, 취향, 기준에 따른 소비가 점점 더 늘어나게 되었다. 이제 사람들은 과시를 위한 물품보다 '더 나은 삶을 체험하게 해주는' 물품을 선호한다. 소비자는 감정적, 신체적, 감각적, 미학적이고, 관계를 중시하며 건전하고 재미있고 기분을 전환해주는 상품을 원한다. 개개인의 기대, 취향, 행동에 바탕을 둔 '자신을 위한' 소비가 '타인을 위한' 소비를 앞지르게 되었다. 이제 소비는 개인의 행복과 건강, 그 밖에 인간관계를 원활하게 해주는 수단이나 사적인 시공간의 확보 따위와 관련하여 결정된다. 이제 소비는 과시하는 소비에서 체험하는 소비로 변모하였다.

물질주의

물질주의 소비문화현상은 물질주의 가치의 팽배로 인한 소비행위의 결과인데, 여기서 물질주의(materialism)란 물건의 소유를 통해 행복을 추구하려는 성향으로 일종의 개인차 변수이다. 사람은 그가 무엇을 소유하고 있느냐에 따라 평가된다는 말은 물질주의 사회의 가치를 나타내는 것이다. 이런 물질주의는 커다란 사회문제로 등장한 아노미현상 · 청소년범죄 · 쾌락주의 · 금전만능주의 등 각종 사회병리적 현상의 원인이 되었다. 물질주의 수준이 높은 사람들은 독특한 특성을 보인다. 첫째, 이식수술을 위하여 장기를 기증하려는 의도가 적다. 장기 기증 자체가 그 의미와 상관없이 소유와는 상반되기 때문이다. 둘째, 자동차와 주택에 많은 양의 돈을 소비하는 것에 대하여 찬성한다. 자신이 소유하는 물질을 늘릴 수 있는 좋은 기회이기 때문이다. 셋째, 비싼 레스토랑에서 식사하기를 원하지 않는다. 먹어 없애는 식사비용은 낭비이기 때문이다. 넷째, 크리스마스를 휴식이나 감사의 기간보다는 쇼핑할 시간으로 보는 경향성이 더 많다. 물질주의자에게 있어서 가질 수 있는 것을 가능한 많이 가질 수 있는 것만큼 행복한 것은 없기 때문이다. 끝으로, 다른 사람들이 자신들의 도움에 감사할 것이라고 믿는 경향성이 적다.

그래서 나누지 않는다.

조사에 따르면 '유용한' 가전제품 3개 중 하나는 전혀 사용되지 않는다. 일단 사놓고 보는 것이다. 미국인들을 대상으로 집, 자동차, TV, 수영장, 별장 등이 적힌 목록을 제시하고 자신이 추구하는 라이프스타일에 걸맞다고 생각되는 소비재를 표시하고 그 중 이미 소유하고 있는 것은 한 번 더 표시하게 하였다. 그리고 16년 뒤에 동일한 설문조사를 한 번 더 실시하였다. 그랬더니 같은 기간 동안 '실제 소유'가 1.6개에서 3.1개로 증가하였는데도 '원하는 목록'은 4.4개에서 5.6개로 늘었다. 간단히 말해서 행복해지기 위해서는 여전히 2개 정도의 물건이 부족했다.

실제로 물질주의는 행복을 가져다주지 못하는 정도가 아니라 심각한 불행을 불러오기도 한다. 연구자들은 일류대학의 신입생 1만 2천 명을 대상으로 그들이 18살이었던 1976년에 태도를 조사하고 37살이 되었을 때 삶의 만족도를 측정했다. 신입생이었을 때 물질적인 포부를 밝혔던 학생들, 다시 말해서 돈을 버는 것이 자신의 일차 목표라 했던 학생들은 20년이 지난 후에 자신의 삶에 덜 만족하고 있었다(Nickerson, Schwarz, Diener, & Kahneman, 2003). 나아가 물질주의자는 그렇지 않은 사람들보다 각종 정신질환에 시달릴 가능성이 더 높았다(Cohen & Cohen, 1996). 물질주의자는 물질이 자신의 삶에 기여하는 부분에 대해 비현실적으로 높은 기대치를 가지고 있다(Richins, 1995).

무엇인가를 소유하게 되면 사람들은 행복해진다. 더불어, 사람들은 자신이 소유한 것에 더 많은 가치를 부여한다. 시카고대학의 경제학자 리처드 탈레(Richard Thaler)는 사람들이 자신이 소유한 물건을 자기소유가 아닌 비슷한 물건보다 더 귀중하게 여기는 것을 보유효과(endowment effect)라 하였다. 잠재고객의 관점에서 본 해당 물건의 가치보다 소유한 물건이 갖는 가치가 최소 2배 이상 높게 평가되는 경향이 있다.

스탠퍼드대학의 심리학자 브라이언 넛슨(Brian Knutson)은 2008년에 이런 보유효과를 우리의 뇌 안에서 확인하는 데 성공하였다. 그는 피험자들에게 각각 60달러의 돈을 주고 전자기기 2개를 사도록 하였다. 그 다음에 새로 손에 넣은 소유물을 피험자들끼리 서로 거래하도록 하였다. MP3 플레이어를 산 피험자는 자신이 지불했던 것보다 높은 가격인 70달러를 요구한 반면에, MP3를 사려는 쪽은 35달러만 내겠다고 했다. 자기 소유물과의 결별을 유난히 힘들어 한 피험자에게서는 도피질(insular cortex)에서 강력한 혈액순환이 일어나는 것을 관찰할 수 있었다. 도피질은 고통을 처리하고 이를 감정적으로 평가하는 뇌영역이다. 아마도 자신의 물건을 남에게 파는 행위는 우리에게 심리적인 고통을 주는 모양이다.

프린스턴대학의 심리학자 대니얼 카너먼(Daniel Kahneman)은 피험자들에게 머그잔을 나누어 주며 방금 소유하게 된 머그잔의 희망판매가를 적도록 하였다. 그리고 그 가격을 구매자 집단의 희망구매가와 비교하였다. 그랬더니 머그잔 소유자들은 평균 7.12달러를 요구한 반면에 구매자들은 불과 2.87달러를 제시하는 데 그쳤다.

술집에서 장미나 껌 따위의 물건을 파는 장사꾼은 먼저 손님의 테이블에 물건을 놓아둔 다음에 술집을 한 바퀴 돌고 나서 다시 거두어간다. 손님에게 새 '소유물'에 익숙해질 시간을 주는 것이다. 대형유통체인에서 가전제품을 몇 주 동안 테스트해 보라고 내주는 것도 보유효과를 활용하는 것이다.

보유효과의 강도는 기분상태에 따라 달라진다. 긍정적 성향의 사람들은 그렇지 않은 사람들보다 소유에 대한 욕심이 약하다. 텔아비브대학의 심리학자 아엘렛 피시바흐(Ayelet Fishbach)는 이런 사실을 실험을 통해서 증명하였다.

과시소비

과시소비 소비문화 현상은 신분이 불확실한 현대 자본주의 사회에서 지위를 보상하려는 보상소비, 체면을 위한 소비, 허세에서 나오는 소비를 통하여 자신을 과시하려는 의식의 팽배로 인한 소비행위의 결과이다. 소비형태나 소비문화에 있어서 흔히 거론되는 '과소비'는 소득보다 지출이 많은 과도한 소비(excessive consumption)나 다른 사람들에게 과시하려는 동기하에서 이루어지는 과시적 소비(conspicuous consumption)로 구분될 수 있다. 실제 소비생활에서 이 중 어느 한 가지가 강화되어 나타나기도 하고 때로는 2가지 소비형태가 상호 영향을 미치면서 동시에 나타나기도 한다. 국내의 경우 1980년대 후반부터 국민의 경제력 향상과 소득수준의 급상승으로 인해 중산층이 폭넓게 형성되고 소비자시장의 급격한 확대를 가져오게 되면서 무분별한 과소비 열풍을 불러일으켰다. 이때의 소비풍조는 남과 같아지려는 또는 남에게 뒤지지 않으려는 경쟁소비와 획일적 소비였기 때문에 소비자들의 소비패턴이나 소비형태가 매우 유사하게 나타날 수밖에 없었다. 과시적 소비가 이루어지는 방식은 이렇다. 자기가 진정으로 좋아하지도 않는 사람들에게 으스대기 위해서, 정말로 필요하지도 않은 물건을 실제로 갖고 있지도 않은 돈으로 구매하는 것이다.

과시소비는 자기애적 인격장애라고 하는 나르시시즘(narcissism)과 관련이 있다. 누구나 자기애를 가지고 있다. 병적인 나르시시즘에 빠진 사람들이 아닐지라도, 누구나 공적 지위를 추구하면서 동시에 사적 즐거움을 추구한다. 우리는 지위와 쾌락을 위해 물건을 사서 타인에게 과시하거나 스스로를 즐겁게 한다. 거의 모든 광고는 지위 추구

표 8.1 소비자 나르시시즘의 2가지 측면

항목	과시적 나르시시즘	자기적 나르시시즘
기본기능	성격성향의 과시	즐거움 전달
대상	타인	자신
인생목표	성공, 명성, 재물	행복, 재미, 욕망충족
나르시시즘 증상	과대망상, 타인의 찬사를 갈망 지위에 대한 집착, 오만, 야심	유아론, 즐거움 추구, 짜증 공감능력 결여
문제점	자만, 탐욕, 시기	욕정, 폭식, 나태, 격노
좋아하는 활동	일, 사교생활	몽상, 여가생활
좋아하는 옷	정장	속옷
제품 판단기준	디자인, 브랜드명	제품속성과 성능

출처: 제프리 밀러(2010). 스펜트, 김명주 역, p. 93.

나 즐거움 추구 혹은 2가지 모두에 호소를 한다. 제프리 밀러(Geoffrey Miller, 2010)에 의하면 소비자 나르시시즘은 〈표 8.1〉과 같은 2가지 측면을 지닌다.

소비자행복

사람들은 소비생활 속에 행복을 경험한다. 사람들이 소비자로서 행동하면서 체감하는 행복을 소비자행복이라고 할 때, 소비자행복(consumer happiness)은 '소비생활을 통한 행복체험'이라고 개념화할 수 있다. 사람들이 다양한 생산활동을 통하여 만족과 기쁨 그리고 행복을 경험하는 것처럼 사람들은 다양한 소비활동과 소비생활을 통해서 많은 행복을 경험한다(남승규, 2012).

소비자행복은 모든 기업이 열망하는 것이다. 기업이 취하는 고객접점관리의 모토는 고객만족과 고객감동을 넘어서 이제는 고객행복이다. 고객을 어떻게 행복하게 만들 것인가는 소비자를 대상으로 하는 모든 기업의 생존과 성장 그리고 지속 가능성을 가능하게 만드는 열쇠이고, 모든 기업이 해결해야 할 숙제이다.

소비자행복은 일상생활의 행복이란 개념과 같으면서도 다르다. 일상생활이나 소비생활에서 누릴 수 있는 행복이란 심리적 체험현상 같은 것이지만 그런 행복체험의 영향요인들은 다르다. 일상생활에서 말하는 행복에 대하여 말할 때, 행복한 삶이란 '즐거운 삶', '적극적인 삶' 및 '의미 있는 삶'을 함께 갖추어야 한다(Seligman, 2002). 일상적인 행복을 구성하는 핵심요인은 유쾌성, 적극성, 그리고 의미성 요인이다. 다시 말해서, 일상생활에서 행복한 삶의 요체는 즐겁고 의미 있는 삶을 적극적으로 살아가는 것이다.

소비자행복에 영향을 미치는 핵심요인은 '쇼핑을 하면서 즐거웠다'라는 쇼핑연계적 행복요인과 '쇼핑으로 욕구와 문제가 원하는 대로 해결되어 쇼핑하기를 잘했다'라는 문제해결적 행복요인 그리고 '쇼핑이 자신의 생각과 감정에 제대로 맞아떨어졌다'는 개인적합적 행복요인으로 구성된다. 쇼핑연계적 행복요인은 일상적인 행복의 '즐거운 삶'과 맥을 같이하고, 문제해결적 행복요인은 일상적인 행복의 '적극적인 삶' 그리고 개인적합적 행복요인은 일상적인 행복의 '의미 있는 삶'과 유사하다. 다시 말해서, 사람들이 소비생활에서 행복을 체험하기 위해서는 쇼핑을 포함한 소비활동이나 소비생활의 시간이 즐거워야 하고, 자신의 욕구나 문제가 해결되면서 자신이 추구하는 이상과 취향을 충족시킬 수 있어야 한다.

소비자행복의 구성요소
Components of Consumer Happiness Model

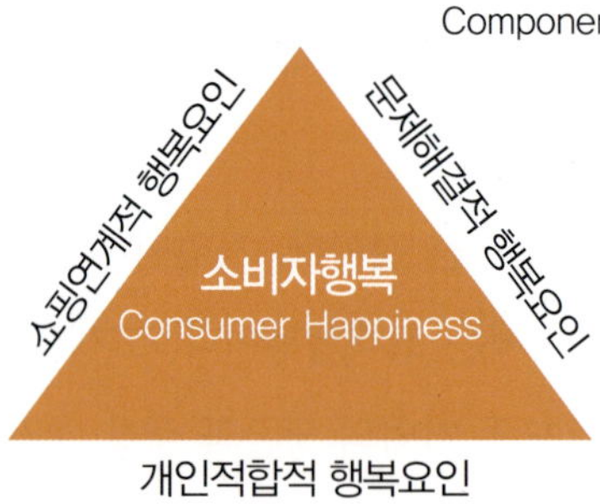

쇼핑연계적 행복요인

쇼핑연계적 행복요인은 쇼핑의 즐거움이다. 일반적으로 사람들은 즐겁고 가볍게 기분전환 삼아 쇼핑을 한다. 대부분의 사람들은 쇼핑이 즐겁다. 물론 쇼핑이 필요하기는 하지만 고역이라고 보는 사람들도 있다. 하지만 많은 사람들은 쇼핑을 쾌락이나 축제로 본다. 1980년대 중반 쇼핑센터는 미국 청소년들이 가장 많은 시간을 보내는 장소 가운데 하나였다. 19세기에 대형상점이 출현하면서 소비행위는 즐거움을 주는 하나의 라이프스타일로 자리 잡기 시작했다. 이런 경향성은 중산층 여성들로부터 시작되어 서민층과 젊은 세대에까지 파급되며 일반화되었다. 쇼핑은 이제 모두에게 기분전환이 되는 즐거운 시간이다. 소비영역 전체가 체험적이고 쇼핑파티를 하는 것과 같은 분위기를 띤다. 쇼핑하는 사람들은 모두 행복하다. 쇼핑을 즐기는 연인이나 아내 곁에서 굳은 얼굴로 계속해서 불평과 투덜거리는 연인과 남편들조차도 그나 그녀를 위한 쇼핑이 일어나면 순식간에 행복모드로 반전시킬 수 있다.

쇼핑은 즐겁고 체험을 소비하는 행위이다. 이제 마케팅은 상품을 멋지게 포장하고 축제분위기를 연출하고 소비욕구를 지속적으로 자극하고 일깨워 소비자를 즐겁고 행복하게 만든다. 쇼핑공간을 훈훈하고 욕망이 넘치는 분위기로 꾸미고 다양한 '체험'을 제공함으로써 소비자의 즐거움을 극대화하고 공간을 연극무대처럼 꾸미고 다양한 이벤트 행사를 개최한다. 즐거운 쇼핑(fun shopping)은 쇼핑센터와 새로운 트렌드 상점들을 구매행위의 장소로 매혹적으로 만들고 억압적인 시간의 영역을 쾌락적인 시간의 영역으로 바꾸고 있다.

현대의 소비생활은 '물질의 경제'에서 '체험의 경제'로 대체되었다. 소비자는 물건 자체를 소유하려고 애쓰기보다 다양한 경험을 즐기고 새로운 감각과 감정에 취하려고 애쓴다. 그 어떤 위험부담이나 불편함 없이 '작은 모험들'이 제공하는 행복을 구매한다. 따라서 사람들이 쇼핑을 하면서 많은 새로움과 즐거움을 체험할 수 있도록 쇼핑공간을 설계하고 반갑고 친절한 모습으로 맞이해주어야 한다.

테마파크처럼 체험산업의 목적은 실제처럼 잘 갖춰진 환경의 통제 아래 극한의 감정을 느끼게 하는 데 있다. 테마파크의 성공은 사람들의 소비와 여가를 상품화하고 일탈과 감각의 욕구를 확대하면서 사람들이 쾌락을 만끽하게 해주는 것이다. 사람들은 흥미롭고 연극적이며 위험요소와 불편함이 배제된 시공간에서 생활하면서 놀라운 감각의 홍수 속을 헤엄치고 싶어 한다. 그런 사람들을 마치 마법에 걸린 것처럼 현실에서 완전히 벗어나 기쁨과 황홀경을 경험하게 해주는 것이다.

이전의 소비는 남과 나를 구분하는 행위였다. 이제 소비생활은 점점 즐기고 기분전환을 하고 일상의 생활공간에서 장식 하나를 바꿈으로써 작은 기쁨을 느끼는 행위로 변하였다. 소비는 새로움으로 자아에 생기를 불어넣는 것이고 그 자체로서도 충분히 매력적인 것이다. 오늘날의 소비하는 인간에게서 '유희적인 인간(homo ludens)'을 찾을 수 있는 것처럼, 쇼핑은 스스로를 보상해주고 즐거움을 주는 놀이와도 같다.

문제해결적 행복요인

우리는 쇼핑을 통하여 다양한 문제를 해결한다. 우리가 필요로 하는 것과 원하는 것을 찾아내고 갖출 수 있는 쇼핑을 하면서 시간을 보내는 것은 좋은 경험이다. 더욱이 맘에 드는 해결책을 찾는 쇼핑이었다면 더욱더 행복한 일이다. 예를 들어 모임에 입고 나갈 옷이 없어서 고민스럽고 불만스러웠는데 쇼핑을 하다가 맘에 드는 옷을 찾았을 때의 기쁨은 누구나 경험해 봤을 법한 일일 것이다.

소비자로서 생활하면서 우리가 행복을 느끼기 위해서는 우리가 필요한 것과 우리가 원하는 것을 획득하거나 체험하는 것이 뒤따라야 한다. 누구나 필요한 것과 원하는 것을 손에 넣게 될 때 좋은 기분과 행복을 경험하게 된다. 우리가 생존하기 위하여 필요한 필수품부터 우리의 생존과는 무관하지만 보다 나은 삶을 살기 위하여 원하는 기호품이나 사치품을 구입하거나, 깨끗한 몸을 위하여 온천에 가거나 휴식과 여유를 위하여 여행을 떠나는 것은 우리를 즐겁고 행복하게 만든다.

그런데 필요한 것과 원하는 것은 고정되어 있는 것이 아니라 매 순간 달라진다. 간절히 필요하고 원하는 것부터 그냥 있으면 좋겠다고 생각하는 것까지 다양한 스펙트럼을 그리며 우리의 욕구와 소망은 끊임없이 변화한다. 우리의 욕구와 소망이 변한다는 사실은 우리가 늘 새로움을 찾는다는 것을 알려주는 것이다.

새로움은 소비의 가장 큰 매력 가운데 하나이다. 현대사회는 끊임없이 신상품과 새로운 서비스를 우리들에게 공급해준다. 우리는 새로움을 좋아한다. 심지어 필수품을 구매할 때조차도 우리는 쇼핑을 하면서 적게나마 새로운 느낌과 감정을 얻고자 한다. 여행자가 어디론가 떠나고 분위기를 바꾸고 어디든 다른 데로 가는 게 중요하듯 소비자는 구매를 통해서 무엇보다 새로움으로 인한 즐거움, 모험과도 같은 기쁨을 얻고자 한다. 오늘날은 제품의 성능을 중요하게 생각하지만 동시에 새로운 기쁨과 감각적이고 미학적이며 재미있는 경험을 찾으려고 한다. 이 세상의 소비자들은 당장 어떤 일이 일어나기를 기다리는 '체험수집가'를 닮았다. 오늘날의 소비는 상품을 끊임없이 바꿔 현재의 쾌락의 경험을 더 넓혀가는 과정과도 같다.

개인적합적 행복요인

사람들은 저마다 자신만의 심리적 특성을 반영하여 자신의 모습을 만들어 가고, 자신의 이미지와 부합되는 소비행동을 보이게 된다. 소비자의 심리과정과 행동에 영향을 미치는 대표적인 심리적 구성개념에는 자기개념(self-concept), 가치(value), 태도(attitude), 의도(intention), 행동(behavior)을 근간으로 한 기본 요소들과 관여(involvement), 동기(motivation), 학습(learning), 성격(personality) 및 라이프스타일

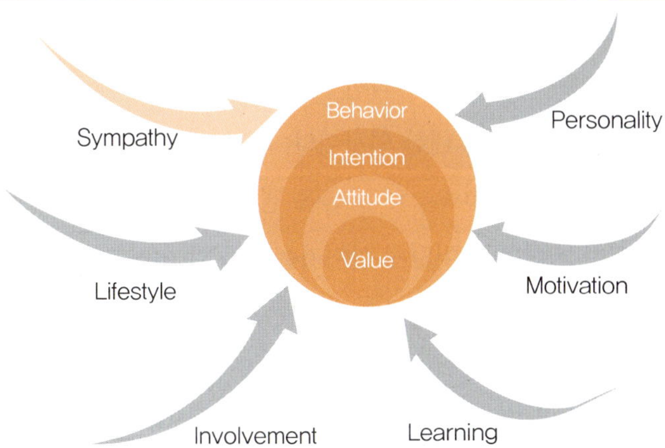

(lifestyle)을 포함한 확장 요소들로 구분할 수 있다. 이런 심리적인 구성개념들은 소비자의 독특한 구매행동을 이해하고 설명하며 예측할 수 있도록 도움을 주는 핵심적인 요인이다.

사람들은 자신의 자기개념, 가치, 태도, 의도 및 행동과 일관되거나 일치되는 쇼핑경험을 좋아한다. 더불어, 자신의 관여, 동기, 학습, 성격 및 라이프스타일에 들어맞는 쇼핑경험을 좋아한다. 자신의 심리적인 특성에 부합하는 쇼핑경험은 각 개인을 행복하게 만든다.

라이프스타일

사람들은 누구나 행복한 삶을 꿈꾸고 추구한다. 사람들이 꿈꾸고 추구하는 행복한 삶은 각 개인의 라이프스타일로 구체화된다. 오늘날 소비시장이 성숙되고 소비자의 가치, 의식수준 및 선호가 다양화되고 개성화되면서 소비자와 그들의 행동을 제대로 아는 것은 훨씬 더 복잡하고 어려워지고 있다. 이러한 소비자행동의 특성을 제대로 파악하는 것은 효과적인 소비활성화 전략과 방안을 구상하고 실천하기 위한 출발점이 된다. 이에 소비자의 내재된 가치나 욕구에 대한 심층적인 이해를 가능하게 해주는 하나의 접근방법이 바로 라이프스타일(life style)에 대한 연구이다. 왜냐하면 사람들이 살아가는 방식(way to live)이 사람들이 사는 방식(way to buy)을 결정하기 때문이다. 사람들의 소비심리를 이해하기 위해서는 사람들이 어떻게 살아가는가를 알아야 한다. 최근에, 소비자들의 라이프스타일은 더욱더 다양해지고 있으며 그 변화의 속도 또한 매우 빠르게 이루어지고 있다. 소비자의 라이프스타일의 변화는 곧 소비행동의 변화를 의미한다. 그러므로 소비자의 라이프스타일의 변화를 제대로 꿰뚫는 것은 변화하는 소비자의 행복추구를 제대로 알아볼 수 있는 소비자분석의 시발점이라 할 수 있다.

소비동질화

소비동질화(consumption homogenization)란 전체 소비자들이 선호하는 제품이나 서비스의 특성이 각각의 소비자별로 크게 다르지 않고 비슷하다는 의미이다. 전체 국민의 25%에 해당하는 1천만 명의 인구가 8편의 영화(실미도, 태극기 휘날리며, 왕의 남자, 괴물, 7번방의 선물, 광해, 변호인, 명량)에 집중했다는 사실은 영화 자체의 우수성을 논하기 이전에 우리나라 소비자들의 영화에 대한 선호가 유사하다는 전제가 깔려 있다. 불과 몇 년 전부터 히트상품 혹은 트렌드에 연령, 성, 세대를 가리지 않는 보편성이 두드러지고 있다. 트렌드(trend)는 하나의 유사한 특성을 갖는 제품군에 대한 소비자들의 선호나 소비행위 패턴을 의미한다. 대표적인 것이 명품족 트렌드이다. 내수불황이 장기화되고 씀씀이가 줄어들었음에도 불구하고 고가의 명품 브랜드에 대한 선호는 식을 줄 몰랐다. 기능상 별반 차이가 없는데도 수십 배의 비용을 지불하는 과시적 소비트렌드가 폭넓은 소비자층에 파고들었다. 명품 트렌드는 하나의 제품이 아닌 구두, 시계, 핸드백, 소품 액세서리, 의류 등 전체적인 사치소비재를 대상으로 이루어졌다.

소비동질화로 시장에서 관찰되는 주목할 만한 특징은 히트상품의 양극화(polarization)현상이다. 시장에서 출시되는 초기단계에서 히트 조짐이 보이면 대박으로까지 이어지는 경우가 많으며, 반대의 경우에는 소리 소문도 없이 시장에서 사라진다. 소비동질화는 선택되지 못한 다수의 제품들에게 상당한 위협이 된다. 반면 선택된 경우 이전에는 생각하지 못한 상당한 수익규모를 얻을 수 있다. 위협인 동시에 기회이다. 우리나라 소비자들은 기본적으로 소비동질화의 여지가 풍부하다. 5천 년을 이어오는 단일민족, 국토의 대부분이 산악지형으로 일부 지역에 인구가 밀집될 수밖에 없어 유사한 생활양식을 가진다는 점에서 그렇다.

제로 충성도

고객만족을 넘어서 고객의 충성도를 얻는 것은 소비자를 대상으로 일을 하는 모든 사람들의 꿈이다. 그러나 오늘날 소비자의 충성도는 원하는 것을 얻을 수 없다면 제로이다(loyalty is zero). 자신의 소비만족을 조금이라도 높여준다면 어렵지 않게 다른 제품과 다른 상점으로 자리바꿈을 하는 일은 더 이상 변덕스럽지 않고 지극히 합리적인 모습이 되어가고 있다. 소비자들은 왜 흔들리는 갈대일 수밖에 없는가? 우선 지극히 계산적이고 깐깐한 소비자 특성 때문에 그리고 다른 하나는 유독 새로운 것에 민감한 오늘날 소비자의 특성 때문이다. 소비자들이 계산적이고 깐깐하다는 사실은 별로 새로운 내용은 아니지만 소비자들이 원하는 대로 선택할 수 있는 제품들이 넘쳐나고 올바른 선택을 할 수 있도록 지원하는 정보들이 풍부해지면서 보다 현실화되었을 뿐이다. 언제나 기억할 것은 소비자는 너무나 냉철하며, 마음에서 우러나오는 맹목적인 충성심이란 전혀 없다는 사실이다.

대고객 서비스 제고에 집중하는 프로그램이 CRM, 고객관계관리(customer relationship management)이다. 이론적으로 고객관계관리는 장기적인 관점에서 기업에 진정한 가치를 주는 고객에 대해 지속적인 관계를 형성함으로써 고객이 해당 기업제품에 대해 창출하는 생애가치(life time value)를 극대화한다는 개념이다. 이는 기업 간 경쟁이 치열해짐에 따라 마케팅활동의 효과에 의문이 제기되면서 고객관리의 새로운 대안으로 나온 것이다. 여기서 관계란 기업과 고객과의 관계로 장기적인 신뢰를 기반으로 한 친구와도 같은 개인적인 친밀감의 수준이 아니면 불가능하다. 따라서 기업은 일대일 관계를 맺고, 고객의 입장에서 고객을 이해하고 개별 고객에 대한 차별적인 대응을 통해 고객과의 신뢰를 형성할 수 있다는 것이다.

하지만 현실은 이론과 다르다. 더구나 똑똑한 소비자들에게 신뢰와 친밀감을 기대하기는 어렵다. 고객관계관리를 구축할 때 가정한 초기의 생애가치 극대화라는 목표는 많이 변질되고 있다. 최초의 도입은 다른 기업과는 차별화되는 우위 수단이었지만, 이제는 누구나 하는 것이 되었기 때문에 평생고객을 만들기 위해서가 아니라 있는 고객을 빼앗기지 않는 것이 고객관계관리의 본질이 되어 버렸다. 적어도 소비자들에게 무한한 평생충성을 기대하는 일은 환상일 수 있다. 동일한 제품품질과 서비스를 제공하면서 소비자 충성을 기대하는 것은 착각일 수 있다. 소비자의 관용을 기대하기보다는 본질의 차별화에 승부를 거는 편이 훨씬 더 현명한 대안이다.

모순적 소비

최고의 제품에는 돈을 아끼지 않지만, 1원이라도 더 비싸게 살 수는 없다. 기능상 별반 차이가 나지 않아도 세계 최고급 명품을 산다. 왜? '난 소중하니까!' 단 1원도 더 비싸게 살 수는 없다. 왜? '난 바보가 아니니까!' 이런 2가지 모습의 공존은 변화의 수용력이 높고 자기표현에 솔직하고 과감한 젊은 층 중심의 소비자들에게서 두드러진다. 최고에게 주어지는 프리미엄과 차선의 선택 사이에는 상식을 벗어난 차이를 보이고 있다. 일반적으로 시장에서 출시되는 대부분의 제품들은 기능적인 차이가 별로 없다. 비록 감성적인 차원의 문제이기는 하지만, 소비자들은 최고의 브랜드 체험을 통한 소비가 주는 만족감은 차선의 제품을 통해서는 결코 느낄 수 없는 부분이라 생각한다.

쓸 때는 쓴다. 하지만 불필요한 지출은 최대한 아낀다. 소비지출 증가율이 사상 최저 수준을 보이고 있지만 한편에서는 과감한 소비관행이 유지되고 있다. 3천 원짜리 국수로 점심을 해결하면서도 4천 원짜리 커피를 마시는 것처럼, 소비자들은 자신들이 중요하게 생각하는 부분에 대해서는 과감한 지출을 서슴지 않지만 불필요한 부분에 대해서는 자린고비를 능가하는 절약정신을 발휘하는 경우가 많다. 소비자들의 모순적 소비현상은 소비행위를 통한 주관적인 자기만족감의 극대화와 자유로운 소비표현이 가능한 기반 제공이라는 2가지 요인으로 설명할 수 있다. 자신의 소비만족을 극대화하는 모습은 자신이 소중하게 여기는 가치에 투자하는 지극히 자연스러운 행동으로 이해될 수 있으며, 치밀한 가격비교나 개인화 소비에 열중하는 모습은 이를 가능하게 한 정보화나 대고객 서비스 수준이 높아진 데서 그 설명을 찾을 수 있다.

내일의 소비자들은 솔루션과 단순함만을 원하지 않는다. 그들은 자신들이 회계감사나 무너뜨려야 할 개념인 숫자나 유사집단이 아니라 '사람'으로 보이길 원한다. 그들은 자신들을 분리된 덩어리가 아닌 '독립된 개인'으로 대접하는 명확함과 거래의 응집력을 원한다. 고객들은 살아 있다. 설상가상으로 고객들은 스스로를 요청할 수 있는 능력이 있는 참여형 소비자(prosumer) 또는 행동형 소비자(proactive consumer)로 간주하며 그 어느 때보다 그것을 이용할 준비가 되어 있으며 때를 기다리고 있다. 더불어, 내일의 소비자들은 자신의 고집대로 하길 원한다. 현실에서 사람들이 매일 변하듯 그들의 방식이 변한다면, 서비스 · 기업 · 브랜드가 그들과 함께 변하길 당연시하고 원한다.

선택이 아닌 필수, 디자인

디자인의 중요성은 앞으로 더욱더 커지게 된다. 소비자를 움직이게 만들 수 있는 핵심능력 중의 하나가 디자인이다. 오늘날 한 나라의 부와 개인의 복지는 자신이 예술가인지도 모른 채 교실에 앉아 있는 미래의 예술가들 손에 달려 있다. 풍요롭고 부유해졌지만 자동화와 화이트칼라 업무의 아웃소싱으로 혼란을 겪고 있는 우리는 어떤 직업을 갖든지 상관없이 예술적인 감수성을 길러야만 한다. 디자인(design)이란 본질적으로 우리의 필요에 걸맞고, 우리 생활에 의미를 부여하기 위해 주변환경을 만들고 꾸미려는 인간의 본성이다. 디자인은 효용(utility)과 의미(meaning)의 결합이다. 그래픽 디자이너는 독자들의 이해를 도모하기 위해 읽기 쉬운 브로슈어(brochure)를 만들어야 한다. 이것이 효용이다. 그러나 효과를 극대화하기 위해서는 글자만으로는 담아내기 어려운 생각이나 감정 또한 전달할 수 있어야 한다. 이것이 의미이다.

디자인의 대중화는 비즈니스의 경쟁논리를 바꿔놓았다. 기업들은 전통적으로 가격이나 품질, 또는 이 2가지 요소의 결합을 통해 서로 경쟁해 왔다. 하지만 오늘날 좋은 품질과 합리적인 가격은 단순히 비즈니스란 게임의 기본요소일 뿐이다. 즉, 시장에 참여하기 위한 입장권을 얻는 것에 불과하다. 일단 기업들이 이 같은 기본 요구조건을 충족시키고 나면 기능이나 가격적인 면보다는 기발함, 아름다움, 의미 등 말로 표현하기 어려운 요소를 갖고 경쟁해야 한다. 모든 제품은 경쟁자들과 기본적으로 똑같은 기술, 가격, 성능, 기능을 갖고 경쟁을 한다. 시장에서 다른 제품과 차별화할 수 있는 요소는 오로지 디자인뿐이다. 제품디자인에 1%씩 투자를 늘릴 때마다 매출과 수익이 평균 3~4%씩 늘어난다(Pink, 2005).

팩트가 아니라 스토리

스토리는 공급과잉 시장에서 자신의 상품과 서비스를 차별화하는 중요한 수단이 되어가고 있다. 스토리가 담겨 있는 상품과 서비스는 소비자를 움직이게 만든다. 사실(fact)을 기억하는 것보다 이야기(story)를 기억하는 것이 더 용이하다. 왜냐하면 사람들의 사고는 대부분 스토리의 형태로 정리되기 때문이다. 그럼에도 일반적으로 사람들은 스토리가 일부 꾸며낸 것이기 때문에 신뢰감이 덜 가는 것이지만, 팩트는 진실이라는 점에서 높이 평가한다. 또한 이야기는 사람들을 즐겁게 해주는 반면 팩트는 사람들을 계몽한다고 간주한다. 더불어 스토리는 기분을 전환시켜 주는 반면에 팩트는 무엇인가를 밝혀내는 것이라고 생각한다. 이처럼 팩트를 중요시하는 이유는 최근까지 팩트에 대한 정보를 구하기가 쉽지 않았기 때문이다. 그러나 오늘날에는 팩트를 곳곳에서 거의 무료로, 그것도 빛의 속도만큼 빠르게 얻을 수 있게 되었다. 팩트에 대한 접근이 누구에게나, 즉각적으로, 또한 광범위해졌다는 사실은 팩트의 가치를 급속하게 떨어뜨렸다.

팩트에 기초한 논리는 일반화를 시도하고, 특정 문맥으로부터 판단을 내리지 않으며, 주관적인 감정을 배제한다. 반면에 스토리는 문맥과 감정을 포착한다. 스토리는 정보, 지식, 문맥, 감정 등을 하나의 치밀한 패키지로 압축하는 중요한 인식작용이다. 그런 까닭에 스토리는 정통 의사결정 방법으로는 다루지 못하는 요소들을 정확히 포착하는 데 적절한 능력을 갖고 있는 것이다. '왕비가 죽고 왕이 죽었다'는 팩트이고, '사랑하는 왕비가 죽자 왕이 상심한 나머지 세상을 떠났다'는 스토리이다. 이처럼 스토리를 구현하는 능력은 매우 중요하다.

스토리텔링이 분석적인 사고를 대체하는 것은 아니다. 대신 새로운 관점과 새로운 세상을 상상할 수 있도록 함으로써 분석적인 사고를 보완한다. 추상적인 분석은 잘 고른 스토리라는 렌즈를 통해 바라볼 때 더욱 이해하기가 쉽다. 의료장면에서 의사가 환자들의 이야기를 들어주는 것은 환자들과 공감대를 형성하고 그들과 감정적인 연대와 보다 나은 관계를 구축할 수 있다는 장점이 있다. 스토리만으로 환자들을 치료할 수는 없지만, 환자들의 이야기에 귀 기울일 줄 아는 차가운 머리와 따뜻한 가슴을 가진 의사가 훨씬 큰 치료효과를 낼 수 있는 것은 자명한 일이다.

이제는 스토리텔링을 넘어서 이야기와 행동을 연결시키는 실천활동을 강조하는 스토리두잉(story doing)이란 개념도 등장하고 있다. 말하는 스토리가 아니라 행동하는 스토리, 다시 말해서, 이야기를 실행에 옮기는 것이다. 공감을 넘어서 행복을 체험하게 해주는 접근은 매우 유효할 것이다.

성격성향과 행복추구

사람들은 일반적으로 약 50조 개의 세포에 각각 들어있는 23쌍의 똑같은 염색체를 공유하고 있다. 우리는 모두 약 206개의 뼈와 640개의 근육을 갖고 있다. 우리는 모두 약 1,360g의 뇌와 2,720g의 피부를 갖고 있고, 약 6억 번의 숨을 쉬고 나서 죽는다. 이처럼 우리는 많은 공통점을 지니고 있다. 하지만 개인차는 크다. 행복을 추구하는 면에서도 많은 개인차를 확인할 수 있다.

사람들의 소비행동은 성격의 영향을 받는다. 특히, 성격성향은 유전적으로 대물림되고, 평생 안정적으로 유지되고, 다양한 환경과 영역에서의 행동을 예측해주며, 모든 문화에 걸쳐 보편적으로 존재하는 마음과 행동의 성향이 존재하는데, 바로 개방성, 성실성, 친화성, 안정성 및 외향성으로 구성된 성격 5요인이 그것이다.

다음 질문지에 답을 해보면 쉽게 자신의 성격성향을 확인할 수 있다. 10개의 문항들은 각 요인별 문항들로 구성되어 있다. 각 요인은 개방성(1~2), 성실성(3~4), 친화성(5~6), 안정성(7~8), 외향성(9~10) 각각 2문항씩으로 이루어졌다. 각 요인별 점수는 홀수문항의 반응에서 짝수문항의 반응을 빼서 계산할 수 있다. 점수는 −4(매우 낮음)에서 +4(매우 높음)까지의 범위를 가질 수 있고, 평균점수는 0점이다. 0점보다 높으면 해당 성격성향이 높은 것이고, 0점보다 낮으면 해당 성격성향이 낮은 것이다.

표 8.2 성격 5요인 질문지

번호	나는 내가 이런 사람이라고 생각한다.	전혀 그렇지 않다	약간 그렇지 않다	반반 이다	약간 그렇다	매우 그렇다
01	상상력이 풍부하다.	1	2	3	4	5
02	예술적 관심이 거의 없다.	1	2	3	4	5
03	일을 철저히 한다.	1	2	3	4	5
04	게으른 경향이 있다.	1	2	3	4	5
05	전반적으로 사람을 믿는다.	1	2	3	4	5
06	타인의 단점을 찾아내는 경향이 있다.	1	2	3	4	5
07	마음이 편하고 스트레스를 잘 관리한다.	1	2	3	4	5
08	불안 · 초조를 쉽게 느낀다.	1	2	3	4	5
09	활달하고 사교적이다.	1	2	3	4	5
10	소심하다.	1	2	3	4	5

* 각 요인별 문항은 개방성(1~2), 성실성(3~4), 친화성(5~6), 안정성(7~8), 외향성(9~10)
* 각 요인별 점수는 -4(매우 낮음)에서 +4(매우 높음)까지의 범위를 갖고 평균은 0점임.
출처: 제프리 밀러(2010), 스펜트. 김명주 역, p.241

개방성

개방성(openness)은 창의성, 문화, 진보에 중요한 개인특성이다. 개방성의 스펙트럼에서 자신보다 덜 개방적인 사람은 지루하고 따분하고 관습적이고 순응적인 반면에, 자신보다 개방적인 사람은 별나고 특이하고 파괴적이고 위협적이며 심지어 정신병적으로 보이기도 한다.

개방성이 낮은 사람들은 기존의 특징과 디자인을 갖춘 기존의 제품에 만족한다. 이들은 새로움 자체에 높은 가치를 두지 않기 때문에 쉽지 않은 사람들이다. 이들은 패션을 추구하기보다는 교복, 선수복, 군복, 양복과 같은 유니폼을 입는 것에 만족한다. 특별한 헤어스타일을 추구하기보다는 머리카락을 자르는 것에 만족한다. 반면에 개방성이 높은 사람들은 얼리어답터이며 패션추종자들이다. 이들은 새로움을 앞세운 상품과 서비스를 이용해 자신의 개방성을 과시한다. 새로움의 추구, 유행, 패션은 개방성이 높은 사람들을 행복하게 만든다.

성실성

성실성(conscientiousness)은 정직, 신뢰성, 예측성, 일관성, 시간엄수 같은 특징을 포함하는 개인특성이다. 성실한 사람은 사회규범과 책임을 존중하고 약속과 계획을 잘 지킨다. 성실성은 청소년기에는 낮지만, 나이가 들면서 서서히 무르익어 즉흥성, 재미, 로맨스, 작은 일탈을 방해하는 경향이 있다.

전통적인 경제학은 소비자들이 자신을 편안하고 여유롭게 해주는 제품을 원한다고 추정한다. 그러나 성실성이 높은 사람들은 자신의 성실성을 보일 수 있는 제품과 서비스를 원한다. 손질과 관리가 필요한 것을 선호한다. 관리가 힘든 제품뿐만 아니라 망가지기 쉬운 제품을 통해서도 성실성을 과시할 수 있기 때문에 유리재질의 장식물이나 삐걱거리지만 흠집 없는 앤티크 가구, 찢어진데 없는 하늘하늘한 란제리, 까다롭지만 건강한 애완동물은 성실성이 높은 사람들이 자신의 소비생활 속에서 행복을 찾을 수 있는 원천이다.

친화성

친화성(agreeableness)은 공감능력, 착한 마음씨, 자비심, 평등주의와 사회정의를 소망하는 마음을 두루 아우르는 것으로 인간의 이타성과 사회진보의 핵이다. 친화성에 따라서 착한 마음씨와 너그러운 성품을 과시하려는 친화성이 높은 사람들과 자기주장과 지배력을 과시하려는 친화성이 낮은 사람들로 구분할 수 있다.

친화성이 높은 사람들은 모든 사람들과 잘 지내고 싶어 하기 때문에 의견이든, 패션이든, 제품 선택이든 또래집단을 따르는 순응주의자가 되기 쉽다. 반면에 친화성이 낮은 사람들은 지배력과 자기주장이 강하고, 집단의 압력에 순응하지 않는다. 달력의 빨간 날들(새해 첫날, 석가탄신일, 어린이날, 크리스마스 등), 가족의 기념일, 졸업, 취업, 결혼 등에 감사할 사람과 감사할 일을 위해 선물을 사고 축제를 벌이는 사람들은 친화성이 높은 사람들이고 이런 사람들 때문에 관련 상품들의 성공적인 판매가 가능한 것이다.

안정성

안정성(stability)은 적응력, 침착함, 성숙함, 스트레스에 대한 내성과 관련이 있다. 안정성이 높은 사람은 유연하고 낙관적이고 침착하고 편안하며 좌절에서 빨리 회복한다. 안정성이 낮은 사람은 신경질적이고 노심초사하고 걱정하고 자의식이 강하고 우울하고 비판적이고 걸핏하면 화를 내고 울기도 한다.

자동차를 구매할 때 안정성이 높은 사람들은 유쾌한 디자인과 행복한 느낌을 주는 것을 선호하는 반면에, 안정성이 낮은 사람들은 안전성, 에어백, 브레이크, 보증기간과 같은 제품속성을 중요시하는 경향이 있다.

외향성

외향성(extraversion)은 얼마나 적극적이고 자극을 추구하고 사회적으로 자신감이 있는가 뿐만 아니라 얼마나 우호적이고 사교적이고 수다스럽고 재미있고 표현을 많이 하고 자기주장이 강한가를 말한다. 외향적인 사람들은 사회생활을 잘하고, 내향적인 사람들은 혼자서 지내는 경향이 많다. 외향적인 사람은 긍정적이고 타인과 함께 일하고 신뢰하는 것을 선호하고 리더십을 즐기고 육체적 활동을 좋아하며 모임에 더 자주 나가고 술을 더 자주 마신다.

외향성이 높은 사람은 음악을 선택하는 경우에도 에너지, 열정, 노래가사가 많이 포함된 것을 더 좋아하는 경향이 있고 자동차를 선택할 경우에도 컨버터블 자동차나 제임스 본드 영화에 나옴 직한 자동차와 장식을 더 좋아하는 경향을 보였다. 반면에 외향성이 낮은 사람들은 무채색 외장과 조용한 내부를 갖춘 자동차를 더 좋아하는 경향을 보였다.

Chapter

09

인간관계와 행복

Chapter 09

인간관계와 행복

누군가와 서로 공감할 때, 사람과 사람과의 관계는 보다 깊어질 수 있다.

– 인도의 구루, 오쇼 라즈니쉬(Osho Rajneesh)

행복은 아주 가까이에 있다. 행복은 가장 가까이 있는 사람으로부터 시작되기 때문이다. 우리가 좋은 친구와 좋은 사람들을 곁에 두는 것은 행복한 삶을 누리기 위한 가장 중요한 요소이다. 인생의 마지막 순간에 사무실에서 좀 더 많은 시간을 보냈어야 했다고 아쉬워하며 숨을 거두는 사람은 없다. 삶의 막바지에 이르러 모든 사람들이 하나같이 내리는 결론은 사람과의 관계, 따뜻한 마음이 중요하다는 것이다.

누구도 혼자서 세상을 살 수는 없다. 우리는 하루의 대부분을 우리가 스스로 선택하지 않은 사람들과 함께 보낸다. 이런 관계는 아주 어릴 때부터 시작된다. 우리는 부모를 선택할 수 없다. 형제도 마찬가지다. 일터의 동료들과도 스스로 선택하지 않은 관계를 맺어야 한다. 그러나 친구는 일방적으로 주어지는 것이 아니다. 친구를 잃는 것은 우리의 책임이다.

긴장과 공포, 스트레스 상황 아래에서 맛보는 긍정적인 체험은 사람을 쉽게 가까워지게 만든다. 또 공부를 함께 하든 자전거여행을 함께 떠나든 땀은 우정을 유지해주는 훌륭한 접착제이다. 깎아지른 절벽에 가로놓인 구름다리 위에서 만난 사람은 산자락의 주차장에서 만난 사람보다 친구로 발전할 가능성이 훨씬 더 높다. 불안을 함께 극복한 경험이 든든한 토대가 되어주기 때문이다. 여기에 공동의 관심사가 있다면 금상첨화다.

미국의 사회심리학자 스탠리 밀그램(Stanley Milgram)은 1960년대에 중간단계를 6번만 거치면 모든 사람이 누구와도 아는 사이가 된다는 '작은 세상(small world)'아이디어를 펼쳤다. 우리는 모든 사람을 다 알 수는 없다. 그렇지만 우리가 아는 어떤 사람은 또 다른 사람을 알기 마련이다. 인터넷이란 네트워크는 더 이상 공간적 인접성이 정신적 친밀함의 필요조건이 아닌 세상을 만들고 있다.

진짜 친구는 관심사뿐만 아니라 빵도 함께 나눌 수 있는 사람이다. 완전히 신뢰할 수 있을 정도로 잘 아는 사람이다. 내가 오늘 그에게 빵을 주면 그도 내가 빵이 없을 때 자기 빵을 주리라는 것을 아는 사람이다. 친구는 우리를 속속들이 잘 알면서도 우리를 좋아하는 사람이다.

인생을 함께 할 친구를 찾는 것은 나이를 먹을수록 더욱 힘든 일이 된다. 함께 겪은 일들과 함께 보낸 시간, 삶의 절정과 나락에 대한 기억들에 커다란 가치가 부여된다. 최고의 친구는 우리 자신보다도 우리를 잘 안다. 그는 우리가 더 이상 우리 자신을 믿지 않을 때도 우리를 믿는다.

인생은 공동운명체다. 여기서 반드시 지켜야 하는 황금률이 있다. 그것은 바로 우리가 잘 되기를 바라는 우리에게 좋은 영향을 미치는 사람들로 우리의 주변을 채워야 한다는 것이다. 리처드 튜니(Richard Tunney)는 영국에 거주하는 사람들 1,760명을 상대로 친구관계와 인생의 만족도를 묻는 설문조사를 실시하였는데, 오랜 친구가 많은 사람일수록 삶에 더 만족하며 살아가는 것으로 나타났다. 자신이 아주 행복한 삶을 살아가고 있다고 대답한 사람은 아주 불행하다고 대답한 사람들보다 그런 친구가 2배 이상 더 많았다.

좋은 인상

좋은 인상은 인간관계에서 성공확률을 높여준다. 인간관계에서 가장 먼저 일어나는 일은 상대방에 대한 인상을 형성하는 것이다. 우리는 어떤 사람을 처음 만나는 즉시 또는 몇 마디의 말을 나누고 나면 그에 대한 인상을 갖게 된다. 이러한 인상형성은 자기도 모르는 사이에 그리고 순식간에 일어난다. 이렇게 형성된 인상은 정확한 것일 수도 있고 그렇지 않을 수도 있다. 이런 첫인상은 상대방과의 지속적인 상호작용을 통해 재확인되기도 하고 수정되기도 한다.

우리가 무의식적으로 처리하는 정보들도 인간관계에 영향을 미칠 수 있다. 나에 대한 정보, 자주 경험하는 정보, 나쁜 행위에 대한 정보, 집단범주에 대한 정보는 우리가 무의식적으로 처리하는 대표적인 정보들이다. 좋은 인상을 심어주고 싶다면 적어도 2가지 사항, 인상형성에 영향을 미치는 요인들과 인상형성의 경향성에 대한 이해가 먼저 요구된다.

인상형성에 영향을 미치는 3가지 요인

일반적으로 우리는 상대방을 이해하기 위한 충분한 대화나 접촉도 없이 첫인상을 형성하게 되는데, 사람들의 외관적 특성에 근거하여 인상을 형성하는 경향이 있다. 특히 얼굴생김새와 얼굴표정, 옷차림새, 비언어적인 행동단서가 인상형성에 중요한 역할을 한다.

첫째, 얼굴생김새와 얼굴표정은 어떤 사람에 대한 인상을 형성하는 데 우리가 생각하는 것보다 훨씬 중요한 단서로 사용된다. 잘생기고 예쁜 얼굴을 갖고 있다는 것은 좋은 인상을 심어주는 데 매우 효과적이다. 그러나 선택의 여지없이 타고난 얼굴을 바꿀 수는 없다. 잘생긴 얼굴생김새 못지않게 밝고 환한 얼굴표정도 좋은 인상을 형성하는 데 도움이 된다. 인간은 6가지 기본적인 정서(기쁨, 놀람, 공포, 슬픔, 분노, 혐오)를 나타내는 독특한 얼굴표정을 갖고 있고, 이런 기본정서에 대한 얼굴표정은 문화나 종족에 상관없이 거의 동일하다. 얼굴표정은 우리의 의도와 상관없이 얼굴에 나타나지만, 지속적인 노력과 훈련에 의하여 의도적으로 조절할 수 있다. 더욱이, 밝게 웃는 명랑한 얼굴표정은 우리의 의지대로 만들 수 있다. 따라서 좋은 인상을 심어주고 싶다면, 우선적으로 밝게 웃는 얼굴표정을 짓는 연습을 해야 한다.

둘째, 옷차림새도 좋은 인상을 심어주는 데 중요한 역할을 한다. 옷차림새는 개인의 사회 · 경제적 지위, 교육수준, 직업과 소득수준뿐만 아니라 성격이나 가치관과 같은 정보까지 제공해준다. 비록 옷차림새를 갖고서 개인의 내면적인 심리적 특성들을 정확하게 판단할 수는 없을지라도, 다른 충분한 단서가 없는 경우에 우리는 가장 눈에 잘 띄는 옷차림새를 통해 인상을 형성한다. '옷이 날개'라는 말처럼, 깨끗하고 단정하며 상황에 맞는 적절한 옷차림새는 좋은 인상을 심어줄 수 있다. 옷은 마음만 먹으면 쉽게 바꾸어 입을 수 있다. 이제 좋은 인상을 심어주기 위해서라도 옷차림새에 관심을 가질 필요가 있다.

끝으로, 눈맞춤, 몸동작과 제스처, 몸의 자세, 타인과의 거리 등과 같은 비언어적 행동단서들도 인상형성에 영향을 미친다. 우리는 사람들이 행동하는 것을 보고 그 사람에 대한 인상을 형성한다. 그러나 이런 행동단서들은 고정된 성격특성보다는 기분이나 일시적인 태도나 의도와 같은 특성을 알아내는 데 효과적이다. 좋은 인상을 심어주려면, 가능한 우호적이고 긍정적인 행동거지를 보이는 것이 필요하다.

인상형성의 3가지 경향성

우리는 한 사람의 특성에 대한 여러 가지 정보를 접할 때 모든 정보를 똑같이 중요시하지 않는다. 주어진 정보를 활용하여 인상형성을 할 때, 사람들은 일반적으로 중심특질과 부정적인 정보 그리고 첫 번째 정보를 중시하는 경향이 있다.

인상형성의 중심특질

인상형성을 할 때 개인의 전체 인상을 좌우하는 중요한 정보가 있다. 전체 인상을 결정짓는 데 많은 영향을 미치는 특성들을 중심특질(central trait)이라 한다. 인상형성을 할 때 범문화적으로 발견되는 기본적인 3가지 차원이 있다. 첫 번째 차원은 '좋다–나쁘다'로 대표되는 평가차원이다. 이 차원은 어떤 개인이 좋은 사람인지 나쁜 사람인지를 평가하는 것이며 앞으로 좋아하여 접근할 것인지 싫어하여 회피할 것인지를 판단하는 차원이다. 두 번째 차원은 '강하다–약하다'로 대표되는 능력차원이며, 세 번째 차원은 '적극적이다–소극적이다'로 대표되는 활동성 차원이다. 이 중에서 인상형성을 하는 데 평가차원의 영향이 압도적으로 강하다. 우리는 낯선 사람을 만나면 우선적으로 그가 좋은 사람인지 나쁜 사람인지를 구분하는 경향을 지니고 있다.

중심특질에 대한 연구는 솔로몬 아시(Solomon Asch, 1946)의 의하여 진행되었다. 그는 인물묘사에 사용되는 여러 형용사를 다음과 같이 제시하였다. 단지 한 집단은 따뜻한(warm)이란 형용사를 다른 집단은 차가운(cold)이란 형용사만 달리하였다.

집단 1 : 지적이며, 능숙하고, 근면하며, **따뜻한**, 의지가 굳고, 실용적이며, 신중하다.
집단 2 : 지적이며, 능숙하고, 근면하며, **차가운**, 의지가 굳고, 실용적이며, 신중하다.

그 결과는 다음과 같았다.

집단 1 : 가상인물에 대해 인간적이고, 사귀기 쉽고, 품성이 좋고, 인자한 인상을 형성함
집단 2 : 가상인물에 대해 잔인하고, 비사교적이고, 인색한 사람으로 인상을 형성함

그런데 '따뜻한'을 공손한(polite)으로 바꾸고, '차가운'을 무례한(bold)으로 바꿨을 때 그런 차이는 발생하지 않았다. 다시 말해서, '따뜻한-차가운'은 중심특질이고, '공손한-무례한'은 주변특질이다.

인상형성의 부적효과

어떤 사람의 장점과 단점에 대한 정보의 양이 비슷할 때, 우리는 그 사람에 대해서 중립적인 인상을 형성하는 것이 아니라 부정적인 쪽으로 인상을 형성하는 경향이 있다. 이처럼 긍정적인 정보보다 부정적인 정보가 인상형성에 더 많은 비중을 차지하는 현상을 부적효과(negativity effect)라 한다. 이런 부적효과는 2가지 측면에서 설명할 수 있다. 하나는 현저성 때문이다. 사람들은 상대방이 제시하는 여러 정보들을 공평하게 주의를 기울이기보다는 현저하게 부각되는 면에 의지해서 인상을 형성한다. 대인관계에서 사람들은 다른 사람들에 대하여 칭찬은 잘 해도 단점은 말하지 않는 사회적 통념 속에서 긍정적인 정보는 더 많이 그리고 더 쉽게 접하게 되지만 부정적인 정보는 눈에 쉽게 띄지 않는다. 이런 까닭에 부정적인 정보는 현저성이 높아져서 돌출해 보이므로 부정적인 평은 훨씬 더 중요하고 신뢰롭게 느껴지기 때문에 부적효과가 나타난다는 것이다.

다른 하나는 부적효과를 진화론적 관점에서 설명할 수 있다. 상대방에 대한 나쁜 측면과 좋은 측면에 대하여 나쁜 측면을 놓쳤을 경우에 감당해야 하는 손실은 좋은 측면을 놓쳤을 때 감당해야 하는 손실에 비하여 매우 클 수 있기 때문에, 우리는 나쁜 정보에 더 민감하게 반응하도록 진화과정에서 적응력을 키워왔다.

인상형성의 초두효과

여러 정보가 순차적으로 제공될 때 전달되는 순서에 따라서 인상형성이 달라질 수 있다. 먼저 전달되는 정보와 나중에 전달되는 정보가 상충될 때, 사람들은 전체적인 인상을 형성할 때 나중에 접한 정보보다 먼저 접한 정보를 더 중요시하는 경향이 있다. 이런 경향성을 초두효과(primacy effect) 혹은 첫인상효과(first impression effect)라 한다. 이런 현상이 나타나는 이유는 처음 제시되는 정보에 대해서는 많은 주의를 기울이지만 나중에 들어오는 정보에 대해서는 주의를 덜 기울이는 경향이 있고, 일단 어떤 정보에 의하여 인상이 형성되게 되면 그 다음에 접하는 정보는 그 인상과 일치하도록 받아들여지는 경향이 있기 때문이다.

초두효과는 솔로몬 아시(Solomon Asch, 1946)의 연구에서 확인되었다. 그는 인상정보의 통합과정을 알아보기 위하여, 다음과 같이 가상인물에 대하여 6가지 단어를 제시하는 순서를 달리하여 어떻게 인상이 형성되는가를 살펴보았다.

집단 1 : 똑똑하다 – 부지런하다 – 충동적이다 – 비판적이다 – 고집스럽다 – 샘이 많다
집단 2 : 샘이 많다 – 고집스럽다 – 비판적이다 – 충동적이다 – 부지런하다 – 똑똑하다

그 결과는 다음과 같았다.

집단 1 : 가상인물에 대하여 긍정적인 인상을 형성함
집단 2 : 가상인물에 대하여 부정적인 인상을 형성함

단지 순서만 바꿨을 뿐인데, 이런 연구결과가 나타난 것은 사람들이 최종적인 인상을 형성하는 데 있어서 먼저 접하는 정보가 나중에 접하는 정보보다 더 중요한 역할을 한다는 점을 보여주는 것이다. 따라서 성공적인 인간관계를 구축하고자 한다면, 좋은 첫인상을 갖는 것부터 시작해야 한다.

인상관리

사람들은 남들이 자신에 대하여 갖는 평가와 인상에 큰 관심을 갖는다. 사람들은 자

기이미지를 긍정적으로 보이도록 노력하며 교류의 목적을 달성하는 데 도움이 되게끔 인상관리를 한다. 인상관리의 과정이 꼭 의도성을 가지고 이루어지는 것은 아니다. 인상관리를 하고 있는 당사자가 자신의 행위를 의식하지 못할 수 있다. 그러나 숨을 쉬고 있는 한, 누구나 인상관리를 한다.

결코 듣기 좋은 말이 아님에도 불구하고, 많은 사람들이 '조금 모자란 사람'처럼 행동한다. 왜냐하면 상대방의 호감을 얻기 위함이다. 똑똑한 사람은 존경받지만 사랑을 받지는 못한다. 똑똑한 사람은 같이 있는 평범한 사람들로 하여금 열등감을 느끼게 만들지만, 조금 모자란 듯한 사람은 평범한 사람들을 우쭐하게 만들고 챙겨주고 싶은 마음을 갖게 만들기 때문이다. 누구도 자신의 자존심을 상하게 만드는 상대를 좋아하지 않으며, 멀리하고 싶어 한다.

2천 명이 넘는 사람들을 대상으로 이루어진 연구(Gove et al., 1983)에 의하면, 스스로가 좀 못난 사람처럼 보이는 행세를 한 적이 있는가를 물어본 결과 상당수가 그렇다고 대답하였고, 이런 양상은 여자보다 남자에게서 더 많이 나타났다. 특히, 남녀가 데이트 중일 때 이러한 행세를 많이 하는 것으로 나타났고, 부부관계에서는 부인이 남편보다 더 자주 그러는 것으로 나타났다.

누구나 상대방에게 좋은 인상을 심어야 할 때가 있다. 말을 듣기 좋게 하기는 쉽지만, 표정관리를 그에 맞추기는 쉽지 않다. 왜냐하면 얼굴의 근육은 자율신경계의 지배를 받기 때문에 마음먹은 대로 잘 되지 않아서 의식적으로 관리하는 노력은 실패하기 마련이다. 따라서 미리 연습을 할 필요가 있다. 연습부족으로 표정연기가 자연스럽게 나타나지 않는다면 반드시 기억해야 할 것은 좋은 인상을 주기 위하여 얼굴표정, 몸짓, 어투 등을 모두 신경 쓰지 말고, 미소만 제대로 짓는 것이 훨씬 성공적이고 효과적이라는 점이다. 여러 가지 신경 쓰느라 부자연스러운 모습을 보이는 것보다 환한 미소 하나가 오히려 낫다.

다른 사람들에게 자기를 보여주는 부분에서 사람들마다 개인차가 있다. 영화나 연극에서 배우들은 맡은 역에 맞추어 자신의 모습을 변화시키는 재주가 뛰어나다. 스나이더(Snyder, 1987)의 자기조정이론(self monitoring theory)에 의하면, 자기조정 능력이 뛰어난 사람은 상황에서 적절한 행위가 무엇인지에 신경을 쓰고, 상대방의 행위와 반응에 주의를 기울이며, 자기의 인상관리에 능하고, 이러한 능력을 여러 상황에서 구사하며, 인상관리에 필요한 다양한 행동의 구색을 잘 갖추고 있다(한규석, 2009; Gabrenya & Arkin, 1980). 스나이더는 자기조정 능력이 높은 사람이 그렇지 않은 사람보다 여러 면에서 남들에게 수용적이고 활동적이며, 타인에 대한 기억이 우월하며, 표현력이 다채롭고 영향력도 크다는 긍정적인 입장을 취하고 있다.

현대사회에서는 다양한 자기상을 보이며 융통성 있게 살아가는 사람을 요구하고 있기 때문에, 자기조정 능력이 높은 사람이 현대사회에 잘 적응할 수 있다. 생활특성도 복잡하고 다양해졌고, 만나는 사람도 다양한 배경을 지닌 다수의 사람들이며 넓은 반경에서 교류가 이루어지고, 다양한 통신수단을 활용하고, 개인보다는 관계가, 개성보다는 사회성이 더 중요해진 세상에서 인상관리는 매우 중요한 자질이 될 수 있다.

매력 있는 사람

매력적인 사람은 호감을 주는 사람이기 때문에, 인간관계에서 유리한 입장에 놓인다. 사람들에게 호감을 주는 대표적인 바람직한 특성은 인간적 따뜻함과 유능함이다. 특히, 우리는 따뜻한 느낌을 주는 사람을 냉정한 사람보다 좋아한다. 사람들은 상대방이 지닌 학식, 지능, 자신과의 유사성에 무관하게 상대방이 사물과 사람들에 대하여 일반적으로 수용적이고 긍정적인 태도를 지녔을 때 따뜻한 사람으로 여기는 경향이 있는 반면에, 태도가 비판적이거나 부정적인 사람은 냉정하거나 차가운 사람으로 여긴다(Folkes & Sears, 1977). 인간관계를 잘하는 사람들은 따뜻하고, 유능하고, 적응을 잘하며, 명석한 사람이다. 그리고 이런 현상은 다양한 문화에서 보편적으로 나타난다.

우리는 매력적인 사람이 사교능력까지 지녔다면, 그나 그녀를 더 좋아한다. 사교능력이 뛰어난 사람은 인간관계에서도 우위를 점할 수 있다. 낯선 사람을 대할 때 상대방에 대한 사교능력의 평가는 상대방의 매너, 대화능력, 말의 조리성, 화제의 흥미로움에 따라 달라진다(Leary et al., 1986).

매력적인 사람과 어울리는 것은 기분을 즐겁게 한다. 왜냐하면 매력적인 모습은 건강의 징표이기 때문이다. 수십만 년의 진화과정 동안 남성은 자신의 후예를 성공적으로 퍼뜨리는 방향으로 진화를 해왔다. 이를 위해서 상대 여성의 출산능력의 징표를 중시하였는데, 그 중요한 징표가 젊음과 몸매이다(Johnston & Franklin, 1993). 남성은 여성의 경우에 허리비율이 엉덩이에 비해 작은 것을 선호하는 반면에, 여성은 남성의 경우에 그 비율이 1.0에 근접한 것을 선호하는 경향을 보인다(Singh, 1995).

우리가 매력적인 사람을 좋아하는 다른 이유는 그런 사람과 같이 있으므로 해서 스스로의 주가가 올라가는 것을 인식하기 때문이다. 이것을 방사효과(radiation effect)라 한다. 예쁜 여자랑 같이 다니는 평범한 남자를 특별한 뭔가가 있는 사람으로 보는 것처럼, 매력적인 사람과 함께 있으므로 해서 사회적 지위나 자긍심이 높아지는 것을 방사효과라 한다. 실제로, 같이 어울리는 사람이 매력적인 경우가 매력 없는 사람과 어울리는 경우보다 제3자에게 더욱 호감을 사는 것으로 나타났다(Kernis & Wheeler, 1981).

인간관계의 발전요인

사람들은 상대방의 외모와 별 상관없이 친숙하게 된 사람들과 대화를 나누며 관계를 발전시킨다. 만나면서 경험하는 것에 따라서 서로를 탐색하는 기간이 단축되기도 하지만 진지한 관계로 발전하기 위해서는 서로에 대한 탐색과 이해 그리고 수용이 필요하다. 아무리 매력적으로 끌리는 상대방과 교제를 하더라도 서로를 알아가는 과정 없이는 깊은 관계로 진행될 수 없다.

자기노출

낯선 두 사람의 관계가 친밀한 관계로 발전되어가는 교류과정에서 가장 두드러진 특징은 두 사람이 서로 상대방에게 드러내는 자기노출(self-disclosure)이다. 그러나 일방적인 자기노출은 소득 없는 일방적인 지출과 마찬가지로 오래 지속되지 않는다. 노출은 상대방에게 호응을 요구하고 이러한 호응이 있을 때만 다음 단계의 더 내밀한 노출이 교환되며 관계가 친숙해지고 친밀해진다. 관계가 진전됨에 따라서 노출의 내용이 다양해지고 노출의 깊이도 깊어진다.

지나치게 일방적인 자기노출은 상대방에게 부담을 주기 때문에 상대를 불편하게 만들 수 있다. 사람들은 자기가 상대방에게 자기노출을 하는 정도로 상대가 자기노출하는 것을 가장 편하게 느낀다. 상대방이 더 많은 자기노출을 하는 경우 준비 없이 친밀한 관계로 끌려가는 기분이 들거나 상대가 무분별한 사람으로 여겨지기 때문에 저항을 보인다. 반면에 상대가 자기노출을 하지 않을 경우는 스스로가 철없거나 바보 같은 생각이 들고 상대가 냉정하거나 자신에게 관심이 없는 사람으로 여겨지기 때문에 꺼리게 된다(Chaiken & Derlega, 1974).

배려

자기노출이 인간관계의 진전에 필수적이지만 그 자체가 관계를 진전시키는 것은 아니다. 관계가 발전되려면 자기노출의 호응과 더불어 상대방에 대한 배려의 마음이 필요하다. 배려(consideration)는 도와주거나 보살펴주려고 마음을 쓰는 것을 말한다. 서로의 자기노출이 상대방에게 이해되고, 연민의 감정을 느끼게 하고, 상대방에 대한 진정한 관심과 배려로 이어지는 과정은 상호 신뢰를 쌓아가고 정서적인 유대감을 만들어 간다. 서로에 대한 믿음과 정서적 유대감은 친밀한 관계의 기본이다(Reis & Shaver, 1988).

상응성 규범과 형평성 규범

인간관계의 발전에 많은 영향을 미치는 2가지 규범은 상응성 규범과 형평성 규범이다. 이런 규범들이 지켜질 때 사람들은 관계에 만족하며 관계를 유지하고자 한다. 주고받은 행위의 당위성을 규정하는 상응성 규범(reciprocity norm)은 인간관계의 가장 핵심적인 규범이며 어느 문화에서나 공통적으로 나타나는 것이다(Gouldner, 1960). 사람들은 이득을 최대화하고 손실을 최소화하려는 기본적인 성향과 함께, 주는 만큼 받아야 한다는 혹은 받은 만큼 주어야 한다는 생각을 기본적으로 한다. 관계에서 득실을 따지는 것은 의식적으로 치밀한 계산을 한다는 것은 아니다. 때때로 상대와 관계를 생각할 때 전반적인 균형을 저울질하게 된다. 그래서 우리는 '괜찮은 사람'과 '그렇지 않은 사람'을 골라낼 수 있다.

사회적 교환이론(social exchange theory)에 의하면, 사람들은 관계에서 이득을 보는 경우에는 상대방에게 접근하고 손실을 예상하는 경우에는 거리를 두게 된다. 사람들의 관계에 대한 전반적인 평가를 할 때 2가지 기준을 사용한다(Kelley & Thibaut, 1978). 하나는 비교수준(comparison level)으로 상대방과의 관계에서 당연히 받아야 한다고 생각하는 보상의 정도이다. 사회통념이나 과거의 경험 또는, 생활경험을 통해 관계에서 기대하는 수준에 비추어 현재 자신이 얻고 있는 것을 비교한다. 이러한 기대에 부응하거나 그보다 높게 되면 관계에 만족을 느낀다. 그러나 부응하지 못한다면 실망을 느낀다. 그렇지만 실망을 느낀다고 관계를 단절하는 것은 아니다. 다른 하나는 대안적 비교수준(alternative comparison level)으로 대안적인 관계에서 기대되는 득실과 현재 관계에서의 득실을 비교한다. 이런 비교에서 대안적인 관계가 현재의 관계보다 더 낫다면, 현재의 관계를 단절하게 된다.

관계의 만족도를 저울질할 때 사용하는 다른 기준은 형평성 규범이다. 상응성 규범이 두 사람 사이의 교환에 대한 당위성을 규제하는 규범이라면, 형평성 규범은 교환의 적절한 양을 규제하는 규범이다. 형평성 규범(equity norm)은 각자가 기여한 만큼 얻거나 손실을 입는 경우에 작용하므로 관계당사자들이 모두 수용해야 하는 최소정의를 충족시키는 원칙이다. 형평성 규범은 관계의 초기에 당사자들의 많은 관심거리이지만, 친밀한 관계가 깊어지면 별 문제가 되지 않는다. 그러나 친밀한 관계에서도 불만을 느끼거나 순조롭지 못한 상황에 처하게 되면 중요한 이슈로 부각될 수 있다.

아담스(Adams, 1965)의 형평이론(equity theory)에 의하면, 형평원리가 위배되는 불형평적인 상황에 처할 경우에 형평을 회복하기 위한 행동이 나타난다. 형평을 회복하는 방법은 직접적인 형평회복 행위를 취하는 방법과 간접적인 심리적 조정을 취하는 방법 2가지가 있다. 첫 번째 방법은 불형평이 자신의 투입요인과 산출요인의 비율과 상대방의 그것과 비교하여 경험되기 때문에, 회복방법도 투입요인과 산출요인에 직접적인 변화를 가함으로써 이루어진다. 예를 들어, 자신이 받을 몫을 덜 받았을 경우에 다 받아내거나 상대방이 더 받은 만큼을 물리게 하는 것이다. 두 번째 방법인 심리적 조정은 실제적인 행위를 취하지 않고 인지적 과정을 통하여 형평적 결과가 나타나도록 생각을 바꾸거나 왜곡하는 것이다.

인간관계와 자기개념

인간관계에서 개인이 어떤 자기상을 갖고 있느냐를 파악하는 것은 매우 중요하다. 왜냐하면 인간관계를 포함한 다양한 사회생활에서 개인의 자기상이 많은 영향을 미치기 때문이다. 자기(self)는 사람들이 스스로의 참모습이라고 여기는 구성체이며, 타인과의 교류라는 사회적 상호작용과 사회생활의 산물이다. 자기는 다양한 측면을 지니고 있는 복합적 구성체이며, 생활 속에서 변화한다(한규석, 2009). 자기는 내가 스스로를 남들과 비교하는 과정, 남들이 나를 보는 모습의 반영, 스스로 행동과 사고를 평가하는 과정을 통하여 갖추어지고 변모되어 간다. 일반적으로 사람들은 자기복합성(self complexity)이 높아도 통합된 자기관과 자기통제감을 지닌 경우에 삶의 만족도가 높다.

자기의 구성요소

사회생활을 하면서 동일한 사람이 여러 가지 모습을 보일 수 있다. 왜냐하면 우리는 다양한 사회생활 장면에서 여러 가지 사회적 역할을 수행하며 살아가기 때문이다. 우리의 자기상(self image)은 단일한 구성체가 아니라 다양한 것들로 구성된 복합체이다. 이미 오래전에 『심리학의 원리』에서 윌리엄 제임스(William James, 1890)는 객관적 탐구의 대상이 되는 자기를 3가지 구성요소로 분석하였다. 첫째는 물질적 자기(material self)이다. 물질적 자기는 개인이 지니고 있는 것으로 자기의 신체, 의상, 가족, 집 그리고 소유물들로 구성되어 있다. 이것들은 내가 누구라고 하는 것을 알려주는 대표적인 것들이다. 우리는 타인의 특성을 파악할 때 그의 소유물들이 지닌 속성을 통해 파악하려고 한다. 둘째는 사회적 자기(social self)이다. 사회적 자기는 우리와 접촉하는 타인들로부터 받게 되는 자기에 대한 인상과 평가들이다. 우리는 남과 단순히 어울리는 것이 아니라 남들에게 나를 내보이고 싶어 하고, 좋게 인정받으려는 욕구가 있다. 이것은 사람들이 자신이 원하는 평가를 받으려는 주위 사람의 수에 해당하는 만큼의 사회적 자기가 있다는 것이다. 셋째는 정신적 자기(spiritual self)이다. 정신적 자기는 3가지 구성요소 중 가장 중요한 부분으로 개인이 지닌 내면의 주관적인 성격, 취향, 정서 등의 심리적 속성들이고, 생의 의미를 생각하고 만물의 원리를 모색하는 등 사색적인 면모를 지니고 있으며, 자기관조의 능력을 지니고 있다.

성격심리학 분야에서 자기에 대한 개념을 처음으로 정립한 사람은 카렌 호나이(Karen Horney)이다(노안영, 강영신, 2003). 그녀는 자기를 주관적 현실자기, 객관적 실제자기 및 이상적 자기로 구분하였다. 첫째, 주관적 현실자기(real self)는 자기 자신에 대한 지각의 산물로 자신이 누군가에 대한 자신 스스로의 해석이다. 현실자기의 목표는 자아실현을 추구하는 것인데, 자신만의 가치와 삶의 목표를 달성하는 것이다. 이런 의미에서 현실자기는 현실적으로 표출할 수 있는 '가능한 자기'를 의미하기도 한다. 둘째, 객관적 실제자기(actual self)는 타인에 의해 관찰된 그 사람에 대한 객관적 총합이다. 객관적 실제자기는 자신의 지각내용과는 상관없이 '있는 그대로의' 신체적 그리고 정신적인 자기의 모든 것을 의미한다. 셋째, 이상적 자기(idealized self)는 자신이 되어야만 하는 자기로 잠재력을 개발하고 자아실현을 성취하도록 돕는 모델의 역할을 한다. 자아실현을 도모하기 위하여 이상적 자기를 형성하는 것은 인간의 보편적인 특징이다. 정상적인 사람에게는 이상적 자기와 주관적 현실자기가 대체로 일치한다. 왜냐하면 이상적 자기가 자신의 능력과 잠재력에 대한 현실적인 평가에 근거하여 형성되기 때문이다.

사람들이 자신을 성찰하는 과정에 초점을 맞출 때, 자기를 3가지로 구분할 수 있다. 히긴스(Higgins, 1998)의 자기차이이론(self discrepancy theory)에 따르면, 현실자기(actual self)는 자기의 모습이라고 여기고 있는 자기이고, 우리는 이 현실자기를 이상자기와 의무자기에 비교하여 각기 다른 정서와 동기를 경험한다. 이상자기(ideal self)란 스스로가 되고 싶은 이상적 자기의 모습이다. 이상자기가 촉발되거나 생각되는 경우에 사람들은 그 모습에 다가서려 하고, 긍정적인 수행과 결과를 거두는 것에 민감하며, 긍정정서를 경험하면서 의식의 초점도 향상과 변화에 맞추어지면서, 잘 해내려고 하고, 성취해내는 활동에 관심을 갖게 된다. 의무자기(ought self)란 자신 및 주위 사람들이 부과하는 의무나 책임처럼 자신이 맞추어 가겠다고 여기는 자기모습이다. 이 의무자기가 환기되는 경우에 사람들은 부정적인 결과가 나타날 것에 민감하며, 의무자기에 부응하지 못하는 불안감이나 죄책감을 경험하면서 의식의 초점도 예방과 안전에 맞추어진다.

자기의 기능

자기는 3가지 기능을 수행한다. 첫째, 정보 및 경험을 소화하고 적절히 대처하는 것을 돕는다. 둘째, 개인에게 동기를 부여한다. 자신의 자기상을 평가함으로써 행동에 변화를 가져온다. 셋째, 개인의 행위에 일관성을 부여하고 예측 가능하게 한다. 그래서 일을 계획하고 추진해 나갈 수 있는 근거를 제시한다.

정보처리자로서의 자기

자기도식(self schema)은 어떤 정보에 대하여 주의를 기울일 것인지, 그 정보를 어떻게 파악할 것인지, 그것이 얼마나 중요한지, 그리고 정보처리로 무엇이 나타날 것인지를 결정하는 선택기제로 기능한다(Markus, 1977). 도식(schema)은 인간의 정보처리과정의 특징을 설명하기 위하여 영국의 심리학자 프레더릭 바틀릿(Frederick Bartlett, 1932)이 제안한 것이다. 도식은 기억 속에서 정보를 저장하면서 쓰이는 개념, 생각, 믿음으로 이루어진 추상적 체계로 많은 양의 정보를 순간적으로 처리할 수 있도록 해주고 적은 양의 정보로부터 많은 관련된 정보를 이끌어 낼 수 있도록 해준다. 물론 도식적 정보처리 과정은 정보의 왜곡된 저장이나 회상의 왜곡이 생겨날 수 있다.

자기도식은 개인의 과거 행적은 물론 거울적 자기의 구성과정으로부터 추론된다. 자기도식이 갖는 정보처리상의 특징은 3가지로 요약된다. 첫째, 주어진 특성의 자기도식을 가진 사람은 그러한 특성 도식이 없는 사람에 비해 관련 정보를 훨씬 빠르게 처리한다. 둘째, 자기도식은 여과기능을 수행하는데, 새로운 정보가 자기도식과 부합하면 쉽게 처리하고 모순되면 처리에 저항이 걸린다. 셋째, 자기도식과 관련된 정보는 쉽고 빠르게 배울 수 있다. 자기를 판단의 준거로 삼을 때 정보처리가 잘 되는데 이를 자기참조효과라 한다. 자기참조효과는 자기의 풍부한 생활경험이 촉발될 때, 다시 말해서 자기도식에 의해 잘 정리되었을 경우, 그 도식과 정보가 연결됨으로써 자기와 관련된 많은 정보들이 연상되면서 보다 깊은 수준의 정보처리가 일어나기 때문에 정교한 기억이 가능함을 보여준다.

행위평가자로서의 자기

사람들이 생활하면서 보이는 자기 관련 동기는 크게 3가지 기본동기로 정리할 수 있다(Banaji & Prentice, 1994). 첫째, 자기파악 욕구이다. 사람들은 자신의 특성과 능력에 대하여 알고 싶어 하고 이에 대한 자신의 지각을 확인해주는 증거를 모색한다. 둘째, 자기향상 욕구이다. 스스로를 자신의 이상적인 모습으로 끌어올리려는 욕구로 자신의 부정적인 모습에서 탈피하려 들며 바람직한 모습을 지향하는 행위를 보인다. 셋째, 자기고양 욕구이다. 자존심을 보호하고 스스로에 대한 긍정적인 자기상을 가지려는 활동으로 나타난다.

사람들은 일반적으로 좋은 평가받기를 원한다. 자타가 내리는 좋은 평가는 자긍심을 고양시킨다. 자긍심의 높낮이는 자신이 꿈꾸는 이상자기와 현실자기의 비교를 통해서 내려진다. 이 평가의 결과로 자긍심을 갖게 되는데, 그 괴리가 적을수록 자긍심이 강하게 느껴진다. 모든 사람들이 모든 면에서 다 잘할 수는 없는 것이 현실이지만, 사람들은 비교적 높은 자긍심을 갖고 생활한다.

일관성유지자로서의 자기

자기의 또 다른 기능은 개인이 취하는 행위에 일관성을 부여해 준다는 것이다. 사람들은 다른 사람들이 생각하는 것보다 자기 자신을 더욱 안정적이고 일관된 모습을 보인다고 지각하는 경향이 있다. 사람들이 행동을 취할 때 스스로의 생각, 취향, 기준을 뒤돌아본다면 그때에 보이는 행동은 자기 내면의 기준에 보다 부합할 것이라고 생각한다.

위크런드(Wicklund, 1975)의 자의식이론(self conscious theory)에 의하면, 개인의 주의가 자신에게 맞추어졌느냐 또는 상황에 맞추어졌느냐에 따라 나타나는 행위가 다르다. 전자의 경우 행위는 행위자의 내면 특성을 반영하고 후자의 경우 행위는 상황적 힘에 의해서 결정된다. 의식의 초점이 자신에게 쏠리는 경우는 거울을 볼 때, 비디오카메라로 자신이 촬영될 때, 자신의 모습이나 목소리를 테이프로 보거나 들을 때이며, 이때 우리는 자의식상태에 빠진다. 자의식상태에서 사람들은 내면의 태도를 더 잘 반영하고, 사회적 규범에 부합하는 행동을 한다.

자의식은 행위자의 능력, 가치관, 태도, 이상, 취향을 근거로 이미 취했거나 또는 취하고자 하는 행위를 평가하게 만들고, 취하는 행위와 그 내적 기준과의 괴리가 클 때 행위자를 불편하게 만들고, 그 강도가 심하면 그 국면을 모면하거나 둘 사이의 괴리를 좁히려는 시도를 하게 만든다.

자의식에는 개인차가 존재한다. 자기 내면을 살펴보는 정도에 있어서 사람마다 큰 차이가 있다. 어떤 사람들은 내적 성찰을 습관적으로 하며 어떤 사람들은 항상 주위나 상황에 신경을 쓰고 지내는 경향이 있다. 또한 의식의 초점이 자기에게 맞추어졌을 때, 어떤 사람들은 자신이 남에게 보여지는 면모에 특히 신경을 쓰는가 하면, 어떤 사람들은 자신의 내밀한 면모에 신경을 쓴다. 전자를 공적 자기라 하고, 후자를 사적 자기라 한다.

공적 자의식이 강한 사람은 자신에 대한 타인의 평가, 자신들의 외모, 유행 등에 관심을 갖고 있고 주위 사람들의 견해에 신경 쓰고 동조하는 경향이 강하며(Froming & Carver, 1981), 타인의 반응에 보다 민감하다(Fenigstein, 1979). 사적 자의식이 강한 사람은 혼자만의 시간을 즐기고 자기 내면의 감정, 의견에 매우 민감하고 보다 충실하려는 경향이 있으며(Scheier & Carver, 1981), 태도와 행위 간의 일관성이 비교적 높다(Gibbons, 1978). 그러나 공적 자기와 사적 자기는 서로 독립적인 것이기 때문에, 공적 자기에 대한 관심이 높다고 해서 사적 자기에 대한 관심이 꼭 낮은 것은 아니다.

인간관계와 감정상태

좋은 인간관계 혹은 만족스러운 인간관계는 긍정적인 감정을 많이 경험하게 되는 관계이다. 기쁨, 환희, 행복 등의 긍정적인 감정들은 삶에 대한 만족도, 즉 삶의 질을 결정하는 주된 요인으로 여겨지고 있으며 사람들은 이러한 긍정적인 감정을 느끼려고 노력한다. 인간관계에서 경험하는 긍정적인 감정은 행복과 기쁨을 비롯하여 즐거움, 신남, 유쾌함, 만족감, 흡족함, 안락감, 안도감, 축복감, 희열, 환희, 자긍심, 자부심, 사랑, 애정, 황홀함 등 다양한 용어로 기술된다. 반면에, 인간관계는 다양한 부정적인 감정을 불러일으키기도 한다. 분노와 울화, 짜증과 성가심, 당황과 황당, 혐오감과 고독감, 시기와 질투, 죄책감과 수치감, 슬픔과 비애 등 다양한 부정적인 감정들을 인간관계 속에서 경험할 수 있다.

긍정적인 감정

행복과 기쁨

인간관계에서 가장 대표적인 긍정정서는 행복(happiness)과 기쁨(joy)이다. 행복과 기쁨은 원하는 목표가 달성되었거나 달성되고 있다고 생각될 때 느끼는 감정이다. 일반적으로 행복은 기쁨에 비해 좀 더 전반적이고 포괄적인 사건에 대한 지속적인 긍정감정이다. 반면에 기쁨은 행복에 비해서 보다 구체적인 사건에 대하여 급격하게 느끼는 강한 감정을 말한다.

대부분의 사람들이 비교적 행복하다고 말하지만, 상당한 개인차가 존재한다. 2007년에 하버드대학 행복학 강의로 유명한 탈 벤 샤하르(Tal Ben Sarhar)는 『*Happier*』라는 책에서 불행한 사람의 유형을 미래의 성공을 위해 현재의 행복을 저당 잡힌 '성취주의자',

순간의 즐거움만을 좇다가 무료함의 늪에 빠진 '쾌락주의자', 과거의 실패에 발목이 잡혀 스스로 행복을 포기한 '허무주의자'로 나누고, 인간은 누구나 현재의 즐거움과 미래의 행복을 모두 누리는 '행복주의자'가 될 수 있음을 철학적, 심리학적 분석을 바탕으로 주장하였다.

탈 벤 샤하르는 사람들은 더 행복하게 살고 싶어 하고, 행복하게 살아야만 한다고 말한다. 그러기 위해서 진정한 행복을 궁극적인 가치로 인정해야 한다. 직장에서, 학교에서, 가정에서 매 순간 자기 자신에게 다음과 같은 질문을 해보라고 충고한다. "무엇이 나에게 의미를 주는가?", "무엇이 나에게 즐거움을 주는가?", "나에게 어떤 장점이 있는가?" 물론 마음가짐을 새롭게 한다고 해서 현재의 고통스러운 상황이 달라지지는 않는다. 불행을 부르는 습관이나 행동 역시 한순간에 변화될 수는 없다. 그러나 행복이 궁극적인 가치임을 깨닫고 불행의 순간마다 위의 질문을 떠올리며 조금씩 변화를 추구해간다면, 우리는 모두 어제보다 오늘이, 오늘보다 내일이 좀 더 행복한 삶을 살 수 있을 것이다. 그는 보다 구체적으로 행복 6계명을 제안하였다. 첫째, 인간적인 감정을 허락하라. 둘째, 행복은 즐거움과 의미가 만나는 곳에 있다. 셋째, 행복은 사회적 지위나 통장 잔고가 아닌 마음먹기에 달려 있음을 잊지 마라. 넷째, 단순하게 살아라. 다섯째, 몸과 마음은 하나라는 것을 기억하라. 여섯째, 기회가 있을 때마다 감사를 표현하라.

행복을 경험하기 위해서 필요한 3가지 중요한 요인은 '사회적 관계를 갖고 있는가', '직업이 있는가', 그리고 '건강한가'이다(Kassin, 2001). 원만한 인간관계를 포함한 폭넓은 사회적 관계를 형성하고, 자신의 적성과 소질을 발휘할 수 있는 직업을 갖고, 신체적으로나 정신적으로 건강할 때 사람들은 행복해질 수 있다. 또한 보다 풍요한 나라의 국민들이 더 행복할지라도, 소득수준과 행복 간의 연합관계에 대한 증거는 혼합적이다. 우리는 점점 더 부유해질수록 점점 더 불행해지는 사회 속에 살고 있다. 실제로, 영국 신경제재단이 세계 178개국을 대상으로 행복지수를 조사한 결과 호주 옆의 작은 섬나라 바누아투가 세계에서 가장 행복지수가 높은 것으로 나타났다. 한국은 지난 40년간

1인당 국민소득이 200배 이상 증가했고, 세계 경제력지수는 13위에 해당하지만, 행복지수는 102위에 그쳤다. 이런 결과는 사회적 비교이론(social comparison theory)과 적응수준이론(adaptation-level theory)에 의하여 제안된 것처럼, 부에 대한 지각이 다른 사람들이 갖고 있는 것과 비교하는 식으로 상대적인 측면을 고려하게 되고, 익숙해지기 때문이다. 또한 사람들은 시간이 경과함에 따라서 자신의 행복수준을 끌어내리는 경향을 지니고 있기 때문이다.

자긍심

자긍심(pride)은 자신이 가치 있는 존재라고 느낄 때 경험할 수 있는 긍정정서이다. 이 감정은 대인관계를 떠나서 자신의 성취에 대한 긍정적인 평가에 의해서도 경험될 수 있지만, 타인에 의한 인정과 평가가 자기평가의 중요한 근거가 되기 때문에 자긍심은 대인관계에서 경험되고 강화된다. 다른 사람들에 의하여 자신의 능력, 성취, 업적 등에 대하여 긍정적인 평가와 인정을 받을 때, 자기 자신에 대한 가치감인 자긍심을 느낀다. 자긍심은 자신에 대한 만족감과 존중감을 의미한다. 이런 자긍심은 성취감, 자신감, 승리감 등의 긍정적인 감정을 수반한다.

자긍심은 행복의 중요한 요소이다. 행복은 인간관계 및 삶의 전반에 대한 긍정적인 평가에서 느껴지는 감정인 반면에, 자긍심은 자기 자신에 대한 긍정적인 평가에서 느껴지는 감정이다. 행복은 삶의 전반에 대한 느낌인 반면에, 자긍심은 자기에 대한 감정이다. 자긍심이 낮은 사람은 스스로 자신의 성취나 능력에 대해 과소평가하고 다른 사람들에 의한 칭찬과 긍정적인 평가를 축소해서 받아들인다. 나아가 자신에 대한 불만과 열등감을 만성적으로 느낄 수 있다. 자긍심이 높은 사람은 다른 사람들에게 자신감 있고 자기표현을 잘하며 당당한 행동을 나타내게 된다. 자긍심이 높은 사람들은 낮은 사람보다 많은 면에서 적응적이며 정신적으로 건강할 뿐만 아니라, 심리적 만족감이 높고 환경에서 오는 불안에 잘 대처한다.

사람들은 비교적 높은 자긍심을 갖고 생활한다. 사람들은 바람직하다고 여겨지는 특성에 있어서 평균 이상으로 높게 평가하는 경향이 강하다. 대부분의 기업가들은 자신들이 다른 기업가보다 윤리의식이 강하다고 여기고(Brenner & Molander, 1977), 사람들은 스스로를 다른 사람들보다 편견이 없다고 생각하며(Messick, et al., 1985), 운전자들은 자신을 다른 운전자들보다 운전기술이 좋고 안전운전을 하는 편이라고 여기며(Svenson, 1981), 응답자의 86%가 자신의 직무수행이 평균 이상이라고 말하였다(Headey & Wearing, 1989). 이런 비현실적인 낙관성을 보이는 연구결과들은 자긍심이 오히려 인간관계에서 문제가 될 수 있음을 시사한다.

자긍심이 지나치면, 부정적인 결과를 초래할 수 있다. 자긍심이 자기도취적이고 자기중심적이며 자기과시적인 행동으로 나타나게 되면, 다른 사람들에게 오만하고 거만한 모습으로 보여질 수 있다. 여전히 겸양지덕을 강조하는 우리 사회에서 자신의 가치감을 스스로 노골적으로 나타내게 되면 타인에게 거부감을 줄 수 있다. 또한 지나친 자긍심은 범죄와 관련될 수 있다. 또래집단에 적응하지 못하면서 불량한 또래나 선배와 어울리며 폭력적인 집단을 형성하여 활동하는 청소년의 경우(Wink, 1991)나 흉악범죄의 절반 이상을 저지른다는 사이코패스(psychopath)의 경우(Hare, 2006)에 모두 자존감이 높은 것으로 나타났다. 이들은 강한 자기애성향을 보이는데 이것이 종종 높은 자긍심과 혼동이 된다. 살인범, 강간범, 폭력범을 보면, 이들이 우울하거나 불안감을 보이거나, 열등감에 시달리기보다는 오히려 자신에 대하여 과다할 정도로 긍정적인 생각을 갖고 있고, 이러한 자기상에 대한 위협을 느낄 때 매우 폭력적인 행동을 저지르는 것으로 나타났다(Gilovich et al., 2006).

사랑과 애정

자긍심이 자신에 대한 긍정정서라면, 사랑(love)과 애정(affection)은 다른 사람에 대한 긍정적인 감정이다. 사랑과 애정은 다른 사람에 대한 긍정적인 평가에 의해 생겨난다. 이런 감정은 그 강도나 대상 및 맥락에 따라 호감, 친밀감, 우정, 사랑, 애정 등의 다양한 용어로 묘사된다. 어떤 사람에게 사랑과 애정을 느끼게 되면, 그 사람에 대한 호의적인 관심과 아울러 접근적인 행동을 나타내게 된다. 상대방이 보고 싶다는 그리운 마음이 일어나고 도움을 요청받을 때 다른 사람들과는 달리 파격적인 도움을 제공하게 된다. 이런 감정은 상대방과의 관계가 깊어지는 단계에 따라 변화하게 된다. 초기단계에서는 호감을 느끼게 되고, 관계가 지속됨에 따라 좋다는 감정과 친밀감을 느끼게 되며, 관계가 더욱 심화되면 사랑과 애정을 느끼게 된다.

안심

인간관계에서 여러 가지 갈등과 불안을 경험하게 된다. 이런 갈등과 불안이 해소될 때 느끼는 긍정적인 정서체험이 안심(relief)이다. 고통스러운 상황이 사라졌거나 보다 나은 상태로 변화했다는 인식에 의해서 생겨나는 긍정정서가 안심이다. 안심하게 되면 근육긴장이 이완되고 주변에 대한 경계를 풀게 되며 편안함을 수반하게 된다. 안심상태에서 우리는 신체적으로 부교감신경이 활성화되어 안정되고 이완된 상태가 된다. 안심은 갈등, 불안, 긴장, 죄책감, 우울과 같은 부정적인 감정으로부터의 해방감을 수반하면서 상대적으로 느껴지는 긍정적인 감정이다.

부정적인 감정

슬픔

인간관계에서 가장 대표적인 부정정서는 슬픔(sadness)이다. 슬픔은 기본적으로 상실에 대한 인간의 정서적 반응으로서 인간관계에서 흔히 경험하는 고통스런 감정이다. 슬픔은 사랑하는 사람과의 이별과 같이 인간관계의 상실을 경험할 때 느끼는 고통스런 감정이다. 인간관계의 상실이 미래에 예상될 때는 불안을 느끼는 반면에, 그러한 상실이 이미 현실로 나타났을 때 슬픔을 경험한다. 특히 그러한 상실이 어떠한 방법으로도 회복하거나 복원할 수 없는 것을 느낄 때 슬픔은 더욱더 커진다. 일반적으로, 슬픔을 충분히 표현하지 못할 때 슬픔이 오래가는 경향이 있다. 슬픔을 다른 사람에게 표현하고 상실의 슬픔과 아픔을 다른 사람들로부터 충분히 공감받는 것은 슬픔을 이겨내는 효과적인 방법이다. 슬픔을 이겨내기 위해서는 상실의 빈자리를 다른 사람이나 다른 의미 있는 일을 통해서 조금씩 채워가는 노력도 필요하다.

슬픔의 원인과 강도에 따라서 슬픔을 표현하는 방법은 사람마다 차이가 있다. 그러나 몇 가지 공통점을 찾을 수 있다. 첫째, 애도행동(lament)이다. 누구나 경험하게 되는 사랑하는 사람과의 이별이나 사망은 슬픈 감정을 표출하는 애도행동을 이끌어낸다. 눈물을 흘리고 통곡을 하고, 가슴을 치면서 슬프고 괴로운 감정을 표현한다. 상실한 사람을 그리워하고 아쉬워하며 상실의 아픔을 괴로워하는 행동으로 자신의 슬픔을 나타낸다. 둘째, 무활동(inactivity)이다. 슬픔을 느끼면 활동수준이 현격히 감소한다. 외부에 대한 관심과 욕구가 줄고, 외부환경으로부터 철수하여 자신 속으로 침잠하는 경향이 나타난다. 두문불출하여 칩거하거나 음식섭취를 중단하고 모든 활동을 멀리하게 된다. 셋째, 원망행동(grievance)이다. 슬픔으로 인한 고통이 심할 경우에는 이러한 고통을 주고 떠나간 사람에 대하여 불만을 표출하거나, 분노와 원망을 하기도 한다. 끝으로, 우울(depression)이다. 상실의 대상이 개인의 삶에 매우 중요하여 슬픔이 장시간 지속되는 경우에는 절망감에 빠지게 되고, 나아가 우울증세를 보이게 된다. 일반적으로 상실에 의한 슬픔은 시간의 흐름과 더불어 자연스럽게 회복되는데, 이러한 깊은 슬픔이 장기간 지속하게 되면 일상생활에 어려움과 곤란을 겪게 되는 우울증으로 발전하게 된다.

슬픔은 인간관계의 여러 상황에서 경험할 수 있다. 첫 번째는 사랑하는 사람의 죽음이나 이별이다. 사랑하는 사람에는 부모, 가족, 연인, 친구, 동료 등이 포함된다. 서로 애정을 느끼며 친밀감과 신뢰감을 느끼는 사람은 우리의 분신과도 같다. 그러한 사람들과의 이별은 나의 중요한 일부를 상실하는 것과 같다. 나에게 중요한 사람일 때, 그러한 이별이 예상하지 못한 것일 때, 그리고 갑작스러운 일일 때 슬픔은 더욱더 커진다.

두 번째는 다른 사람으로부터 받던 관심과 애정의 상실이다. 각별한 사랑과 관심을 보여주었던 사람이 그러한 사랑과 관심을 철회하거나, 간절히 기대하고 갈망했던 사랑과 관심을 얻지 못하고 단념해야 할 때 슬픔을 경험한다. 이런 슬픔은 상대방을 좋아하거나 사랑하는 마음이 크면 클수록 더 크게 다가오게 된다.

세 번째는 자신의 가치나 역할의 상실이다. 신체의 일부를 손상당한 것보다도 자신의 가치나 역할을 상실하게 되면 사람들은 크나큰 슬픔에 빠지게 된다. 자녀들에게 부모로서의 가치나 역할을 잃게 되거나, 오랜 시간을 보낸 정든 직장에서 퇴사를 하거나 퇴직을 하는 것처럼, 자신의 사회적 가치나 역할을 상실하게 될 때 슬픔을 경험한다.

우리가 행복해지길 원한다면, 슬픔을 경험할 때 우리가 취할 행동은 현실인정이다. 슬픔은 상실에 의한 감정이기 때문에, 우리가 잃은 것과 잃게 되는 것에 대하여 현실감 있게 인정하는 행동이 우리의 마음을 다스리고 새로운 시작을 할 수 있는 시발점이 된다. 우리가 살아가면서 경험하는 수많은 상실은 우리의 힘으로 어쩔 수 없는 불가피한 것들이 대부분이기 때문이다. 슬픔을 빨리 떨쳐버릴 수 있도록 우리가 해야 하는 첫 번째 선택은 현실에 대한 인정이다.

분노

인간관계를 파괴하는 강력한 부정적인 감정의 하나가 분노이다. 분노(anger)는 기본적으로 개인의 가치를 손상시키는 공격행동에 대한 반응적 감정으로 공격과 복수의 행동을 유발한다. 분노는 개인의 신체나 소유물을 손상시키는 위해적 행동이나 무시나 모욕과 같은 개인의 인격을 손상시키는 비하적 행동 혹은 개인이 추구하는 목표달성을 방해하거나 좌절시키는 훼방적 행동에 대한 적극적인 대응감정이다.

분노감정의 강도는 공격행동에 대한 손상의 정도에 비례하고 공격행동이 의도적이고 악의적일 때 더욱 강한 분노를 느끼게 된다. 특히 분노감정이 강하고 상대방이 약할수록 공격충동은 행동화되는 경향이 있다. 동물이 분노를 느끼면 이빨을 드러내고 발톱을 세우는 등 공격을 위한 준비행동을 나타내는 것처럼, 사람들도 분노를 느끼면 자율신경계가 활성화되고 눈매가 사나워지며 이를 꽉 깨물고 주먹을 불끈 쥐는 등 공격행위와 관련된 행동들이 나타나게 된다.

분노감정을 느낄 때 취할 수 있는 반응에는 분노를 일으킨 대상에게 행해지는 직접적인 공격행동, 분노유발자가 아닌 제3의 대상에게 공격행동을 하는 대치행동, 우연을 가장하여 상대방과의 약속을 어기거나 상대방이 필요로 하는 정보나 자료를 제공하지 않는 수동적인 공격행동, 자신에 대한 자책을 통한 내향화하는 행동, 스포츠나 창조적인 작업에 매진함으로써 사회적으로 용인된 건설적인 방법으로 발산하는 승화적인 행동이 있다.

그러나 우리가 행복해지길 원한다면, 분노를 경험할 때 우리가 취할 행동은 용서가 정답이다. 용서(forgiveness)는 분노를 처리하는 가장 성숙된 방법이고 가장 어려운 방법이다. 흔히 분노는 공격행동을 낳고 공격행동은 상대방의 분노를 유발하여 다시금 공격행동을 받게 되는 복수의 순환과정으로 발전될 수 있다. 이러한 악순환은 승부를 떠나서 서로가 힘을 낭비하고 피해를 입게 되는 파괴성을 지니고 있기 때문에, 갈등적이고 대결적인 관계를 협력적인 관계, 적어도 갈등 없는 관계로 전환시켜야 한다. 서로의 성장과 발전을 위한 미래지향적인 대처행동이 바로 용서이다. 분노감정을 잘 조절하는 것이 쉽지는 않지만, 많은 분노감정들은 과장되고 불필요한 경우가 많기 때문에, 먼발치에서 유연한 기준을 가지고 다양한 관점에서 한 번 더 생각해 볼 여유를 가질 수 있다면, 용서가 불가능하지도 않다.

시기와 질투

인간관계를 손상시키는 파괴적이고 해로운 감정에는 시기와 질투가 있다. 시기(envy)는 내가 원하지만 갖지 못한 것을 다른 사람이 가지고 있을 때 느끼는 부러움과 시샘의 감정이다. 시기는 나보다 나은 상황에 있는 다른 사람과의 비교를 통해 느껴지는 상대적 결핍감과 실패감에 기인한다. 특히 비교대상이 나와 유사하거나 못한 특성과 조건을 가진 사람일수록 시기의 감정은 강해지는 경향이 있다. 상대방의 성공이 부럽다는 선망과 나는 실패한 열등한 존재라는 좌절감과 상대방의 성공은 정당하고 온당한 것이 아니라는 분노감이 혼합되어 있다.

질투는 시기라는 감정과 대부분 함께 나타나는 것으로 삼각관계 속에서 주로 느끼는 것이다. 질투(jealousy)는 경쟁상대에 의해 현재의 인간관계가 약화되거나 종결될지도 모르는 위협적인 상황에서 느끼는 감정으로 불안감과 이런 위협상황을 초래하게 만든 경쟁상대에 대한 분노감정이 일부를 구성하고 있다. 특히, 질투는 이성관계의 경우에 흔히 경험하는 불안과 분노가 혼합된 매우 고통스러운 감정이다.

시기와 질투는 사회적으로 금기시되기 때문에, 내면적으로 괴롭게 느끼고 있지만 솔직하게 외현적으로 표출하기 어려운 측면이 강해 해소하기 어려운 고통스러운 감정이다. 또한 직접적이고 자유로운 표현이 어렵기 때문에, 간접적이고 은밀한 방식으로 표출된 시기와 질투는 여러 가지 오해를 불러일으키면서 인간관계를 서서히 와해시키게 된다.

행복한 인간관계를 누리기 위해서는 시기와 질투의 마음을 버려야 한다. 시기와 질투는 비교를 통한 감정이기 때문에, 비교하지 않으면 벗어날 수 있는 감정이다. 삶의 중심은 우리 자신이기 때문에 스스로 관심영역을 넓히고 자신의 대표강점을 활용할 수 있는 분야에서 최선을 다함으로써 오히려 다른 사람들의 시기와 질투를 불러일으킬 수 있다.

혐오감

어떤 사람은 왠지 싫고 거부감이 느껴져 멀리하고 싶은 경우가 있다. 이렇게 싫고 멀리하고 싶은 감정이 혐오감이다. 혐오감(disgust)은 본래 썩거나 상한 음식의 맛에 대한 본능적인 거부감에서 파생된 감정으로 인간관계에서 사람이나 그 사람의 행동에 대해 느끼는 부정적인 감정이다.

상한 음식을 맛보게 되면 구역질을 하고 구토를 하여 뱉어내듯이, 혐오감의 주된 요소는 싫다고 느끼는 거부감이다. 이런 거부감은 혐오스런 대상을 배척하여 멀리하는 행동을 촉발할 뿐만 아니라 혐오스런 대상이 가까이 있는 것조차 용납하지 않게 한다. 이런 측면에서 혐오감은 인간관계의 발전 자체를 억제하는 매우 강력한 부정적인 감정이다.

인간관계에서 혐오감을 주는 사람은 몇 가지 특성을 지닌다. 첫째, 공격적이다. 공격적인 사람은 우리에게 상해를 줄 가능성이 높기 때문에 혐오감을 느끼는 동시에 그것을 제거하거나 회피하고자 하는 본능적인 충동을 느끼게 만든다. 둘째, 이질적이다. 우리는 지나치게 이질적인 사람에게서 혐오감을 느낀다. 우리 자신과 괴리가 커서 매우 낯설고 익숙하지 않은 것에 혐오감을 느낀다. 이질적인 것은 잘 모르기 때문에 그 속성과 반응을 예상하기 어렵고 위험한 것일 수 있다고 예상되므로 거부하게 된다. 끝으로, 심리적으로 소화하기 어렵다. 가치나 취향 그리고 태도에서 수용할 수 있는 범위의 사람이 아닐 때 우리는 거부감과 함께 혐오감을 느낀다.

인간관계와 갈등

누구도 혼자서 세상을 살 수 없다. 우리는 여러 형태의 인간관계를 맺고 살아간다. 어떤 관계는 조화로운 모습으로 좋은 관계를 유지하지만, 다른 어떤 관계는 갈등으로 가득 찬 모습을 보이면서 전혀 모르는 사람만도 못한 소원한 관계를 유지할 수 있다. 인간관계에서 나타나는 갈등의 대표적인 이유는 커뮤니케이션의 문제와 사회적 통제의 문제 때문이다.

커뮤니케이션과 갈등

인간관계는 커뮤니케이션을 매개로 전개된다. 커뮤니케이션은 그 자체가 목적이라기보다는 어떤 목적을 위한 기능적 수단으로 취해진다. 커뮤니케이션은 그 기능적 수단에 따라서 5가지 정도로 구분할 수 있다. 첫 번째는 다양한 정보와 지식을 제공하기 위한 정보적 커뮤니케이션(informative communication)이다. 두 번째는 학교나 기업에서 교육을 하기 위한 교육적 커뮤니케이션(instructive communication)이다. 세 번째는 상업광고나 공익광고와 같이 사람들이 지닌 태도변화를 위한 설득적 커뮤니케이션(persuasive communication)이다. 네 번째는 유머나 농담과 같이 인간관계 속에서 유쾌함과 즐거움을 주기 위한 재미적 커뮤니케이션(entertaining communication)이다. 마지막 다섯 번째는 친목을 도모하기 위한 관계적 커뮤니케이션(relational communication)이다.

많은 인간관계의 갈등은 사람들 사이에서 이루어지는 커뮤니케이션상의 문제에 기인한다. 사람들 간에 오가는 대화는 내용(contents)과 관계(relations)를 포함하고 있는데, 내용도 중요하지만 관계도 그 못지않게 중요하다. 사람들 사이에서 관계에 대한 규정은 자연스럽게 이루어지고 별다른 의식적인 통제를 받지 않는다. 두 사람 사이의 관계가 원만하고 친숙할수록 관계에 대한 정보는 배경에 머물고, 대화의 내용만이 문제가 된다. 그러나 관계에서 문제가 있으면, 내용의 중요성과 의미는 중심에서 벗어나게 된다. 심지어, 내용과 관계의 두 요소가 명확히 구분되지 않을 때 두 사람 간의 갈등은 예상하지 못할 만큼 어렵게 진행될 수 있다. 관계에서 생긴 갈등을 내용적인 면에서 해결하려고 하거나, 내용에서 생긴 갈등을 관계적인 면에서 해결하려고 할 때 인간관계는 힘들고 어렵고 혼란스러워진다.

두 사람의 사이에서 내용과 관계 둘 다에 대하여 서로가 동의하면 원만한 인간관계가 가능해진다. 그러나 서로의 관계에 대해서는 동의하지만 내용에 대하여 이견이 있다면, 그 인간관계에서는 갈등이 생겨나게 된다. 내용에는 동의하지만 관계에 대하여 이견이 있다면, 그 인간관계는 오해와 왜곡이 필연적으로 생겨나게 된다. 관계와 내용 둘 다에 대하여 서로가 동의하지 않는다면, 그 인간관계는 전혀 모르는 남보다도 못한 사이가 되고, 대표적인 불통의 관계가 된다.

인간관계에서 갈등을 해결하지 못하고 증폭시키는 커뮤니케이션은 다음과 같은 행동특성을 나타낸다. 첫째, 비판적 행동을 보인다. 상대방의 인격과 성품에 대해 비난하거나 공격하는 것이다. 갈등을 해결하려고 한다면, 상대방에 대한 일방적인 비판은 자제해야 한다. 인간관계의 갈등은 일방적인 원인 때문에 생겨나는 경우는 드물기 때문이다. 둘째, 경멸적 행동을 보인다. 상대방을 무시하고 모욕감을 주는 것이다. 이러한 행동은 모욕적 언사뿐만 아니라 공격적 농담, 조롱과 비웃음, 혐오적 신체언어를 사용하는 심리적 폭력으로 나타난다. 셋째, 방어적 태도를 보인다. 상대방을 솔직하게 대하지 않으며, 자기방어에 급급한 반응을 보인다. 문제를 해결하기보다는 상처를 입지 않기 위해 노력한다. 끝으로, 장벽을 쌓는다. 상대방과의 커뮤니케이션 자체를 회피하고 신체적으로 거리를 두며 정서적인 무관심을 나타낸다. 행복해지기 위해서는 위와 같은 행동들을 삼가야 한다. 다양한 인간관계 속에서 비판적인 행동, 경멸적 행동, 방어적 태도 그리고 장벽을 쌓는 것은 스스로 행복을 포기하는 것과 같다.

사회적 통제와 갈등

인간관계는 상하관계와 친소관계로 나누어서 분석될 수 있다. 상하관계란 대인관계에서 서로에 대한 통제력을 행사하는 사회적 통제를 의미하고, 친소관계란 사람들 간의 친분과 거리감을 말한다. 갑과 을의 관계를 규명하는 사회적 통제(social control)는 친구관계를 포함한 모든 인간관계에서 나타난다. 그 관계가 지속적이고, 친밀하며, 상호의 존도가 높은 경우에는 더 중요해진다. 가정에서 소득과 외부 일은 남편이, 양육과 가사는 아내가 분담하는 것처럼, 서로 간에 영역별로 통제력을 양보하거나 취함으로써 서로의 통제를 인정하기도 한다. 화제를 선택하거나 대화 중의 차단행위는 사회적 통제력을 구사하는 것인 반면에, '아하!', '그래요!'와 같이 강조성 부사를 사용하거나 '그런 것', '있잖아요'와 같이 모호한 부사나 형용사를 사용하는 것은 사회적 통제력을 양보하거나 지니고 있지 않은 사람이 보이는 표현이다.

상대방에 대한 친밀감은 상대방에게 근접하는 행위, 잦은 눈맞춤, 접촉, 편안한 자세, 비밀스러운 화제, 자기노출, 상대방에 대한 전반적인 지지 등에 의해서 표현된다. 사람들은 이러한 친밀감을 신체언어로 잘 표현하며 그러한 표현을 잘 포착한다. 우리는 주위에 앉아 대화하는 사람들을 보면서 그들이 얼마나 친근하며, 부부인지, 연인인지, 만남의 초기에 있는지를 아는 것이 별로 어렵지 않다(Forgas, 1978).

인간관계의 통제력과 친밀감은 별개의 문제이기는 하지만, 많은 경우에 통제력에 도움이 되는 대화양상은 친밀감에 부정적인 영향을 미칠 수 있다. 통제력을 높이는 공식적인 용어나 표준말의 사용은 서로의 관계에서 거리감을 느끼게 만드는 경향이 있다(Giles & Powesland, 1975). 또한 관계의 친밀성은 두 사람 사이에서 합의가 이루어져 그에 적절한 수준의 행위가 나타나는 한 대인관계에서 배경에 머물게 된다. 그러나 합의된 정도를 넘어서 지나치게 친밀한 행위가 나타나거나 소원한 행위가 나타난다면 전면으로 부상하게 된다. 인간관계에서 사회적 통제는 친밀감과 비례하여 더 커지는 경향을 보이는데, 이것이 인간관계를 어렵게 만드는 원인이 된다. 친밀한 관계일수록 더 많은 예의와 배려가 필요함에도 불구하고, '친함'을 이유로 상대방을 휘두르고 구속하고 소유하려는 생각과 행동이 인간관계를 망칠 수 있다. 친할수록 · 좋아할수록 · 사랑할수록 그 사람만의 시간과 세계를 만들어주는 것이 더욱더 발전적인 인간관계를 가능하게 한다.

인간관계와 행복

인간관계는 행복의 대표적인 근원 중의 하나이다. 건강한 인간관계를 폭넓게 맺고 있는 사람이 그렇지 않은 사람보다 더 행복한데, 그 이유는 다음과 같다. 첫째, 적절한 인간관계는 사회인으로서의 기능뿐만 아니라 개인의 생활만족도를 향상시키는 순기능적인 역할을 한다. 결혼한 사람들은 동년배의 결혼 안 한 사람들보다 행복한 것으로 나타났는데, 특히 남자들에게서 그러하다(Veroff et al., 1981). 둘째, 친밀한 대인관계를 갖고 있는 사람들은 심한 스트레스를 받는 경우에 친구나 배우자로부터 충고, 위로나 도움과 같은 사회적 지원을 받으므로 대처를 잘하고 정신건강을 유지한다. 친한 친구나 배우자를 잃는 것은 가장 큰 생활스트레스로 여겨진다. 이혼, 별거, 사망 등에 의해서 배우자를 잃을 경우에 우울증세를 많이 보이는데, 이는 남자들에게서 더욱 잘 나타난다(Stroebe & Stroebe, 1983). 셋째, 친밀한 대인교류를 갖고 있는 것은 수명과 신체의 건강에도 도움이 된다. 친밀한 인간관계가 있던 사람들 가운데 9.6%만 사망했지만, 대인관계가 소원한 사람들의 30.8%가 사망한 것으로 나타났다(Berkman & Syme, 1979).

인간관계에서 행복을 만끽하기 위해서는 몇 가지를 실천할 필요가 있는데, 간단히 '인간관계의 3R'이라고 한다. 첫 번째 R은 인정하라(recognize)이다. 행복한 인간관계의 시작은 상대방의 존재에 대한 인정으로부터 이루어진다. 유사한 사회적 기반과 문화적 배경을 가진 사람들은 경험, 생각, 태도 등이 비슷해서 관계를 형성하고 구축하는 것이 어렵지 않다. 그러나 과거의 생활경험이 다르면 많은 부분에서 차이를 보일 수 있다. 차이가 있다는 것은 다르다(It's different)는 것이지 틀리다(It's wrong)는 것은 아니다. 다름을 알고 이를 있는 그대로 수용하는 것은 건강한 인간관계의 중요한 특성이다. 다양한 사회생활에서 만나는 많은 사람들과의 차이를 인정하는 것은 인간관계를 넓히고 개개인의 생각과 감정의 폭과 깊이를 확장할 수 있는 좋은 기회이다.

두 번째 R은 존중하라(respect)이다. 인간관계에서 서로에 대한 존중을 솔직하게 표현하면 위협을 느끼지 않게 되고 방어적인 커뮤니케이션이 감소하게 되기 때문에, 행복한 인간관계를 구축할 수 있다. 상대방에 대하여 지배적이고 경쟁적이며 비하적인 태도를 보이는 사람은 사회생활에서 실패할 가능성이 높다. 반면에, 민주적이고 상호존중적인 태도를 지닌 사람은 만족스런 인간관계를 통하여 폭넓은 사회생활이 가능해진다. 존중은 인간관계에서 무엇보다도 중요한 지침이다.

세 번째 R은 보상하라(reward)이다. 사람들이 가장 소중하게 생각하고 가장 힘들어하는 것이 바로 인간관계이다. 사람들과의 관계 속에서 상대방의 시간과 에너지를 빼앗는 사람도 있지만, 상대방에게 시간과 에너지를 만들어주는 사람이 있다. 받지 말고 주는 사람이 되어야 한다. 인간관계는 우리를 가장 행복하게 만들 수 있는 가장 든든한 투자이다. 인간관계에 투자하기 위해서는 상대방에게 경제적으로나 물리적으로나 언어적으로나 혹은 심리적으로 보상을 해주어야 한다. 감사를 전하는 것도 한 가지 방법이다. 감사는 받는 사람이나 하는 사람 모두에게 긍정적인 효과를 보인다. 감사하는 마음을 표현하는 사람들은 그렇지 않은 사람들보다 자신의 삶을 긍정적으로 수용할 뿐만 아니라 더 큰 행복을 느끼고, 결단력 있게 행동하며, 활력이 넘치고 더 긍정적이다. 보상을 받는다는 것은 누구에게나 즐겁고 행복한 일이다.

Chapter

10

직업세계와 행복

Chapter 10

직업세계와 행복

행복의 비밀은 자신이 좋아하는 일을 하는 것이 아니라 자신이 하는 일을 좋아하는 것이다.

– 관계의 달인, 앤드루 매튜스(Andrew Mattews)

우리는 일정한 기간 동안 학업에 열중하다가 사회진출과 함께 직업세계라는 새로운 세상을 만나게 된다. 직업세계에 합류하면서 우리는 직장생활을 하게 된다. 다양한 직업세계 속에서 어떤 일을 하는가, 어떤 직장을 다니는가는 우리의 성공과 인생을 가늠할 수 있는 좋은 잣대이다.

한국의 직장인은 치열한 경쟁 속에서 생존을 위해 일에만 몰두한 결과, 육체적으로나 정신적으로 건강이 모두 악화되고 있는 상황이다. 2007년 직장인 건강의식관 조사에서, 한국의 직장인들은 소화기장애 30.4%, 스트레스 29.9%, 근골격계 질환 11.2% 등 만성질병에 노출되어 있는 것으로 확인되었다. 더욱이, 직장 내 따돌림 발생률도 높아서 직장인의 긍정정서와 행복감에 심각한 영향을 미치고 직무만족 저하와 탈진을 초래하고 있다. 2013년 직장 따돌림 실태조사에 따르면, 지난 6개월간 따돌림 행위를 경험한 사람들이 무려 86%로 나타났다.

직업과 자기실현

이미 살펴본 것처럼, 행복에 대한 관점은 크게 쾌락주의적 행복관과 자기실현적 행복관으로 나눌 수 있다. 기본적으로 쾌락주의적 행복관은 개인이 경험하는 주관적이고 유쾌한 행복감을 만끽하는 것을 중시하는 반면에, 자기실현적 행복관은 개인의 노력을 통해 의미 있는 일을 선택하고, 그 일에 열정을 보이고 몰입하면서 자신의 잠재력을 충분히 실현시키는 것을 중시한다. 특히, 이런 자기실현적 행복관과 밀접한 관계를 지니고 있는 행복 분야가 직업세계와 직장생활이다.

로저스(Rogers, 1957)에 의하면, 자기실현을 이룬 사람이 항상 행복과 만족을 느끼는 것은 아니다. 그렇지만 우리의 인생은 자기실현 과정이고, 그 부산물로서 행복이 따라온다는 것이다. 행복 자체가 인생의 목표가 될 수 없다. 우리의 진정한 인생의 목표는 자기실현이다. 직업은 자기실현을 달성하기 위한 중요한 활동장면이며 행복의 주요한 원천이다. 대다수의 사람들은 '일과 직업적 성취'를 인생의 중요한 의미로 여기고 있고, 직업을 통해 자기실현을 구현하기도 한다.

직업

우리는 누구나 성인이 되면 직업을 갖는다. 직업이란 휴식, 놀이, 여가활동을 제외한 모든 생산적인 활동을 의미한다. 직업인들은 자신의 일을 크게 3가지 방식으로 인식하는데, 직업을 바라보는 관점에 따라 직업을 통해 얻게 되는 의미도 달라진다. 첫째는 자신이 직장에서 하는 일을 단지 생계유지를 위해 소득을 얻는 생업(job)으로 여기는 것이다. 그로 인한 경제적 소득에 초점을 맞춘다. 둘째는 직업을 사회적 성공과 연결된 경력(career)으로 여기는 것이다. 직업의 의미는 자신의 목표를 성취하고 개인적 자긍심을 얻는 것이다. 셋째는 직업을 소명(calling)으로 여기는 것이다. 이러한 사람들은 자신의 직업을 통해서 사회적으로 유용하고 의미 있는 일을 하고 있다고 생각한다. 이들에게 직업적 활동은 자신뿐만 아니라 타인을 위하는 것으로서 공동체에 기반을 둔 개인적 성취감에서 의미를 찾는다.

직업은 인생의 의미를 발견할 수 있는 행복의 중요한 원천이다. 행복에 중요한 영향을 미치는 몰입경험은 주로 직업적 활동을 할 때 일어나는 것으로 밝혀졌다. 직업과 관련된 다양한 활동은 몰입과 의미를 동시에 경험할 수 있는 행복의 원천이라고 할 수 있다. 직업은 경제적 소득을 얻기 위한 수단일 뿐만 아니라 행복한 삶의 원천이다. 실제로, 직업은 행복과 밀접한 관련이 있다(Argyle, 2001). 직업을 가진 사람들은 미취업자보다 더 행복하고, 전문직이나 숙련직 노동자가 비숙련직 노동자보다 행복하다. 또한 직업은 개인의 능력과 강점을 발휘하고 추구하는 목표와 가치를 구현할 수 있는 자기실현의 장이기도 하다. 자신의 적성과 흥미에 부합하는 직업을 찾게 되면 자신의 숨겨진 재능과 끼를 맘껏 발휘할 수 있는 기회와 경험을 갖게 된다. 행복한 사람은 직업적 활동에 있어서 더 생산적이며, 직장에서 생산적인 성과를 나타내는 사람은 더 행복하다. 더불어, 직업은 자기정체감과 사회적 소속감을 줄 뿐만 아니라 동료들과의 사회적 연결망을 제공해 준다. 사람들에 대한 평가는 성격적인 면에서 다루어지기도 하지만, 흔히 그 사람의 역할, 특히 사회적 역할에 중심을 두고 이루어진다.

직업을 통한 자기실현

자기실현(self-actualization)이라는 용어는 쿠르트 골드스타인(Kurt Goldstein, 1934)에 의해서 '개인이 지닌 모든 잠재력을 발휘하려는 동기'를 지칭하기 위해 처음 사용되었다. 그에 따르면, 자기실현은 삶을 이끌어가는 주된 동력으로서 결과적으로 개인의 능력을 최대화하고 인생의 행로를 결정하게 된다.

인본주의 심리학자인 매슬로(Maslow, 1954)가 욕구의 위계적 발달이론에서 자기실현을 심리적 발달의 최상위 욕구로 제시하면서 학계에 널리 알려지게 되었다. 매슬로는

'개인이 잠재적으로 지니고 있는 것을 충분히 발현하려는 경향'이라고 정의했다. 자기실현은 성장을 추구하는 욕구로서 개인의 포부와 야망을 성취하는 데 기여한다. 자기실현에 도달한 사람들은 뛰어난 현실감각과 직업역량을 지닐 뿐만 아니라 독립성, 자율성, 깊은 우정, 유머감각 등을 지닌다고 한다.

인본주의 심리학자인 로저스(Rogers, 1957)에 따르면, 사람들은 자신이 지니고 있는 모든 잠재능력을 발현하려는 선천적인 성향인 자기실현 경향성(self-actualization tendency)을 지니고 있다. 자기실현 경향성은 2가지의 방향성을 지닌다. 그 하나는 개인이 선천적으로 타고난 신체적 · 심리적 기질을 그대로 유지하고 나타내려는 경향이다. 둘째는 개인이 지닌 모든 잠재능력을 최대한 개발하여 발휘하려는 경향이다. 자기실현을 하고 있는 사람은 진정한 자기 자신이 된다. 또한 자신의 잠재능력을 계발하고 삶에 도전함으로써 의미 있고 풍요로운 인생을 지향하며 살아간다. 이러한 사람을 로저스(Rogers)는 '충분히 기능을 발휘하는 사람(fully functioning person)'이라고 지칭했다.

긍정심리학의 창시자인 셀리그먼(Seligman) 역시 자기실현적 행복관을 지닌 사람이라고 할 수 있다. 그는 개인이 지니는 주요한 강점들을 잘 발휘하며 사는 것이 행복한 삶이라고 주장한다(Seligman, 2002a). 개인의 독특성을 나타내는 주요한 긍정적 특질인 대표강점을 발휘하며 살아갈 때, 삶 속에서 즐거움과 활기를 느끼게 될 뿐만 아니라 긍정적인 결과를 얻을 수 있다. 또한 진정한 자기가 표현되고 있다는 느낌을 갖게 된다. 그 결과, 자신의 삶에 대해서 긍정적인 감정을 느끼며 살아가는 즐거운 인생을 영위하게 된다. 또한 매일의 생활에서 적극적이고 열정적으로 참여하고 몰입하게 된다. 나아가서 자신뿐만 아니라 가족, 직장, 공동체, 사회와 국가를 위해 봉사하며 공헌함으로써 의미 있는 삶을 살아갈 수 있다. 이처럼 셀리그먼(Seligman)은 즐거운 기분을 느끼면서 자신의 일에 몰입하며 삶의 의미를 발견할 수 있을 때 진정한 행복감을 느낄 수 있다고 본다. 즐거운 삶, 몰입적인 삶 그리고 의미 있는 삶은 때때로 서로 일치하지 않는 경우도 있지만 밀접한 관련성을 지니며 서로 촉진적인 관계를 지닌다.

직업에서의 성취와 업적

직업적 활동은 그 자체를 통해서 즐거움과 의미를 느낄 수 있을 뿐만 아니라 성취와 업적을 남길 수 있는 인생의 주요한 장이다. 위대한 업적을 이루기 위해서는 개인의 능력과 흥미와 더불어 엄청난 노력이 필수적이다(Murray, 2003). 그래서 훌륭한 성취와 업적은 우리에게 경외심과 더불어 존경심을 불러일으킨다.

가드너(Gardner, 1997)는 비범한 업적과 성취의 4가지 유형을 제시하였다. 그 첫째는 어떤 전문영역에서 거장(master)이 되는 것이다. 둘째는 새로운 영역의 창시자(maker)가 되는 것이다. 셋째는 사회를 긍정적으로 변화시키는 영향력 있는 인물(influencer)이 되는 것이다. 넷째는 내면적인 삶을 깊이 탐색하고 성찰하는 인물(introspecter)이 되는 것이다.

어떤 영역에서의 업적은 결코 단일한 요인에 의해서 결정되는 것이 아니라 항상 심리적 · 사회적 · 역사적 요인들이 복합적으로 작용한 결과라는 것이다. 그러나 그보다 더 중요한 것은 전문분야의 능력과 기술, 공식적인 교육 그리고 역할모델의 존재였다.

개인적 특성과 환경적 특성을 수량화하여 이들 간의 관계를 연구했다. 물론 수량화된 자료의 신뢰도와 타당도를 입증하기 위한 기본적인 작업이 이루어졌다. 첫째, 한 분야의 정상에 이르기 위해서는 고도의 지식과 기술을 갖추는 것이 필요했다. 둘째, 어떤 분야이든 정상의 위치에 도달한 사람들은 엄청난 노력을 기울인 사람들이었다. 셋째, 한 분야에서 정상에 이르기 위해서는 멘토나 스승의 역할이 매우 중요했다. 넷째, 적절한 시기와 적절한 장소에서 사는 것 역시 중요했다. 마지막으로, 탁월한 업적은 문화적 분위기에 의해서 영향을 받았다. 자기초월적 가치를 강조하는 문화에서 위대한 업적이 성취되는 경향이 있었다.

직업 분야에서 뛰어난 성취를 이루기 위해서는 우선 자신의 흥미와 능력을 확인하고 그에 적합한 전문영역을 선택하는 것이 중요하다. 아울러 그 분야의 훌륭한 스승을 찾아 신뢰할 수 있는 관계 속에서 배우고 많은 시간을 투자하여 노력해야 한다. 그리고 자신이 하고 있는 전문적 활동이 중요할 뿐만 아니라 그러한 활동에 있어서 자신의 능력과 역할이 중요하다는 것을 확고하게 인식할 필요가 있다(Peterson, 2006).

직업선택

직업은 우리의 행복을 위해서 매우 중요하다. 직업은 경제적 소득을 얻을 뿐만 아니라 개인의 잠재능력을 발휘하고 인생의 의미를 찾는 행복의 주요한 원천이다. 무엇보다도 우리는 대부분의 시간을 일을 하면서 보낸다. 우리의 일상생활 중에 가장 많은 부분을 차지하는 것이 직장에서의 시간이다. 그래서 직업선택은 행복한 삶을 누릴 수 있는 가장 기본적인 요소를 결정하는 중요한 과제이다.

더욱이, 우리의 수명은 자꾸만 늘어나고 있다. 그렇다고 해서 우리가 일할 수 있는 기간과 시간이 저절로 늘어나는 것은 아니다. 우리의 행복한 삶을 위해서, 특히 경제적인 안정과 심리적인 안정을 위해서 미리미리 준비하고 열심히 노력할 필요가 있다. 그 시발점은 바로 직업의 선택이다. 우리가 내린 직업에 대한 판단과 선택에 의하여 우리의 삶과 우리의 행복이 결정될 수 있다.

직업선택의 첫 번째 과제는 취업과 창업의 선택이다. 사회에 진출하기 전에 충분한 심사숙고의 시간을 갖고서 '취업을 할 것인가? 창업을 할 것인가?'를 선택해야 한다. 창업을 위한 준비와 취업을 위한 준비는 당연히 차이가 있다. 그렇기 때문에 우선적으로 자신의 직업선택과 관련하여 가야 할 길을 분명하게 정하는 것은 행복한 직장생활과 일상생활을 위한 출발점이다.

만약에 취업을 결정했다면, '어떤 업종의 어떤 회사를' 갈 것인가를 결정해야 한다. 이런 직업선택에 있어서 핵심적인 기준은 당연히 직업만족도가 높은 직업을 선택하는 것이다. 직업만족도(job satisfaction)는 직업 자체나 직업경험으로 인해 즐겁거나 만족스러운 상태로 직장생활에서 느끼는 전반적인 만족을 의미한다. 사람들은 누구나 직업만족도가 높은 직장생활을 꿈꾸고 희망한다.

그런데 직업만족도를 결정하는 가장 중요한 요인은 직업 자체이기보다 개인과 직업의 적합도(PVF : Person-Vocation Fit)이다. 소위 '좋은 직업'이라 하는 직장에 종사한다고 해서 누구나 만족하는 것은 아니며, 우수한 사람이라고 해서 어떤 직업에서나 성공하는 것도 아니다. 자신의 특성을 잘 파악하고 그에 적합한 직업을 선택하는 것이 행복에 있어서 매우 중요하다. 개인직업적합도(PVF)에 영향을 미치는 대표적인 요인들은 흥미, 적성, 가치 및 직무환경이다.

흥미

흥미는 일에 대한 몰두와 성과 그리고 직업만족도에 영향을 미치는 중요한 요인이다. 흥미(interest)는 어떤 종류의 활동이나 사물에 대해서 특별한 주의나 관심을 갖게 하는 개인의 일반화된 행동경향을 의미한다(Renninger, 1990, 2000). 즉, 개인으로 하여

표 10.1 흥미유형 분류와 직업

유형	직업
현실형(realistic type)	건축업자, 농장경영자, 엔지니어, 차량운전자나 차량수리공
탐구형(investigative type)	과학자, 교수
사회형(socail type)	교사, 사회복지사, 상담사, 임상심리학자
예술형(artistic type)	극작가, 디자이너, 소설가, 시인, 음악가, 작곡가, 조각가
사업형(enterising type)	사업가, 정치인, 판매업자
관습형(conventional type)	사서, 은행원, 회계사

금 어떤 일에 즐거움을 느끼고 호기심을 갖게 하는 동기적 성향을 뜻한다. 이런 개인적 흥미는 주변 사람들의 지지와 격려를 통해서 발전한다(Fried, 2001). 흥미는 생득적으로 갖고 태어나기도 하지만, 주위사람들의 지지와 격려를 통하여 계발될 수 있다. 진로발달이론가인 홀랜드(Holland, 1985)에 의하면, 개인의 흥미와 직업유형의 관점에서 6가지 기본유형이 존재한다.

흥미는 내재적인 만족뿐만 아니라 여러 가지 장기적인 이득을 준다. 흥미의 명백한 이득은 특정 분야에서 남다른 성취를 나타내는 것이다. 흥미는 도전과 좌절을 잘 견디며 극복하게 만든다(McCombs, 1991). 새로운 것을 배우는 동안 흥미를 많이 느낄수록 스트레스를 덜 경험하며 장기적으로 신체적 · 심리적 웰빙이 증대된다(Helson & Srivastava, 2001; Sansone, Wiebe, & Morgan, 1999). 흥미를 지속적으로 유지하고 새로운 흥미를 계발하는 능력은 건강하고 생산적인 노화에도 중요하다(Snowdon, 2001).

적성

개인적 특성은 개인적 능력, 즉 적성이다. 적성(aptitude)은 개인이 지니고 있는 각기 나름대로 특정한 직업에 필요한 남다른 능력을 의미한다. 적성은 타고난 능력이나 소질이라고 할 만큼 유전적인 성향이 강하지만 학습경험이나 훈련에 의해서 개발될 수 있다. 사람들은 자신의 우수한 능력을 발휘할 수 있는 직업을 선택하게 되면 뛰어난 성과를 거둘 수 있을 뿐만 아니라 그러한 직업에 대한 만족도가 높아진다.

지능검사의 선구적 역할을 한 찰스 스피어만(Charles Spearman, 1904)에 의하면, 여러 영역의 수행에 공통적으로 영향을 미치는 일반지능(general intelligence)이 존재한다고 주장하였는데, 일반지능은 흔히 IQ로 통칭되는 전반적인 지적 능력을 뜻한다. 일반지능과 달리 특수지능은 특수한 분야에 대한 지적 능력을 의미하는데, 적성은 특수지능을 의미하는 것으로서 특정한 직업을 수행하는 데 필요한 능력을 뜻한다.

표 10.2 다중지능과 직업

지능	직업
언어지능(linguistic intelligence)	방송인, 시인, 아나운서, 연설가, 작사가
논리수학지능(logical-mathematic intelligence)	물리학자, 사회과학자, 수학자
공간지능(spatial intelligence)	건축가, 당구선수, 비행사, 조각가, 조경사
음악지능(musical intelligence)	음악가, 작곡가, 오페라가수
신체운동지능(bodily-kinesthetic)	무용수, 운동선수, 연기자, 외과의사
자기성찰지능(intrapersonal intelligence)	소설가, 심리학자
인간친화지능(interpersonal intelligence)	영업사원, 임상전문가, 정치가, 종교지도자,
자연친화지능(naturalistic intelligence)	동물학자, 식물학자, 환경보호운동가

하버드대학 심리학과 교수인 하워드 가드너(Howard Gardner, 1993, 1997)가 주장하는 다중지능(multiple intelligence)에 따르면, 지능은 개인이 직면한 곤란을 해결할 수 있는 일종의 문제해결 기술이다. 이런 다중지능은 진화의 과정에서 인간의 생존과 적응을 위해 발달한 것으로서 서로 상당히 독립적인 것으로 가정되고 있다. 8가지의 대표적인 지능들이 서로 독립적이라고 보는 다중지능이론에 의하면, 어떤 하나를 잘한다고 해서 다른 것들도 모두 잘하는 것이 아니고, 어떤 하나를 잘 못한다고 해서 다른 것들도 모두 잘 못하는 것은 아니라는 것이다. 따라서 자신이 가장 잘할 수 있는 적성을 찾아서 그것에 집중하고 매진하는 것이 필요하다.

가치

가치(value)란 어떠한 목표가 더 바람직한지에 대해서 개인이 지니는 지속적인 신념을 말한다(Rokeach, 1973, 1979). 이러한 가치는 자신의 행위와 인생을 평가하고 의미를 부여하는 내면적인 기준이 된다. 가치관은 성장과정을 통해 우리가 살아온 환경과 주위 사람들의 영향을 받아 형성된 것이다. 추구하는 가치와 부합하는 직업을 지닌 사람은 자신의 직업을 소중하고 의미 있는 것으로 여기기 때문에 직업만족도가 높아진다.

올포트(Allport, 1937)는 인간이 추구하는 다양한 가치를 6가지 유형으로 분류하고 그에 적합한 직업들을 다음과 같이 분류하였다.

표 10. 3 가치유형 분류와 직업

유형	직업
이론형	과학자, 교사, 교수, 교육자, 수학자, 연구원, 평론가, 학자
경제형	기업가, 무역업자, 상인, 유통업종사자, 중소기업인
심미형	무용가, 소설가, 예술평론가, 음악가, 화가
사회사업형	간호사, 사회복지사, 사회봉사자, 상담교사, 의사, 재활상담원,
정치형	국회의원, 기관장, 정당인, 정치가, 지방자치의원, 행정관료
종교형	목사, 신부, 승려, 전도사

직무환경의 특성

직장인의 효율성과 행복감을 최대화하기 위한 방법이 모색되고 있다(Turner, Barling, & Zacharatos, 2002). 일반적으로 직무수행에서 자율성이 주어지고, 흥미와 도전감을 느낄 수 있는 업무를 담당하며, 다른 사람과의 정서적 교류를 나눌 수 있는 기회를 제공하는 것이 바람직하다.

헤크먼과 올드햄(Hackman & Oldham, 1980)의 직무특성모형(job characteristics model)에 따르면, 다양한 기술과 역량을 사용하는 업무, 내용과 범위가 명료한 업무, 중요하고 의미 있는 업무, 자율성과 재량권이 주어지는 업무 그리고 수행에 대한 적절한 피드백이 주어지는 업무를 수행하는 환경에서 직장인들은 열성적으로 업무를 수행하며 만족감을 느끼게 된다. 동기를 강화하는 직무환경지표인 동기잠재력지수(MPS : Motivating Potential Score)는 다음과 같이 구할 수 있다.

MPS = [(기술다양성+업무정체성+업무중요성)/3] × [업무자율성] × [업무피드백]

카라섹(Karasek, 1979)은 직장인의 심리적 웰빙과 신체적 웰빙을 증진할 수 있는 직무환경을 설명하기 위하여 요구/통제 모형(demand/control model)을 제안하였다. 이 모형에 따르면, 건강한 직무환경은 적절한 요구(생산목표)와 더불어 그에 적합한 통제권(일의 속도와 방식을 스스로 결정할 수 있는 능력)이 주어지는 환경이다. 그 후 확장모형(Karasek & Theorel, 1990)에서는 직장 내의 사회적 지지가 심리사회적 건강을 촉진하는 데 중요하다고 제안하고 있다. 사회적 지지는 직장의 동료나 선배에 의해 제공되는 도움을 의미한다. 동료들 간의 사회적 지지와 신뢰감이 높을수록 직장인의 자기정체감, 직장소속감, 전반적 행복이 증진된다.

이 밖에도 직무에 관한 충분한 정보와 분명한 범위가 주어지는 역할명료성(role clarity), 주어진 업무와 보상에 대한 역할합의(role agreement), 도전적이지만 감당할 만한 적절한 역할부담(role loading)이 직무사기와 직업만족에 중요하다. 명료하게 정의된 업무를 부여하는 것은 직업만족도와 조직헌신도에 긍정적인 영향을 미친다(Jackson & Schuler, 1985).

천직 체크리스트

에카르트 폰 히르슈하우젠(2010)은 『행복은 혼자 오지 않는다』에서 천직 체크리스트를 제안하였다. 여기에 제시한 천직 체크리스트는 그가 제안한 것과는 순서를 조금 달리했지만, 우리가 어떤 직업을 선택할 것인가를 결정할 때 유용하게 사용할 수 있을 것이다. 하고자 하는 일이 당신의 천직인지 아닌지를 알고 싶으면, 가장 먼저 "나는 돈을 받지 않아도 이 일을 할 것인가?"라고 스스로에게 물어보라. 만약에 "예"라고 대답했다면, 일단 1단계는 통과한 것이다. 그 다음에 "일을 하는 동안에도 즐거움을 느끼는가?"라는 두 번째 질문에도 "예"라고 답했다면, 2단계도 통과한 것이다. 그리고 "일에서 나의 주요 강점이 발휘되는가?"라는 세 번째 질문에도 "예"라면, 진지하게 직업으로 생각해 볼 필요가 있다. "같이 있으면 기분 좋은 사람들과 함께 일을 하는가?"라는 네 번째 질문에도 "예"라면, 거의 8분 능선은 넘은 것이다. "일이 내게 의미가 있는가? 그리고 다른 사람에게도?"라는 다섯 번째 질문에도 "예"라면 주저하지 말고 그 직업을 선택하기를 권한다. 일의 의미를 느끼는 사람은 목표에 지나치게 집착하고 조급해하는 태도에서 벗어나 과정이 주는 즐거움을 음미할 수 있다. 굳이 하나 더 질문을 해서 "처음부터 다시 시작할 수 있다면 이 일을 다시 하겠는가?"라는 여섯 번째 질문에도 "예"라면 확실한 천직이다. 혹시 "아니요"라는 답을 해도 걱정할 필요는 없다. 나중에 다시 태어나면 그 일을 하지 않으면 된다.

표 10.4 천직 체크리스트

No.	문항	예	아니요
01	지금 돈을 받고 하는 일을 보수가 없이도 계속하겠는가?	Y	N
02	"먼저 일을 하고 나중에 즐기자"라고 생각하는가, 아니면 일을 하는 동안에도 즐거움을 느끼는가?	Y	N
03	일에서 나의 주요 강점들이 발휘되는가?	Y	N
04	같이 있으면 기분 좋은 사람들과 함께 일하는가?	Y	N
05	일이 내게 의미가 있는가? 그리고 다른 사람에게도?	Y	N
06	처음부터 다시 시작할 수 있다면 이 일을 다시 하겠는가?	Y	N
07	내가 열심히 노력하는 걸 남들도 아는가?	Y	N
08	내가 열심히 노력하는 걸 남들도 안다는 걸 내가 아는가?	Y	N
09	일이 너무 힘들거나 너무 시시한가?	Y	N
10	일을 통해 새로 배우는 것이 있는가?	Y	N
11	아침에 일어났을 때 휴식시간이나 퇴근시간 외에 다른 무언가에 대한 즐거운 기대가 생기는가?	Y	N
12	나보다 더 크고 나를 능가하고 나 없이도 계속 존속될 어떤 가치에 내가 기여하는가?	Y	N

출처: 에카르트 폰 히르슈하우젠(2010). 행복은 혼자 오지 않는다. 박규호 역. p.331.

직업과 몰입

자신의 직업을 좋아하고 만족하는 사람은 행복도가 높다. 무엇보다도 자신의 직업에 몰입할 수 있다는 것은 행복의 중요한 지표이다. 몰입의 대표적 연구자인 미하이 칙센트미하이(Mihaly Csikszentmihalyi)는 시카고대학 심리학과와 클레어몬트대학원의 심리학과 교수로 재직하면서 40여 년간 몰입을 비롯하여, 행복, 창의성, 주관적 웰빙, 재미에 대한 연구를 해왔다. 그는 주로 즐거움 때문에 직업적 활동에 몰두하는 사람들(작곡가, 야구선수, 체스선수, 무용가, 암벽등반가 등)의 심리적 경험을 분석하여 공통적인 요소를 찾아내어 자기목적적 경험(autotelic experience)이라 명명하였다가 나중에 좀 더 친숙한 용어인 몰입(flow)으로 개칭하였다.

몰입

몰입은 '무언가에 흠뻑 빠져 있는 심리적 상태'를 의미한다(Csikszentmihalyi, 1997). 몰입상태에서 나타나는 독특한 심리적 특성은 다음과 같다(권석만, 2008). 첫째, 현재 과업에 대한 강렬한 주의집중이 일어난다는 것이다. 과제에 대한 흥미와 즐거움으로 인해 자발적으로 일어난다. 둘째, '무아지경' 또는 '몰아지경'이다. 몰입상태에서 자아는 완전히 기능하지만 스스로 그것을 인식하지 못할 뿐이다. 셋째, 자기와 환경의 구분이 거의 사라질 뿐만 아니라 시간의 흐름도 망각하게 된다. 넷째, 몰입상태에서는 현재 하고 있는 활동을 장악하고 있는 듯한 강력한 통제감을 느끼게 된다. 다섯째, 몰입경험은 그 자체가 즐거운 것으로서 자기충족적인 속성을 지닌다. 몰입하고 있는 활동은 다른 목적을 위한 것이 아니라 그 자체를 위한 내적 동기에서 일어난다. 끝으로, 몰입경험에서는 지적인 사고와 관련된 좌뇌의 활동수준이 낮아지고, 언어공간 능력과 관련된 우뇌의 활성화가 일어난다.

• 몰입의 촉진요인

몰입경험은 성격적인 측면과 과제적인 측면 때문에 촉진될 수 있다. 몰입은 많은 사람들이 해본 적이 있는 보편적인 경험이다. 그러나 자신이 하는 일에 적극적으로 전념하여 다른 사람들과 비교하여 몰입경험을 자주 하는 사람들이 있다. 몰입을 잘하는 사람의 성격특성을 자기목적적 성격(autotelic personality)이라 한다(Csikszentmihalyi, 1997). 이런 성격을 지닌 사람들은 어떤 일을 하더라도 적극적이고 열정적으로 임한다. 이들은 내적 동기가 강한 사람들이어서 외적 보상보다 일 그 자체를 위해서 열심히 끈기 있게 일한다. 이들은 자율성과 독립성이 강해서 다른 사람의 간섭을 싫어하며 개인적 목표나 야망으로부터 자유로운 경향이 있다. 즉, 성과에 집착하지 않으며 다른 사람의 시선과 평가에 신경을 쓰지 않는 경향이 있다.

몰입의 경험은 개인의 성격적 특성보다 과제의 특성에 의해서 유발되는 경향이 더 강하다. 몰입을 촉진하는 과제의 특성이나 조건들이 존재한다. 첫째, 분명한 목표가 있는 활동에서 몰입이 잘 일어난다. 둘째, 즉각적인 피드백이 주어지는 활동에서 몰입이 잘 일어난다. 셋째, 몰입상태를 촉발하기 위해서는 개인의 기술수준과 과제의 난이도가 적절한 균형을 이루는 것이 매우 중요하다. 즉, 개인의 기술(skill)과 과제의 도전(challenge) 간의 균형이 몰입을 촉발하는 중요한 조건이다. 개인이 지닌 최고의 기술수준을 발휘해야 하는 도전적 과제를 수행할 때 몰입이 잘 이루어진다. 좀 더 자세히 설명하면, 강렬한 몰입경험의 2가지 조건 중 하나는 상황적 요구의 수준이 너무 높아서 잠시도 한눈을 팔지 못하고 매 순간 그 과제에 정밀한 주의를 기울이도록 강요하는 것이고, 다른 하나는 과제수행 자체와 그러한 수행에 대한 평가가 분리되지 않도록 하는 것이다. 끝으로, 개인의 흥미와 과제의 특성이 잘 일치해야 한다. 우리는 흥미를 느끼는 활동에서 즐거움을 느끼며 몰입하게 된다. 또한 과제에 대한 내적 동기와 호기심이 몰입을 촉진한다.

몰입과 행복

일반적으로 몰입경험이 많으면 많을수록 행복도 높아지지만, 항상 그런 것만은 아니다(Csikszentmihalyi, 1997). 일반적으로 몰입은 사람들로 하여금 인생을 더 즐기고 행복하게 살며 다양한 상황에서 더 잘 기능하도록 만든다. 그러나 행복에 있어서 중요한 것은 몰입 자체이기보다는 어떤 일에 몰입하느냐이다. 도박중독이나 게임중독의 경우처럼 스스로 통제할 수 없거나 자기파멸적인 결과를 초래하는 몰입경험도 존재한다.

몰입보다 최적 경험이 더 행복감을 준다는 연구결과(Clarke & Haworth, 1994)도 있다. 몰입은 개인의 기술이 과제의 도전수준과 비슷해서 능력을 모두 투여해야 하는 상태인 반면, 최적 경험(optimal experience)은 개인의 기술이 과제의 도전수준보다 약간 높아서 다소의 여유를 느끼며 과제를 수행하는 상태라고 할 수 있다. 연구에 참여한 학생들은 몰입보다는 최적 경험에서 더 많은 즐거움을 보고했고, 최적 경험이 많은 학생들이 몰입경험을 많이 하는 학생들보다 주관적 웰빙점수가 더 높았다.

몰입만으로는 행복을 완성시킬 수 없다는 연구결과(Nakamura & Csikszentmihalyi, 2003)도 있다. 세상과의 관계에서 즐거움과 의미를 발견하는 것이 행복의 비결이라는 주장이다. 즐거운 일이면서 동시에 의미 있는 일을 하는 것이 행복에 중요하다는 것이다. 즐거운 몰두상태인 몰입과 주관적인 중요성인 의미를 경험하며 세상에 적극적으로 임하는 태도가 중요한데, 이것을 열정참여(vital engagement)라 한다. 열정참여에서는 자신과 대상과의 강렬한 연결감을 느끼며 그 대상과의 관계에 적극적으로 전념하게 된다. 이런 열정참여는 직업만족과 업무성과를 높이는 데 매우 중요하다. 직업적 활동이 아무리 의미가 있고 중요한 것이라도 즐거움을 느낄 수 없다면 지속적인 노력을 기울이기 어려울 것이며, 그것이 지나치면 탈진상태에 빠질 수도 있다. 직업적 활동에서 즐거움을 느끼더라도 그 의미와 소중함을 발견할 수 없다면 공허함을 느끼게 될 것이다. 직업적 활동을 비롯하여 인생의 주요한 활동에서 의미와 즐거움을 발견하고 열정적으로 살아가는 것이 행복의 관건이다.

직장인의 행복연구

한국경제는 1953년 69달러에 불과했던 1인당 국민소득이 2010년 2만 달러를 상회할 만큼 초고속으로 성장하였다. 우리는 세계에서 유래가 없는 경제성장과 발전을 이룩하였다. 세계 어디에다 내놓아도 될만한 성공스토리이다. 그러나 우리는 행복하지 않다. 한국인의 행복지수는 OECD 36개국 중 27위이다. 자살률은 세계 1위 국가이고 정신질환자의 수가 지속적으로 증가하는 등 정신건강이 갈수록 악화되고 있다. 한국의 직장인 역시 행복하지 않다. 한국의 직장인은 치열한 경쟁 속에서 생존을 위해 일에만 몰두한 결과, 육체적으로나 정신적으로 건강이 악화되는 상황이다. 직장 내 따돌림 발생률도 높아 직장인의 긍정정서와 행복감이 저해되고 있다. 많은 시간을 직장에서 보내는 한국인의 직장생활의 행복은 가정에도 영향을 미치기 때문에 전반적인 삶의 행복을 결정할 수 있다. 행복과 긍정정서가 개인의 업무성과와 조직유효성을 증진시킨다는 점에서 직장생활의 행복은 매우 중요하다.

호손연구

1920년대에 인간관계론이 등장하면서 직장인의 심리사회적 요인에 대한 연구가 이루어졌다. 1927년부터 1932년까지 6년간 미국 웨스턴일렉트릭컴퍼니(Western Electric Company)의 시카고 호손(Hawthorne)공장에서 과학적 관리법이 생산성을 증대시키는지를 검증하려는 시도가 있었다. 하버드대학의 메이오(Mayo)와 뢰슬리스버거(Roethlisberger)를 중심으로 이루어진 이 연구를 통해 작업자의 생산성의 변화는 작업환경 등 외부에 있는 것이 아니라 작업자 자신의 심리적이고 내부적인 요소와 더 밀접한 관계가 있음을 알게 되었다. 특히 작업자 집단의 소속감과 공동체의식도 매우 큰 영향을 미치는 것을 확인하였다. 생산성을 좌우하는 것은 권한체계나 규정 준수가 아니라 상사와의 관계, 동료와의 관계, 집단 내의 분위기, 비공식집단 등의 인간관계라는 사실을 발견하였다. 작업성과는 작업조건이나 작업환경과 상관없으며, 작업자들을 인간적으로 대우하고 보다 많은 관심을 기울이는 것만으로도 만족도와 생산성이 높아지는 것을 발견하였다.

그러나 인간관계론은 인간의 사회적이고 심리적인 측면이 중요하다는 것을 인식했음에도 불구하고 인간 내부의 복잡하고 미묘한 상태에 대해 밝혀낸 것이 별로 없으며 이에 대한 체계적인 지식의 부족으로 인간의 감정적 요소와 조직의 성과를 연결시키지 못했다.

일하기 좋은 일터 연구

1980년대 이후에는 '일하기 좋은 일터(Great Work place; GWP)'에 대한 연구가 활발히 전개되었다. 1980년대 초 미국의 경제불황 속에서 안정적으로 이익을 내는 기업의 특징을 찾고자 했던 로버트 레버링(Robert Levering)은 『미국에서 일하기 좋은 100대 기업』이란 책으로 인기를 끌었고, 1998년부터 미국 경제전문지 '포춘(Fortune)'과 함께 일하기 좋은 직장을 발표하고 있다. 신뢰경영지수(trust index)라고도 불리는 GWP의 연구결과는 상사에 대한 신뢰(trust), 자신의 업무에 대한 자부심(pride), 동료와 즐겁게 일하는 동료애(camaraderie)가 일하기 좋은 일터로 선정된 기업의 공통요소로 밝혀졌다.

하지만, '일하기 좋은 일터' 연구는 조직 내에서 구성원들 간의 관계의 질을 중시하고 있으나 개인차원의 행복에 초점을 맞추기보다는 조직의 경쟁력 확보를 위한 기반으로서 신뢰를 강조하면서 개인단위인 직원보다는 조직단위로 수행되었고 건강한 일터에 초점을 맞추었다는 한계가 있다. 직원 개개인의 만족도보다는 전체 조직구성원 중 우리회사를 일하기 좋은 일터라고 생각하는 직원의 비율이 몇 %인가에 초점을 두었다.

직무만족연구

직무만족(job satisfaction)이 중요시된 배경으로는 인간은 일과 직무를 통해서 행복을 추구하고 있으며, 직무만족이 결근, 이직, 직무수행과 깊은 관계가 있기 때문이다. 직무만족은 직무를 평가하거나 직무를 통한 경험을 평가해서 얻게 되는 유쾌하거나 긍정적인 정서상태로 정의된다. 전체적 직무만족은 직무에 대한 일반적인 감정으로서 수많은 감정이나 태도를 총괄하는 만족을 의미한다. 단면별 직무만족은 대표적인 직무만족의 하위요인을 도출했는데, 직무 그 자체에 대한 만족, 동료에 대한 만족, 임금에 대한 만족, 승진에 대한 만족 등이 해당한다. 그러나 직무만족연구도 직장인의 행복을 직접적으로 정의하고 구체적으로 연구하지 못했다는 문제점을 지니고 있다.

직장생활과 행복

삼성경제연구소(2013)에서 진행된 '직장인의 행복에 관한 연구'에서 직장인의 행복모델로 'Worker happiness – M3 모델'을 제안하였다. 직장인의 행복을 위한 3대 핵심요소를 중심으로 제안된 직장인 행복모형은 나와 '나 자신'(Me & Myself), 나와 '업무'(Me & Work) 그리고 나와 '다른 사람들'(Me & Others)를 포함한 3개의 영역이다.

그리고 나와 나 자신의 영역은 마음의 건강(mental fitness)이, 나와 업무의 영역은 의미와 성장(meaningful thriving)이, 그리고 나와 다른 사람들의 영역은 지원적 관계(mutual support)가 핵심요인이다. 그리고 3대 핵심요인은 각각 2개의 증진방안을 제시하였다. 마음의 건강요인의 증진방안은 '건강한 마음의 기반 : 긍정성 높이기'와 '활력 유지하기 : 에너지 충전'이고, 의미와 성장요인의 증진방안은 '일에 생명 불어 넣기 : 의

표 10.5 직장인 행복모형(Worker Happiness-M3 Model)

영역	3대 핵심요인	6대 증진방안
나와 '나 자신' (Me & Myself)	마음의 건강 (Mental Fitness)	• 건강한 마음의 기반 : 긍정성 높이기 • 활력 유지하기 : 에너지 충전
나와 '업무' (Me & Work)	의미와 성장 (Meaningful Thriving)	• 일에 생명 불어넣기 : 의미 창조 • 성장의 디딤돌 : 강점 개발
나와 '다른 사람들' (Me & Others)	지원적 관계 (Mutual Support)	• 행복전염의 출발점 : 감성리더 • 함께 하는 즐거움 : 사회적 관계

출처: 삼성경제연구소(2013). 직장인의 행복에 관한 연구. p.52.

미 창조'와 '성장의 디딤돌 : 강점 개발'이며, 지원적 관계요인의 증진방안은 '행복전염의 출발점 : 감성리더'와 '함께 하는 즐거움 : 사회적 관계'로 구성된다.

긍정성 높이기

긍정성을 높이는 1차 주체는 '나 자신'이고, 긍정정서의 중요성을 인식하는 것이 전제조건이다. 긍정정서가 높아지면 실제로 학습능력과 창의성이 높아지고, 아이디어가 풍부해진다는 것이 여러 연구결과를 통해서 입증되었다.

어떤 생각과 믿음 그리고 감성을 갖느냐에 따라 실제 결과도 다르게 나타나므로 의식적으로 긍정기대와 긍정정서를 갖도록 노력해야 한다. 직장에서 심각한 얼굴로 일한다고 다 의미 있고 중요한 일은 아니다. 또한 일이 더 잘 해결되는 것도 아니다. 그런데도 많은 사람들은 마치 인생 전체가 형벌이라도 되는 듯 어둡고 굳은 얼굴로 다닌다. 긍정성을 높이기 위하여 조금 더 밝은 모습으로 하루를 살아가야 한다.

작은 행동과 생각의 전환을 통해서도 긍정성을 높일 수 있으므로 나만의 전략을 세울 필요가 있다. 일부 학자들은 긍정정서를 높이는 방법으로 '감사하기'와 '장래 최고의 나의 모습 그려보기' 등의 활동을 제안하고 있다.

긍정정서를 지속적으로 유지하기 위해서는 좋은 경험을 많이 하는 것이 중요하다. 긍정경험의 강도보다는 빈도가 중요한데, 심리학자인 로사다(Losada)는 개인이 번영하고 성과를 창출하기 위해서는 부정정서를 한 번 경험할 때 긍정정서를 세 번 이상 경험하는 것이 좋다고 주장한다.

회사차원에서도 긍정적인 분위기를 조성하려는 노력이 필요하다. 구성원 간에 상호 배려하고 긍정정서가 넘치는 조직을 구축하기 위해서는 직원채용 단계에서부터 검증이 필요하다. 직원을 채용할 때, 기본역량과 전문성뿐만 아니라 긍정적인 조직분위기에 도움이 되는 태도를 가지고 있는지 여부를 검토해야 한다. 또한 경영진이 먼저 긍정적이고 활기찬 조직분위기의 중요성을 강조하고 다양한 프로그램을 통해 이를 유지할 필요가 있다. 더불어 직원들이 실행할 수 있는 행동방안을 구체적으로 제시해야 한다. 직원 상호 간에 관심과 배려를 표현할 수 있는 행동원칙을 규범으로 제정하고, 고객응대 시 어려운 상황에 직면했을 때 당황하지 않고 어떻게 대응해야 할지를 미리 원칙으로 정하여 공유해야 한다.

에너지 충전하기

직장인들은 휴식과 수면으로 신체적 건강을 관리하는 것이 중요하다. 자신에게 휴식이 필요한 시점을 인지하게 되면 적절한 휴식이 필요하다. 직장인들은 성과주의 압박에 시달리며 시간에 쫓기는 경우가 많으므로 적절한 휴식을 취하는 것이 중요한 자기관리 역량 중의 하나이다. 틈틈이 '작은 휴식'을 취하는 것이 필요하다. 점심시간에 짧은 산책을 하거나, 친구와 식사를 하거나 독서와 차 마시기 등 잠시 일에서 벗어나 작은 휴식을 즐기면서 재충전을 해야 한다. 전반적인 건강유지를 위해서는 적당한 시간 동안 질 높은 수면을 취하도록 노력해야 한다.

스트레스는 개인이 주도적으로 관리해야 하지만, 회사는 제도적으로 직원의 스트레스 관리를 지원해야 한다. 스트레스 요인을 파악하여 스스로 통제할 수 있는 스트레스는 조금이라도 완화할 수 있는 방법을 실행해야 한다. 자신의 통제권을 벗어난 일에 대해서는 과감하게 생각을 단절함으로써 '과잉사고(overthinking)'의 악순환에 빠지지 않도록 주의해야 한다. 회사는 정기적으로 직원들의 스트레스 수준을 측정하고, 스트레스를 완화하기 위해 상담지원이나 교육 등 다양한 프로그램을 제공해야 한다.

의미 창조하기

자신이 하는 일에 생명을 불어넣기 위해서는 일에 대한 소명의식을 바탕으로 자신이 맡은 일을 재창조할 필요가 있다. 일을 바라보는 관점에 따라서 일은 직무(job), 경력(career), 소명(calling)으로 구분할 수 있는데, 주어진 업무를 그대로 받아들이는 대신 일에 의미를 부여하고 새롭게 설계하는 직무재설계(job crafting)가 필요하다. 일의 의미를 찾으면 생산성도 함께 증가한다. 일의 의미를 느끼는 사람은 목표에 지나치게 집착하고 조급해하는 태도에서 벗어나 과정이 가져다주는 즐거움을 음미할 수 있다.

회사는 직원들의 직무재설계를 촉진하기 위해서 자율권과 시간을 부여할 필요가 있다. 직원은 자신의 일과 관련된 의사결정을 능동적으로 할 수 있을 때 결과에 대한 책임감도 높아진다. 그러므로 직원이 의미를 부여할 수 있는 일에 근무시간의 일부를 사용하도록 허용하는 것도 도움이 될 수 있다. 또한 회사는 직원 개개인의 노력과 회사의 성과가 사회와 인류에 미치는 긍정적인 영향력을 제시할 필요가 있다. 개인의 노력과 회사의 성과가 어떻게 사회에 긍정적인 영향을 주고 있는가에 대해 소통함으로써 일에 대한 의미를 고취시킬 수 있다.

강점 개발하기

개인과 회사의 성장 디딤돌은 강점을 개발하는 것이다. 자신의 약점을 개선하려고 노력할 때보다 자신의 강점을 개발할 때 더 많은 것을 획득할 수 있다. 약점을 개선하는 것은 평균수준으로밖에 발전시킬 수 없지만, 강점을 개발하는 것은 최고의 수준까지 발전시킬 수 있다. 자신의 강점을 바탕으로 꾸준히 노력하면 성장과 성취가 가능하다. 자신의 일에 숙련의 단계에 이르기 위해서는 학습목표에 집중하고 목표를 이루기 위한 끊임없는 연습이 필수이다. 이런 노력과 연습을 지속적으로 유지하기 위해서 자기통제 역량을 개발할 필요가 있다. 자신의 의지력을 과대평가하지 말고 지속적인 자기통제 역량에 집중해야 한다. 또한 약점을 개선하는 것보다 강점에 집중하면 몰입이 증가하고 행복해질 수 있다. 잘할 수 있는 일에 더 많은 시간을 할애하면 걱정이나 스트레스, 분노, 슬픔, 신체적 통증이 감소한다.

기업도 약점을 개선하기 위한 투자보다는 강점을 더 강화하는 투자가 더 효과적이다. 강점기반의 접근방식을 사용하는 경영자들은 일반 경영자들에 비해 성공확률이 1.9배나 더 높다(갤럽, 2002).

감성리더 되기

리더의 말과 행동은 부서 전체의 분위기를 좌우하기 때문에, 리더는 표정과 언어를 사용하여 조직 고유의 긍정정서 분위기를 마련해야 한다. 우선적으로 리더 스스로 평소에 즐거움을 느끼도록 노력하고 일반직원도 감성지능을 발전시킴으로써 직장생활의 행복수준을 향상시켜야 한다. 리더가 부하직원과 일상적인 대화에 집중하고 경청하는 것만으로도 긍정정서가 형성된다. 리더의 인정과 격려는 직원을 행복하게 만들뿐 아니라 성과 창출에도 기여한다. 리더가 자주 격려하는 조직은 그렇지 않은 조직에 비해 31%나 높은 성과를 창출했다.

긍정적인 피드백뿐만 아니라 부정적인 피드백을 적절히 제시하는 것이 중요하다. 좋은 일에 대해서는 적극적이면서도 건설적인 '긍정피드백'을 제공해야 한다. 재능보다는 노력과 전략을 칭찬하고, 구체적으로 칭찬할 이유가 있을 때만 칭찬하는 올바른 표현방식이 중요하다. 반면에, 부정적인 피드백을 할 때는 지지적 의사소통을 사용해야 한다. 지지적 의사소통이란 부정적인 피드백을 제공하면서도 긍정적인 관계를 강화하는 소통

방법이다. 이것은 평가적인 발언 대신에 사실(fact)에 기초한 발언을 하는 것이 중요하다.

리더는 긍정적인 업무지시 기술과 자기조절 능력을 강화할 필요가 있다. 업무를 지시할 때 조직구성원의 긍정태도를 촉진할 수 있도록 하는 훈련이 필요한데, 격려를 바탕으로 업무를 지시하면 직원 간 협력이 촉진되고 성과가 향상된다. 긍정적인 감정을 불러일으키고 유지하기 위해서는 리더 스스로 자기조절 능력을 강화해야 한다.

사회적 관계 구축하기

직장 내 동료들과 친밀한 관계를 구축하는 것은 직장인의 행복을 높이는 데 중요하다. 직장에 친한 친구가 있는 사람은 친구가 없은 사람에 비해 업무에 몰입할 가능성이 7배 높다는 연구결과도 있다(삼성경제연구소, 2013). 직장에서 동료 간의 격려는 친밀한 관계를 강화시키고, 긍정정서가 조직 전반으로 확산되는 긍정적인 효과가 있다. 때로는 동료에게 도움을 요청함으로써 긍정적인 동료관계를 강화할 수도 있다.

견고하고 훌륭한 사회적 관계를 구축하면 행복이 증진된다. 좋은 대인관계는 힘겨운 시간을 겪는 동안 고통을 완화시키는 역할을 하고 스트레스 수치를 낮추어 준다. 행복한 사람과 직접적인 접촉을 하면 행복해질 가능성이 증가한다. 친구가 행복할 때 자신이 행복해질 확률이 15% 증가하고, 친구의 친구가 행복할 때 자신이 행복해질 확률은 10% 증가한다.

좋은 일에 감사하고 타인에게 친절을 베풂으로써 사회적 관계를 강화할 수 있다. 좋은 일이 생긴 것에 대해 고마워하는 감사행동을 실천하는 것은 효과적이다. 감사일기를 작성하거나 감사방문을 실행해보는 것은 사회적 관계를 돈독하게 한다. 또한 타인에게 친절을 베푸는 행동은 사회적 관계를 확대한다. '친절 베풀기'는 명상하기, 좋은 일 추억하기, 잘 되는 일에 집중하기와 더불어 긍정성을 높이는 가장 확실하고 직접적인 방법이다.

Chapter 11

결혼생활과 행복

Chapter 11

결혼생활과 행복

성공적인 결혼생활을 위해서는 여러 번에 걸쳐서 매번 같은 사람과 사랑에 빠지는 것이 필요하다.

– 미국 작가, 미뇽 맥로플린(Mignon McLaughlin)

"결혼은 해도 후회하고, 안 해도 후회한다"는 말을 키르케고르(Kierkegaard)가 했다고 한다. 소크라테스가 했다는 말도 있다. 그는 실존주의의 창시자로 널리 알려진 철학자인데, 27살에 16살의 레기네 올센(Regine Olsen)이라는 여인과 사랑에 빠져서 3년간 연애와 약혼을 했지만 "사랑하기에 헤어진다"는 말을 남기고 파혼한 후에 혼자서 살다 42살의 나이에 세상을 떠났다. 이런 이력이라면 결혼에 대해서 이렇다저렇다 할 입장은 아닌 것 같다. 소크라테스(Socrates)는 "악법도 법이다"라는 명언과 함께, "어쨌든 결혼하라. 만일 그대가 선한 아내를 얻는다면 그대는 아주 행복할 것이며, 그대가 악한 아내를 얻는다면 그대는 나처럼 철학자가 될 것이다"라는 명언도 남겼다.

부부관계를 빗대어서 하는 말 중에 '(예전에는) 너 없으면 죽을 것 같았는데, (이제는) 너 때문에 죽겠다'는 말은 결혼생활의 숨겨진 심리를 잘 표현하는 것이다. 우리는 사랑해서 결혼했지만, 결혼해서 살다 보니 오히려 원수가 될 수도 있다는 현실의 반영은 조금 가슴 아프지만 결혼생활에서 늘 염두에 두어야 할 고려사항이다. 결혼생활이 늘 해

피엔딩은 아니다. 그리고 결혼생활이 이루어지는 과정도 늘 행복하지만은 않다. 그래도 결혼생활은 행복하다.

주관적 웰빙에 대한 연구에서 일관성 있게 나타나는 결과는 결혼한 사람들이 그렇지 않은 사람들보다 더 행복하다는 것이다(Argyle, 1987; Diener et al., 1999; Myers, 2000). 이러한 결과는 다양한 연령층, 소득수준, 교육수준, 인종에서 공통적으로 나타나고 있다. 물론 결혼 자체가 행복을 보장하는 것은 아니다. 더 중요한 요인은 결혼생활의 질이다. 부부가 긍정적인 상호작용과 정서적 표현을 더 많이 하고, 역할분담이 더 잘 될수록 결혼상태는 행복 정도에 큰 영향을 미친다(Sternberg & Hojjat, 1997). 정서적 친밀감, 신뢰, 개방성을 가져오는 지지관계는 삶의 여러 부분에서 긍정적인 영향을 미친다.

결혼의 의미

결혼은 사랑의 결실이자 또 다른 삶의 시작이다. 우리는 남남에서 연인관계를 거쳐 부부관계로 발전한다. 결혼이란 만들어 놓은 행복의 요리를 먹는 것이 아니라 이제부터 노력해서 행복의 요리를 둘이서 만들어 먹는 것이다. 결혼은 사랑의 완성이 아니라 사랑하는 두 사람이 끊임없이 대화와 노력을 통하여 행복한 삶을 만들고 가꾸어 나가기 위한 새로운 시작이다. 소설이나 연극에서는 대부분 줄거리가 결혼으로 끝나지만, 인생에서는 결혼이 줄거리의 시작이다.

결혼의 의미는 선행연구들(김종운, 박성실, 2011; 정진선, 문미란, 2011)에 기초하여 7가지로 정리해 볼 수 있다. 첫째, 결혼은 사랑의 실현이다. 사람들이 결혼하는 가장 강한 동기는 사랑하는 사람과 함께 있고 싶어서다. 결혼을 통해 아침에 눈을 뜰 때부터 밤에 잠들 때까지 모든 시간과 공간을 함께 하고 싶은 마음을 결혼을 통해서 실천하면서

보다 더 성숙하고 아름다운 사랑을 만들어 가는 것이다.

둘째, 결혼은 진정한 독립이다. 우리는 누구나 혼자만의 삶, 독립을 꿈꾼다. 결혼을 통해서 부모로부터 벗어나 자기만의 가정을 꾸민다는 것은 자기만의 독립된 신분과 지위를 새롭게 획득하는 것이다. 우리 사회에서는 결혼을 통해서 어른대접을 받게 된다. 남자의 경우에 '도련님'에서 '서방님'으로 불리는 것처럼, 사회가 비로소 진정한 어른의 대접을 해주게 된다.

셋째, 결혼은 경제적 안정을 얻을 수 있다. 결혼을 통해서 남녀 간의 경제적 협력이 가능하기 때문에 경제적 안정을 도모할 수 있다. 혼자서 벌다가 둘이서 번다는 것은 경제적 안정을 가져올 수 있다. 현대사회에서 맞벌이는 선택이 아니라 필수가 되고 있다. 기혼직장인보다 미혼직장인들이 맞벌이에 대하여 찬성하는 비율이 더 높다. 기혼직장인의 경우는 85.7%가 찬성한 반면에, 미혼직장인은 91.3%가 맞벌이에 찬성하고 있다.

넷째, 결혼은 정서적 안정을 이룰 수 있다. 사람들은 여러 사람들과 평범한 관계를 여러 가지 맺는 것보다 한 사람과 보다 더 각별하고 친밀한 일대일관계를 맺고자 한다. 결혼은 이런 관계욕구를 충족시키고 유지시켜 줌으로써 정서적 안정을 얻을 수 있다.

다섯째, 결혼은 합법성의 획득이다. 성숙한 남녀의 생물학적인 성적 욕구를 포함하여 이성관계에서 나타날 수 있는 모든 것에 대한 독점을 주위 사람들의 축하와 축복을 받으면서 사회가 합법적으로 인정하고 허용하는 것이다.

여섯째, 결혼은 아이를 가질 수 있는 기회를 제공한다. 결혼은 자녀출산과 가계계승의 중요한 수단이다. 적절한 시기에 아이를 갖고 싶다는 마음은 결혼을 결정하는 중요한 요인이기도 하다. 우리가 이룰 수 있는 많은 성취 중에서 2세를 갖는다는 것은 최상의 성취이고 행복이다. 사람은 태어나서 자립하기까지 상당한 시간이 필요하고, 우리는 자녀양육을 위해서 가족이라는 집단을 형성할 필요가 있다. 이것은 결혼이 일시적인 것이 아니라 계속성을 전제하는 것이고, 이런 전제로 인해 신랑과 신부는 영원한 사랑을 맹세하고 결혼생활을 시작하는 것이다.

일곱째, 결혼은 사회적 기대에 대한 부응이다. 적정한 시기에 결혼하는 것은 가족과 사회의 기대에 부응하는 것이다. 가족생활주기에 비추어 볼 때, 때가 되어서 새로운 가정을 일구는 결혼은 가족을 위해서도, 사회를 위해서도, 그리고 인류를 위해서도 필요하다.

결혼에 이르는 과정

인생의 스케치에는 지우개가 없다. 선택에 많은 시간이 소요되면 허비한 시간을 변명하기 위해서라도 요구와 기대가 더욱 높아진다. 결혼할 사람을 찾는다면, 자신에게 완벽하게 맞는 상대를 찾는 일보다 사랑과 애착에 대한 당신의 방식을 존중하고 거기서 무언가를 만들어낼 능력과 의지를 지닌 사람을 찾는 것이 더 중요하다. 행복을 얻기 위해서는 사랑받는 것보다 스스로 사랑할 줄 아는 능력이 훨씬 더 중요하다.

결혼에 대하여 부정적인 말들도 많이 있다. 예를 들어, "결혼을 하든 안 하든 그대는 후회할 것이다" 이것은 소크라테스(Socrates)가 한 말이다. "여편네에게 갈 때는 채찍을 챙겨라" 이것은 니체(Nietzsche)가 한 말이다. "행복은 아직 불행하지 않은 것일 뿐" 이것은 쇼펜하우어(Schopenhauer)가 한 말이다. "인간의 행복은 창조계획에 들어 있지 않았다" 이것은 프로이트(Freud)가 한 말이다. 소크라테스는 악처의 그늘에서 늘 힘들어했고, 니체는 여성에게서 역겨운 전염병을 옮아서 평생을 고생했으며, 쇼펜하우어는 야심에 찌든 사람이었고, 프로이트는 마약중독으로 심신이 탈진한 상태에서 이런 글을 썼다.

결혼에 앞서서 꼭 해봐야 하는 것이 있다. 바로 싸움을 하는 것이다. 그것도 치열하게 싸움을 해 볼 필요가 있다. 상대가 아무리 싸워도 결론이 나지 않는 사람인가? 문제를 해결하는 것보다는 어떻게든 이기는 것만이 목적인 사람인가? 화가 나면 자리를 뜨거나 식탁을 엎어 버리는 등 스스럼없이 폭력을 행사하는 사람인가? 혹시 그렇다면 진정으로 다시 한 번 더 생각해 보기 바란다.

결혼파트너를 선택하는 과정은 다양한 여과기능을 지닌 6개의 여과망을 거치게 된다(Udry, 1971). 결혼파트너로서 가능성이 있는 모든 사람들이 6개의 여과망을 하나씩 거치면서 그 대상이 걸러지고 좁혀져서 결국 마지막 한 사람을 결혼파트너로 선택하게 된다.

첫 번째 여과망은 근접성 여과망이다. 모든 가능한 대상 중 현실적으로나 지리적으로 쉽게 만날 수 있는 사람들로 그 대상이 제한된다. 시간적으로나 공간적으로 가까이 있어야만 첫 번째 여과망을 통과할 수 있다.

두 번째 여과망은 매력여과망이다. 근접성 여과망을 통과한 사람들 중에서 서로에게 매력을 느끼며 호감을 갖는 사람들로 그 대상이 다시 좁혀진다. 매력을 느끼는 요인은 사람들마다 다르지만, 외모, 성격, 능력을 고려하게 된다. 일반적으로, 처음 만났을 때는 신체적 매력이 호감을 촉진시키는 데 중요하게 작용하지만, 장기간 사귀는 과정에서는 능력이나 성격이 더 중요해진다.

세 번째 여과망은 사회적 배경여과망이다. 인종, 연령, 종교, 사회경제적 지위, 직업, 교육수준 등이 비슷한 사람들끼리 맺어질 가능성이 높아진다. 인간관계에서 유사성은 호감을 얻을 때도 중요하지만, 보다 친밀한 관계로 나아가기 위하여 필요하다. 가능한 비슷한 수준을 맞추는 것이 서로에게 좋다. 그래야 살아가면서 덜 피곤하고 덜 신경써도 된다. 결혼은 무인도에서 사는 것이 아니다. 결혼은 양가집단, 친척, 친구 등 여러 사람들과의 관계를 새롭게 맺는 것이다. 사회적 배경이 비슷할수록 덜 삐걱거리며 맞출 수 있다.

네 번째 여과망은 상호 의견합치 여과망이다. 정치, 경제, 사회에 대한 관점, 가정과 가족에 대한 태도, 전반적인 인생관과 가치관 등이 유사해서 의견합치가 이루어지는 경우에 두 사람의 결혼 가능성은 더욱 높아진다. 인생관과 가치관은 한순간에 바뀌는 것이 아니기 때문에 사랑만으로 해결할 수 없다. 나태, 도박, 주벽, 폭력은 천천히 살아가면서 쉽게 바뀌는 것이 아니다. 우선적으로 마음과 몸을 병들게 하고, 결혼생활을 파국으로 끝나게 할 수 있다.

다섯 번째 여과망은 상호보완 여과망이다. 상호 간의 필요와 요구를 서로 충족시켜 줄 수 있고, 어느 한쪽의 단점을 다른 쪽에서 보완해 줄 수 있을 때 결혼 가능성이 증가한다. 인간관계에서 상보성은 매우 중요하다. 특히, 사랑하는 사이에서 서로의 단점을 메워줄 수 있다는 것은 서로의 사랑을 확인하고 완성하는 데 매우 중요한 요소이다.

끝으로, 여섯 번째 여과망은 결혼준비 상태 여과망이다. 결혼준비 상태가 되지 않았다면, 결혼이 성사되기 어렵다. 서로가 물질적으로나 심리적으로 결혼을 준비한 상태가 되어야만 한다. 결혼은 소꿉놀이도 동거도 아니다. 새로운 부부와 새로운 가정의 탄생이다. 적어도 남자는 병역의무를 마치고 졸업을 하고 취업을 한 상태에 있어야 하고, 여자는 기본적인 신부수업을 마치고 자신의 일을 하고 있는 상태이어야 행복한 결혼생활을 할 가능성이 가장 높아진다.

잘못된 결혼

결혼은 친밀한 관계 속에 행복을 추구하는 소중한 경험이다. 그래서 결혼에 이르는 과정은 신중하고 차분하게 이루어져야 한다. 그런데 많은 경우에 사람들은 잘못되거나 문제가 있는 결혼을 하기도 한다. 그래서 우리는 주위에서 결혼을 한 후에 후회를 하거나 불화로 갈등을 겪고 있는 부부들을 흔히 볼 수 있다. 더불어 별거와 이혼이라는 현실 속에서 서로가 처음 사랑할 때와는 전혀 다른 관계와 입장에 놓이게 된다.

평생 함께 살아야 할 배우자를 선택하는 것은 인생에서 가장 어려운 일이다. 저 사람이 아니면 못 살겠다는 사랑이 흔한 것도 아니고, 설령 그렇게 뜨겁게 사랑해서 결혼했다고 해서 그것이 영원하리라는 보장도 없으니 더더욱 그렇다. 결혼을 할 때 우리는 내적인 면보다는 외적인 조건에 먼저 마음이 가기 일쑤다. 외모와 키, 학벌과 집안 등을 우선적으로 본다. 그러나 그보다는 인간적인 성실성과 부지런함이 더 중요하다는 것을 누구나 살다 보면 안다. 예를 들어, 집안에 돈이 많으면 좋다. 그러나 경제관념, 도덕성, 성실성이 없다면 그 돈은 스스로를 겨누는 칼이 되어 돌아오게 된다.

순간적인 열정으로 한 결혼

매력적인 사람과 쉽게 사랑에 빠질 수 있다. 그러나 단기간에 몇 번 만나보고 바로 결혼을 결정한다는 것은 상대방을 충분히 이해하지 않은 상태에서 출발을 하는 것이다. 순간적인 열정만으로는 상호이해의 기반이 약하기 때문에, 부부간에 갈등과 불화가 생겨나기 쉽다. 연애는 생활의 모습이 아니라 생활 밖의 모습을 보여주고 보는 것이다. 결혼생활을 연애처럼 살기를 원한다면 연애를 할 때보다 몇 배의 노력이 필요하다.

현실도피로 한 결혼

현재의 불행한 상태에서 탈출하기 위하여 또는 자신의 목표를 달성하지 못한 좌절감에서 현실도피의 수단으로 별로 원하지 않는 사람과 결혼을 결정하는 경우 성공적인 결혼생활이 되기 어렵다.

지위상승의 수단으로 한 결혼

연령을 떠나서 남녀들 중에는 보다 나은 경제적 기반 위에서 제2의 인생을 출발하고자 결혼을 자신의 목표달성 수단으로 삼는 사람이 있다. 그러나 두 사람 간의 사랑이 없는 결혼은 결국 매매혼과 다름이 없고, 그 생활은 오래 지속되기 어렵다.

혼전임신 때문에 한 결혼

연애를 하다가 결혼에 대한 구체적인 계획이 준비되지 않은 상태에서 임신을 한 경우에 상대방에 대하여 미안함과 책임감을 느끼면서 갑자기 결혼을 결심하고 실행하기도 한다. 그러나 이런 결혼으로 자신의 인생목표가 좌절되거나 연기되는 경우에 그에 대한 원망을 상대방에게 할 수 있으며, 아직 준비되지 않고 미성숙한 상태에서 부모역할을 잘 수행하지 못할 수 있으므로 추가적인 문제가 발생할 수 있다.

반발로 한 결혼

사귀던 사람과의 이별 후에 그 사람이 다른 사람과 결혼했다는 사실에 반발하여 결혼을 하는 경우도 있다. 반발에 의한 결혼은 헤어진 사람과의 관계에 얽매여 있고 현재 결혼하는 사람과는 관계가 성립되지 않았기 때문에 문제를 유발시킨다.

동정으로 한 결혼

고통과 역경에 처한 사람과의 관계를 끝내는 것에 대한 죄책감과 동정심으로 결혼을 하기도 한다. 사랑 없이 그냥 의리 때문에 결혼을 하기도 한다. 동정이나 의리로 한 결혼의 경우에 단기적으로는 죄책감을 피하고 책임감 있는 행동을 했다는 생각에 긍정적인 결과를 가져올 수 있지만, 장기적으로는 동정에 대한 보답을 원하기도 하고, 진정으로 자신이 원하는 것이 아니었다는 생각으로 부부관계를 쇠약하게 만들 수 있다.

외로워서 한 결혼

누구나 외로움을 느낄 수 있다. 더구나 자아가 약해져 있을 때에는 자신을 누군가에게 맡기고 싶을 때가 있다. 그러나 결혼이 외로움을 막아주는 방편이 될 수는 없다. 결혼은 서로가 격려하고 응원하는 관계 속에서 행복해질 수 있다.

부부관계

결혼에 대한 말은 여러 곳에서 찾아볼 수 있다. 서양속담에 “결혼은 마치 꽉 닫힌 성과 같아서 밖에 있는 사람은 들어가고 싶어 하고 안에 들어간 사람은 나오고 싶어 한다”는 말이 있다. 러시아 속담에 “전쟁터에 가기 전에는 한 번 기도하고, 바다에 가기 전에는 두 번 기도하고, 결혼하기 전에는 세 번 기도하라”라는 말도 있다. 또한 프랑스 속담에 “결혼이란 남성의 경우에는 자유를 건 도박이고, 여성의 경우에는 행복을 건 도박이다”란 말도 있다. 아프리카 속담에는 “결혼에는 고통이 있다. 그러나 독신에는 행복이 없다”라는 말도 있다. 중국 속담에는 “결혼은 경험의 부족, 이혼은 이해의 부족, 재혼은 기억력의 부족”이라는 말도 있다.

평생 자유를 사랑하고 과학을 존중했으며, 미국 100달러짜리 지폐의 주인공인 벤저민 프랭클린(Benjamin Franklin)은 “결혼 전에는 눈을 크게 뜨고, 결혼 후에는 눈을 반쯤 감아라”라는 말을 했고, 영국의 철학자 조지 유진 무어(George Eugene Moore)는 “결혼이란 단 한 사람을 위해서 나머지 사람들을 전부 단념해야 하는 행위이다”라고 말했으며, 러시아의 극작가 안톤 체호프(Anton Chekhov)는 “결혼에서 가장 중요한 것은 인내이다”라고 말했다.

아마도 이런 말들은 결혼생활과 부부관계는 동거나 연애와는 달리 많은 요인들이 영향을 미친다는 점을 보여주는 것이다. 결혼으로 생겨나는 책임과 의무, 출산, 자녀양육, 고부관계, 경제적 문제, 부부갈등 등과 같은 현실적인 측면을 고려해야 한다는 점을 알려주는 것이다. 연애는 사랑만으로 유지될 수도 있지만, 결혼생활은 사랑만으로는 유지되기 어려운 측면이 있다. 사랑과 결혼은 말과 마차의 관계와 같다. 결혼은 마차를 끌기 위한 말의 노력을 필요로 한다. 결혼한 부부는 자신이 속해 있는 집안, 지역사회, 민족, 국가의 관습, 규범, 혹은 문화를 따라야 하고 법률적인 의무를 수행해야 하기 때문에, 본래의 기대와 예상과는 다른 다양한 국면을 경험하게 된다. 더불어 시간이 흐르면서 결혼생활의 실체를 하나둘씩 알아가게 되고 결혼에 대한 환상이 조금씩 깨지게 된다.

결혼에 대한 환상

결혼한 부부들은 대부분 자신의 결혼생활에 대한 비현실적인 믿음을 지니고 있다. 긍정적인 측면만을 보려는 생각과 환상은 부부관계에 잘못된 영향을 미칠 수 있다. 부부관계에 영향을 미칠 수 있는 결혼에 대한 잘못된 환상들이 존재한다(김종운, 박성실, 2011). 결혼에 대한 환상 중에서 대표적인 3가지를 살펴보면 다음과 같다.

첫째, '우리 부부는 다르다'는 환상이다. 주변에서 불행하게 결혼생활을 하는 사람들을 보면서도, 그런 일이 우리에게는 절대로 일어나지 않을 것이라고 생각한다. 대부분의 부부는 우리는 다를 것이라는 막연한 기대만 하면서 결혼생활을 정말 잘하기 위한 노력은 하지 않는다. 그러나 결혼생활은 부부의 부단한 노력이 있어야만 순조롭게 유지되고 행복해질 수 있다. 서로 노력하지 않고서 상대가 변했다고 탓하지 말아야 한다. 서로가 자신의 매력을 꾸준히 가꾸지 않으면 예기치 못한 아픔을 경험할 수도 있다. 자신이 살고 있는 울타리 저편의 풀들만 더 푸른 게 아니다. 울타리 너머로 보면 다른 아낙네도 더 매력적이게 보인다. 딴눈을 파는 것에 '내가 저년만 못한 게 뭐야?'는 올바른 질문이 아니다. 그냥 다르다는 것만으로 충분하기 때문이다.

둘째, '나는 상대방을 행복하게 만들 수 있다'는 환상이다. 어느 누구도 상대방의 행복을 책임질 수 없다. 사람들은 자신이 배우자를 행복하게 할 책임이 있고, 그렇게 할 능력도 있다고 믿는다. 하지만 결혼은 여러 가지 변수가 무수히 작용하기 때문에 성실하게 노력해도 상황이 그것을 허락하지 않는 경우도 있다. 더 심각한 것은 내가 상대방을 행복하게 해주려고 노력하는 것처럼 상대방도 나에게 그렇게 해주리라 믿는다는 점이다. 배우자는 신이 아니다. 부모도 내가 원하는 것을 모두 다 충족시켜주지 못했듯이,

배우자도 마찬가지이다.

셋째, '우리의 갈등은 심각하지 않다'는 환상이다. 갈등은 아무리 사소해도, 아무리 중요해보이지 않아도 무시해서는 안 된다. 해결되지 않은 '사소한 갈등'이 서서히 자라 결혼생활을 위협할 수 있다. 갈등을 모르는 척 혹은 갈등이 없는 척해서는 안 된다. 왜냐하면 실제로 존재하는 갈등의 크기와 심각성을 정확하게 깨닫고 부부간에 공개적으로 대처하지 못한다면, 그 갈등이 가족해체의 원인이 되기도 하기 때문이다.

배우자 각본

'남편이라면 이렇게 해야 하지 않을까?', '아내라면 이렇게 해야 하지 않을까?' 등의 배우자 각본은 어떤 배우자도 만족시켜주기 어렵다. 자신이 알고 있는 사람들의 장점을 모아서 종합선물세트와 같은 남편각본(husband script)이나 아내각본(wife script)을 만들어 놓았기 때문에 그런 사람은 찾을 수 없을 뿐만 아니라, 누구를 그 자리에 앉혀놓는다 하여도 그러한 욕구를 충족시키기 어렵다.

남편과 아내의 기대와 생각이 많이 다르다는 점을 잘 말해주는 예가 쿨리지효과이다. 쿨리지효과(Coolidge effect)는 미국 35대 대통령 캘빈 쿨리지(Calvin Coolidge)의 이름을 딴 것으로 남녀 간의 관계에서 생각의 차이를 재미있게 알려준다. 쿨리지 대통령이 아내와 함께 농가를 방문했을 때의 일이다. 그곳의 수탉이 하루에 열두 번이나 교미를 한다는 말을 듣고 놀란 영부인이 "그 말을 내 남편에게도 해주세요"라고 농부에게 말했다. 그 말을 전해 들은 대통령이 "매번 똑같은 암컷과 하나요?"라고 묻자, 농부는 "아니요. 매번 다른 암컷들과 합니다"라고 대답했다. 그러자 쿨리지 대통령은 "그 말을 내 아내에게 해주세요"라고 말했다.

부부관계의 적응

결혼생활과 부부관계는 적응과정이 필요하다. 행복한 부부관계는 노력하여 만들어지는 것이다. 결혼으로 새롭게 부과된 역할과 변화에 잘 적응하는 일은 행복한 부부생활을 위한 필수조건이지만, 쉽지 않을 일이기 때문에 신혼부부들이 행복해야 할 결혼 초에 많은 어려움과 갈등을 경험한다. 부부관계의 적응은 크게 차이적응, 변화적응, 그리고 과업적응을 포함하여 3가지로 나눠 볼 수 있다.

차이적응

결혼생활에서 드러나는 부부간의 차이에 대해서 조화롭게 적응하는 일이 필요하다. 성격, 생활습관, 감정표현, 가치관, 흥미, 잠버릇, 종교, 여가생활 등 여러 측면에서 차이와 결점이 수없이 발견되며 부부갈등의 주요한 원인이 된다. 이런 차이를 수용하고 서로의 단점을 보완하여 조화로운 관계로 발전시켜 나가는 것은 부부관계의 중요한 적응사항이다.

변화적응

결혼을 하는 순간부터 두 남녀는 연인관계에서 부부관계로 그 관계의 특성이 달라지듯이 둘 간의 관계에서도 급격한 변화가 발생한다. 부부는 이런 변화를 제대로 인식하고 서로의 관계를 적절하게 변화시켜서 적응해야 한다. 연인관계와 부부관계가 다르듯이 연애할 때와는 다른 변화에 적응해야 한다. 상대방에 대한 호칭에서부터 부부의 역할, 애정표현 방식, 시가와 처가, 친 · 인척과의 관계까지 두 사람 사이의 관계에 많은 변화가 생긴다. 이런 변화를 잘 인식하고 이에 적응해 가는 일이 중요하다.

결혼과 함께 적어도 3개의 관계가 새롭게 펼쳐진다. 둘만의 세상인 신혼살림집에서 만드는 부부관계, 남편이 가져오는 시가와 시댁식구와의 관계인 '시월드', 그리고 아내가 가져오는 처가와 처가식구와의 관계인 '처월드'가 있다. 더불어 각자가 형성해 놓은 친구들과의 관계와 동료들과의 관계 등을 포함하여 새로운 사회적 관계가 생겨나면서 나타나는 변화에 적응해야 한다. 이러한 관계는 별개의 관계가 아니라 서로 밀접하게 연결되어 있는 경우가 많기 때문에, 행복한 결혼생활을 위해서는 지혜롭고 슬기로운 관계 관리가 필수적이다.

부부의 역할은 시대에 따라 변화하며 부부의 특성에 따라 달라진다. 전통사회에서는 남편은 경제적 생산활동을 통해 가족의 생계를 책임지는 가족부양자의 역할을 수행하면서, 가정에서는 자녀를 훈육하는 엄격한 교육자의 역할을 담당했다. 아내는 자녀양육과 가사활동을 담당하며 자녀에게 자애로운 정서적 지원자의 역할을 하였다. 그러나 현대사회에서는 부부의 역할이 크게 변화하고 다양해졌다. 특히, 여성의 사회적 지위와 경제적 능력이 향상되면서 부부의 권력과 역할이 크게 변화하고 있다.

부부관계에서는 자신에게 기대되는 부부역할을 잘 수행하는 것이 중요하다. 부부관계의 불만족은 배우자에게 기대되는 역할을 배우자가 제대로 수행하지 못할 때 발생한다. 여기서 중요한 것은 배우자가 자신에게 어떤 역할을 기대하는지를 잘 지각하는 일이다. 왜냐하면 많은 부부갈등이 부부가 서로에게 기대하는 역할의 차이에서 기인하기 때문이다. 물론 부부갈등을 최소화하려면, 서로에 대한 기대와 더불어, 기대하는 역할에 대한 수행결과 그리고 수행결과에 대한 서로의 평가가 미치는 영향도 함께 고려할 필요가 있다.

과업적응

부부는 결혼생활에서 요구되는 일상적인 과업을 배우며 익히는 적응과정이 필요하다. 결혼을 통해서 새로이 부과된 역할을 잘 수행해야 한다. 남편으로서 또는 아내로서 수행해야 되는 새로운 과업들을 수행해야 한다. 남편은 가정의 경제적 부양을 책임지고, 아내를 행복하게 만들어주기 위한 노력을 아끼지 말아야 하고, 처가에 대한 고려와 배려도 놓치지 말아야 한다. 아내는 남편과 가정을 챙기고, 자녀를 양육하며, 시부모를 잘 봉양하는 새로운 과업에 적응해야 한다.

결혼을 한 후에 부부관계는 세월이 흘러감에 따라서 변화하고 그에 따라 요구되는 과업도 달라진다. 이를 잘 보여주는 개념이 가족생활주기(Family Life Cycle; FLC)이다. 시간이 흐름에 따라 가족의 변화를 기술하는 가족생활주기는 가족 내의 중대사를 중심으로 단계가 나누어진다. 전통적 가족생활주기는 9단계로 이루어지는데, 결혼, 자녀의 출생, 자녀의 출가, 배우자의 사망, 퇴직에 토대를 두고 있다(남승규, 1999; Wells & Gubar, 1966). ① 독신기(bachelor stage), ② 신혼기(newly married couples), ③ 보금자리 Ⅰ기(full nest Ⅰ), ④ 보금자리 Ⅱ기(full nest Ⅱ), ⑤ 보금자리 Ⅲ기(full nest Ⅲ), ⑥ 노부부 Ⅰ기(empty nest Ⅰ), ⑦ 노부부 Ⅱ기(empty nest Ⅱ), ⑧ 고독생존기(solitary survivor), ⑨ 고독생존 은퇴기(solitary survivor retired)이다.

결혼과 함께 맞이하는 신혼기에는 부부역할에 적응하고 원활한 부부관계를 확립하며 친척관계에 적응하는 일이 중요한 과제이다. 보금자리 Ⅰ기에 해당하는 출산 및 유아양육기에는 임신과 출산을 하고 부모로서 자녀를 양육하는 부모의 역할과 과업에 적응해야 한다. 보금자리 Ⅱ기에 해당하는 학령기 자녀양육기에는 자녀의 성장을 촉진하고 자녀가 지닌 욕구와 흥미를 잘 키워주는 것이 필요할 뿐만 아니라 자녀교육에 힘써서 자녀가 학업에서 성취를 이룰 수 있도록 지원하고 격려해야 한다. 보금자리 Ⅲ기에 해당하는 청소년기 자녀양육기에는 부부가 자녀의 자연스러운 심리적 독립을 지원하는 과업을 수행해야 한다. 노부부 Ⅰ기에 해당하는 자녀독립기에는 자녀가 결혼을 하고 독립적인 가정을 형성하는 일에 지지적인 역할을 하는 것이 중요하다. 노부부 Ⅱ기에 해당하는 중년기에는 자녀가 모두 독립된 가정을 이루며 떠나가고 가정에 두 부부만 남게 된다. 자녀를 떠나보낸 정서적 공허감을 경험하는 동시에 자녀양육의 해방에서 느끼는 자유로움과 함께 서로에 대한 의존성이 증가하며 부부관계가 더 긴밀해진다. 노년기에는 직장에서 퇴직하고, 신체적 노화와 질병으로 사회활동이 위축되고, 배우자의 사별로 혼자 사는 것에 대한 적응이 중요해진다.

결혼생활과 행복

결혼이 자신의 대표강점을 발휘하는 일상수단이 될 때 부부는 행복해진다. 사실 결혼은 날마다 감사를 전할 수 있는 일상수단이기도 하다. 남자가 여자에게, 여자가 남자에게 사랑을 느끼는 것은 바로 상대방이 지닌 강점과 미덕 때문이다.

그러나 첫눈에 반하게 한 장밋빛 사랑은 퇴색하기 마련이어서, 제아무리 소문난 잉꼬부부라 해도 결혼생활에 대한 만족도는 10여 년 동안 차차 낮아진다(Seligman, 2004). 처음에는 자신의 마음을 사로잡았던 배우자의 강점이 어느새 당연하게 생각되고, 감탄의 눈길로 바라보던 배우자의 행동은 보기 싫어지고 경멸스럽기까지 하다. 어디 그뿐인가. 처음에는 마냥 좋기만 하던 착실함과 극진함이 이젠 답답하게만 보이고, 한결같은 모습은 심지어 짜증스럽기까지 하다. 발랄한 말솜씨는 쓸데없는 수다로만 들리고, 지조는 고집불통으로, 끈기는 독기로, 친절함은 경박함으로 보인다. 열정은 관계의 출발을 도와주는 데 효과가 괜찮지만, 열정이 결혼생활과 부부관계의 기반이 되어서는 안 된다.

성공적인 결혼생활

인생의 동반자를 발견하는 것은 멋진 일이다. 행복한 결혼생활은 부부관계가 기본이다. 행복하고 이상적인 부부관계는 다음과 같은 속성을 지니고 있어야 한다(Leslie, 1982). 첫째, 결혼생활의 지속성으로 흔들리지 않고 오래도록 부부관계가 지속되는 부부이다. 둘째, 결혼생활에서 갈등, 다툼, 불안, 문제가 적은 부부이다. 셋째, 부부간의 일체성과 응집성이 높은 부부이다. 넷째, 개인의 성장과 발전을 촉진하고 지원하는 부부이다. 다섯째, 결혼생활의 주요 부분에 대한 의견의 일치도가 높은 부부이다. 여섯째, 결혼생활에 대한 주관적인 만족도와 행복감이 높은 부부이다. 끝으로, 사회적 기대나 요구에 부합된 결혼생활을 하는 부부이다.

성공적인 부부의 심리적 특성

성공적인 부부관계는 기본적으로 부부의 노력에 의해서 성취되는 것이다. 성공적인 부부의 심리적 특성을 살펴본 연구들이 많이 존재한다(권석만, 2011; Bowman & Spanier, 1978; Gordon, 1975; Hine, 1980; Mace & Mace, 1980). 보먼과 스패니어(Bowman & Spanier, 1978)에 의하면, 성공적인 부부는 다음과 같은 8가지 특징을 지니고 있다. 첫째, 주관적으로 행복을 느낀다. 둘째, 부부 사이에서 서로의 기본적인 욕구가 잘 충족되고 있다. 셋째, 배우자의 삶이 풍요로워지도록 서로를 돕는다. 넷째, 결혼생활을 통해 인격적인 성숙과 잠재능력의 발휘가 이루어진다. 다섯째, 부부는 서로 정서적으로 지지한다. 여섯째, 배우자를 깊이 이해하고 수용한다. 일곱째, 배우자의 행복에 대해 깊은 관심을 지닌다. 여덟째, 가족과 배우자에 대해 자발적인 책임감을 느낀다.

하인(Hine, 1980)에 의하면, 성공적인 부부는 10가지 특징을 지닌다. 첫째, 가족의 위기를 성공적으로 해결한다. 둘째, 지속적인 애정교환을 한다. 셋째, 배우자에게 헌신하며 성실한 태도를 갖는다. 넷째, 칭찬, 감사 등 강화와 지지를 보낸다. 다섯째, 개방적인 솔직한 대화를 나눈다. 여섯째, 인생관, 가치관, 역할기대를 일치시킨다. 일곱째, 유연하고 융통성 있는 성숙한 태도를 보인다. 여덟째, 배우자에 대해서 관용과 인내를 보인다. 아홉째, 배우자와 함께 나누는 동반적 활동을 많이 한다. 마지막, 원만한 부부관계를 위한 의지를 가지고 노력한다.

이 외에도, 성공적인 부부관계를 위해서 메이스와 메이스(Mace & Mace, 1980)는 계속적인 노력과 헌신, 효율적인 대화, 생산적이고 창의적인 갈등관리 3가지를 제시하고 있고, 고든(Gordon, 1975)은 사랑, 유머, 대화, 의무수행, 동료감, 성실성, 참을성, 융통성, 원만한 성관계, 함께 나눔을 포함한 10가지 요소를 제안하였다.

부부관계에 영향을 미치는 요인

행복한 결혼생활을 영위하기 위한 부부관계는 여러 요인들에 의하여 영향을 받는다.

첫째, 부모의 부부관계이다. 부모의 부부관계는 장래에 자녀의 결혼생활과 부부관계에 영향을 미치는 모델의 역할을 한다. 성공적인 결혼생활을 한 부모를 둔 사람은 성공적인 부부관계를 형성하는 경향이 있다.

둘째, 결혼연령이다. 결혼하는 사람의 연령과 성숙도는 부부관계의 안정성에 영향을 미친다. 너무 일찍 결혼하는 사람은 결혼생활에서 더 많은 문제를 겪으며 결혼에 실패할 가능성이 높다. 왜냐하면 너무 일찍 결혼하는 것은 교육기회의 제한과 경험의 부족으로 인하여 교육수준이 저하되고 개인적인 발달과업의 성취가 부족하여, 원하는 직업을 갖지 못할 뿐만 아니라 낮은 수입으로 생활하게 될 가능성이 높아지기 때문이다.

셋째, 교제기간이다. 결혼 전의 교제기간이 길수록 결혼생활이 행복하고 성공적인 반면에, 갑작스런 기분이나 일시적인 충동으로 이루어진 결혼은 지속성이 낮으며 결혼 초기에 실패할 가능성이 높다. 교제기간을 충분히 갖는 것은 상대방의 성품과 습성을 파악할 기회가 많고 각자 삶과 결혼에 대한 기대가 무엇인지를 알 수 있으므로 결혼 후에 부부간의 갈등이 발생할 가능성이 줄어들고 의사소통과 문제해결 가능성을 높이는 결과를 가져온다.

넷째, 결혼동기이다. 어떤 동기와 목적을 갖고서 결혼을 했는가는 결혼생활과 부부관계에 많은 영향을 미친다. 순수한 사랑, 공동의 흥미와 목표가 결혼의 동기로 작용했을 때는 성공적인 결혼생활을 하는 경우가 많지만, 일종의 도피처나 고독해소, 부모에 대한 도전이나 반발, 신분의 상승, 임신 등이 결혼의 동기로 작용했을 때는 결혼생활에 불만족할 가능성과 실패할 가능성이 높다.

다섯째, 부모의 승낙이다. 부모의 승낙을 받고 결혼한 부부가 그렇지 않은 부부보다 더 행복하고 성공적인 결혼생활을 한다. 부모가 자녀의 결혼을 승낙하고 인정한 경우에 부모는 자녀의 결혼생활에 대한 지속적인 관심을 갖고 결혼생활의 성공을 격려할 뿐만 아니라 위기가 발생했을 때 적극적인 지원을 해주지만, 그렇지 않은 경우에는 부부관계를 악화시키고, 관계의 안정성을 위협하는 요인으로 작용할 수 있다.

여섯째, 시월드와 처월드와의 관계이다. 시월드와 처월드와의 관계가 좋으면 더 만족스럽고 성공적인 결혼생활이 가능하다. 시집식구와 처가식구, 그리고 친 · 인척 간의 관계가 나쁘면 부부관계는 악화되는 경향이 있다. 시가와 처가는 사랑하는 배우자의 정서적이고 경험적인 삶의 근간이기 때문에 아내는 시가와, 남편은 처가와 조화롭고 좋은 관계를 유지할 의무와 노력을 필요로 한다.

일곱째, 경제력이다. 현대 자본주의 사회에서 경제력이 뒷받침되지 않으면 성공적인 결혼생활이 어렵다. 안정되고 정기적인 소득을 올릴 수 있는 수입구조는 성공적인 결혼과 밀접한 관계가 있다. 가족의 수입이 불충분하고 불안정할 때, 부부간의 갈등이 많아지고, 결혼실패와 불행의 직접적인 원인이 된다. 경제적 자립이 가능할 수 있도록 부부 각자가 노력해야 한다.

여덟째, 자녀들이다. 부부관계만족도는 신혼기에 가장 높다가 자녀가 생기면서 떨어지기 시작한다. 이러한 하강은 자녀가 청소년기에 접어들면서 최저점에 도달한다. 그러나 자녀들이 성장하여 독립함으로써 부부가 양육의 의무로부터 벗어나 단둘이 되었을 때, 결혼만족도는 결혼 초기와 비슷한 수준으로 회복된다.

부부의 행복을 가로막는 것은 피임약이 아니라 유아기와 사춘기의 자녀들이다. 아이가 기저귀를 차고 누워 있는 사이에 대부분의 부부관계는 악화된다. 또 아이가 자라서 집을 떠나겠다고 위협할 때 적지 않은 부부들은 자녀보다 먼저 이를 실행에 옮긴다. 여자들은 자녀를 돌보는 것보다 시장에 가거나 전화를 걸거나 양파를 자를 때 더 행복을 느낀다고 한다.

『행복에 걸려 비틀거리다』의 저자 대니얼 길버트(Daniel Gilbert, 2006)는 '자기 자식을 돌보는 의무는 오래전에 우리 유전자에 새겨졌다. 그래서 우리는 머리카락이 다 빠지도록 노심초사하고, 잠도 못 자며 근심하고, 간호사에 운전사에 요리사 노릇을 마다하지 않는다. 본능이 우리에게 그렇게 요구하기 때문에' 자녀를 기르는 부모는 약물중독자이다. 자녀를 위해 일과 친구와 사랑까지도 포기하는 마약중독자 말이다.

무자식이 상팔자? 그렇지 않다. 자녀들은 실제로 부모에게 여러 가지 좋은 것들을 준다. 자식이 없는 사람들은 훨씬 더 건강하지 못한 삶을 살아간다. 그들은 술과 담배를 더 많이 하고, 암이나 심근경색으로 사망하는 경우도 더 빈번하다. 자녀들이 부모를 더욱 건강한 생활방식으로 인도하는 것이다. 왜냐하면 부모는 자녀에게 모범을 보여야 하기 때문이다.

부모들이 느끼는 또 다른 행복의 감정을 표현하는 말로 유대어에서 온 외래어 나챠스(nachas, 자녀의 성취에서 기쁨과 자부심을 얻는다는 의미)가 있다. 문화와 세대의 간격을 뛰어넘어 널리 사용되는 이 개념은 자기 자식을 자랑스러워하는 한편 그들이 부모 자신에게만 속한 존재가 아니라 이 세상에 내려진 선물이자 은총이라고 여기는 감정을 잘 보여주는 말이다. 자기 자신이 미처 다 이루지 못한 것을 자식에게 과제로 물려준다. 그럼으로써 자신의 일부가 계속해서 살아가는 것이다.

끝으로, 신앙생활이다. 성공적인 결혼생활은 신앙생활과 관계가 있다. 종교지향성이 일치하고 참여도가 높은 부부는 그렇지 않은 부부보다 행복하고 성공적인 결혼생활을 하는 경향이 있다. 왜냐하면 일반적으로 종교가 지향하는 가치가 부부관계의 성공에 기여하는 가치와 일치되는 경향이 있고, 부부동반으로 신앙생활에 참여할 기회가 많아지는 것은 부부공동의 활동이 늘어나면서 함께 공유하는 것이 많아지고 동료의식도 증가하기 때문이다. 물론 종교적인 갈등은 부부관계에 극적으로 악영향을 미치는 요인이기도 하다.

성공적인 결혼생활을 위한 방법

성공적이고 행복한 결혼생활을 위하여 닉 스티네트(Nick Stinnett, 1985)는 여러 가지 방법을 제안하였는데, 그중에서 실효성 있는 몇 가지를 살펴보면서 성공적인 결혼생활을 위한 방법을 찾아보자.

첫째, 긍정적인 마음을 가져라. 상호 간의 인정, 신뢰, 존중, 이해를 바탕으로 부부간에 긍정적인 마음이 싹트게 해야 한다. 행복하기 위해서 항상 긍정적인 반응을 나타낼 필요는 없다. 경우에 따라서는 부정적인 피드백이 필요하다. 그러나 한 연구(Gable, Reis, Impett & Asher, 2004)에 따르면, 행복한 결혼생활을 위해서는 긍정적인 반응이 부정적인 반응에 비해서 그 비율이 3 : 1을 넘어야 한다.

사랑학 전문가인 뉴욕 주립대학의 샌드라 머레이(Sandra Murray) 교수는 사랑에 영향을 미치는 환상의 효과에 대한 연구에서, 많은 부부와 연인에게 실제 자신의 배우자나 애인과 상상 속의 이상적인 배우자나 애인을 다양한 강점과 약점을 기준으로 평가하도록 하였다. 아울러 그들의 친구들에게 남편과 아내에 대해 따로따로 평가하도록 하였다. 여기서 중요한 척도는 배우자의 평가와 친구의 평가에서 나타나는 차이였다. 긍정적인 부분에서 차이가 클수록 배우자가 상대에게 갖고 있는 사랑의 '환상'이 큰 것이다. 그 환상이 큰 부부일수록 행복하고 안정된 결혼생활을 한다.

결혼생활에 만족한 부부는 친한 친구들은 전혀 덕목으로 여기지 않는 것조차 서로 덕목으로 본다. 배우자의 약점도 호의적으로 미화시키는 부부들과는 달리, 결혼생활에 만족하지 못하는 부부는 서로에 대한 '일그러진 이미지'를 갖고 있다. 이들은 친구들이 평가한 것보다 배우자의 덕목을 훨씬 더 적게 본다. 가장 행복한 부부는 배우자를 긍정적으로 대하며, 약점보다는 강점을 부각시키면서 불행한 일도 함께 극복할 수 있다고 믿는다. 이런 부부는 실제로 불행한 일을 겪을 때조차 배우자를 긍정적으로 보는 경향이 크며, 이러한 경향은 서로에 대한 환상의 강도에 비례한다.

행복한 부부는 자신을 이상형으로 여기는 배우자의 믿음을 저버리지 않으려는 노력 때문에 긍정적인 환상을 통해 자기를 실현한다. 또한 긍정적인 환상은 부부간의 불화나 갈등에 대한 완충제 역할을 하는데, 이는 일상의 피곤함을 다소 도발적으로 표출해도 서로가 너그러이 받아주는가 하면, 실수를 눈감아주고 약점을 강점으로 계발할 수 있도록 격려해주기 때문이다. 낙관성이 행복과 밀접한 관계를 지니듯이, 낙관적인 부부일수록 결혼생활이 더 원만하다(Karney & Bradbury, 1995). 낙관적인 부부들이 만족스럽고 안정된 부부관계를 유지하는 것은 배우자의 행동을 더 긍정적인 방향으로 귀인하기 때문이다(Bradbury & Fincham, 1990). 건강한 자존감과 현실적인 낙관주의에서 나타나는 긍정적인 환상을 탄력적 환상(resilience illusion)이라 한다.

둘째, 존중하라. 부부간에 서로에 대한 존중을 솔직하게 표현하면 위협을 느끼지 않게 되고 방어적 의사소통이 감소하게 된다. 부부의 태도는 매우 중요하다. 배우자에 대하여 지배적이고 경쟁적이며 비하적인 태도를 보이는 부부는 결혼생활에 실패할 가능성이 높다. 반면에, 민주적이고 상호존중적인 태도를 지닌 부부는 만족스런 부부관계를 형성하는 경향이 있다. 존중은 다른 어떤 관계보다도 부부 사이에서 가장 필요하다.

부부간에 솔직한 대화는 매우 중요하다. 그런데 존중하지 않는 상태에서 솔직하고 거친 대화를 나누는 것은 행복한 결혼생활에 지장을 줄 수 있다. 연인관계나 부부관계를 포함한 모든 인간관계에서 상대를 존중하는 방법 중의 하나는 가끔은 모르는 척 넘어가 주는 것이다. 통계적으로 기혼자들은 싱글들보다 자신을 더 매력적으로 여긴다. 하지만 일단 낚시에 걸리고 나면 싱싱하던 물고기는 빠르게 생기를 잃는 것처럼, 결혼을 하고 나서 관심과 열정이 갑자기 무너지는 경우가 있다. 이 문제에 대해서 성상담사들은 대부분 서로 충분히 대화를 나눠 보라고 조언한다. 하지만 행복한 결혼생활의 비밀을 풀기 위해 20년이 넘게 이 문제를 탐구해온 워싱턴대학의 심리학자 존 가트먼(John Gottman, 1998) 교수는 이런 무조건적이고 요구적인 대화에 대해 상당히 회의적이다. 오히려 평생을 행복하게 함께 지내는 커플들을 보면 오히려 모든 걸 털어놓지 않고 비밀을 간직하는 타입들이 많다. 상대방에 대한 존중 없이 커뮤니케이션의 확장은 빈번히 고통스럽고 파괴적인 대화로 발전하기 때문이다. 가끔은 부부관계에서도 말은 은이고 침묵이 금이다.

셋째, 서로의 다른 준거틀을 이해하고 수용하라. 비슷한 문화적 배경을 가진 부부는 경험, 생각, 태도 등이 비슷해서 준거틀이 유사하여 의사소통이 더 잘 된다. 그러나 과거 생활경험이 다르면 같은 사건에 대한 견해가 다를 수 있는데, 서로의 준거틀을 이해하면 불일치를 극복할 수 있다. 갈등을 해결하지 못하고 증폭시키는 부부들은 부적절한 인간관계에서 나타나는 4가지의 행동 특성을 보인다. 상대방의 인격과 성품에 대해 비난하거나 공격하는 비판적 행동, 상대방을 무시하고 모욕감을 주는 경멸적 행동, 상대방을 솔직하게 대하지 않으며 자기방어에 급급한 방어적 행동, 상대방과의 의사소통을 회피하고 신체적으로 거리를 두며 정서적인 무관심을 나타내는 거부적 행동을 보인다.

넷째, 경청하라. 경청하는 사람은 싸우지 않고 싸우는 사람은 경청하지 않는다. 잘 듣는 것은 적절하게 말하는 것만큼 중요하다. 잘 들어준다는 것은 상대방의 말에 대하여 흥미가 있으며 상대방을 존중한다는 뜻이므로 관계를 강화시켜 준다. 상대방에 대한 존중적 경청, 상대방 행동의 수용, 상대방에 대한 기본적 배려, 상대방의 욕구를 수용하고 절충하려는 노력이 부부만족도를 증진한다. 만족스러운 부부관계를 위해서는 긍정적 배려를 많이 하는 것뿐만 아니라 갈등을 만들지 않는 것이 중요하다. 그러기 위해서 경청하라.

다섯째, 공감하라. 대화를 잘하는 사람은 상대방의 세계에 들어가 상대방의 입장에서 볼 줄 아는 능력을 가지고 있다. 행복한 부부는 먼저 상대방의 의견을 존중해주는 '공감적' 대화법을 재치 있게 활용할 줄 안다. 나타날 수 있는 부정적인 정서를 교묘하게 미화시키는 것은 결혼생활을 낙관적으로 해석하는 태도와 관계가 깊다. 낙관적인 사람은 불행한 사건을 일시적이고 특수한 경우라고 여기며, 좋은 일은 영속적이고 파급성이 큰 것으로 받아들인다.

부부간에 공감하면 사소한 일에서도 배우자의 감정, 분위기, 요구에 대한 이해가 높아진다. 공감을 높이려면 공유하는 것이 많아야 하다. 공유하는 것이 많으면 서로의 공통점과 유사성을 찾아가면서 서로가 서로를 닮아갈 필요가 있다. 관심사나 흥미의 유사성은 부부관계에 긍정적인 영향을 미칠 수 있다. 공통된 취미를 갖거나 관심사가 일치할 때 부부는 함께 활동을 할 기회가 많아지고 서로를 이해하며 공감할 가능성이 높아진다. 권석만(2011)에 의하면, 부부가 교육수준, 사회 · 경제적 지위, 성장지역, 종교 등의 문화적 배경에서 유사하면 가치관, 역할기대, 일상적 상호작용의 측면에서 일치점이 많아져 갈등요인이 감소한다. 특히 부부가 가족 · 자녀 · 사랑 · 종교 · 철학 등에 공통의 관심을 둘 때는 돈 · 명예 · 향락 등에 공통의 관심을 두는 부부보다 결혼생활에 성공할 가능성이 더 높다.

끝으로, 투자하라. 세월이 흐를수록 행복해지는 부부들은 하루 평균 1시간씩 배우자를 위해 투자한다. 행복한 결혼을 유지하기 위한 비결은 다음과 같다. ① 아침에 헤어질 때 2분 정도를 투자해서 배우자가 해야 할 하루 일과 중에서 한 가지를 알아둔다. ② 저녁에 다시 만날 때나 하루 일과를 마친 뒤에 20분 정도 가볍고 편안한 이야기를 나눈다. ③ 매일 5분 정도 애정표시를 한다. 쓰다듬기, 포옹, 키스 등 다정하고 포용할 수 있는 분위기를 조성한다. ④ 적어도 5분 정도를 들여서 하루 한 번씩 칭찬하고 감사하는 마음을 전한다. ⑤ 주 1회에 2시간 정도 주말데이트를 하면서 부부만의 오붓한 시간을 보내면 정이 깊어진다.

실패적인 결혼생활

일반적으로 남자와 여자의 행복도는 결혼 이후에 모두 증가하지만, 남자의 행복 증가도가 더 높다(Lee et al., 1991). 남성의 경우에는 결혼생활 자체가 신체적 건강에 긍정적인 영향을 주는 반면, 여성의 경우는 건강에 긍정적인 영향을 받기 위해서 만족스러운 결혼생활이 필요하다. 결혼은 신체적 건강과 수명에 긍정적인 영향을 미친다. 행복한 결혼생활은 면역체계의 기능을 향상시키는 것으로 알려져 있다. 그런데 최근에 나타나고 있는 주목할 만한 현상은 1970년대 이후에 결혼과 행복도의 관계가 지속적으로 감소하고 있다는 점이다.

최고의 행복킬러는 익숙함과 지루함을 통해서 탄생한다. 부부관계도 늘 만족스럽고 행복한 것은 아니다. 여러 가지 문제로 서로 갈등을 겪고 대립하게 된다. 일반적으로 이러한 갈등과 대립은 서로의 해결노력에 의해 쉽게 해소되지만, 최선의 노력에도 불구하고 해소되지 않을 경우에는 부부관계가 해체되는 이혼으로 연결될 수 있다. 서로 잘 맞는 상대를 만나서 결혼을 하였다면 부부로 살아가는 게 즐겁고 행복하겠지만, 반대로 '웬수' 같은 인간 하나 잘못 만나게 되면 같이 사는 동안에 겪게 되는 고통과 찌든 삶에 진절머리가 나기도 한다. 도저히 감당할 수 없는 지경에 이르면 결국엔 헤어지는 이혼이란 결단을 내리게 된다.

부부간의 갈등요인

결혼생활은 신혼 초를 지나게 되면 조금씩 삐걱거리게 된다. 편안한 분위기는 따뜻하기는 해도 뜨거워지지는 않는다. 열정은 충분히 달아오르지도 않았던 것 같은데 어느 순간 식어버린다. 처음에는 곧잘 침대로 아침식사와 커피를 가져다주던 사람이 몇 달만 지나면 이렇게 말한다. '잠자리에서 꼭 아침을 먹어야겠으면 그냥 부엌에서 자!'

90%의 정확도로 이혼부부를 예측하는 시애틀 워싱턴대학의 가트먼(Gottman) 박사는 이혼으로 이어지게 하는 부부갈등의 요인을 다음과 같이 꼽는다. ① 신랄하고 모진 말다툼, ② 배우자에 대한 비난, ③ 경멸감 표시, ④ 자기방어적인 과민한 반응, ⑤ 무조건 배우자의 의견을 무시하는 태도, ⑥ 거부하는 몸짓 등이 있다.

한 번의 불평은 한 번의 칭찬으로 회복될 수 있는 것이 아니다. 부부가 행복하기를 원한다면, 배우자의 긍정적 측면을 강조하는 반응을 나타내는 것이 중요하다. 관심표현 노력(bids for attention)은 부부의 친밀감과 연결감을 증진하는 작은 몸짓이나 표정을 뜻한다. 부부의 행복은 대단한 사랑의 표현이 아니라 평소에 서로에게 지지와 애정을 전달하는 작은 몸짓을 주고받음으로써 가능한 것이다.

섹스리스

대문 밖에서는 세계 10위권의 경제강국인 대한민국은 이불 안에서만은 초라한 모습이다. 한국 성인들의 주당 성관계 횟수는 세계 최하위권이다. 2011년 제약사 한국릴리가 세계 13개국 성인 남녀를 대상으로 한 조사결과, 한국인의 주당 성관계 횟수는 1.04회로 꼴찌였다. 1위 포르투갈의 절반 수준이다.

신체기능에 문제가 없는 건강한 부부이다. 사랑이 없는 것도 아니다. 외도를 하는 것도 아니다. 그런데도 배우자와 성관계를 갖지 않는다. 발 빠르게 성개방이 이뤄지는 것과는 반대로 안방에서는 육체적 접촉과 사랑 나누기가 점차 '희귀한 일'이 되고 있다. 섹스리스(sexless)다. 섹스리스의 정의는 연구마다 다르지만, 통상 건강한 부부가 한 달에 한 번 이하의 성관계를 6개월 이상 지속했을 때를 가리킨다.

동아일보(2014. 3. 8. 발행)에 발표된 섹스리스 실태조사에 의하면, 매우 심각한 상태이다. 전국 20~50대 성인 남녀 1천 명을 대상으로 실시한 모바일 설문조사에서 응답자 10명 중 4명(37.9%)은 '최근 2개월간 배우자 또는 연인과의 성관계 횟수가 월 1회'라고 답했다. 이 가운데 '성관계를 전혀 하지 않았다'는 사람도 12.8%나 됐다. 물론 한국인들이 성생활을 완전히 포기한 것은 아니다. 문제는 이상과 현실의 차이가 너무 크다는 데 있다. 1,000명의 설문응답자들은 바람직한 성관계 횟수로 주 1, 2회(56.2%)를 가장 많이 꼽았다. 그러나 실제로 1주에 1, 2회 성관계를 가진다는 사람은 전체의 32.8%에 불과했다. '주 3, 4회 이상'을 희망하는 이들은 9.5%였으나, 이 역시 실천에 옮기는 사람이 절반 남짓(5.0%)에 불과했다.

설문에서는 성관계에 대한 남녀 간의 인식 및 태도차이가 상당히 두드러졌다. 여성들은 남성에 비해 상당히 '플라토닉'하고 수동적인 경향이 강했다. '대개 내가 배우자나 연인에게 성관계를 먼저 시도하거나 요구한다'고 답한 여성의 비율은 1.7%에 불과했다. 같은 질문에 대한 남성의 응답률은 절반 가까이(45.1%)나 됐다. 대체로 남성은 성관계 횟수가 늘어날수록 사랑이 깊어진다고 생각하고 있으나, 여성은 성관계 횟수와 사랑의 상관관계에 큰 의미를 두고 있지 않았다.

일에 치인 남자와 육아에 지친 여자는 각방생활을 더 편해하기도 한다. 구체적인 섹스리스의 원인은 남자는 '주변상황이 허락되지 않아서'가 36.1%로 가장 높았고, '특별한 이유 없음'이 31.1%, '자녀와 함께 자거나 육아에 지쳐서'가 20.4%, '성관계를 하는 게 귀찮거나 좋아하지 않아서'가 18.6%의 순으로 나타났다. 반면에 여자는 '성관계를 하는 게 귀찮거나 좋아하지 않아서'가 32.8%로 가장 높았고, '주변상황이 허락되지 않아서'가 26.7%, '특별한 이유 없음'이 23.4%, '자녀와 함께 자거나 육아에 지쳐서'가 21.9%의 순으로 나타났다. 이런 결과에 의하면, 남자는 섹스리스의 원인은 상황에 떠넘기고, 여자는 성관계 자체에 부정적인 생각을 갖고 있다는 점을 보여준다.

과거에 비해 최근 배우자나 연인의 성관계 빈도가 낮아진 이유에 대하여 남자와 여자 모두 '스트레스 등 업무적인 요인 때문에'가 각각 30.3%와 33.8%로 가장 높았다. 그 다음에 남자는 '이유를 모르겠음'이 23.4%, '육아 등 자녀출산 이후 달라진 상황 때문에' 22.8%, '성적 만족도가 떨어져서' 14.5%, '애정이 식어서' 9.0%의 순이었다. 반면에 여자는 '육아 등 자녀출산 이후 달라진 상황 때문에' 23.6%, '이유를 모르겠음'이 18.1%, '애정이 식어서' 13.6%, '성적 만족도가 떨어져서' 10.8%의 순이었다. 이런 결과에 의하면, 섹스리스의 원인이 남자는 업무적인 스트레스인 반면에, 여자는 육아적인 스트레스라는 점을 보여준다.

성생활에 대한 불만족의 원인에 대하여 남자와 여자 모두 대표적인 원인으로 꼽는 2가지는 동일하게 나타났다. 성생활 불만족의 첫 번째 원인은 '횟수가 적다'로 남자는 48.9%, 여자는 26.6%가 동의하였고, 두 번째 원인은 '항상 똑같고 새로운 것이 없다'로 남자는 22.3%, 여자는 20.3%가 동의하였다. 이런 결과는 성생활 불만의 핵심요인이 횟수는 적으면서 새로운 것도 없다는 것이다. 세 번째와 네 번째 원인은 남녀 간의 차이를 보였다. 남자는 '업무 스트레스 등 심리적 요인 때문에'가 11.7%로 세 번째 원인이고, '현재 파트너로는 만족되지 않아서'가 5.3%로 네 번째 원인으로 나타났다. 반면에, 여자는 '성격이 잘 맞지 않아서'가 12.5%로 세 번째 원인이고, '상대의 성기능 저하 때문에'가 9.4%로 네 번째 원인으로 나타났다. 이런 결과는 남자에게 성생활이 업무 스트레스를 푸는 위안으로 긍정적인 요인이 되기보다는 오히려 노동으로 생각될 수 있다는 것이고, 여자에게는 성생활과 관련하여 배우자에 대한 근본적인 불만이 있는 것으로 보인다.

이혼

알렉산더왕이 고르디아스 매듭을 칼로 베어서 풀듯이 냉정하고 깨끗하게 헤어지면 정말 더 행복할까? 그렇지 않다. 좋은 관계란 그리 흔하지 않은 법이다. 최고의 행복을 놓치고 땅을 치며 후회할 수도 있다. 그럼에도 많은 사람들이 이혼을 선택한다. 주요 이혼사유를 보게 되면, 성격차이, 경제문제, 가족 간의 불화, 배우자의 부정 등의 순이다.

첫째, 성격차이는 가장 대표적인 이혼사유이다. 성격차이는 부부간에 다양한 심리적 갈등과 마찰이 존재함을 의미한다. 결혼은 각기 다른 성장배경을 가지고 있는 두 사람의 만남이기 때문에 성격특성에서도 차이가 있는 두 남녀가 함께 생활을 하는 것이다. 이런 성격상의 차이는 관점, 가정생활, 생활습관, 애정표현 방식, 자녀양육 방법, 소비생활, 의사결정 방식, 성생활 등에서 수시로 차이와 대립을 이끌고 불만과 짜증을 폭발시킨다.

성격과 관련된 연구들에 의하면, 남녀 모두는 바람직한 배우자의 성격특질로 신뢰성, 성실성, 따뜻함, 친절함, 지적 능력, 정서적 안정성, 유머감각, 충성심, 다정다감을 중시하고 있다(Lauer, Lauer, & Kerr, 1990; Sternberg & Hojjat, 1997). 성격의 5요인 중 외향성을 제외한 4개의 성격차원이 부부만족도와 관련되어 있다. 행복한 부부일수록 우호성, 성실성, 개방성, 정서적 안정성이 높았다(Kelly & Conley, 1987). 부부의 성격유사성이 부부만족도를 예측하는 중요한 변인으로 나타났다(Caspi & Herbener, 1990). 성격이 비슷할수록 부부생활의 만족도가 높았다.

둘째, 경제적으로 문제가 생기면, 그것도 배우자로 인한 문제라면, 부부관계가 이혼으로 끝날 수 있다. 가정을 꾸려나가기 위해서는 최소한의 경제적 재원이 필요하다. 이러한 경제적 재원이 부부 중 한 사람에 의해서 심각하게 손해를 보거나 피해를 보게 되면 부부관계가 해체될 수 있다. 경제적 무능력, 지나친 소비성향, 무모한 사업실패로 인한 경제파탄 등이 이혼에 이르게 되는 대표적인 경제적 문제가 될 수 있다. 경제적 상황이 악화된다는 것은 국가 경제뿐만 아니라 부부관계에도 악영향을 미치게 된다.

셋째, 가족 간의 불화는 이혼의 중요한 원인이 된다. 부부간의 갈등이 아니라 넓은 의미의 가족관계에서 갈등이 생겨날 수 있는데, 이런 갈등이 부부의 이혼으로 마무리될 수 있다. 고부갈등, 처가에 대한 불만, 시가에 대한 불만 등은 금실 좋고 돈독한 부부관계마저도 악화시킬 수 있다.

끝으로, 배우자의 부정은 치명적인 부부관계의 해체요인이 된다. 부부는 서로에 대한 정조를 지키는 것이 약속이며 의무이다. 결혼생활을 하면서 배우자에 대한 성적 매력이 감소하고 부부간의 심리적 갈등으로 인한 정서적 유대감마저 저하되면, 가정 밖에서 정서적 욕구와 성적 욕구를 충족시키려는 경향이 생겨날 수 있다. 서로에 대한 열정과 애정이 식으면서 혼외의 애정관계에 노출되어 몰입하게 되면 부부관계의 해체를 불러올 수 있다.

그런데 배우자의 부정은 부부관계의 스트레스 때문에 생겨난다는 말은 심리학적으로나 생물학적으로 헛소리에 불과하다(에카르트 폰 히르슈하우젠, 2010). 인간적으로 서로를 잘 이해하는 배우자들도 그렇지 않은 사람들과 똑같이 바람을 피운다는 것은 이미 여러 차례 증명된 사실이다. 현실감각을 완전히 잃은 사람이 아니라면 성적 무절제와 방탕으로 인해 나락으로 빠지지 않는다. 연애 파트너의 수가 적을수록 내적 충만함이 증가한다. 정서적 만족 면에서도 이성 파트너를 단 한 명만 갖는 것이 여러 명을 갖는 것보다 더 낫다. 그 파트너가 배우자라면 더욱 그렇다.

Chapter

12

정신건강과 행복

Chapter 12

정신건강과 행복

인생은 경주가 아니야. 누가 1등으로 들어오느냐로 성공을 따지는 경기가 아니지.
네가 얼마나 의미 있고 행복한 시간을 보냈느냐가 바로 인생의 성공열쇠란다.
– 마틴 루서 킹(Martin Luther King Jr.)

건강이 행복을 보장하지는 않는다. 건강한 사람들 중에도 불행한 사람은 얼마든지 있다. 그들 중 많은 사람이 자신의 건강을 낭비하거나 너무 당연하게 여긴다. 하지만 건강이 행복을 보장하지 않는다는 사실이, 건강이 행복에 아무런 영향을 미치지 않는다는 뜻은 아니다. 돈이 행복을 보장하지는 않지만 현명하게만 사용한다면 엄청난 행복을 줄 수 있는 것처럼, 건강도 우리에게 많은 행복을 줄 수 있다.

한국인의 사망원인 중 최근에 급부상하는 것이 자살이다. 1992년에 10위이었던 것이 2004년에는 5위에 올랐고 2010년에는 세계 1위에 올랐다. 매일 500명 이상이 자살을 하고 있고, 20대 젊은이들의 사망원인 중 첫 순위를 차지한다. 자살자의 80%가 우울증과 같은 정신질환으로 고통을 받았다고 추산되고 있다(한규석, 2010). 우울증의 대표적인 증상은 고독이다. 우울증까지는 안가더라도 사회생활을 하면서 대부분의 사람들이 고독감을 경험한다. 산업화로 인하여 경제적인 여유가 생기면서 구속에서 벗어나 개인의 자유와 욕망을 충족시키는 삶을 지향하는 문화가 산업화를 경험한 국가들에서 널리 확산되고 있다. 이러한 생활환경의 변화라는 사회적인 요인이 현대인의 고독에 영향을 미친 것으로 보인다.

행복한 사람은 스트레스에 한결 더 여유롭게 반응한다. 왜냐하면 행복한 사람은 대체로 건강한 라이프스타일을 갖고 있기 때문이다. 체중조절도 잘하고 운동도 더 많이 하고 술과 담배도 잘 절제한다. 나아가 기쁨과 행복은 신체 전반을 활성화시키고 더 나은 상태로 만든다. 반면에 불행한 사람은 신체활동이 저하되고 질병에도 쉽게 노출되는 정반대의 현상이 관찰된다.

행복은 심근경색과 우울증을 예방한다. 행복은 누구에게나 당연한 자연상태가 아니다. 건강도 마찬가지다. 건강한 사람이 모두 행복한 것은 아니며, 병을 앓는 사람이 전부 불행하지도 않다. 다만 행복을 느끼는 빈도가 높은 사람들일수록 덜 아프고 더 오래 살 뿐이다. 행복을 증진시키는 것이야말로 최고의 질병예방책이다. 로테르담에 있는 에라스뮈스대학의 루트 벤호벤(Ruut Veenhoven) 교수는 여러 해 전부터 행복과 건강의 연관성을 연구해왔다. 연구결과에 따르면 행복한 감정은 구체적으로 심근경색, 감염, 당뇨병을 예방한다. 또한 행복의 반대증상인 우울증도 예방한다.

수명을 연장하는 최고의 방법은 수명을 단축시킨다고 증명된 모든 것들을 버리면 된다. 금연하고 과식과 과음을 삼가고 자신과 남을 즐거운 마음으로 대하는 것이다. 기쁨을 늘리고 고통을 줄인다는 유용한 생활철학은 불교나 히포크라테스 선서에서도 이미 찾아볼 수 있다. 샐러드가 건강에 좋은 이유는 수북이 쌓인 샐러드를 먹는 동안 건강하지 않은 다른 것들을 뱃속에 집어넣지 못하기 때문이다. 많이 웃으면 살이 빠지는 것도 같은 이유다. 웃을 때 칼로리가 많이 소모되어서가 아니라 웃는 동안에는 아무것도 먹을 수 없어서 그렇다. 이것을 철학적으로 말하면 쇼펜하우어(Schopenhauer)는 “행복은 불행의 부재”라고 했다.

정신건강

정신건강은 결함과 손상의 부재상태가 아니라 개인의 강점과 능력이 최대한 발현되는 상태로 이해되어야 한다. 긍정적 정신건강은 성장과 행복 증진을 통해서 촉진될 수 있고 심리적 안녕, 자기실현, 성격특질, 생애 발달과 같은 다양한 관점에서 고려될 수 있다. 자신의 삶에 대해서 만족스러워하고 긍정정서를 경험하는 것이 정신건강과 행복의 중요한 첫 번째 요소이다. 즉, 즐거운 삶(pleasant life)이다. 둘째는 매일의 삶에 열정적으로 참여하며 살아가는 적극적인 삶(engaged life)이다. 이를 통해서 자신이 추구한 가치를 실현할 수 있을 뿐만 아니라 자신의 잠재력을 발휘할 수 있게 된다. 세 번째 요소는 개인의 즐거움과 이익뿐만 아니라 자신이 속한 공동체나 사회에 기여하는 의미 있는 삶(meaningful life)이다. 자신보다 더 커다란 어떤 것에 소속되어 그것을 위해 봉사하고 공헌하고 있다는 인식으로부터 삶의 의미를 도출할 수 있다. 이처럼 긍정심리학자들은 즐거운 기분을 느끼며 자신의 강점을 발휘할 수 있는 일에 몰입하면서 자기실현을 이루고 그 가운데 삶의 의미를 발견할 수 있을 때, 진정한 행복을 느낄 수 있다고 본다.

긍정적 정신건강은 정서적 웰빙, 심리적 웰빙, 사회적 웰빙이라는 3가지 측면에서 이해될 수 있다. 즉, 진정으로 행복하고 건강한 삶은 긍정정서 상태를 의미하는 정서적 웰빙(emotional well-being), 개인의 원활한 기능수준과 적응상태를 반영하는 심리적 웰빙(psychological well-being) 그리고 적극적인 사회적 참여와 기여를 뜻하는 사회적 웰빙(social well-being)으로 구성된다는 주장이다.

행복의 3가지 요소인 긍정적 감정, 참여적 태도, 삶의 의미를 증진함으로써 정신장애를 치료하는 긍정심리 치료(positive psychotherapy)를 개발하여 우울증 치료에 적용한 바 있다. 강점 계발을 통해서 우울과 불안을 효과적으로 예방하는 노력을 긍정 예방

(positive prevention)이라고 명명한 바 있으며, 개인의 강점을 발견하고 확충하여 발휘하게 함으로써 정신장애를 예방할 수 있다는 것을 니키원리(Nikki principle)라고 불렀다.

긍정적 정신건강에 대한 관점

진정한 정신건강은 부적응 증상의 부재상태를 넘어서 행복하고 자기실현적인 삶을 사는 것이라고 할 수 있다(Ralph & Corrigan, 2005). 소극적 의미의 건강은 질병이나 장애가 없는 상태를 뜻하지만, 적극적 의미의 건강은 개인이 행복하고 자신의 능력과 환경을 활용하여 최대한 번창한 삶을 사는 것이다. 정신건강은 보통 사람들의 평균적 상태와 혼동되어서는 안 된다. 즉, 정신건강은 대다수 사람들의 심리상태로 정의될 수 없는 것이다. 건강은 평균적 수준을 넘어 개인이 삶의 중요한 영역에서 우수한 기능을 유지하는 상태이다.

심리적 웰빙으로서의 긍정적 정신건강

긍정적 정신건강(positive mental health)은 심리학자인 마리 야호다(Marie Jahoda)가 처음 사용한 용어로 이상적인 정신건강 상태를 지칭하기 위해서 긍정적 정신건강이라는 용어를 사용하였다. 심리적 웰빙(psychological well-being)의 6가지 요소는 ① 환경의 통제, ② 타인과의 긍정적 관계, ③ 자율성, ④ 개인적 성장, ⑤ 인생의 목적, ⑥ 자기수용이다. 웰빙치료(WBT: Well-Being Therapy)는 인지행동 치료의 기법을 사용하여 위와 같은 심리적 웰빙의 6가지 요소를 향상시키는 것이다.

자기실현으로서의 긍정적 정신건강

개인이 지닌 잠재력을 충분히 발현하는 것이 정신적으로 건강한 삶이다. 매슬로(Maslow)가 제시하는 자기실현적 인간의 16가지 특성을 크게 4가지 범주로 나누어 소개하면 첫째, 자기실현적인 사람들은 경험에 대한 개방성을 지닌다. 둘째는 자율성으로서 자기실현적인 사람들은 매우 독립적이고 독자적인 성향을 지닌다. 셋째는 긍정적인 인간관계로서 자기실현적인 사람들은 전체로서의 인류와 개인으로서의 인간에 대해서 깊은 관심과 애정을 지니고 있다. 마지막으로, 자기실현을 이룬 사람들은 대부분 건강한 윤리의식을 지니고 있다.

성장을 위해서 새로운 도전을 받아들이고, 익숙하고 편안한 것의 희생을 감수한다. 많은 사람들이 자신의 새로운 변화를 다른 사람들이 받아들이지 못할 것이라는 두려움 때문에 개인적 성장을 회피하는 경향이 있다고 지적하면서, 이를 요나 콤플렉스(jonah complex)라고 불렀다. 자기실현적인 사람들은 이러한 두려움을 극복하고 자신의 가능성을 최대한 발현한 사람들이라고 할 수 있다.

자기실현의 개념을 가장 구체적으로 제시하고 있는 사람은 인간중심 치료의 창시자인 칼 로저스(Carl Rogers, 1957, 1961)이다. 인간은 자신이 지니고 있는 모든 잠재능력을 발휘하려는 선천적인 성향을 지니고 있는데, 이것이 바로 자기실현 성향(self-actualization tendency)이다. 자기실현 성향은 2가지의 방향성을 지닌다. 그 하나는 개인이 선천적으로 타고난 신체적 · 심리적 기질을 그대로 유지하고 나타내려는 성향이다. 다른 하나는 개인이 지닌 모든 잠재능력을 최대한 계발하여 발휘하려는 성향이다.

로저스(Rogers)는 정신건강이 한 사람이 자신의 모든 경험을 하나의 일관된 유연한 자기개념으로 통합한 것이라고 보았으며 이러한 이상을 실현한 사람을 충분히 기능하는 사람(fully functioning person)이라고 지칭했다. 충분히 기능하는 사람은 3가지의 주요 특성과 2가지의 부수적 특징을 지닌다. 첫째는 경험에 대한 개방으로서 방어적 성향을 최소화하면서 자신의 경험을 충분히 자각하는 것이다. 둘째는 실존적인 삶의 자세로서 삶의 과정을 중시하며 그 과정에서 만나게 되는 경험을 충분히 음미하면서 인생을 주체적으로 만들어 나가는 삶의 태도를 의미한다. 셋째는 자신의 유기체적 경험에 대한 신뢰이다. 유기체적 경험이란 신체를 지닌 유기체로서 자신에게 느껴지는 내면적 욕구, 감각, 감정, 육감 등을 의미한다.

개방적인 자세로 삶의 과정을 중시하며 자신의 경험에 개방적이기 때문에, 자유로운 느낌을 경험할 뿐만 아니라 유연한 행동을 나타내게 된다. 또한 새로운 경험에 적응하는 과정에서 창의성이 증진된다. 자기실현이란 실재하는 자신의 모습을 찾아가며 접근하는 과정으로서 불안감, 죄의식, 자기과장 없이 마음 깊은 곳에서 들려오는 음성에 귀를 기울이며 진정한 자신이 되려는 노력을 의미한다. 인생은 기본적으로 자기실현 과정이며 그 부산물로서 행복이 따라오는 것이다. 인본주의자인 로저스(Rogers)는 행복 자체가 인생의 목표가 될 수는 없다는 것이다.

성격특질로서의 긍정적 정신건강

매우 열악한 환경을 잘 극복하고 난관과 역경을 성공적인 삶으로 승화시킨 사람들이 있다. 이들이 지니는 독특한 성격특질에 초점을 맞추어 정신건강을 이해하려는 입장이 있다. 다양한 역경과 고난을 잘 이겨낼 뿐만 아니라 그러한 과정에서 더욱 성장하도록 만드는 성격특질이 정신건강의 핵심적 요소라는 입장이다. 심리적 탄력성, 성숙한 방어기제, 효과적인 대처방식, 성격적 강점과 덕목을 정신건강의 주요한 요소로 보고 있다.

어떤 사람들은 역경 앞에서 좌절하여 위축된 삶을 살아가는 반면, 다른 부류의 사람들은 역경 앞에서 오히려 더 분발함으로써 자신의 삶을 더욱 발전시키기도 한다. 사실 우리 사회에서 인격적 성숙과 훌륭한 성취를 이룬 사람들 중에는 많은 고난과 역경을 딛고 일어선 사람들이 많다.

극단적인 스트레스에도 저항력을 나타내며 오히려 잠재능력을 발휘하여 성장의 기회로 전환시키는 사례들이 보고되고 있다. 극심한 스트레스에 대한 저항력을 보이며 잘 성장한 아동들을 보고하면서 강인한 아동(invulnerable child)이라는 용어를 사용한 바 있고(Garmezy, 1983), 고난과 역경을 잘 견뎌내면서 성장하는 아동들이 존재함을 확인하고 성격특질을 지칭하기 위해 회복탄력성(resiliency)이라는 용어를 사용하였다(Werner, 1982).

삶의 과정에서 불안은 필연적인 것이며, 사람마다 불안할 때 사용하는 방어기제가 각기 다르다. 방어기제는 정신적 방어기제, 미성숙한 방어기제, 신경증적 방어기제, 성숙한 방어기제로 구분할 수 있다(Vailant, 1977). 성숙한 방어기제에는 갈등이나 충동을 사회적으로 가치가 있는 활동으로 전환하는 승화, 현실을 부정하지 않으며 건강하게 재구성하는 유머, 다른 사람에게 도움이 되는 활동으로 연결하는 이타주의 등이 있다. 심각한 심리적 문제를 가진 사람들은 미성숙한 방어기제를 선호하는 반면, 행복하게 잘 살아가면서 장수하는 사람들은 성숙한 방어를 사용하는 경향이 있다. 이처럼 성숙하고 적응적인 방어기제가 정신건강의 중요한 특질이다.

대처방식(coping)은 스트레스 사건에 직면했을 때 사용하는 심리적인 대응방법을 의미한다. 다양한 스트레스 사건에 대해서 효과적인 대처방식을 사용하는 것은 정신건강의 주요한 특징이라고 할 수 있다. 효과적인 대처방식이 각기 다르다. 정신건강에 있어서 중요한 것은 개인이 스트레스 사건을 어떻게 평가하고 대처하느냐라는 것이다. 또한 스트레스 상황을 변화시킬 수 있을 때는 문제초점적 대처가 바람직한 반면, 그러한 상황을 변화시킬 수 없는 경우에는 정서초점적 대처가 효과적일 수 있다. 정신적으로 건강한 사람들은 상황에 적절한 효과적인 대처전략을 사용한다. 스트레스 사건에 직면하여 생산적인 의미를 찾아내고 적극적으로 도전하는 대처방식을 지닌 사람들을 관찰하고 이러한 특성을 강인성(hardiness)이라고 명명하였다(Kobasa, 1979).

덕목(virtue)은 삶의 적응에 도움이 될 뿐만 아니라 자기실현과 훌륭한 인격의 성취에 기여하는 긍정적인 성격적 강점을 의미한다. 성격적 강점과 덕목을 잘 계발하여 발휘하는 것이 정신건강에 매우 중요하다고 주장한다. 개인이 지닌 성격적 강점과 덕목을 삶의 주요한 영역에서 잘 발휘하며 사는 것이 진정한 행복이다. 개인이 독특성을 가장 잘 보여주는 강점들을 대표강점이라고 지칭하면서, 이러한 대표강점을 계발하여 일, 사랑, 놀이, 자녀양육과 같은 일상생활 속에서 잘 활용하는 가운데 행복한 삶을 누리게 된다. 인간의 행복한 삶을 이해하기 위해서 인간의 강점과 좋은 성품(good character)에 대한 이해가 중요하다고 주장한다.

시대와 문화를 통틀어 놀라울 정도의 공통성을 보인 것들은 상위 6개 덕목(the high six)으로서 지혜 · 자애 · 용기 · 절제 · 정의 · 초월이 있다. 성격적 강점과 덕목은 그 자체로도 가치가 있는 것이지만 개인과 사회를 좀 더 나은 상태로 이끈다는 점에서 긍정적이다. 개인이 지니고 있는 대표강점들을 발견하고 계발하여 삶의 중요한 영역에서 발휘하는 것은 주관적 행복과 자기실현, 나아가서 사회적 공헌을 이루게 하는 정신건강의 필수요소라고 할 수 있다.

전생에 걸친 긍정적 발달

정신건강이나 성숙은 인생의 단계마다 적절한 심리사회적 과업을 잘 수행하는 것을 의미한다. 신뢰감, 자율성, 유능감, 정체감, 친밀감, 생산성, 자기통합을 포함하여 인생의 각 단계마다 주어지는 심리사회적 과제를 잘 해결하면서 심리적 성숙을 이루는 것이 가장 건강한 삶이라고 할 수 있다(Erikson, 1982).

긍정적 노화(positive aging)를 75세에도 육체적으로 건강하고 만족스러운 인생을 살아가는 것'이라고 정의하였다. 긍정적 노화에 영향을 미치는 주요한 요인들은 성숙한 방어기제의 사용, 안정된 결혼생활, 규칙적인 행동, 교육받은 횟수, 정상적인 몸무게, 알코올 남용의 경력이 없는 것, 흡연하지 않는 것이었다(Valiant, 2004).

예방모델

긍정심리학이 가장 먼저 효과적으로 응용될 수 있는 분야는 정신건강 분야이다. 이전에는 질병모델에 근거한 치료와 예방활동이 이루어져 왔다. 그러나 질병모델은 정신장애의 재발을 효과적으로 방지하지 못하고 효과적인 예방방법을 제시하지 못하는 한계를 나타냈다. 질병모델이 정신장애의 예방에 적절하지 않다는 것이다. 왜냐하면 예방은 결함을 교정하는 것이 아니기 때문이다.

질병모델의 문제점

정신건강의 질병모델(disease model) 또는 의료모델(medical model)은 심리적 문제가 신체적 질병과 같은 속성을 지닌다고 가정한다. 물질적 실체나 결함을 제거함으로써 심리적 문제가 개선될 수 있다고 여긴다. 질병모델은 필연적으로 정신건강 분야를 장애중심적, 병원중심적, 의사중심적, 치료중심적, 약물중심적인 방향으로 유도하게 된다.

국가적 입장에서나 개인적인 입장에서 치료보다 더 중요한 것은 예방이다. 21세기 정신건강 분야는 예방활동에 더 많은 노력을 기울여야 할 것이다. 질명모델은 정신장애의 예방에 부적합하다. 이미 많은 학자들과 임상가들이 질병모델로는 예방에 있어서 성과를 거둘 수 없는 결론에 도달했다(Catalono, Berglund, Ryan, Lonczak, & Hawkins, 1998).

나아가서 질병모델은 정신장애의 예방뿐만 아니라 치료에 있어서도 재고될 필요가 있다. 그동안 심리학은 정신장애 증상과 부적응적인 문제행동을 제거하는 데에 집중해 왔다. 그러나 증상 제거만으로는 정신장애를 온전하게 치유할 수 없다는 인식이 최근에 확산되고 있다. 증상 제거를 목표로 하는 치료활동은 잦은 재발을 초래하는 불완전한 치료라는 점이 지적되고 있다.

정신건강 모델의 변화

정신건강은 결함과 손상의 부재상태가 아니라 개인의 강점과 능력이 최대한 발현되는 상태로 이해되어야 한다. 정신건강의 성장모델(growth model)은 긍정적 정신건강을 지향하며 정신장애의 예방에 초점을 맞추는 '성장지향적 예방모델'이라고 할 수 있다.

예방의 주된 초점은 개인의 약점과 결함을 교정하는 것이 아니라 그들의 강점과 능력을 함양하는 데에 모아져야 한다. 셀리그먼(Seligman)은 학습된 낙관주의(learned optimism)을 함양함으로써 결함을 교정하는 것이 아니라 낙관주의라는 새로운 삶의 기술을 습득해야 한다고 했다.

21세기에는 정신장애의 예방을 위해서 인간의 강점과 능력을 연구하고 함양하는 데에 많은 노력이 집중되어야 한다(Bornstein, Davidson, Keyes, & Moore, 2003). 정신장애의 치료에서도 주된 목표는 증상 제거를 넘어서 재발 방지에 초점이 모아져야 한다. 즉, 우울증의 재발을 방지하는 것은 증상 제거가 아니라 행복한 삶을 살도록 도움으로써 우울증에 대한 면역력을 길러주는 것이다. 정신장애에 대한 온전한 치료는 증상 제거를 넘어서 적응능력과 행복한 삶의 기술을 길러주는 것이어야 한다. 부정정서나 내면적 갈등보다 긍정정서와 적응적 대처행동에 초점을 맞추고 있으며 상당한 치료성과를 거두고 있다.

정신건강의 새로운 모델 : 성장모델

정신건강은 결함과 손상의 부재상태가 아니라 개인의 강점과 노력이 최대한 발현되는 상태로 이해되어야 한다. 즉, 긍정적 정신건강이라는 좀 더 적극적인 개념으로 이해되어야 한다. 긍정적 정신건강은 성장과 행복 증진을 통해서 촉진될 수 있다. 정신건강에 대해서 심리적 웰빙을 지향하는 성장모델을 질병모델의 대안으로 제시하고 있다.

정신건강의 성장모델(growth model)은 긍정적 정신건강을 지향하며 정신장애의 예방에 초점을 맞추는 '성장지향적 예방모델'이라고 할 수 있다. 성장모델은 여러 가지 점에서 질병모델과는 다르다. 첫째, 성장모델은 개인의 행복과 자기실현을 지향함으로써 긍정적 정신건강을 추구한다. 부적응적 장애나 증상의 제거라는 소극적인 목표를 추구하기보다 행복과 자기실현이라는 적극적인 목표를 추구한다.

둘째, 성장모델은 인간의 긍정적 성품과 강점에 초점을 맞춘다. 질병모델처럼 인간의 결함과 장애에 초점을 맞추기보다 긍정적 성품과 강점에 초점을 맞춘다. 개인이 지닌 대표강점과 재능을 발견하고 육성하여 인간관계와 직업활동을 비롯한 다양한 삶의 영역에서 발휘하도록 지원한다. 셋째, 성장모델은 정신장애의 예방에 초점을 맞춘다. 즉, 성장모델은 정신장애를 지닌 일부 사람들에게 적용되는 것이 아니라 모든 사람들에게 적용되어 행복을 지원함으로써 정신장애의 예방효과를 거두고자 한다. 마지막으로, 성장모델은 생물 · 심리 · 사회적 모델이다. 긍정적 정신건강을 위해서는 신체적 건강이 뒷받침되어야 한다. 또한 개인이 속한 사회적 환경도 중요하다. 구성원의 행복 증진을 위한 사회환경적 지원이 이루어져야 한다. 성장모델은 긍정적 정신건강에 영향을 미치는 생물학적, 심리학적 그리고 사회환경적 요인들을 종합적으로 고려한다.

긍정심리학의 목표 중 하나는 심리적 고통과 장애에 대해서 더 나은 예방방법을 강구하고 기존의 치료기법을 보완하는 것이다. 심리학자는 인간의 강점을 육성하는 전문가가 되어야 한다. 인간의 행복과 만족에 대한 탐구와 더불어 그 기반이 되는 인간의 강점과 덕목에 대한 연구와 계발방법을 강구하며 아울러 구성원의 행복과 자기계발을 지원하는 조직의 속성을 연구하고자 하는 것이다. 심리치료에는 '잘못된 점 고치기(fix what's wrong)' 뿐만 아니라 '강점 함양하기(build what's strong)'가 병행되어야 한다.

스트레스

스트레스의 정의

스트레스(stress)라는 용어가 널리 사용되고 많은 연구자들이 다양한 연구를 수행하고 있지만, 스트레스에 대한 정의는 통일되지 않고 다양하게 사용된다. 스트레스는 흔히 3가지 방식으로 정의된다. 첫 번째는 스트레스를 반응으로 보는 것이다. "나는 스트레스를 받으면 심장이 뛰고 혈압이 올라가고 골치가 아파"라고 말할 때처럼, 스트레스는 생리적 반응으로 정의된다. 두 번째는 스트레스를 자극으로 정의하는 방식이다. 기말고사나 취업면접과 같은 중요한 시험 혹은 갚아야 할 기일이 도래한 은행채무 혹은 전쟁이나 자연재해 등의 외적 자극을 스트레스로 본다. 세 번째는 스트레스를 개인과 환경과의 부적합한 관계라는 관점에서 정의하는 것이다. '자신의 복지나 안녕을 위협하는 것으로 평가되고 자신이 가진 자원에 부담이 되거나 자원을 초과하는 것으로 평가되는 상황과 개인 사이의 부적합한 관계'를 스트레스로 보는 관점이다.

스트레스를 반응으로 보면 무엇이 스트레스이고 무엇이 스트레스가 아닌가를 그 반응으로부터 결정할 수밖에 없다. 다시 말하자면, 사후적으로 스트레스를 정의하게 된다. 반면 스트레스를 자극으로 보면 동일한 자극이라도 개인마다 다르게 지각하고 반응하는 차이를 감안할 수 없다. 눈앞의 중요한 시험에 대해서도 어떤 사람은 해볼 만 한 도전으로 생각하는 반면 다른 사람은 심각한 위협으로 생각하는 경우처럼 스트레스 자극에 대한 개인차를 감안하기 어렵다. 상호작용적 관점에서 스트레스를 정의할 때는 객관적 자극의 성질로서의 스트레스와 개인의 주관적 평가 및 스트레스 반응을 함께 고려할 수 있다는 장점이 있다. 자극으로서 스트레스를 정의하는 관점이 사회학에서 더 지배적이라면, 반응으로서 정의하는 관점은 의학에서 많이 사용되며, 상호작용 관점으로서의 스트레스 정의는 심리학에서 많이 사용되고 있다.

스트레스의 원인

생활사건

사람들이 생활 속에서 경험하는 다양한 사건들 또한 잠재적인 스트레스원이 된다. 전쟁이나 지진 혹은 홍수와 같은 재난에서부터 실직이나 이혼 및 사별 등의 중요한 생활사건(life events)부터 교통규칙 위반, 지각, 가족 사이의 말다툼 등과 같은 사소한 골칫거리(hassles)에 이르기까지 스트레스에 영향을 미치는 범위나 강도가 다양한 생활사건들이 존재한다. 생활사건에 대한 연구는 초기에는 전쟁과 같은 재난의 연구에서부터 시작해서 실직이나 이혼 등의 중요한 생활사건 연구와 최근에서 사소한 생활의 골칫거리들이 건강과 적응에 미치는 영향을 연구하는 방향으로 변화해 왔다. 홈스와 라헤(Holmes & Rahe, 1967)의 사회재적응 평정척도는 주요 생활사건들이 유발하는 변화를 스트레스의 핵심으로 간주하고 있다. 이들의 연구는 생활스트레스 연구를 폭발적으로 증가하게 만드는 기폭제가 되기도 했다.

스트레스원을 서로 중첩되지 않게 구분하기는 거의 불가능하다. 실제 인간생활속에서 경험하게 되는 스트레스원 성질은 앞에서 살펴본 스트레원들의 다양한 조합과 상호작용 및 이런 사건들의 시간적 변화과정으로 구성된다고 볼 수 있다. 예를 들면, 높은 소음과 온도의 작업장에서 평소 사이가 좋지 않던 동료와 업무상 책임을 놓고 언쟁을 벌이다 상사로부터 질책을 받고 충동적으로 사표를 던지고 집에 와서 부인과 함께 고민하는 식의 특정한 시간 및 공간적 맥락 속에서 일어나는 연쇄적 과정이다.

물리적 환경

동물을 대상으로 한 실험에서 단위면적당 개체 수가 일정 수준을 넘어서면 여러 종류의 부정적 효과가 나타났다(Calhoun, 1962). 예를 들면 쥐의 행동은 밀도(density)에 따라 변화한다. 수컷 쥐들은 지배의 위계를 형성하는데, 지배적 위치의 쥐는 더 넓은 영토를 확보하며 더 공격적이 된다. 밀도가 증가하면 성행동이 변화하고 더 폭력적이 되며 새끼 사망률이 증가하고 사회적 통합은 약해진다. 높은 밀도는 쥐에게 사회적, 정서적 및 건강상의 변화를 가져온다. 인간의 경우는 물리적 성질에 해당하는 밀도가 직접 스트레스 평가를 유발하기보다는 그것을 불유쾌한 혼잡으로 지각하는 밀집(crowding)이 문제가 된다. 대형 공연장이나 경기장에 운집한 관중은 밀집으로 지각되지 않으나 복잡한 터미널이나 상가에서 만나는 사람들은 숨 막히는 도시 생활의 한 단면이 될 수 있다. 밀집에 대한 실험연구와 현장연구들을 종합해 보면, 밀집이 공격성을 증가시키고 복잡한 업무의 수행능력을 저하시키며 대인관계를 위축시키고 범죄율을 증가시킨다고 한다(Sundstrom, 1978). 교도소 환경에서 행해진 밀집 연구(Paulus, McCain, & Cox, 1978)는 치료감호소 재소자들의 사망률의 변화가 연간 수감자 수의 변화와 밀접하게 연관됨을 나타내고 있다. 즉, 동일한 시설에 수감되는 사람 수가 증가하면 사망률도 유사하게 증가하고 감소하면 사망률도 감소하였다.

대기 및 수질 등의 환경오염은 주관적인 인지적 평가를 통하지 않고 직접적으로 신체에 영향을 미치기도 한다. 그러나 자신이 거주하는 지역의 대기나 수질오염을 자신의 힘으로 통제할 수 없다고 지각할 때 무력감을 느낄 수 있다. 한 연구(Bullinger, 1989)에 따르면, 공기의 오염에서 느끼는 스트레스 정도는 실제 공기의 오염수준보다 오염에 대해 개인이 지각하는 통제 가능성 정도에 의해 더 크게 영향을 받고 있었다.

소리자극의 객관적 준거에 따라 정의된 소음도 건강상에 해로운 효과를 유발한다. 높은 수준의 소음에 노출된 근로자들은 그렇지 않은 근로자들에 비해 구토, 두통, 발기부전, 논쟁 및 감정변동 등을 더 많이 경험하고 있었다(Cohen, Glass, & Phillips, 1977). 소음이 많은 지역에서 생활하는 아동들은 만성적인 생리적 각성을 보였으며 도전적인 인지적 과제를 수행할 때 지속적으로 노력하는 정도가 낮았다(Evans, Hygge, & Bullinger, 1995). 그러나 소음의 객관적 성질보다는 소음에 대한 주관적 태도가 더욱 중요하다는 증거도 있다. 무엇이 소음인가는 상당히 주관적일 수 있다. 즉, 무엇이 원치 않는 소음자극인가는 개인의 지각에 따라 달라진다. 도시번화가 거주자들을 대상으로 한 연구(Nivison & Endersen, 1993)에서, 객관적 소음수준과 수면장애 간에는 의미 있는 관련성이 발견되지 않았으나 주관적으로 지각하는 소음수준은 수면의 질이나 질병 발생수와 유의하게 관련되어 있음이 드러났다. 소음에 대한 실험실 연구(Glass & Singer, 1972)에서, 연구참가자들은 시끄럽고 주의를 분산시키는 소음도 그 소음을 통제할 수 있는 통제력이 주어질 때가 그렇지 않을 때보다 훨씬 덜 불유쾌하다고 평가했다.

이상에서 살펴본 물리적 환경의 스트레스원들은 한편으로는 인지적 평가과정이 관여하지 않고 생리적 과정에 직접적으로 영향을 미칠 수도 있으며, 다른 한편으로는 자극들의 '유해함에 대한 염려'나 '통제할 수 없음' 등의 인지적 평가과정을 거쳐서 스트레스로 작용할 수도 있다.

대인관계

대인관계는 잠재적 스트레스원이 될 수도 있고 다른 한편 스트레스의 나쁜 효과를 완충시켜 주는 역할을 할 수도 있다. 일반적으로 대인관계가 적은 사람은 더 많은 관계를 갖는 사람에 비해 건강상 위험이 더 높다(Hobfoll & Vaux, 1993). 그러나 더 많은 대인관계가 건강상 이득을 자동적으로 제공하는 것은 아니다. 때로는 더 많은 부담을 주기도 한다. 청소년과 대학생을 대상으로 한 연구(Ptacek, Smith, & Zanas, 1992)에 따르면, 경험하는 스트레스 사건들의 1/3 이상이 대인관계와 관련이 있었다. 스트레스를 유발할 수 있는 대인관계는 가족이나 배우자, 연인, 친구 등의 가까운 관계만이 아니라 직장동료, 이웃, 급우, 함께 살아가야 하는 낯선 사람들에 이르기까지 다양하다.

직업

스트레스 관련 질병 발생이 가장 높은 직업군으로 건설노동자, 비서, 실험기술자, 웨이터나 웨이트리스, 기계조작자, 도장공 등을 들 수 있다. 이 직업군들은 모두 일이 요구하는 정도는 높은 데 반해 일에 관한 의사결정의 통제력은 낮은 특징을 가진다. 또

요구가 높고 통제력이 낮은 역할은 일의 다른 조건들(환경소음 등)과 결합해서 직무스트레스를 가중시킨다.

일의 부담과 가사 간의 갈등은 남녀 모두에게 영향을 주지만, 전통적으로 가사에 관한 부담을 더 크게 받고 이를 내면화하고 있는 여성들의 경우가 이런 갈등에 더 취약하다. 일과 가족역할의 효과는 그 사람이 이용 가능한 자원에 따라 달라지는데, 좋은 수입, 집안일에 대한 다른 가족구성원들의 도움과 정서적 지원들이 직업이 갖는 긍정적 효과를 조장한다.

직업과 관련되는 스트레스원은 다시 조명이나 소음 등의 열악한 작업조건과 같은 '물리적 요구' , 해야 할 일의 과도함이나 따분한 업무 등과 같은 '과제 요구', 역할의 모호성이나 갈등과 같은 '역할요구' 및 동료나 상사와의 대인관계의 갈등에서 유래하는 '대인 간 요구' 등으로 나누어 볼 수 있다. 최근 직무에서 요구되는 자질이나 기술에서의 전문성이 급격하게 증가하고 기업환경의 변화도 심해지는 데 반해 이를 따라잡기는 어려워지는 상황도 직무스트레스의 중요한 근원이 되고 있다.

스트레스의 반응

생리적 반응

스트레스는 정서적 반응과 함께 극적인 생리적 변화를 유발한다. 앞에서 살펴본 일반적응증후군(GAS)이 스트레스에 대한 생리적 반응의 과정을 기술한 대표적 예에 해당한다. 사람들이 스트레스를 지각할 때, 자율신경의 교감신경계는 카테콜라민(catecholamines)을 생산하는 부신수질을 자극함으로써 그 사람을 휴식상태로부터 신속하게 각성시킨다. 다른 한편 뇌하수체는 부신피질자극호르몬(ACTH)을 방출하고 이는 부신피질에 영향을 미쳐 글루코코티코이드(glucocorticoids), 특히 코르티솔(cortisol)을 분비하게 한다. 코르티솔의 분비는 신체가 에너지 자원을 동원하고 상처에 대비할 수 있게 도와준다. 혈당수준을 올려서 세포들에 에너지를 공급하게 해주며, 염증반응을 억제하며 투쟁–도피 반응을 도와준다.

부신수질이 활성화되면 노르에피네프린(norepinephrine)과 에피네프린(epinephrine)을 포함하는 카테콜라민이 분비된다. 노르에피네프린은 호르몬으로 작용하기도 하지만 자율신경계의 신경전달 물질이기도 하다. 노르에피네프린은 호르몬과 신경전달 물질의 2가지 작용을 모두 하며 부신수질 외에도 신체의 여러 부분에서 생산된다. 에피네프린(일명 아드레날린)은 부신수질에서만 분비되어서 스트레스의 생리적 지표로 자주 사용된다.

스트레스의 생리적 반응은 위급한 상황에 대처하고 생존할 수 있는 장치로 훌륭하지만, 현대인들의 만성적이고 널리 퍼져 있는 스트레스 상황에 대처하는 과정에서는 여러 가지 문제를 유발할 가능성이 있다.

심리적 반응

스트레스로 나타나는 심리적 반응은 여러 영역(인지, 정서, 행동)으로 나뉘며 이에 대해서 구체적으로 살펴보도록 하자. 정서적 반응은 스트레스를 경험할 때 우리가 가장 예민하게 자각할 수 있는 측면이다. 화가 치솟고 두려움에 떨며 슬픔에 잠기는 등의 정서적 동요상태는 우리로 하여금 일상과 다른 적응행동을 요구한다. 강한 정서적 반응과 이로 인한 부적절한 대처는 스트레스와 건강 사이를 연결하는 핵심고리일 수도 있다. 예를 들어, 사회재적응 평정척도에서 가장 충격적인 생활스트레스 사건에 해당하는 '배우자의 죽음'의 경우도, 배우자의 죽음이 슬픔이나 분노 혹은 죄책감 등의 정서적 반응을 유발하지 않는 경우라면 건강이나 질병에 큰 영향을 미치지 않을 것이다. 스트레스 상황에서 다양한 정서경험을 하겠지만 다음과 같은 3가지 방향이 더 흔하다.

첫째, 분노는 좌절을 경험할 때 빈번하게 경험하는 정서다. 자신의 목표나 기대가 좌절되거나 좌절당할 가능성이 높게 예측되고, 그 이유가 다른 사람이나 제도의 의도적이고 부당한 간섭이나 행동 때문에 그렇다고 평가하며, 상황에 대해 어느 정도의 통제력을 지각할 때 가장 전형적으로 경험하게 되며, 흔히 공격행동이 유발된다. 둘째, 불안은 위협평가와 관련성이 가장 높은 정서경험이다. 자신의 신체적 안녕이나 심리적 복지가 손상당할 위험이 높게 평가되나 그에 대한 대처자원은 충분하지 못하다고 평가될 때 전형적으로 경험하게 되며, 도피나 회피행동 혹은 보다 철저한 대비행동이 유발된다. 불안은 현대인들의 스트레스와 가장 밀접하게 관련있는 정서이기도 하다. 셋째, 슬픔은 돌이킬 수 없는 상해나 상실평가와 밀접하게 관련되는 정서다. 자신에게 중요한 목표나 자원이 이미 좌절되었거나 상실되었으며, 이를 회복할 기회나 가능성이 매우 낮다고 평가될 때 전형적으로 경험하게 되며, 관련 대상에 대해 더 이상의 개입이나 투자를 멈추거나 철수하는 행동이 유발된다.

정서경험은 생리적 각성을 동반한다. 예를 들어 두려움이나 분노경험에는 심장박동률, 혈압, 호흡속도의 증가 등이 수반된다. 이런 각성이 그 자체로 좋거나 나쁜 것은 아니지만 인지적 수행의 효율성을 떨어뜨리는 역할을 할 수 있다. 특히 높은 수준의 정서적 각성은 주의력의 범위를 축소시키고, 판단력과 기억의 효율성을 나쁘게 만든다. 예를 들어, '시험불안'은 평소에 잘 알고 있던 문제도 해결할 수 없게 만든다.

스트레스의 정서적 반응과 생리적 반응은 자동적으로 진행되는 성격이 강한 데 반해, 스트레스의 행동적 반응은 이들 반응의 자동성을 조절하고 의식적인 선택을 하며 문화나 학습에 의해 영향을 받는 성격이 강하다.

라자루스와 포크먼(Lazarus & Folkman, 1984)은 대처를 크게 문제중심적인 것과 정서중심적인 것으로 나눈다. 문제중심적 대처는 스트레스를 유발하는 문제를 해결하기 위해 직접적으로 노력하는 것을 의미하는 것으로, 자신의 대처자원이나 기술을 믿으며 문제해결 노력을 지속하는 것이다. 이에 반해 정서중심적 대처는 문제 자체가 아니라 문제상황에서 발생하는 부정적인 정서상태를 완화하려는 노력을 의미한다. 예를 들어, 직장상사와의 관계에서 스트레스를 경험하고 있는 사원이 상사와의 대화를 통하여 상사의 요구를 보다 분명하게 알아 이를 잘 처리하거나 상사요구를 부당성에 대항해서 문제를 바로잡으려는 노력을 한다면 이를 문제중심적 대처라 할 수 있다. 반면, 상사와의 갈등에서 오는 분노나 불안 등의 정서를 감소시키기 위하여 술을 마시거나 오락에 빠져들거나 직장생활의 중요성을 평가절하한다면 이는 정서중심적 대처라 할 수 있다.

현재까지의 연구결과들을 살펴보았을 때 일반적으로 문제중심적인 대처가 보다 효율적인 것으로 나타나고 있지만, 통제가 불가능한 상황에서나 단기적으로는 정서중심적인 대처가 더 효과적인 경우도 있었다(Lazarus & Folkman, 1984). 인간생활에서 필연적으로 스트레스를 경험할 수밖에 없다는 점을 감안하면, 건강이나 질병은 스트레스 그 자체보다는 스트레스에 어떻게 대처하는가에 따라 달라진다고 보아야 할 것이다.

대처(coping)는 사람들이 부정적인 사건이나 상황으로부터 받는 상처, 스트레스 또는 고통을 누그러뜨리기 위해서 하는 행동이다. 심리학자들은 이를 '스트레스 요인을 관리하는 행동'이라고 부르는데, 누구나 자기 나름대로 스트레스에 대응하게 된다. 사람들은 상황에 대해 건설적인 조치를 취할 수 있다고 믿을 때 문제중심적인 대처를 하고, 부정적인 사태를 그냥 견뎌내야 한다고 생각할 때는 감정중심적인 대처를 할 가능성이 높다. 처한 상황이나 사건이 통제 불가능하다면, 부정적인 감정에 휩싸여서 행동을 취할 수가 없다면 감정중심적인 대응이 적절할 뿐만 아니라 그 순간 유일한 방법일 때가 많다. 남자들은 감정중심적 전략으로부터, 여자들은 문제중심적 전략으로부터 더 많은 혜택을 받았다. 사람들은 자신이 이미 습관적으로 해오던 대처방법이 아닌 새로운 전략을 배울 때 더 큰 이익을 얻을 수 있었다. 남자들은 좀 더 감정에 집중하고 여자들은 감정에 덜 집중하면서 문제를 해결하는 방법으로 효과를 본 것이다.

스트레스의 결과

대부분의 스트레스 경험은 장기간 영향을 끼치지는 않는다. 우리는 매일 수많은 작은 스트레스와 싸우지만 이들 대부분은 지속적인 영향을 주지 않고 일시적인 파문으로 끝난다. 그러나 때로는 스트레스의 정도가 심각하거나 여러 가지 스트레스가 함께 작용한 결과로 장기간 영향을 미치기도 한다. 스트레스의 결과는 긍정적인 것과 부정적인 것, 그리고 장기적인 것과 단기적인 것 등으로 나누어 볼 수 있다.

부정적인 결과

스트레스의 일반적인 영향은 인지적 기능의 손상이다. 생리적으로나 정서적으로 각성이 되었을 때, 흔히 주의의 폭이 좁아지고 사고의 융통성이 감소하며 집중과 기억의 효율성이 떨어진다. 이런 인지과정의 손상은 전반적인 문제해결 능력의 감소를 초래하기가 쉽다. 특히 자신이 깊이 개입되어 있는 어려운 문제를 해결해야 하는 상황에서는 스트레스의 인지기능 손상효과가 심각하다.

스트레스는 탈진현상을 이끈다. 탈진(burnout)증후군은 신체적, 정서적, 심리적 소진상태를 말한다. 신체적 소진은 만성적 피로, 기운 없음, 허약함 등의 특징으로, 정서적 소진은 무기력감, 절망감 및 우울감 등의 특징으로, 심리적 소진은 자신이나 일에 대한 부정적인 태도 등의 특징으로 드러난다. 논란이 있기는 하지만 만성적 스트레스가 탈진증후군의 일차적 원인으로 지목받고 있다.

스트레스는 정상적인 사회적 관계들도 손상시킬 수 있다. 이런 관계의 손상은 소외감, 배우자나 친구들과의 관계 유지의 어려움 및 타인에 대한 신뢰와 사랑능력의 상실 등으로 나타난다. 베트남 참전군인들이나 외상적인 성적 폭행을 경험한 사람 등에서 흔하게 나타나는 외상 후 스트레스장애(PTSD)에서 사회적 관계의 손상이 발견된다.

심리학자들은 임상적 관찰에 근거해서 스트레스가 심리적 문제와 정신장애의 주요 원인이라고 오랫동안 생각해 왔다. 그러나 지난 40여 년에 걸친 스트레스 연구들은 이런 생각이 반드시 옳지 않음을 밝히고 있다. 저조한 학업수행, 불면증, 성기능의 손상, 과도한 불안, 약물남용 및 우울 등에 스트레스가 영향을 준다는 점은 분명하지만, 스트레스가 심리적 문제나 정신장애에 기여하는 여러 요인들 중의 하나이고 유전적 요인을 비롯한 사전경향성에 의해서도 함께 영향을 받고 있음을 인식해야 한다.

심리적 문제와 마찬가지로, 스트레스와 신체질병들 사이의 관계에 대한 인식은 매우 오래된 것이다. 현대인의 질병에 스트레스가 관계하는 정도는 크고 폭넓다. 초기에는 고혈압, 편두통, 위와 십이지장 궤양 및 천식 등이 스트레스와 관련되는 것으로 언급되었다. 그러나 최근에는 질병의 발생원인이 순전히 신체기관이나 병원균에만 있다고 생각해 왔던 감기, 설사, 결핵, 관절염, 당뇨병, 백혈병, 암 그리고 심장질환 등에서도 스트레스가 크게 영향을 미치고 있음이 드러났다. 물론 스트레스만으로 이런 질병이 발생하고 진행된다기보다는 복잡한 질병 발달과정에서 작용하는 요인 중의 하나로 스트레스가 작용한다고 볼 수 있다. 그러나 스트레스가 질병의 발생이나 진전 및 회복에 기여하는 정도는 상당하다고 알려져 있다. 건강심리학에서 스트레스를 중요하게 다루고 있는 까닭도 여기에 있다.

긍정적인 결과

스트레스의 긍정적 결과는 부정적 결과에 비해 보다 미묘하거나 장기적이어서 깨닫기 어려울 수 있지만, 스트레스가 반드시 부정적인 결과로만 귀결되는 것은 아니다. 만약 스트레스가 전혀 없는 상태로 살아간다면 우리는 숨 막히는 권태를 경험할지도 모른다. 최적각성이론에 따르면, 사람은 어느 정도의 자극과 변화와 도전을 요구한다. 인생에 도전이 없다면 정말 덤덤할 수 있다. 이런 면에서는 어느정도의 스트레스는 우리의 욕구를 충족시켜 주는 측면이 있다.

한편 스트레스 경험을 통해 개인적 성장이 촉진될 수 있다. 어려운 과제를 성공적으로 수행하거나 심지어 실패하는 경우에도 그런 경험이 없었다면 깨닫지 못할 인생의 깊은 의미나 통찰력을 얻게 되거나 새로운 기술을 배울 기회를 갖게 된다. '비 온 뒤에 땅이 더욱 굳어진다'는 말이 있듯이, 스트레스나 실패경험은 인생의 폭과 깊이를 더하고 성취의 기쁨을 배가시킬 수 있다. 어려운 일을 성취했을 때 맛보는 자긍심 또한 스트레스의 긍정적 산물일 수 있다.

현재 경험하는 스트레스로 인해 미래에 경험할 수 있는 유사한 스트레스에 대한 면역력을 키우는 역할을 할 수 있다. 우호적인 조건에서 앞으로 닥칠 수도 있는 것과 유사한 스트레스 상황에 대처해 봄으로써 미래에 대한 대비를 할 수 있다. 여러 문화권에서 이루어지는 엘리트 교육에는 미래의 스트레스에 대비하는 내용들이 핵심성분으로 포함되어 있다고 볼 수 있다.

우울증

행복의 반대말은 무엇일까? 불행? 물론 그럴 수도 있다. 그런데 행복은 언젠가는 지나가며, 이것은 불행도 똑같다. 그러므로 행복한 감정의 반대는 더 이상 아무것도 느낄 수 없는 상태라고 말할 수 있다. 우울증은 '없음'의 병이다. 모든 것이 의미 없고, 아무런 희망이 없고, 감정의 동요도 없다. 우울증을 앓는 사람은 잠도 없고 활력도 없으며 더불어 자기 자신도 아예 없기를 절실히 바란다. 우울증은 가장 흔한 정신장애이면서 동시에 가장 값비싼 대가를 치르게 만드는 병이다. 이 병은 자살의 형태로 많은 사람들의 목숨을 앗아간다. 지금까지 수백 년 동안 꾸준히 삶의 질을 저하시키며 사회적으로 수십억 원의 비용을 발생시키고 있다. 우울증 환자는 부모로서, 교사로서, 파트너로서, 납세자로서 아무런 역할을 하지 못하기 때문이다. 독일에는 2009년 현재 500만 명이 넘는 우울증 환자가 있다.

우울증 환자의 뇌에서는 어떤 일이 벌어지고 있을까? 우선 다양한 신호물질들로 이루어진 고도의 복잡한 뇌의 균형상태에 장애가 일어난다. 이때 가장 두드러지는 것은 기쁨의 호르몬인 세로토닌(serotonin)과 의욕의 호르몬인 노르아드레날린(noradrenalin)

의 결핍이다. 우울증 환자에게는 이 두 호르몬을 좀처럼 찾아볼 수 없다. 그리고 신경조직의 성장도 멈춘다. 우울증 환자가 자신을 외부세계와 단절시키는 것처럼 뇌의 신경세포들도 새로운 접촉을 시도하려는 의욕을 보이지 않는다. 머릿속 신경망의 결핍은 약물치료가 즉시 효력을 나타내지 못하는 이유를 아주 잘 설명해준다. 신호물질을 전달하는 시냅스가 약물의 도움으로 다시 정신을 차리고 남들에게 호기심을 보이기까지는 대개 2~4주의 시간이 걸린다.

종종 우울증 환자에게 "어서 힘을 내!"라는 따위의 호의적인 조언은 아무 소용도 없을뿐더러 오히려 환자와 가족들을 더욱 맥 빠지게 하고 심지어 분노케 만든다. 우울증은 질병이지 결정이 아니다. 우울증으로 완전히 탈진한 상태는 집에 불이 난 경우와 비슷하다. 큰 소리로 도움을 외쳐야 한다. 연기가 막 피어오르기 시작하는 순간이 바로 도움을 요청할 적기이다.

우울증은 어느 날 갑자기 발병하는 것이 아니라 사람을 한없이 나락에 떨어뜨리는 암울한 생각들이 하나둘씩 쌓여서 생겨난다. 1960년대에 마틴 셀리그먼(Martin Seligman)은 개들을 우리에 가두고 먹이와 물과 약한 전기충격을 주는 실험을 통해서 '학습된 무기력(learned helplessness)'이란 현상을 발견하였다. 전기충격은 위험하지 않고 약간 불편을 주는 수준이지만, 아무런 납득할만한 이유도 없이 충격이 가해지고 여기에 전혀 대항할 수 없는 상황이 계속 이어지자 자신의 운명에 굴복하고 무감각하게 드러누운 채 불편한 상황에서 벗어나려는 아무런 노력도 하지 않게 되었다. 그런데 진짜 중요한 장면은 우리의 문을 열었을 때 펼쳐졌다. 아무 일도 벌어지지 않았다. 개들은 고통을 피해 도망갈 수 있는데도 그렇게 하지 않았다. 이미 무기력을 학습한 개들은 자유를 얻기 위해 단 한 발짝도 움직이려 들지 않았다.

우울증에 걸린 사람은 스스로 머릿속에 이런 우리를 만들어 낸다. 그리고 충격과 자극이 주어지더라도 사고의 우리 속에 자신을 가두어 둔 채 끝내 악순환에서 벗어나지 못한다. '나는 아무짝에도 쓸모없는 사람이야. 나는 희망이 없어' 인지치료 심리학자인 아론 베크(Aaron Beck)은 우울증 환자의 이런 사고양식을 찾아내어 깨뜨려버리면 그들에게도 낙관주의를 학습시킬 수 있다는 것을 발견하였다. '인지행동 치료'라고 불리는 이 치료법은 아직까지는 우울증을 치료하는 가장 효과적인 방법으로 각광받고 있다.

우울증 치료에서 약물은 어떤 역할을 할까? 가벼운 우울증에는 약이 필요 없다. 우울증이 심해지면 아예 대화가 불가능할 수도 있는데, 이럴 때는 먼저 약물의 도움을 받아서 환자들을 심리치료가 가능한 상태로 만들어야 한다. 프로작(prozac)과 같은 항우울제는 중독성이 없는 대신, 단번에 기분을 끌어올리지 못하고 약효가 나타나기까지 몇 주일 정도 걸리는 단점이 있다. 하지만 약을 중단해도 금단현상은 나타나지 않고 소량을 복용하면 재발방지 효과도 볼 수 있다. 우울증을 이기는 최고의 약은 행복이다. 조금씩 행복을 향해 나아가는 것이다. 그곳으로 발걸음을 돌리는 일은 의외로 쉬울 때가 많다. 행복은 미래의 목표가 아니라 현재의 선택이다.

참고문헌

김종운, 박성실(2011). **만남 그리고 성장을 위한 인간관계 심리학**. 서울: 학지사.

곽한병(2005). **여가문화론**. 서울: 대왕사.

권석만(2006). 위빠사나 명상의 심리치유적 기능. **불교와 심리**, 1, 1–49.

권석만(2011). **젊은이를 위한 인간관계의 심리학**. 2판. 서울: 학지사.

권석만(2008). **긍정심리학: 행복의 과학적 탐구**. 서울: 학지사.

그레첸 루빈(2010). **무조건 행복할 것**. 파주: 21세기북스. 진행선(역).

남승규(1999). **소비자심리학**. 서울: 학지사.

남승규(2006). 소비자 라이프스타일에 대한 이론적 고찰. **한국심리학회지: 소비자광고**, 7(3), 433–453.

남승규(2009). **소비자분석**. 서울: 학지사.

남승규(2012). 소비자행복 척도의 개발 및 타당화. **한국심리학회지: 소비자광고**, 13(3), 403–420.

노안영, 강영신(2003). **성격심리학**. 서울: 학지사.

다니엘 핑크(2007). **새로운 미래가 온다**. 한국경제신문사. 김명철(역).

달라이 라마, 하워드 커틀러(2001). **달라이 라마의 행복론**. 서울: 김영사. 류시화(역).

마틴 셀리그먼(2004). **긍정심리학**. 서울: 물푸레. 김인자(역).

리처드 레이어드(2011). **행복의 함정**. 서울: 북하이브. 정은아(역).

리처드 플로리다(2010). **그레이트 리셋: 아이디어 중심 창조경제로 비즈니스의 새판짜기**. 서울: 비즈니스맵.

손 아처(2012). **행복의 특권**. 서울: 청림출판. 박세연(역).

슈테판 클라인(2006). **행복의 공식**. 서울: 웅진지식하우스. 김영옥(역).

스펜서 존슨(2006). **행복**. 서울: 비즈니스북스. 안진환(역)

에카르트 폰 히르슈하우젠(2010). **행복은 혼자 오지 않는다.** 서울: 은행나무. 박규호(역).

예지은, 진현, 서의정, 김명진, 류지성(2013). 직장인의 행복에 관한 연구. 삼성경제연구소. SERI 연구보고서.

이현수(2008). **긍정적 심리학.** 서울: 시그마프레스.

장재윤, 유 경, 서은국, 최인철(2007). 일상재구성법(DRM)을 통해 살펴본 남녀 직장인과 주부의 삶의 질. **한국 심리학회지: 사회 및 성격,** 21(2), 12

정진선, 문미란(2011). **인간관계의 심리: 이론과 실제.** 3판. 서울: 시그마프레스.

제프리 밀러(2010). **스펜트: 섹스, 진화 그리고 소비주의의 비밀.** 파주: 동녘사이언스. 김명주(역).

조지 베일런트(2010). **하버드대학교 인생성장보고서 행복의 조건: 그들은 어떻게 오래도록 행복했을까?** 서울: 프런티어. 이덕남(역).

조지 베일런트(2013). **행복의 지도: 하버드 성인발달 연구가 주는 선물.** 서울: 학지사. 김진영 · 고건영(역).

존 그레이(2002). **화성에서 온 남자, 금성에서 온 여자.** 서울: 친구. 김경숙(역).

질 리포베츠키(2009). **행복의 역설: 과소비사회의 소비심리를 분석한 미래사회 전망 보고서.** 파주: 알마. 정미애(역)

탈 벤 샤하르(2010). **완벽의 추구.** 서울: 위즈덤하우스. 노혜숙(역)

한규석(2009). **사회심리학의 이해.** 3판. 서울: 학지사.

Abramson, L. Y., Alloy, L. B., & Metalsky, G. I.(1988). The cognitive disthesis–stress theories of depression: Towards an adequate evaluation of the theories' validities. In L. B. Alloy (Ed.), *Cognitive processes in depression* (pp. 3-30). New York: Guilford

Adams, J.(1965). Inequity in social exchange. In L. Berkowitz(Ed), *Advances in experimental social psychology*(pp. 267-299). New York: Academic Press.

Affleck, G., Tennen, H. & Apter, A.(2001). Optimism, pessimism, and daily life with chronic illness. In E. C. Chang(Ed.), *Optimism and pessimism: Implications for theory research and practice* (pp. 145-168). Washington, DC: American Psychological Association.

Allport, G. W.(1937). Personality: *A psychological interpretation*. New York: Holt.

Altman, I. & Taylor, D.(1973). *Social penetration: The development of interpersonal relationships*. New York: Holt, Rinehart and Winston.

Asch, S. E.(1946). Forming impressions of personality. *Journal of Personality and Social Psychology, 41*, 258–290.

Argyle, M.(1987). *The psychology of happiness*. London: Methuen.

Argyle, M.(1999). Causes and correlates of happiness. In D. Kahneman, E. Diener, & N. Schwartz(Eds.), *Well-being: The foundation of hedonic psychology*. New York: Russell Sage Foundation.

Argyle, M.(2001). *the psychology of happiness* (2nd ed.). East Sussex, England: Routledge.

Aspinwall, L. G. & Taylor, S. E.(1997). A stitch in time: Self–regulation and proactive coping. *Psychological Bulletin, 121*, 417–436.

Austin, J. T., & Vancouver, J. F.(1996). Goal construction in psychology: Structure, process, and content. *Psychological Bulletin, 120*, 338–375.

Bammel, G., & Burrus–Bammel, L. L.(1996). *Leisure and human behavior*. Dubuque. IA: Brown & Benchmark.

Banaji, M. & Prentice, D.(1994). The self in social contexts. *Annual Review of Psychology, 45*, 297–332.

Barkow, J. H.(1997). Happiness in evolutionary perspective. In N. L. Segal, G. E. Weisfeld, & C. C. Weisfeld (Eds.), *Uniting psychology and biology: Integrating perspectives on human development* (pp. 397-418). Washington, DC: American Psychological Association.

Baumann, C. R., Bassetti, C. L., & Scammell, T. E.(2011). *Narcolepsy: Pathophysiology, diagnosis, and treatment*. New York: Springer.

Baumgardner, S. & Crothers, M.(2009). *Positive psychology*. NJ: Prentice–Hall.

Beck, A. T.(1976). *Cognitive therapy and emotional disorders*. New York: International Universities Press.

Ben–Shahar, T.(2007). *Happier*. New York: McGraw–Hill.

Ben−Shahar, T.(2011). *Being Happy*. New York: McGraw−Hill.

Berkman, L. & Syme, S.(1979). Social networks, host resistance, and mortality: A nine year follow up study of Alameda County residents. *American Journal of Epidemiology, 109,* 186−204.

Blumstein, P., & Schwartz, P.(1983). *American couples: Money, work, and sex*. New York: Morrow.

Bornstein, M. H., Davidson, L., Keyes, C. L. M., & Moore, K. A.(2003). *Well-being: Positive development across the life course*. New York: Lawrence Erlbaum.

Bowman, H. A. & Spanier, G. B.(1978). *Morden marriage.* New York: McGraw−Hill.

Bradbury, T. N. & Fincham, F. D.(1990). Attributions in marriage. *Psychological Bulletin, 107,* 3−33.

Brehm, S. S.(1992). *Intimate relationship*. New York: McGraw−Hill.

Brenner, S. & Molander, E.(1977). Is the ethics of business changing? *Harvard Business Review, 55*(1), 57−71.

Brickman, P., & Campbell, D. T.(1971). Hedonic relativism and planning the good society. In M. H. Appley (Ed.), *Adaptation level theory: A symposium* (pp. 287-304). New York: Academic Press

Brickman, P., Coates, D., & Janoff−Bulman, R.(1978). Lottery winners and accident victims: Is happiness relative? *Journal of Personality and Social Psychology, 36*, 917−927.

Brody, G. H., Neubaumn, E., & Forehand, R.(1988). Serial marriages: A heuristic analysis of an emerging family from. *Psychology Bulletin, 103*, 211−222.

Brown, K. W. & Ryan, R. M.(2003). The benefits of being present: Mindfulness and its role in psychological well−being. *Journal of Personality and Social Psychology, 84*(4), 822−848.

Brunstein, J. C.(1993). Personal goal and subjective well−being: A longitudinal study. *Journal of Personality and Social Psychology, 65*, 1061−1070.

Bryan, T. & Bryan, J.(1991). Positive mood and math performance. *Journal of Learning Disabilities, 24*, 490−494.

Bryant, F. G. & Veroff, J.(2007). *Savoring: A new model of positive experience*. London: Lawence

Erlbaum.

Bullinger, M.(1989). Psychological effects of air pollution on healthy residents: A time series approach. *Journal of Environmental Psychology, 9*, 103–118.

Buss, D. A.(1985). Human mate selection. *American Scientist*, Nov. 56–68.

Buss, D. M.(2000). The evolution of happiness. *American Psychologist, 55*, 15–23

Cacioppo, J. T., Hawkley, L. C., Crawford, L. E., Emst, J. M., Burleson, M. H., & Kowalewski, R. B.(2002). Loneliness and health: Potential mechanisms. *Psychosomatic Medicine, 64*, 407–417.

Calhoun, J. B.(1962). Population density and social pathology. *Scientific American, 206*(3), 139–148.

Cameron, S.(2011). *Handbook on the economics of leisure*. Massachusetts: Edward Elgar Publishing, Inc.

Campbell, A.(1981). *The sense of well-being in America*. New York: McGraw–Hill.

Cantor, N. & Sanderson, C. A.(1999). Life task participation and well–being: The importance of taking part in daily life. In D. Kahneman, E. Diener, & N. Schwarz(Eds.). *Well-being: The foundation of hedonic psychology* (pp. 230-243). New York: Russell Sage Foundation.

Carr, A.(2004). *Positive pshchology: The science of happicess and human strengths*. New York: Brunner–Routledge.

Carver, C. S., & Scheier, M. F.(1990). Origins and functions of positive and negative affect: A control–process view. *Psycholgical Review, 97*, 19–35

Carver, C. S., & Scheier, M. F.(2002). Optimism. In C. R. Snyder and S. J. Lopez(Eds.), *Handbook of Positive Psychology*. New York: Oxford University Press.

Caspi, A., & Herbener, E. S.(1990). Continuity and change: Assortative marriage and the consistency of personality in adulthood. *Journal of Personality and Social Psychology, 58*, 250–258.

Catalano, R. F., Berglund, M. L., Ryan, J. A. M., Lonczak, H. S., & Hawkins, J. D.(1998).

Positive youth development in the United States: Research findings on evaluation of positive youth development programs.

Chaiken, A. L. & Derlega, V. J.(1974). Liking for the norm-breaker in self-disclosure. *Journal of Personality, 42*, 117-129.

Clarke, S. C., & Haworth, J. T.(1994). Flow experience in the lives of sixth-form college students. *British Journal of Psychology, 85*, 511-523.

Cleary, T. S., & Shapiro, S. I.(1995). The plateau experience and the post-mortem life: Abraham H. Maslow's unfinished theory. *The Jouranl of Transpersonal Psychology, 27*, 1-23.

Cohen, P., & Cohen, J.(1996). *Life values and adolescent mental health.* Mahwah. NJ: Lawrence Erlbaum Associates.

Cohen, S., Glass, D., & Phillips, S.(1977). Environment and health. In H, Freeman, S. Levine, & L. Reeder(Eds.), *Handbook of medical sociology.* NJ: Englewood Cliffs.

Cohen, S., & Herbert, T. B.(1996). Health psychology: Psychological factors and physical disease from the perspective of human psychoneuroimmunology. *Annual Review of Psychology, 47*, 113-142.

Cole, J.(1998). *About face.* Cambridge, Massachusetts: MIT Press.

Compton, W. C.(2005). *An introduction th positive psychology.* Belmont, CA: Thomson Wadsworth.

Csikszentmihalyi, M.(1975). Play and intrinsic rewards. *Journal of Humanistic Psychology, 15*(3), 41-63.

Csikszentmihalyi, M.(1990). *Flow: The psychology of optimal experience.* New York: Harper & Row

Csikszentmihalyi, M.(1997). *Finding Flow: The psychology of engagement with everyday life.* New York: Basic Books.

Cummins, R. A.(1996). The domains of life satisfaction: An attempt to order chaos. *Social Indicators Research, 38*, 303-328.

Davidson, R. J.(1998). Anterior electrophysiological asymmetries, emotion, and depression:

Conceptual and methodological conundrums. *Psychophysiology, 35*(5), 607–614.

Davis, K. E.(1985). Near and dear: Friendship and love compared. *Psychology Today, 19*(2), 22–30.

Deci, E. L., & Ryan, R. M.(1985). *Intrinsic motivation and self-determination in buman behavior.* New York: Plenum.

DePaulo, B. M. & Morris, W. L.(2005). Should singles and the scholars who study them make their mark or stay in their place? *Psychological Inquiry, 16*, 142–149.

Diener, E.(1984). Subjective well–being. *Psychological Bulletin, 193*, 542–575.

Diener, E.(2000). Subjective well–being: The science of happiness and a proposal for a national index. *American Psychologist, 55*(1), 34–43.

Diener, E., Emmons, R., Larsen, R., & Griffin, S.(1985). The satisfaction with life scale. *Journal of Personality Assessment, 49*, 71–75.

Diener, E., & Lucas, R.(1999). Personality and subjective well–being. In D. Kahneman, E. Diener, & N. Schwarz (Eds.), *Well-being: The foundation of hedonic psychology* (pp. 213-229). New York: Russell Sage Foundation.

Diener, E., & Lucas, R. E.(2000). Explaining differences in social levels of happiness: Relative standards, need fulfilment, culture, and evaluation theory. *Journal of Happiness Studies, 1*, 41–78.

Diener, E., Nickerson, C., Lucas, R. E., & Sandvik, E.(2002). Dispositional affect and job outcomes. *Social Indicators Research, 59*, 229–259.

Diener, E., Oishi, S., & Lucas, R. E.(2003). Personality, culture, and subjectve well–being: Emotional and cognitive evaluations of life. *Annual Review of psychology, 54*, 403–425.

Diener, E., Sandvik, E., & Pavot, W.(1991). Happiness is the frequency, not the intensity, of positive versus negative affect. In F. Strack, M. Argyle, & N. Schwarz (Eds.), *Subjective well-being: An interdisciplinary perspective* (pp. 119-139). New York: Pergamon.

Diener, E. & Seligman, M.(2004). Beyond money: Toward an economy of well–being. *Psychological Science in the Public Interests, 5*, 1–31.

Diener, E., & Seligman, M. E. P.(2002). Very happy people. *Psychological Science, 13*, 81–84.

Diener, E., Suh, E. M., Lucas, R. E., & Smith, H. L.(1999). Subjective well–being: Three decades of progress. *Psychological Bulletin, 125*, 276–302.

Diener, E., Wolsic, B., & Fujita, F.(1995). Physical attractiveness and subjective well–being. *Journal of Personality and Social Psychology, 69*, 120–129.

Dindia, K. & Allen, M.(1992). Sex differences in self–disclosure: A meta analysis. *Psychological Bulletin, 112*, 106–124.

Eliot, A. J. & McGregor, H. A.(2001). A 2 × 2 achievement goal framework. *Journal of Personality and Social Psychology, 80*(3), 501–519.

Eliot, A. J. & Seldon, K. M.(1998). Avoidance personal goals and the personality–illness relationship. *Journal of Personality and Social Psychology, 75*, 1282–1299.

Eliot, A. J., Seldon, K. M., & Church, M(1997). Avoidance personal goals and subjective well–being. *Personality and Social Psychology Bulletin, 23*, 915–927.

Ellis, A. & Dryden, W.(1987). *The practice of rational-emotive therapy*. New York: Springer.

Emmons, R. A.(1992). Abstract versus concrete goals: Personal striving level, physical illness, and psychological well–being. *Journal of Personality and Social Psychology, 62*, 292–300.

Emmons, R. A.(1999). *The psychology of ultimate concerns: Motivation and spirituality in personality*. New York: Guilford.

Erikson, E.(1982). *The life cycle completed*. New York: Norton.

Estrada, C. A., Isen, A. M., & Young, M. J.(1997). Positive affect facilitates integration of information and decreases anchoring in reasoning among physicians. *Organizational and Human Decision Processes, 72*, 117–135.

Evans, G. W., Hygge, S., & Bullinger, M.(1995). Chronic noise and psychological stress. *Psychological Science, 6*, 333–338.

Farrell, P. A., Gustafson, A. B., Morgan, W. P., & Pert, C. B.(1987). Enkephalins, catecholamines, and psychological mood alternations: Effects of prolonged exercise. *Medicine and Science in Sports and Exercise, 19*, 347–353.

Feingold, A.(1992). Good-looking people are not what we think. *Psychological Bulletin, 111,* 304-341.

Fenigstein, A.(1979). Self-consciousness, self-attention, and social interaction. *Journal of Personality and Social Psychology*, 37, 75-86.

Fincham, F. D. & Bradbury, T. H.(Eds.) (1990). *The psychology of marriage*. New York: The Guilford Press.

Fishbein, H. D.(1992). The development of peer prejudice and discrimination in children. In J. Lynch, C. Modgil. & S. Modgil(Eds.), *Cultural diversity and the schools*. Washington, DC: Falmer Press.

Folkes, V. S., & Sears D. O.(1977). Does Everybody Like a Liker? *Journal of Experimental Social Psychology*, 13, 505-519.

Folkman, S., & Moskowitz, J. T.(2000). Positive affect and the other side of coping. *American Psychologist, 55*, 647-654.

Frederick, S. & Loewenstein, G.(1999). Hedonic adaptation. In D. Kahneman, E. Diener, & N. Schwarz (Eds.), *Well being: The foundations of hedonic psychology* (pp. 302-329). New York: Russell Sage.

Fredrickson, B. L.(2001). The role of positive emotions in positive psychology: The broaden-and-build theory of positive emotions. *Journal of American Psychological Association, 54*, 218-226.

Fredrickson, B. L., & Branigan, C. A.(2005). Positive emotions broaden the scope of attention and thought-action repertories. *Cognition and Emotion, 19*, 313-332.

Fredrickson, B. L., Mancuso, R. A., Branigan, C. A., & Tugade, M. M.(2000). The undoing effect of positive emotions. *MoTIVATION and Emotion, 24*, 237-258.

Fredrickson, B., & Levenson, R.(1998). Positive emotions speed recovery from the cardiovascular sequelae of negative emotions. *Cognition and Emotion, 12*, 191-220.

Fried. R. L.(2001). *The passionate learner: How teachers and parents can help children reclaim the joy of discovery*. Boston: Bacon Press.

Froming, W. J. & Carver, C. S.(1981). Divergent influence of private and public self consciousness in compliance paradigm. *Journal of Research in Personality, 15*, 159–171.

Fujita, F.(1999). *An investigation of the relation between extroversion, neuroticism, positive affect, and negative affect*. Unpublished masters thesis, University of Illinois at Urbana–Champaign.

Gable, S. L., Reis, H. T., Impett, E. A., & Asher, E. R.(2004). What do you do when things go right? The intrapersonal and interpersonal benefits of sharing good events. *Journal of Personality and Social Psychology, 87*, 228–245.

Gabrenya Jr., W. K. & Arkin, R. M.(1980). Self–Monitoring Scale: Factor structure and correlates. *Personality and Social Psychology Bulletin, 6*, 13–22.

Gardner, H.(1993). *Multiple intelligence: The theory in practice*. New York: Basic Books.

Gardner, H.(1997). *Extraordinary minds*. New York: Basic Books.

Garmezy, N.(1983). Stressors of childhood. In N. Garmezy, & M. Rutter(Eds.), *Stress, coping, and development in children* (pp. 43-84). Baltimore: Johns Hopkins University Press.

Gibbons, F. X.(1978). Sexual standards and reactions to pornography: Enhancing behaviral consistency through self–focused attention. *Journal of Personality and Social Psychology, 36*, 976–987.

Gilbert, D. T.(2006). *Stumbling on happiness*. New York: Knopf.

Gilovich, T., Keltner, D., Nisbett, R.(2006). *Social Psychology*. New York: Norton & Company.

Glass, D. C. & Singer, J.(1972). *Urban stressors: Experiments on noise and social stressors.* New York: Academic Press.

Goldstein, K.(1934). *The organism: A holistic approach to biology derived from pathological data in man*. New York: Zone Books.

Gordon, T.(1975). *Parent effectiveness training*. New York: New American Library.

Gottman, J. M.(1994). *What predicts divorce? The relationship between marital processes and marital outcomes*. Hillsdale, NJ: Erlbaum.

Gottman, J. M.(1998). Psychology and the study of marital processes. *Annual Review of Psychology, 49*, 169–197.

Gouldner, A. W.(1960). The norm of reciprocity: A preliminary statement. *American Sociological Review, 25*, 161–178.

Gove, W. R., Hughes, M., & Style, C. B.(1983). Does marriage have positive effects on the psychological well–being of the individual? *Journal of Health and Social Behavior, 24*, 122–131.

Grasha, A. F.(1992). *Holistic stress management: A self study manual*. Cincinnati, OH: Communication and Education Associates.

Gray, J.(1992). *Men are from mars, women are from venus*. Harper Collins.

Hackman, J. R., & Oldham, G. R. (1980). *Work redesign*. Reading, MA: Addison–Wesley.

Hare, R. D.(2006). Psychopathy: A clinic and forensic overview. *Psychiatric Clinics of North America, 29*(3), 709–724.

Haworth, J. T.(1997). *Work, leisure, and well-being*. New York: Routledge.

Headey, B. & Wearing, A.(1989). Personality, life events, and subjective well–being: Toward a dynamic equilibrium model. *Journal of Personality and Social Psychology, 57*(4), 731–739.

Heady, B., Veenhoven, R., & Wearing, A.(1991). Top–down versus bottom–up theories of subjective well–being. *Social Indicators Research, 24*, 81–100.

Hedrick, L H.(1990). *Five days to an organized life*. New York: Dell Publishing.

Helson, H.(1964). *Adaptation-level theory: An experimental and systematic approach to behavior*. CA: Harper & Row.

Helson, R. & Srivastava, S.(2001). Three paths of adult development: Conservers, seekers, and achievers. *Journal of Personality and Social Psychology, 80*, 995–1010.

Higgins, E. T.(1987). Self–discrepancy: A theory relating self and affect. *Psychological Review, 94*, 319–340.

Hill, C. T., Rubin, A., & Peplau, L. A.(1976). Breakups before marriage: The end of 103 affairs. *Journal of Social Issues*, 32, 147–168.

Hine, J. R.(1980). *What comes after you say "I love you"*. Palo Alto, CA: Pacific.

Hobfoll, S. E. & Vaux, A.(1993). Social support: Social resources and social context. In L.

Goldberger & S. Breznitz(Eds.), *Handbook of stress* (pp. 685-705). New York: Free Press.

Holland, J. L.(1985). *Making vocational choices: A theory of vocational personality and work environment*, 2nd. Englewood Cliffs, NJ: Prentice-Hall.

Holmes, T. H., & Rahe, R. H.(19670). The social readjustment rating scale. *Journal of Psychosomatic Research, 11*, 213-218.

Holden, R.(2009). *Be happy*. New York: Hay House

Homans, G. C.(1974). *Social behavior: Its elementary forms*. New York: Harcourt Brace Javanovich.

House, J. S., Landis, K. R., & Umberson, D.(1988). Social relationships and health. *Science, 241*, 540-545

Hoyle, R., Kernis, M., Leary, M., & Baldwin, M.(1999). *Self-hood: Indentity, esteem, and regulation*. Boulder, CO: Westview Press

Hsee, C. K., & Abelson, R. P.(1991). Velocity relation: Satisfaction as a function of the first derivative of outcome over time. *Journal of Personality and Social Psychology, 60*, 341-347.

Inglehart, R. F.(1990). *Culture shift in advanced industrial society*. Princeton: Princeton University Press.

Isen, A. M.(2001). An influence of positive affect on decision making in complex situations: Theoretical issues with practical implications. *Journal of Consumer Psychology, 11*, 75-85.

Isen, A. M.(2002). A role for neuropsychology in understanding the facilitating influences of positive affect on social behavior and cognitive processes. In C. R. Snyder, & S. J. Loperz (Eds.), *Handbook of positive psychology* (pp. 528-540). Oxford, England: Oxford University Press.

Jackson, S. E., & Schuler, R. S.(1985). A meta-analysis and conceptual critique of research on role ambiguity and role conflict in work settings. *Organizational Behavior and Human Decision Process*, 36, 16-78.

Jahoda, M.(1958). *Current concepts of positive mental health*. New York: Basic Books.

James, W.(1890). *Principles of psychology*. New York: Henry Holt.

Johnston, V. S., & Franklin, M.(1993). Is beauty in the eye of the beholder? *Ethology and Sociobiology*, 14, 183-199.

Jourard, S.(1971). *Self-disclosure*. New York: Wiley.

Kahneman, D., Krueger, A. B., Schkade, D., Schwarz, N., & Stone, A. A.(2004). A survey method for characterizing daily life experience: The Day Reconstruction Method(DRM). *Science, 306*, 1776-1780.

Kahneman, D., Krueger, A. B., Schkade, D., Schwarz, N., & Stone, A. A.(2006). Would you be happier if you were richer? A focusing illusion. *Science, 312*, 1908-1910.

Kaplan, H. I., Sadock, B. J., Grebb, J. A.(1994). *Kaplan and Sadock's synopsis of psychiatry*(7th ed.). Baltimore: Willams & Wikins.

Karasek, R. A.(1979). Job demands, job decision latitude, and mental strain: Implications for job redesign. *Administrative Science Quarterly, 24*, 285-308.

Karasek, R. A., & Theorell, T.(1990). *Healthy work: Stress, productivity, and the reconstruction of working life*. New York: Basic Books.

Karney, B. R. & Bradbury, T. N.(1995). The longitudinal course of marital quality and stability: A review of theory, method, and research. *Psychological Bulletin, 118*, 3-34.

Kasser, T., Ryan, R. M.(1993). A dark side of the American dream: Correlates of financial success as a life aspiration. *Journal of Personality and Social Psychology, 65*, 410-442.

Kasser, T., Ryan, R. M.(1996). Further examining the American dream: Differential correlates of intrinsic and extrinsic goal. *Personality and Socil Psychology Bulletin, 22*, 280-287.

Kassin, S.(2001). *Psychology*, 3rd. New Jersey: Prentice-Hall.

Kelly, E. L., & Conley, J. J.(1987). Personality and compatibility: A prospective analysis of marital stability and marital satisfaction. *Journal of Personality and Social Psychology, 52*, 27-40.

Kelly, H. H. & Thibaut, J. W.(1978). *Interpersonal relations: A theory of interdependence*. New York: Wiley.

Kendall, P. C., Howard, B. L., & Hays, R. C(1989). Self-referent speech and psychopathology: The balance of positive and negative thinking. *Cognitive Therapy and Research, 13*, 583–598.

Kernis, M. H. & Wheeler, L.(1981). Beautiful friends and ugly strangers: Radiation and contrast effects in perception of same–sex pairs. *Personality and Social Psychology Bulletin, 7*, 617–620.

Keyes, C. L. M.(2005). Mental illness and/or mental health? Investigating axioms of the complete state model of health. *Journal of Consulting and Clinical Psychology, 73,* 539–548.

Keyes, C. L. M., & Lopez, S. J.(2002). Toward a science of mental health: Positive directions in diagnosis and intervention. In C. R. Syner, & S. J. Lopez (Eds.), *Handbook of positive psychology* (pp. 45-59). New York: Oxford University Press.

Keyes, C. L. M. & Waterman, M.(2003). Dimensions of well–being and mental health in adulthood. In M. Bornstein, L. Davidson, C. Keyes, & K. Moore(Eds.), *Well-being: Positive development across the life course* (pp. 477-497). Hilsdale, NJ: Erlbaum.

Kiecolt–Glaser, J. K.(1999). Stress, personal relationships, and immune function: Health implications. *Brain, Behavior, and Immunity, 12*, 61–72.

King, L. A., Hicks, J. A., Krull, J. L., & Del gasio, A. K.(2006). Positive affect and the experience of meaning in life. *Journal of Personality and Social Psychology, 90*(1), 179–196.

Knox, D. & Schacht, C.(2012). *Choices in relationships: An introduction to marriage and the family.* 11th.

Kobasa, S. C.(1979). Stressful life events, personality, and health: An inquiry into hardiness. *Journal of Personality and Social Psychology, 37*(1), 1–11.

Kopelman, S., Rosette, A. S. & Thompson, L.(2006). The three faces of Eve: Strategic displays of positive, negative, and neutral emotions in negotiations. *Organizational Behavior and Human Decision Processes*, 72, 117–135.

Kubzansky, L. D., Sparrow, D., Vokonas, P., & Kwachi, I.(2001). Is the glass half empty or half full? A prospective study of optimism and coronary heart disease in normative aging study. *Psychosomatic Medicine, 63*, 910–916.

Larsen, R. J.(1987). The stability of mood variability: A spectral analytic approach to daily mood assessment. *Journal of Personality and Social Psychology, 52*, 1195–1204.

Larsen, R., & Csikszentmihalyi, M.(1983). The experience sampling method. *New Directions for methodology of Social Bebavioral Science, 15*, 41–56.

Lauer, R. H., Lauer, J. C., & Kerr, S. T.(1990). The long-term marriage: Perceptions of stability and satisfaction. *International Journal of Aging and Human Development, 31*, 189–195.

Layard, R.(2005). *Happiness: Lessons from a new science*. New York: The Penguin Press.

Lazarus, R. S. & Folkman, S.(1984). *Stress, appraisal, and coping*. New York: Springer.

Leary, M. R., Rogers, P. A., Canfield, R. W., & Coe, C.(1986). Boredom in interpersonal encounters: Antecedents and social implication. *Journal of Personality and Social Psychology, 51*, 968–975.

Lee, G. R., Seccombe, K., & Shehan, C. L.(1991). Marital status and personal happiness: An analysis of trend data. *Journal of Marriage and the Family, 53*, 839–844.

Lee, J. A.(1988). Love-styles. In R. J. Sternberg & M. L. Barnes(Eds.), *The psychology of love* (pp. 38-67). Yale University Press.

Lefcourt, H. M.(1981). *Research with the locus of control construct*. New York: Academic Press

Leonardi, f., Spazzafumo, L., Marcellini, f., & Gagliardi, C.(1999). The top-down/bottom-up controversy from a constructionist approach: A Method for measure top-down effects applied to a sample of older people. *Social Indicators Research, 48*, 187–216.

Leslie, G. R.(1982). *The family in social context*(5th ed.). New York: Oxford University Press.

Levenson, R. W., Ekman, P., & Friesen, W. V.(1990). Voluntary facial action generates emotion-specific autonomic nervous system activity. *Psychophysiology, 27*(4), 363–384.

Liu, L. & Ancoli-Israel, S.(2006). Insomnia in the older adult. *Sleep Medicine Clinics, 1*(3), 409–421.

Lykken, D., Tellegen, A.(1996). Happiness is a stochastic phenomenon. *Psychological Science, 7*, 186–189.

Lyubomirsky, S.(2001). Why are som people happier than others? The role of cognitive and motivational processes in well-being. *American Psychologist, 54*, 239-249.

Lyubomirsky, S.(2008). *The how of happiness*. New York: The Penguin Press.

Lyubomirsky, S.(2013). *The myths of happiness*. New York: The Penguin Press.

Lyubomirsky, S. King, L. A., & Diener, E.(2005). The benefits of frequent positive affect: Does happiness lead to success? *Psychological Bulletin, 131*, 803-855.

Lyubomirsky, S., Ross, L.(1997). Hedonic consequences of social comparison: A contrast of happy and unhappy people. *Journal of personality and Social Psychology, 73*, 1141-1157.

Lyubomirsky, S., Sheldon, K. M., & Schkade, D.(2005). Pursuing happiness: The architecture of sustainable change. *Review of General Psychology, 9*, 111-131.

Mace, D. & Mace, V.(1980). Enriching marriages: The foundation stone of the family strength. In N. Stinnett, B. Chessen, J. Pefreain & P. Kanaub(Eds.), *Family strengths, positive models for family life*. Lincoln: University of Nebraska Press.

Maguire, E. A., Gadian, D. G., Johnsrude, I. S., Good, C. D., Ashburner, J., Frackowiak, R. S., & Frith, C. D.(2000). Navigation-related structural change in hippocampi of cab drivers. *Proceedings of the National Academy of Science (USA), 97*, 4398-4403.

Manstead, A. S. R.(1992). Gender differences in emotion. In M. A. Gale & M. W. Eysenck(Eds.), *Handbook of individual differences: Biological perspectives*(pp. 355-389). Chichester, England: Wiley.

Markus, H.(1977). Self-schemata and the processing of information about the self. *Journal of Personality and Social Psychology, 35*, 63-78.

Maslow, A. H.(1954). *Motivation and personality*. New York: Harper and Row.

Maslow, A. H.(1971). *The farther reaches of human nature*. New York: Viking.

McCombs, B. l.(1991). Motivation and lifelong learning. *Educational Psychologist, 19*, 211-222.

Meehl, P. E.(1975). Hedonic capacity: Some conjectures. *Bulletin of the Menninger Clinic, 39*, 295-413.

Messick, D. M., Bloom, S., Boldizar, J. P., & Samuelson, C. D.(1985). Why we are fairer than others. *Journal of Experimental Social Psychology, 21*, 480–500.

Meyer, B., Enström, M. K., Harstveit, M., Bowles, D. P., & Beevers, 2007). Happiness and despair on the catwalk: Need satisfaction, well-being, and personality adjustment among fashion models. *Journal of Positive Psychology, 2*, 2–17.

Milgram, S.(1967). The small world problem. *Psychology Today*, 1(1), 60–67.

Miller, L. C.(1990). Intimacy and liking: Mutual influence and the role of unique relationships. *Journal of Personality and Social Psychology, 59*, 50–60.

Morris, W. N.(1999). The mood system. In D. Kahneman, E. Diener, & N. Schwarz (Eds.), *Well-being: Ther foundations of hedonic psychology* (pp. 169-189). New York: Russell Sage Foundation.

Moskowitz, D. S., & Cote, S.(1995). Do interpersonal traits predict affect? A comparison of three models. *Journal of Personality and Social Psychology, 69*, 915–924.

Moskowitz, D. S., & Young, S. N.(2006). Ecological momentary assessment: What it is and why it is a method of the future in clinical psychopharmacology. *Journal of Psychiatry and Neuroscience, 31*, 13–20.

Murray, C.(2003). *Human accomplishment: The pursuit of excellence in the art and science*, 800 BC to 1950. New York: Harper Collins.

Murray, S. L. & Holmes, J. G.(1997). A leap of faith? Positive illusions in romantic relationships. *Journal of Personality and Social Psychology, 23*(6), 586–604.

Murray, S. L. & Holmes, J. G.(2011). *Interdependent minds: The dynamics of close relationships*. NY: The Guilford Press.

Myers, D. G.(2000). The funds, friends, and faith of happy people. *American Psychologist, 55*, 56–67.

Nakamura, J., & Csikszentmihalyi, M.(2003). The construction of meaning through vital engagement. In C. L. M. Keyes, & J. Haidt(Eds.), *Flourishing: Positive psychology and the life well-lived*(pp. 83-104). Washington, DC: American Psychological Association.

Nickerson, C., Schwarz, N., Diener, E., & Kahneman, D.(2003). Zeroing in on the dark side of the American dream: A closer look at the negative consequences of the goal for financial success. *Psychological Science, 14*, 531–536.

Nivison, M. E., & Endersen, I. M.(1993). An analysis of relationship amog environmental noise, annoyance and sensitivity to noise, and the consequences for health and sleep. *Journal of Behavioral Medicine, 16*, 257–276.

Nolen–Hoeksema, S., & Rusting, C.(1999). Gneder differences in well–being. In D. Kahneman, E. Diener, & N. Schwarz(Eds.), *Foundations of hedonic psychology: Scientific perspectives on enjoyment and suffering*. New York: Russell Sage Foundation.

Ogilvie, D. M.(1987). Life satisfaction and identity structure in late middle–aged man and women. *Psychology and Aging, 2*, 217–224.

Oishi, S., Diener, E., Suh, E., & Lucas, R. E.(1999). Value as a moderator in subjective well–being. *Journal of Personality, 67*(1), 157–184.

Paulus, P. B., McCain, G., & Cox, V. C.(1978). Death rates, psychiatric commitments, blood pressure, and perceived crowding as a function of institutional crowding. *Environmental Psychology and Nonverbal Behavior, 3*(2).

Paulus, P. B., McCain, G., & Cox, V. C.(1978). Death rates, psychiatric commitments, blood pressure, and perceived crowding as a function of institutional crowding. *Environmental Psychology and Nonverbal Behavior, 3*, 107–116.

Peterson, C.(1999). Personal control and well–being. In D. Kahneman, E. Diener, & N. Schwartz(Eds.), *Well-being: The foundation of hedonic psychology* (pp. 288-301). New York: Russell Sage Foundation.

Peterson, C.(2006). *A primer in positive psychology*. New York: Oxford University Press.

Peterson, C., & Bossio, L. M. (1991). *Health and optimism*. New York: Free Press.

Peterson, C., & Seligman, M. E. P.(2004). *Character strengths and virtues: A handbook and classification*. New York: Oxford University Press/Washington, DC: American Psychological Association.

Peterson, C., Seligman, M. E. P., & Vaillant, G. E.(1988). Pessimistic explanatory style is a risk factor for physical illness: A thirty–five–year longitudinal study. *Journal of Personality and Social Psychology, 55*, 23–27.

Pink, D. H.(2005). *A whole new mind: Why right-brainers will rule the future*. New York: Riverhead Books.

Pinsker, H., Nepps, P., Redfield, J., & winston, A.(1985). Applicants for short–term dynamic psychotherapy. In A. Winston (Ed.), *Clinical and research issurs in short-term dynamic psychotherapy* (pp. 104-116). Washington DC: American Psychiatric Association.

Plutchik, R.(1980). *Emotion: A psychoevolutionary synthesis*. New York: Harper & Row.

Ptacek, J. T., Smith, R. E., & Dodge, K. L.(1994). Gender differences in coping with stress: When stressor and appraisals do not differ. *Personality and Social Psychology Bulletin, 20*(4), 421–430.

Ptacek, J. T., Smith, R. E., & Zanas, J.(1992). Gender, appraisal, and coping: A longitudinal analysis. *Journal of Personality, 60*, 747–770.

Rajecki, D. W., De Graaf–Kaser, R. & Rasmussen, J. L.(1992). New impressions and more discrimination: Effects of individuation on gender label stereotypes. *Sex Role, 27*, 171–185.

Ralph, R. O., & Corrigan, P. W.(Eds.) (2005). *Recovery in mental illness: Broadening our understanding of wellness*. Washington, DC: American Psychological Association.

Rammstedt, B. & John, O.(2007). Measuring personality in one minute or issue: A 10–item short version of the Big Five inventory in English and German. *Journal of Research in Personality, 41*, 203–212.

Ratner, R. K., Kahn, B. E., & Kahneman, D.(1999). Choosing less–preferred experiences for the sake of variety. *Journal of Consumer Research, 26*, 1–15.

Reis, H. T. & Shaver, P.(1988). Intimacy as an interpersonal process. In S. Duck(ED.). *Handbook of personal relationships*(pp. 367-389). Chichester, England: Wiley.

Reisman, J. M.(1979). *Anatomy of friendship*. New York: Irvington Press.

Renninger, K. A.(1990). Children's play interests, representation, and activity. In R. Fivush &

K. Hudson(Eds.), *Knowing and remembering in young children*(pp. 127-165). New York: Cambridge University Press.

Renninger, K. A.(2000). Individual interest and its implications for understanding intrisic motivation. In C. Sansone & J. M. Harackiewicz(Eds.), *Intrinsic and extrinsic motivation: The search for optimal motivation and performance*(pp. 375-409). New York: Academic.

Richins, M. L.(1995). Social comparison, advertising, and consumer discontent. *American Behavioral Scientist*, 38, 593–607.

Rogers, C. R.(1951). *Client-centered therapy*. Boston: Houghton Mifflin.

Rogers, C. R.(1957). The necessary and sufficient conditions of therapeutic personality change. *Journal of Counseling Psychology, 21*, 95–103.

Rogers, C. R.(1961). *On becoming a person*. Boston: Houghton Mifflin.

Rokeach, M.(1973). *The nature of human values*. New York: Free Press.

Rokeach, M.(1979). *Understanding human values: Individual and social*. New York: Free Press.

Russell, J. A.(1980). A circumplex mode of affect. *Journal of Personality and Social Psychology, 39*, 1161–1178.

Russell, J. A., & Carroll, J. M.(1999). On the bipolarity of positive and negative affect. *Psychological Bulletin*, 125, 3–30.

Ryan, R. M., & Deci, E. L.(2000). Self–determination theory and the facilitation of intrinsic motivation, social development, and well–being. *American Psychologist, 55*, 68–78.

Saegett, S., Swoop, W., & Zajonc, R. B.(1973). Exposre context and interpersonal attraction. *Journal of Personality and Social Psychology, 25*, 234–242.

Sansone, C., Wiebe, D., & Morgan, C.(1999). Self–regulating interest: The moderating role of hardiness and conscientiousness. *Journal of Personality, 67*, 701–733.

Scheier, M. F. & Carver, C. S.(1977). Self–focused attention and the experience of emotion: Attraction, repulsion, elation, and depression. *Journal of Personality and Social Psychology, 35*, 625–636.

Schlusher, M. P. & Anderson, C. A.(1987). When reality monitoring fails: The role of imagination in stereotype maintenance. *Journal of Personality and Social Psychology, 52*, 653–662.

Schneider, S.(2001) In search of realistic optimism: Meaning, knowledge, and warm fuzziness. *Journal of American Psychologist, 54*, 250–263.

Schwarz, N., & Strack, F.(1999). Reports of subjective well–being: Judgmental processes and their methodological implications. In D. Kahneman, E. Diener, & N. Schwartz(Eds.), *Well-being: The foundation of hedonic psychology* (pp. 61-84). New York: Russell Sage Foundation.

Sedikides, C.(1993). Assessment, enhancement, and verification determinants of the self evaluation process. *Journal of Personality and Social Psychology*, 55, 317–338.

Seidlitzz, L., & Diener, E.(1993). Memory for positive versus negative events: Theories for the differences between happy and unhappy person. *Journal of Personality and Social Psychology, 64*, 654–664.

Segal, Z., Williams, J. & Teasdale, J.(2002). *Mindfulness-based cognitive therapy for depression*. New York: Guliford Press.

Seligman, M. E. P.(1991). *Learned optimism*. New York: Knopf.

Seligman, M. E. P.(1999). The president's address. *American Psychologist, 54*, 559–562

Seligman, M. E. P.(2000, October). *Positive psychology: A progress report*. Paper presented t the Positive Psychology Summit 2000. Washington, DC.

Seligman, M. E. P.(2002a). *Authentic happiness.* New York: Free Press.

Seligman, M. E. P.(2002b). Positive psychology, positive prevention, and positive therapy. In C. R. Snyder, & S. J. Lopez(Eds.), *Handbook of positive psychology* (pp. 3-9). London: Oxford University Press.

Shaffer, D. R.. Pegalis, L. J., & Cornell, D. P.(1991). Gender and self–disclosure revisited: Personal and contextual variations in self–disclosure to same sex acquaintances. *Journal of Social Psychology*, 132, 307–315.

Sheldon, K. M. (2002). The self–concordance model of healthy goal–striving: When personal goals correctly represent the person. In E. L. Deci & R. M. Ryan (Eds.), *Handbook of self-determination research* (pp. 65-86). Rochester, NY: University of Rochester Press.

Sheldon, K. M. & Elliot, A. J. (1999). Goal striving, need–satisfaction, and longitudinal well–being: The Self–Concordance Model. *Journal of Personality and Social Psychology, 76*, 482–497.

Sheldon, K. M. & Lyubomirsky, S. (2004). Achieving sustainable new happiness: Prospects, practices, and prescriptions. In A. Linley & A. Joseph (Eds.), *Positive psychology in practice*. John Wiley & Sons.

Singh, D.(1995). Female judgment of male attrativeness and desirablity for relationships: Role of waist–to–hip ratio and financial status. *Journal of Personality and Social Psychology, 69*, 1089–1101.

Sirgy, M. J. (1998). Materialism and quality of life. *Social Indicators Research, 43*, 227–260.

Snowdon, D.(2001). *Aging with grace: What the nun study teaches us about leading liner, healthier, and more meaningful lives*. New York: Bantam.

Snyder, C. R., Rand, K. L., & Sigmon, D. R.(2002). Hope theory: A Member of the positive psychology family. In C. R. Snyder, & S. J. Lopez(Eds.), *Handbook of positive psychology* (pp. 257-276). Oxford, England: Oxford University Press.

Snyder, M.(1987). *Public appearances, private realities: The psychology of self-monitoring*. New York: Freeman.

Spearman, C.(1904). General intelligence objectively determined and measured. *American Journal of Psychology, 15*, 201–292.

Sternberg, R. J.(1986). A triangular theory of love. Psychological Review, 93. 119–135.

Sternberg, R. J. & Barnes, M. L.(1988). *The psychology of love*. New Haven: Yale University Press.

Sternberg, R. J., & Hojjat, M.(1997). *Satisfaction in close relationships*. New York: Guilford Press.

Stinnett, N.(1985). Strong families. In J. M. Henslin(Ed.), *Marriage and family in a changing society*. New York: The Free Press.

Stone, A. A., & Shiffman, S. S.(1994) Ecological momentary assessment(EMA) in bebavioral medicine. *Annual Behavioral Medicine, 16*, 199–202.

Strachman, A. & Gable, S. L.(2006). What you want(and do not want) affects what you see(and do not see): Avoidance social goals and social events. *Personality and Social Psychology Bulletin, 32*, 1446–1458.

Strack, F., Martin, L., Stepper, S.(1988). Inhibiting and facilitating conditions of the human smile: A non–obtrusive test of the facial feedback hypothesis. *Journal of Personality and Social Psychology, 54*(5), 768–777.

Suh, E., Diener, E., Oishi, S., & Triandis, H. C.(1998). The shifting basis of life satisfaction judgments across cultures: Emotion versus norm. *Journal of Personality and Social Psychology, 74*, 482–493.

Sundstrom, E.(1978). Crowding as a sequential process: Review of research on the effects of population density of humans. In A. Baum & Y. M. Epstein(Eds.), *Human responses to crowding*. Hilsdale, NJ: Erlbaum.

Svenson, O.(1981). Are we all less risky and more skillful than our fellow drivers? *Acta Psychologica, 47*, 143–148.

Swindle, R. Jr., Heller, K., Pescosolido, B., & Kikuzawa, S.(2000). Responses to nervous breakdowns in America over a 40–year period. *American Psychologist, 55*(7), 740—749.

Taylor, S., & Brown, J.(1988). Illusion and well–being: A social psychological perspective on mental health. *Psychological Bulletin, 103*, 193–210.

Tomarken, A. J., Davidson, R. J., Wheeler, R. E., & Doss, R.(1992). Individual differences in anterior brain asymmetry and fundamental dimensions of emotion. *Journal of Personality and Social Psychology, 62*, 676–687.

Trope, Y. & Pomerantz, E. M.(1998). Resolving conflicts among self–evaluative motives: Positive experiences as a resource for overcoming defensiveness. *Motivation and Emotion, 22*, 53–72.

Tugade, M. M., & Fredrickson, B. L.(2004). Resilient individuals use positive emotions to bounce back from negative emotional experiences. *Journal of Personality and Social Psychology, 86*, 320–333.

Turner, N., Barling, J., & Zacharatos, A.(2002). Positive psychology at work. In C. R. Snyder, & S. J. Lopez(Eds.), *Handbook of positive psychology* (pp. 715-728). Oxford, England: Oxford University Press.

Udry, R.(1971). *The social context of marriage*. New York: Lippincott.

Vaillant, G. E.(1977). *Adaptation to life*. Boston: Little, Brown.

Vaillant, G. E.(2002). *Aging well*. New York: Little, Brown.

Vaillant, G. E.(2004). Positive aging. In P. A. Linley, & S. Joseph(Eds.), Positive psychology in practice(pp. 561-578). New York: Wiley.

Van Boven, L.(2005). Experientialism, materialism, and the pursuit of happiness. *Review of General Psychology, 9*(2), 132–142.

Van Boven, L., & Gilovich, T.(2003). To do or to have? That is the question. *Journal of Personality and Social Psychology*, 85, 1193–1202.

Vandeputte, M. & de Weerd, A.(2003). Sleep disorders and depressive feelings: A global survey with the Beck depression scale. *Sleep Medicine, 4*(4), 343–345.

Veal, A. J.(2010). *Leisure, sport and tourism, politics, policy and panning*. 3rd. CAB International.

Veenhoven, R.(1988). The utility of happiness. *Social Indicators Research, 20*, 333–354.

Veenhoven, R.(1999). World database of happiness. Erasmus University, Rotterdam, Netherland. Web site: http://www.eur.nl/fsw/research/happiness.

Veenhoven, R.(2003). Hedonism and happiness. *Journal of Happiness Studies, 4*, 427–457.

Veroff, J., Douvan, E., & Kulka, R. A.(1981). *The inner American*. New York: Basic.

Wagner, E. D.(1994). In support of a functional definition of interaction. *The American Journal of Distance Education, 8*(2), 6–29.

Watson, D.(2000). *Mood and temperament*. New York: Guilford Press.

Watson, D.(2002). Positive affectivity: The disposition to experience pleasurable emotional states. In C. R. Snyder, & S. J. Loperz (Eds.), *Handbook of positive psychology* (pp. 106-

119). Oxford, England: Oxford University Press.

Watson, D., Clark, L., & Tellegen, A.(1988). Development and validation of brief measures of positive and negative affect: The PANAS scales. *Journal of Personality and Social Psychology, 54*, 1063–1070.

Wegner, D. M.(1989). *White bear and other unwanted thoughts*. New York: Vintage.

Wells, W. D. & Gubar, G.(1966). Life cycle concept in marketing research. *Journal of Marketing Research, 3*, 355–363.

Werner, E. E.(1982). *Vulnerable but invincible: A longitudinal study of resilient children and youth.* New York: McGraw–Hill.

Wheeler, L., & Reis, H. T.(1991). Self–recording of everyday life events: origins, types, and uses. *Journal of Personality, 59*, 339–354.

Wichklund, R. A.(1975). Objective self–awareness. In L. Berkowitz(Ed.), *Advances in experimental social psychology*. New York: Academic Press.

Wilson, T. D. & Gilbert, D. T.(2005). Affective forecasting knowing what to want. *Current Directions in Psychological Science, 14*, 131–134.

Wink, P.(1991). Two faces of narcissism. *Journal of Personality and Social Psychology*, 61, 590–597.

Wortman, C. G., Adesman, P., Herman, E., & Greenberg, R.(1976). Self–disclosure: An attributional perspective. *Journal of Personality and Social Psychology, 33*, 184–191.

Zalkind, S. S. & Costello, Tㅁ. W.(1976). Perception: Implications for adminstration. In D. Kolb, I. Rubin, & J. McIntyre(Eds,), *Organizational Psychology: A book of readings.* Englewood Cliffs, NJ: Prentice–Hall.

Zimbardo, P., Ebbesen, E. B., & Maslach, C.(1977). *Influencing attitudes and changing behavior.* New York: McGraw–Hill.

찾아보기

| **남승규(南承奎)**

sknam@dju.kr

대전에서 태어나 성균관대학교에서 심리학 박사학위를 받고 1997년부터 대전대학교 경영대학 산업 · 광고심리학과 교수로 재직 중이다. 2007년 텍사스대학교 오스틴 캠퍼스(University of Texas at Austin)에서 연구년을 보냈고, 2014년 현재 한국소비자광고심리학회 회장과 한국소비자학회 부회장을 맡고 있다. 자유 · 사랑 · 행복을 가장 중요한 가치로 삼고, 소비자심리학, 마케팅, 고객만족, 의사결정, 공감과 설득, 연구방법론 등에 관심을 갖고 연구 중에 있다.

행복심리학

1판 1쇄 발행 2014년 8월 30일
2판 1쇄 발행 2017년 3월 20일
2판 2쇄 발행 2021년 8월 10일

지 은 이 | 남승규
발 행 인 | 박철용
발 행 처 | 양서원
주 소 | 경기도 파주시 직지길 522 파주출판도시
전 화 | 031-955-8000(代)
팩 스 | 031-955-8005
홈페이지 | www.yswpub.co.kr
이 메 일 | yswpub@chol.com
출판등록 | 1987년 11월 24일 제406-2003-037호

ISBN 978-89-994-0698-0

정가 20,000원